Callwey

Charlotte Pangels

Löwenkopf am Klingelzug

Ein Berliner Haus wird 100

Callwey

CIP-Kurztitelaufnahme der Deutschen Bibliothek
Pangels, Charlotte:
Löwenkopf am Klingelzug: e. Berliner Haus wird 100/
Charlotte Pangels.— München: Callwey, 1984.
ISBN 3 7667 0710 8

Schutzumschlaggestaltung: Baur + Belli Design, München
Satz und Montage: Satz-Rechen-Zentrum,
Hartmann + Heenemann, Berlin
Druck und Bindung: Druckhaus Langenscheidt KG, Berlin
Printed in Germany
ISBN 3 7667 0710 8

Inhalt

Diese Häuser

Diese Häuser werden länger leben als du.
Du hast geglaubt, für dich seien sie gebaut.
Aber sie waren vorher da.
Du hast geglaubt: du wirst sie überleben.
Sie werden aber noch nach dir da sein.
Diese Häuser werden länger leben als du.

... wenn du durch die Stadt trottest,
dann sehn sie dich an,
die Herren Häuser
und grinsen mit breiten Türmäulern.
Sie werden länger leben als du ...

.....

Und noch,
wenn sie dich zu Grabe blasen,
... wenn sie dich dahin expedieren,
wohin du, Sache Gewordener, dann gehörst,
weil du nun den andern tragisch-lästig fällst —:
dann stehn da die Häuser,
die deine Dummheiten seit deiner Geburt mit angesehen haben,
und sind länger Häuser, als du Mensch gewesen bist,

und werden länger leben
als du.

Kurt Tucholsky 1930

1. Kapitel

Goldgrüne Verzauberung

Wer vor etwa hundert Jahren die schwere, schön gearbeitete braune Holztür des Hauses Perleberger Straße 55 — damals 35, zwischenzeitlich auch 49 — an einem sonnigen Vormittag öffnete, der glaubte sich in die märchenhafte Kulisse der Oper »Undine« versetzt. Ranken- und Schlingpflanzenmuster an den Unterseiten der Treppen, olivgrüner gemalter Marmorersatz meterhoch zu Seiten der Stufen, und getreulich führte vom Eingang bis zum Dachboden in Schulterhöhe ein teils schräg, teils gerade verlaufendes Distelmotiv mit weißen Blüten und gewundenen mattgrünen Blättern empor.

Im Hochparterre behüteten gleich Wächtern zwei große Frauenköpfe die Wohnungstüren, oben in jener Ecke eingemauert, wo Wand und Decke zusammentreffen. Sie besahen aus leeren Gipsaugen wohl fünfzig Jahre lang das ungetrübte Grün, die glitzernden Löwenköpfe der Türklingeln.

Vorübergehend gaben etwa zwanzig Jahre lang rote Treppenläufer bis zum zweiten Stock dem Haus eine herrschaftliche Note. Hauswirt Römer sagte stolz zu jedem Mietbewerber: »Bei uns wohnen lauter Rats!« Einer davon war mein Großvater Theodor Mende.

Die Gipsdamenköpfe, die als einzige Zeugen alten Glanzes noch vorhanden sind, sahen aber auch mit gänzlich unbewegter Miene den langsamen Verfall des Gebäudes. Der Staub eines Jahrhunderts hat den Grünton der Bemalung schwärzlich-grau gefärbt. Die Klingelzüge mit den schönen Löwen wurden genauso heimlich entwendet wie erst kürzlich der gedrechselte »Stille Portier«, die Namensaufstellung der Mietparteien. Bomben haben das Haus verschont, nun zerstörten Menschenhände sein Inneres. Alte Treppenherrlichkeit, wohin bist du entschwunden? Niemand hat Märchengedanken, der heute durch die neue Aluminium-Haustür eintritt. Es ist zwar ein sicheres, »geschlossenes Haus« geworden mit Sprechanlage-Klingeln schon vor dem Eingang. Aber was danach kommt — Undine würde erschrocken fliehen. So war es, als meine Erzählung begann.

Der mehr oder weniger geruhsame Lebenslauf der Bewohner

wurde einmal in den Nachkriegsjahren sogar sensationell durchbrochen. In der ersten Etage hatte eine Familie gerade die Dreizimmerwohnung bezogen, da geschah über Nacht ein Unglück, und am Morgen hatten zwei Menschen ihr Leben verloren. Ein Kriminalfall schied aus, über die Ursache spricht man heute noch. Eine Version lautet, ein Kind habe seinen Schulranzen derart über den ungesicherten Gashahn gehängt, daß Gas ausströmen konnte. Andere erzählen, die Mutter habe ihre schwere Handtasche leichtfertigerweise so über den drehbaren Gashahn gestülpt, daß er sich durch das Gewicht öffnen konnte.

1884 — Das Haus hat noch keine Nachbarn

Im Neubaugebiet Moabit waren wohl schon die Straßenzüge und die Häuserblocks trassiert und umrissen, aber die Bebauung nahm doch einige Zeit in Anspruch. Der große und zuverlässige Stadtplan »Droschkenwegemesser für die Umgebung von Berlin — September 1884« zeigt den Häuserblock erst im Umriß, auf dem das Haus Perleberger Straße No. 35 schon geplant war. Aber noch steht ringsumher nichts. Man zog zunächst aufs freie Feld, in ein Neubaugebiet mit allen Nachteilen einer solchen jungen Gegend.

Moabit war zwar schon 1862 offiziell dem Gebiet von Groß-Berlin eingemeindet worden, aber auf allen Urkunden, noch über die Jahrhundertwende hinaus, steht nach alter Sitte »dem Kreise Niederbarnim zugehörig«, also noch der alte märkische Landschaftsname.

Mit den Herren Barnim stand ich in Heimatkunde etwas auf Kriegsfuß. Ich hatte sie im Verdacht, es gäbe sie gar nicht. Immer spukte in meinem Kopf der alte Studentenulk herum mit der Redensart »seit Olims Zeiten«. Einen Olim hat es nie gegeben, er war einfach die Personifizierung des Wortes olim für einstmals. So war ich betroffen, daß die Barnims, deren Name ja so ähnlich wie olim klingt, wirklich vor langer Zeit, etwa siebenhundert Jahren, leibhaftige Fürsten waren. Im Jahre 1230 gab es den regierenden Herzog Barnim I. von Pommern-Stettin, der gerade Bargeld brauchte. So ergab es sich, daß er den Markgrafen Johann I. und Otto III. die Landschaft Barnim verkaufte. Auf diese Weise kam der hübsche Landstrich, ein ziemlich umfassendes Gebiet, zur Mark Brandenburg. Zunächst verwaltete man die Distrikte Berlin, Strausberg und Biesenthal. Allmählich dann setzte sich die Auftei-

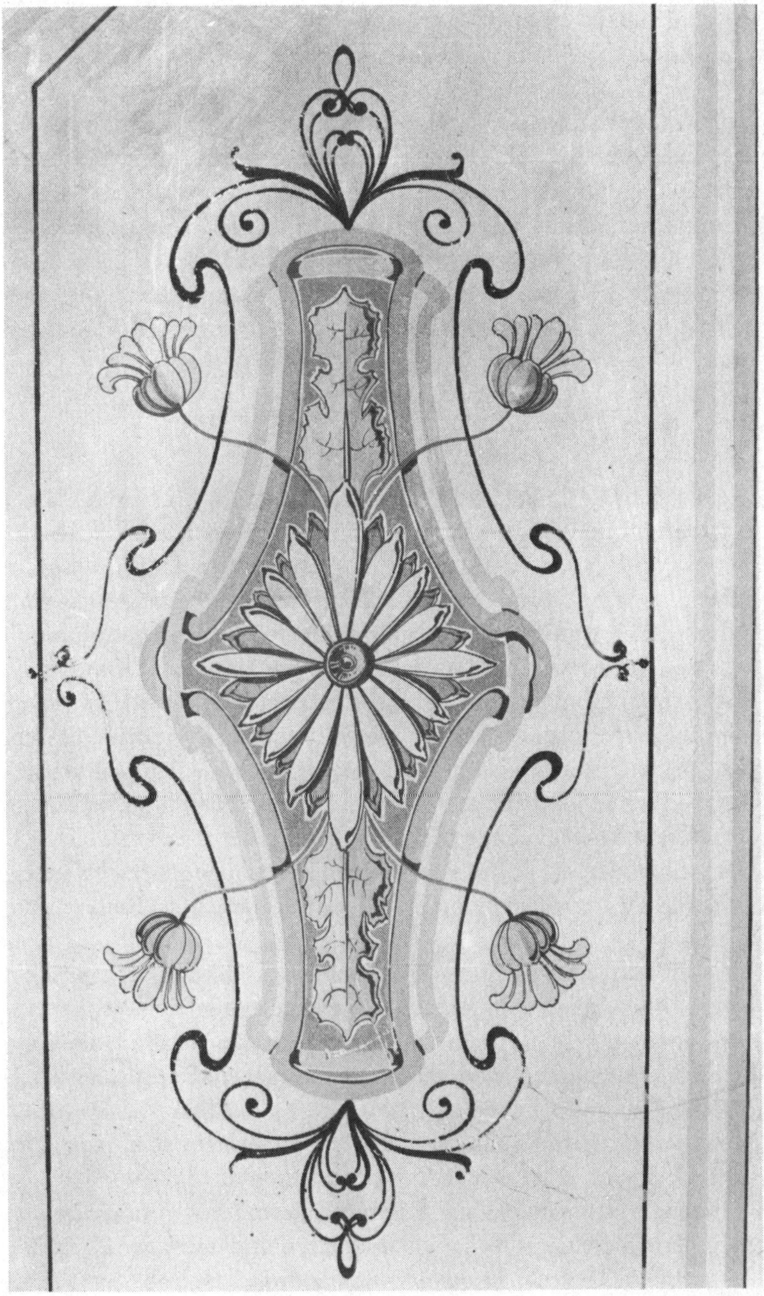

Bemalung an der Treppenunterseite

lung der Mark Brandenburg in Kreise durch, und so entstanden die Landkreise Ober- und Niederbarnim.

Als ich 1943, vor genau einundvierzig Jahren, das Haus Perleberger Straße 55 verließ, zog ich in die Nähe von Alt-Landsberg, das im Kreis Niederbarnim liegt, etliche Kilometer östlich von Groß-Berlin. So fing auch mein junger Haushalt, genau wie der meiner Großmutter Mende, im Kreis Niederbarnim an. Nur war mein Domizil wirklich JWD, gesprochen Jot-We-De, was der Berliner als Abkürzung für Janz-weit-draußen sagt, während die Perleberger Straße inzwischen mittendrin lag in der immer größer werdenden Stadt.

Auf Plänen sofort zu finden

Mein Großvater Theodor Mende war im Jahre 1884 ein begabter Kartograph und schrieb sich als »Topograph« ins Adreßbuch ein. Er war sein ganzes Berufsleben lang im Großen Generalstab des Heeres angestellt und dort sowohl in der Landesvermessung als auch in allen nur denkbaren Sparten der Landkartengestaltung in Bild und Schrift beschäftigt. Er beherrschte Stahlstich, Kupferstich und Lithographie; in seiner Freizeit betätigte er sich für Kunstverlage und als Illustrator. Er kam nie ganz über den Verdruß hinweg, daß ein wohlsituierter Mann wie er, der den Titel Rechnungsrat um die Jahrhundertwende erhielt und entsprechend gut verdiente, seiner Familie viele Dinge entziehen mußte, um für das zu blechen, was sein lockerer Zeisig von Bruder Alfred, der Verschwender, sich selbst so reichlich gönnte: elegante Garderobe, Reisen, gute Weine.

Doch 1884, da war mein Großvater noch zukunftsfroh und ein freundlicher, stiller junger Mann von liebevollem Wesen. Die beiden Noelte-Töchter aus der Alten Schönhauser Straße fanden ihn beide sehr akzeptabel, aber da Florchen noch ein Backfisch war, so galten seine häufigen Besuche der älteren Tochter, Elise Noelte. Heiratspläne reiften sehr rasch, und nun ging man eben, wie jedes junge Paar seit alters her, auf Wohnungssuche.

Eines Tages stand er mit zusammengerollten Grundrissen und Stadtplänen vor der Tür der alten Noeltes, und unter der Gaslampe im großen Eßzimmer zeigte er zielsicher auf das große leere Feld, auf dem »Exercierplatz« stand.

»Ihr könnt euch immer im Umsehen orientieren. Oberhalb dieses

Auszug aus dem Stadtplan:

Droschken - Wegemesser für die Umgebung von Berlin – September 1884

Häuserblock mit Komplex „Perlebergerstraße 55"
noch leer und nur im Umriß vorhanden.

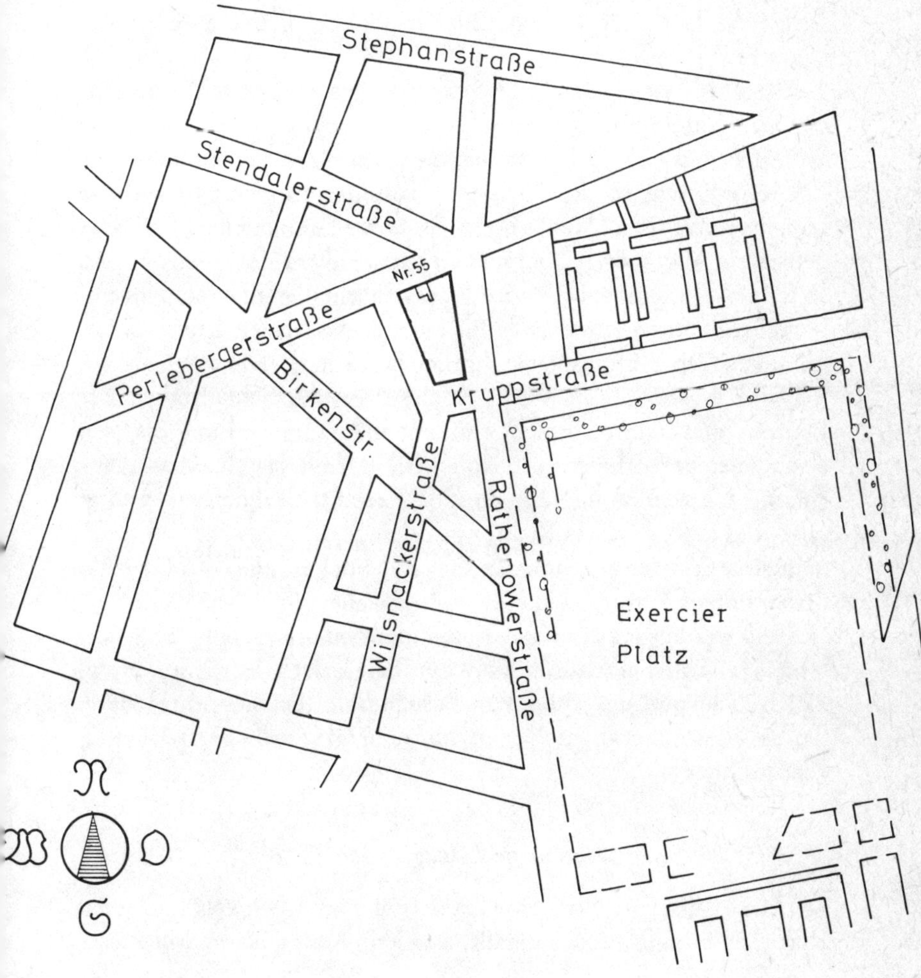

freien Platzes verläuft die Straße, in der wir wohnen werden, von rechts oben nach links unten und mündet in die Stromstraße, seht ihr?«

Alle folgten gebannt dem Finger, der auf dem Stadtplan von der Fennbrücke dem Straßenzug folgte, rasch zur Stromstraße hinabfuhr und schließlich auf einem leeren trapezförmigen Karree anhielt. »Dies wird unser Block sein. Die Vorderzimmer gehen auf die Perleberger Straße, nach rechts liegt die Rathenower Straße, nach links die Wilsnacker, die Rückseite des Wohnblocks wird von der Kruppstraße begrenzt. Hervorragende Verbindungen, Ringbahnhof Moabit nicht weit, Bahnhof Bellevue in zwanzig Minuten zu erreichen, Straßenbahn soll bald gebaut werden, Pferdebahn-Haltestellen direkt vor dem Haus. Ein Droschkenhalteplatz gegenüber in der Stendaler Straße. Was wollt ihr mehr?«

»Aber der viele Lärm und Schmutz in solchen Neubaugegenden!«, meinte Schwiegermama Noelte verdrießlich. »Da wird die arme Lies mit dem Reinemachen nicht nachkommen können!«

»Ach Muttchen«, die Tochter war aufgesprungen und wirbelte ihre so mißtrauische Mama in der Stube umher, »laß nur. Wir werden ja ein Mädchen haben, mein Theo verdient doch genug. Und so schnell wie jetzt gebaut wird, du wirst sehen, bald werdet ihr uns besuchen können, ohne auch nur eine staubige Stiefelspitze zu bekommen. Gepflastert sind die Straßen ja schon alle!«

Dann mokierte sich Vater Noelte über die Schludrigkeit der Planzeichner, daß man nicht einmal wisse, wo Nord und Süd sei, doch Theo verteidigte seine Kollegen, er habe ja nur einen Plan-*Auszug* mit dem Wohnungs-Grundriß erhalten. Süden sei, was er sehr gut fände, genau in Richtung desjenigen Raumes, der sonst allgemein als finster und unfreundlich galt: das Berliner Zimmer mit dem schrägen Fenster zum Hof.

»Wir werden ein sonniges Eßzimmer haben!«, meinte er strahlend. »Ja, und Flügeltüren zwischen den beiden Vorderzimmern. Das ist sehr günstig, wenn man Besuch hat!« Danach waren dann die Brautleute damit beschäftigt, auf dem Grundriß ihre Wohnung einzurichten.

Großmutters funkelnagelneuer Hausrat

Der alte Christian Noelte, Tabakhändler und zeitweise mit dem Vertrieb von Spirituosen befaßt, war kein armer Mann. Mit seiner

Ehefrau Auguste Noelte geb. Zimmer lebte er lange Zeit in der Alten Schönhauser Straße in der Berliner Innenstadt. Dann zogen sie um ins »neue Viertel« Moabit in die Rostocker Straße. Ihr einziger Sohn Paul Noelte wurde Einzelhandelskaufmann und später Geschäftsführer in einem großen Lampen-Spezialgeschäft in guter Lage. Sowohl meine Urgroßeltern Noelte als auch alle anderen Zweige unserer Familie waren immer besonders gut mit Kristalllüstern und Lampen versehen, denn beim Paul bekamen wir ja schließlich alle Rabatt.

Urgroßvater Noelte gab seinen beiden Töchtern Elise und Flora eine angemessene gutbürgerliche Aussteuer mit in die Ehe. Florchen, 1867 geboren, galt noch als »die Kleine«, obwohl sie zur Zeit der Hochzeit ihrer nahezu zehn Jahre älteren Schwester Elise immerhin schon sechzehn war. Sie fand ihre wahrhaft große Liebe erst im Jahre 1890, hatte eine sehr lange Verlobungszeit durchzustehen, zehn Jahre, und ging vor Kummer beinahe zugrunde, als nach fünf kurzen Ehejahren ihr einzig geliebter Richard Wietasch urplötzlich starb. Flora Wietasch geb. Noelte bewohnte dann sechsunddreißig Jahre lang das Haus Perleberger Str. 55. Die Lebensgeschichte dieser von mir sehr geliebten Großtante erzähle ich in einem gesonderten Kapitel.

Zunächst, 1884, half sie voller Begeisterung, in die Aussteuerwäsche von Lies Monogramme zu sticken, Möbel-Kataloge und Ausstellungen zu besehen und ihre Meinung dazu mit kindlichem Freimut zu äußern.

»Natürlich müßt ihr einen Trumeau haben. Es ist nicht allein wegen der Reputation. Aber wie willst du wissen, ob ein Unterrock nicht zipfelt, wenn in der Wohnung nicht ein hoher Wandspiegel steht?«

»Was meinst du, Theo«, fragte dann meine spätere Großmutter Lies Mende, »wie kommen wir mit dem von Vater ausgesetzten Betrag hin, wenn wir diesen Trumeau hier noch dazunehmen? Ich finde ihn reichlich teuer!«

»Aber Kind, er ist ja schließlich nicht nur ein Stück zum Vorzeigen, er hat ja, wie soll ich sagen, auch eine optische Funktion, was die Erweiterung eines Zimmers betrifft. Sieh mal, eine Spiegelfläche, das ist immer, als wiederhole sich in ihr die ganze Zimmereinrichtung noch einmal, und die Länge deines Unterrocks ist dabei gänzlich nebensächlich. Das ist ja überhaupt der Erfolg dieses Möbelstücks, daß es die Räume größer macht, verstehst du mich?«

»Ja, natürlich, Liebling. Aber dann werden wir irgendwo anders etwas einsparen müssen!«

»Meinetwegen am Schreibtisch. Nehmen wir doch den einfachen glatten Eichentisch. Das ist ein Massivholz, und auf Verzierungen pfeife ich. Nur beim Eßtisch, also der kann gar nicht schwer genug sein. Wenn ich etwas hasse, dann sind es wackelige Tische. Und natürlich zum Ausziehen. Rechne mal nach. Allein die engere Familie — wie oft werden wir zwölf Personen sein bei Familienfeiern.«

»Das geht wunderbar«, sagte Lies und hantierte mit einem kleinen Lineal auf dem Grundriß des geplanten Eßzimmers herum, »sieh nur, der Raum ist fünf Meter lang, die Breite ist — Moment mal — drei Meter siebzig! Das ist wirklich ausreichend!«

So planten meine Großeltern als junge Eheleute. Hätten sie sich jemals träumen lassen, daß ihre einzige Enkelin in den gleichen Möbeln, die in ihrer soliden Ausführung einfach nicht kleinzukriegen waren, die ersten dreiundzwanzig Jahre ihres Lebens zubringen sollte? Wahrscheinlich nicht.

Auf alten Photos erscheinen diese gedrechselten Prachtstücke noch hier und da im Ausschnitt. Hier die Konsole des Umbausofas mit den Reservistenkrügen. Dort ein halber Regulator, dann wieder das geschwungene Bein des Klaviers oder ein Teil der geschnitzten und gedrechselten Holzsäule, die im Haushalt meiner Großmutter einen Messingleuchter trug; bei uns meist einen Alabaster-Tischaufsatz mit Trauben- und Weinblattmuster als plastische Bekränzung. Überhaupt schien man damals eine Vorliebe für blinkeblank geschnitzte Weintrauben aus Holz, zum Beispiel an den Türen des großen Büfetts, zu haben; auch die Puddingformen in der Küche hatten Reliefs von Weintrauben und dazugehörigen Blättern. Am Regal der Puppenküche meiner Mutter, deren Bild erhalten ist, hing eine wie ein Weinblatt geformte Schale.

Der unverzichtbare Trumeau hat sogar in der Literatur eine Rolle gespielt. Fontanes 1885 geschriebene Erzählung »Unterm Birnbaum« befaßt sich mit den gehobenen Lebensansprüchen der Kaufmannsfrau Ursel Hradscheck, die ihren auf einer Auktion entstandenen weißen Trumeau leidenschaftlich verteidigt.

Der glücklose Krämer Abel Hradscheck beklagt bitter die Ansprüche seiner Frau. Doch Ursel Hradscheck behauptete sich unbeirrbar:

»Und wegen dieser paar Sachen stöhnst du und hörst nicht auf zu klagen und verspottest mich wegen meiner Bildung und Feinheit,

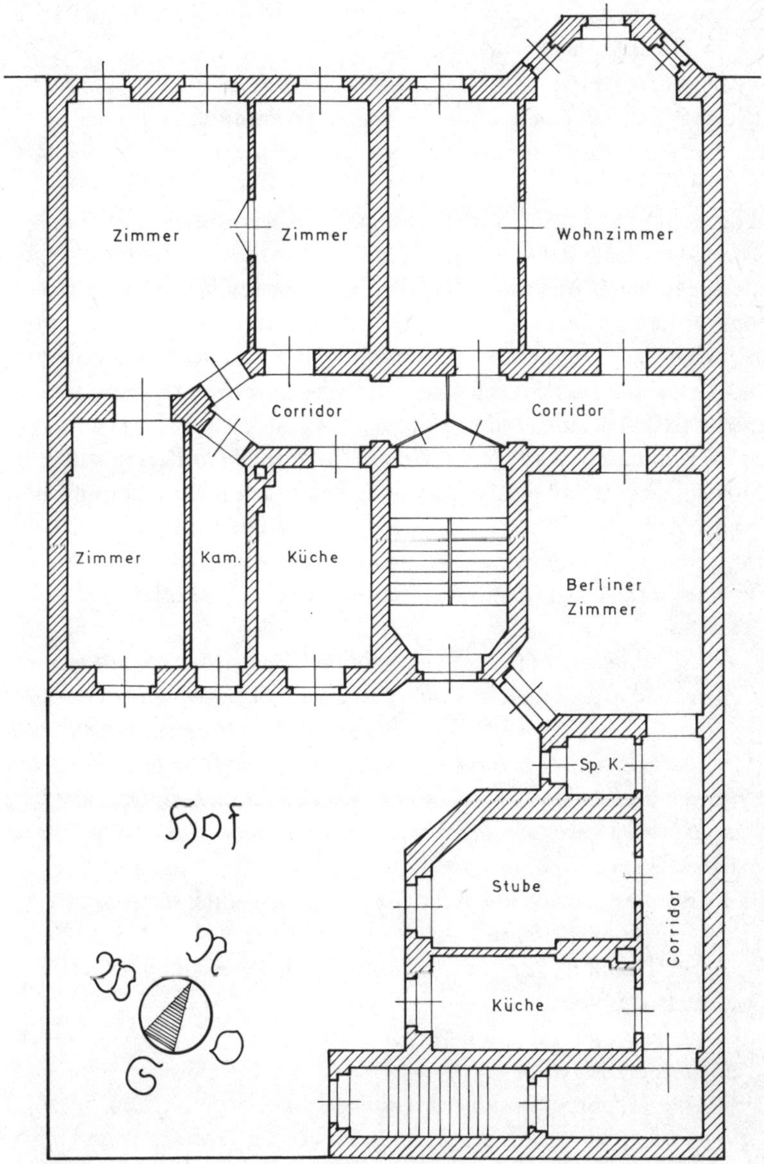

Grundriß Perleberger Str. 55

wie du zu sagen beliebst ... Ich bin dir nicht nachgelaufen, im Gegenteil, du wolltest mich partout ...

Und dies ewige ›vornehm‹ und wieder ›vornehm‹. Und warum? Bloß weil ich einen Trumeau wollte, den man wollen muß, wenn man ein bißchen auf sich hält. Und für einen Spottpreis ist er fortgegangen.«

Damit spielte Frau Hradscheck auf den günstigen Kauf bei der Auktion an. Und dann hatte es doch Mord und Totschlag wegen der gehobenen Ansprüche gegeben und, letzten Endes, auch wegen des Trumeaus.

Doch der Geschichten um diese hohen Konsolspiegel gibt es viele. Trumeaus hielten sich, wenn sie von guter Ausführung waren, mehr als halbe Jahrhunderte lang.

1917 brachten Walter und Willi Kollo mit einem Riesenerfolg ihr Singspiel »Drei alte Schachteln« in Berlin heraus. Es lief und lief, und einen der Höhepunkte schildert uns Tucholsky sehr keß im Jahre 1918, als alle Leute in Deutschland die Heiterkeit von der Bühne herab besonders nötig hatten: Claire Waldoffs Lied vorm Trumeau.

»Ja, es war sehr schön. Ich sah mein Geld ordentlich ab, mit meinem Theaterglas ... und ich sah die Waldoffn. Und da mußte ich das Glas absetzen ... Neben all den schönen Tönen, unmittelbar aus dem Wasser der Panke hervorgegurgelt, zwei kleine Höhepunkte: einmal weich und dick hineingelehnt auf ein Sofa, eine berliner Récamier; und einmal mit der Petroleumlampe vor dem Spiegel, mits neue Kleid ...

›Wenn ick mir so in den Trimoh bekiecke — ick weeß nich recht: ick seh so komisch aus ...‹

Spielen kann sie gar nicht; ... aber ihre Stimme hallt noch wie einst über die Gefilde ...«

Mein Großvater Theodor Mende lebte von 1884 bis 1911 im Hause Perleberger Str. 55.

Meine Großmutter Elise Mende geb. Noelte von 1884 bis 1930. Mein Onkel Kurt starb mit siebenundzwanzig Jahren an den Folgen eines Nierenleidens, das er sich in den flandrischen Schützengräben 1914/15 zugezogen hatte. 1889 bis 1916 wohnhaft.

Meine Mutter wurde 1894 in der Vierzimmerwohnung im dritten Stock geboren. Sie heiratete 1919, blieb jedoch im selben Hause im zweiten Stock in der Dreizimmerwohnung bis zum Jahre 1943 wohnen.

1 *Die Perleberger Straße 55 im Jahre 1952*

2 *Im Treppenhaus der Löwenkopf am Klingelzug (Rekonstruktion)*

3 Das gedrechselte Treppengeländer

4 *Stuckköpfe betrachten die Bewohner seit 100 Jahren*

5 *Farbige Bemalungen zieren die Treppenunterseiten*

Vom Einzug der Großeltern bis zum Aüszug der Tochter hatte Familie Mende etwa achtundfünfzig Jahre im jetzt hundertjährigen Hause gelebt.

Meine eigenen Erlebnisse vor Omas Trumeau, die kommen dann später dran, als ich im großväterlichen Meublement aufwuchs.

Kein Pfusch am Bau

Als Mendes eingezogen waren und die ersten Besucher die neue Wohnung begutachtet hatten, da stellte man einhellig fest, daß dies ein ungewöhnlich gut und solide gebautes Haus sei. Schon allein die gute Schalldämmung. Man hörte kaum Laute aus den Nebenwohnungen. Nur die Türen der Wohnungseingänge im Treppenflur, die ließen die Nachbarn mithören: »Ach, wie nett, daß ihr kommt!« oder »Nun, also Adieu für heute!« und später »Tschüß« oder »Tschau!« oder was sonst der Mensch als Begrüßung beim Kommen und Gehen von sich gibt.

Die Korridore der Wohnungen erhielten ihr Licht dadurch, daß die Füllungen einiger Zimmertüren aus Milchglas bestanden. »Im Grunde ist die Wohnung ein Schlauch!«, stellte Urgroßmutter Noelte griesgrämig fest. »Es ist ja eine halbe Tagereise vom Erkerzimmer in die Küche. Die Dienstmädchen werden auch in Scharen davonlaufen, wenn sie hier bei Besuch servieren sollen!«

»Nicht nötig«, erwiderte Großvater Theo schmunzelnd und öffnete einen Wandschrank, »seht mal hier —«, und er setzte Dessertweingläser auf ein Tablett, entnahm einem unteren Schrankfach eine Flasche Malagawein und bewirtete seine Gäste eigenhändig. »— oder wünschen die Damen einen Likör? Wir hätten da Curaçao und selbstfabrizierten Eierlikör. Für einen soeben erst installierten Haushalt ist das doch nicht schlecht!«

»Nun ja, ich gebe zu, ihr habt alles sehr praktisch eingerichtet«, räumte Schwiegermutter Noelte ein, »und das Erkerzimmer ist ausgesprochen hübsch. Sage mal, Lies, übst du auch noch regelmäßig Klavier?«

»Und ob, Mama! Theo kann das ›Gebet einer Jungfrau‹ schon nicht mehr hören. Aber ich liebe Arpeggien. Ihm zuliebe suche ich mir jetzt andere Übungsstücke!«

»Wäre ja auch ein Jammer«, grollte der alte Christian Noelte, »das viele Geld für die Klavierstunden, und als Ergebnis bloß ›Gebet einer Jungfrau‹, es ist nicht zu fassen. Nimm dir den Czerny vor und lasse dein Talent nicht verkümmern. So ist das alles nichts Halbes und nichts Ganzes.«

Dann besah man die soeben angebrachten schmiedeeisernen Fahnenhalter vor den Fenstern, prüfte ihre Festigkeit, drehte an den gerillten Fenstergriffen, und Urgroßmutter Noelte probierte, ob sich die Sonnenrollos auch mühelos hinter den Spitzenstores zusammenziehen ließen.

»Ihr examiniert uns ja hier auf Herz und Nieren!«, meinte dann Lies Mende. »Nun warte ich direkt darauf, daß ihr was auszusetzen habt!«

Doch an diesem Tage blieb alles friedlich und harmonisch.

Hausbesitz — die unvergleichliche Geldanlage

Die Wohnungsbau-Gesellschaft *Am Kleinen Tiergarten* suchte stets, wenn ein Neubau genehmigt und in der Ausführung begriffen war, die Kosten möglichst schnell wieder hereinzubekommen, um damit weitere preiswerte Grundstücke aufzukaufen. So erwarb auch ziemlich schnell nach Fertigstellung der Perleberger Straße Nr. — damals 35 — ein Zimmermeister namens Schiefer den nahezu fertigen Neubau. Aus zehn Wohnungen und zwei Ladenlokalen, wie man die vorgesehenen Räumlichkeiten für Geschäfte im Erdgeschoß amtlich zu benennen pflegte, war nach Maßgabe der damaligen wirtschaftlichen Verhältnisse eine erfreuliche Rendite zu er-

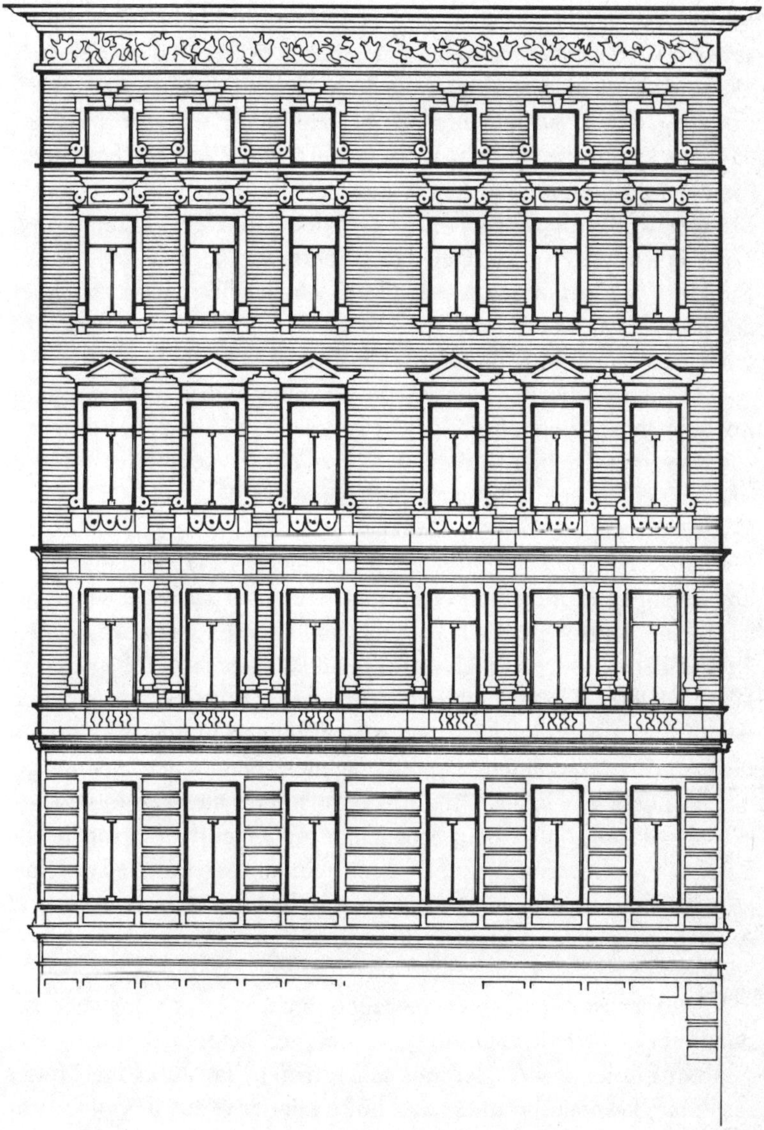

Entwurf der Fassade des Hauses Perleberger Straße auf dem Plan zum Bauantrag vom 28. April 1884. Das Grundstück trug zuerst die Nummer 35, dann im Jahre 1899 die Nummer 49. Erst ab 1921 stand die heutige Hausnummer 55 fest.

warten. So wurde berichtet, daß Zimmermeister Schiefer bald darauf sein Geschäft verpachtete, sein Leben aufs Geruhsamste einrichtete und sich damit begnügte, die monatlichen Mieten zu kassieren. Ein Teil davon wanderte zunächst auf ein Bankkonto, danach dann — er konnte es nicht lassen — erwarb er ein Vorkaufsrecht für ein weiteres Miethaus, war nun von Beruf »Rentier«, was die Berliner als Rentjeeh bezeichneten. In den neunziger Jahren des vorigen Jahrhunderts gab dann Herr Schiefer das Haus jedoch auf. Ein Herr Brüll ist in den Akten als glücklicher Besitzer verzeichnet, der jedoch bald nach dem Erwerb starb. Im Jahre 1903 verkaufte seine Witwe den Besitz an Herrn Carl Römer.

»Der olle Römer«, wie er von uns genannt wurde, ist bis 1936 im Adreßbuch der Perleberger Str. 55 verzeichnet. Aber die Besitzverhältnisse müssen sich, für die Hausbewohner mehr oder weniger unbemerkt, dramatisch verschoben haben.

Römer wendete an sein Haus etwas an. Als ich noch klein war, etwa 1924, wurde einmal die Hof-Fassade des Hauses eingerüstet und in einem freundlichen Ockergelb neu angestrichen. Damals bat ich meine Mutter flehentlich, doch nur ein einziges Mal auf dem jetzt so licht und freundlich erstrahlenden, sauberen Hof spielen zu dürfen. Kleine Kinder hatten bescheidenere Wünsche als heutzutage, ab und zu bekam ich einen neuen kleinen bunten Kreisel aus Holz, unten mit einem eingeschlagenen Nagel betriebsfest gemacht. Diese wie Eis-Waffeltüten geformten Dinger, buntgestreift bemalt, wurden mit einem Stöckchen mit Schnur geschlagen und tanzten dann vergnügt umher. Man nannte dies Spiel »Trieseln«, und die Schnur hieß natürlich Strippe. Es funktionierte nur auf Asphalt oder glatten Steinen. Und unser Hof war asphaltiert und bot viel Platz.

Ein- oder zweimal, so erinnere ich mich, habe ich das auch gedurft, aber sowie Straßensänger kamen, ein Leierkastenmann oder sich ein Bettler im Vorderhaus sehen ließen, sauste meine Mutter rasch die Treppen herunter und holte mich fort aus dem unbeaufsichtigten Dasein eines trieselnden Kindes. »Fremde Männer« waren schon damals unerwünschte Erscheinungen, denen man gar nicht schnell genug aus dem Wege gehen konnte.

Die Renovierung der Hausfassade hatte Herrn Römer wahrscheinlich derart viel gekostet, daß er nach der Inflation sein geliebtes Haus an die geschäftlich offenbar gewandteren Herren Cohn und Marek abgeben mußte. Hugo Marek zahlte später den jüdischen Miteigentümer aus und besaß dann das Haus mehrere Jahre allein.

Ehepaar Römer blieb aber weiterhin in seiner Dreizimmerwohnung im ersten Stock wohnen und hatte die Hausverwaltung, kassierte auch weiterhin die Mieten.

Herr Hugo Marek lebte in Wien. Nach dem Tode des alten Römer Mitte der dreißiger Jahre übernahm ein Herr Rahn die Verwaltung für Herrn Marek bis zum Jahre 1945. Dann setzte in Wien offenbar ein Kesseltreiben gegen Hugo Marek ein, der ja, wie erwähnt, in seinen Grundstücksgeschäften zuweilen jüdische Teilhaber hatte. Man warf ihm alle möglichen Verfehlungen vor, er sei Parteigenosse der NSDAP gewesen und habe seine jüdischen Partner betrogen und Gott weiß was noch, was der Klatsch damals in der großen Zeit der gegenseitigen Beschuldigungen und Verleumdungen aufbrachte.

Marek konnte schließlich anhand von Urkunden beweisen, daß er weder PG noch unkorrekt zu Juden gewesen sei, er legte die Texte alter Verträge und anderer Schriftwechsel vor und rehabilitierte sich in jeder Weise. Bis 1962 verlief dann sein Leben ohne Schwierigkeiten, schließlich verstarb er.

Im Jahre 1945 ging die Verwaltung des Hauses an das Ehepaar Maffey. Herr Maffey war von Beruf eigentlich Chefredakteur in Bayern gewesen und wurde von seiner Zeitung gefeuert, weil er nicht der NSDAP beitreten wollte. Um über die Runden zu kommen, nahm er jede Menge Hausverwaltungen an und ging vor allem aus seinem Heimatort in die doch immer noch wohltuend vorhandene Anonymität der Großstadt Berlin. Herr Maffey, der nun eigentlich in seinen alten Beruf mit Ehren hätte zurückkehren können, starb bald nach Ende des Zweiten Weltkrieges. Seine Frau Margarete führte die Verwaltung weiter.

Im Jahre 1962 meldeten sich bei ihr gleich sechs geldhungrige Erben, denen aus der monatlichen Rendite kein Nutzen erwachsen wäre. Frau Maffey schlug daher, nach langen Verhandlungen, einen Verkauf vor. Nun sind seit 1965 die Eheleute Bär aus Tegelort die Besitzer. Damit befinden sie sich, wie so mancher Althaus-Inhaber, in einer rechten Zwickmühle. Hätten Bärs ihr Geld vor zwanzig Jahren in guten Aktien angelegt, so wäre das ihrem Bankkonto vermutlich besser bekommen, als dies betagte, ewig reparaturbedürftige alte Miethaus. Soviel über die Hausbesitzer, als meine Erzählung begann.

Natürlich gibt es Ausnahmen. Auch heute noch werden ja einzelne Objekte im Althausbestand von Berlin, speziell Moabit, einer gründlichen Verjüngungskur unterzogen und erstrahlen dann mit behördlicher Hilfe in alter Schönheit. Allein kann das aber ein Hausbesitzer nicht schaffen, denn er ist schließlich kein Wohltätigkeits-Unternehmen.

Die Sparsamkeit der Hauswirte im Hinblick auf Renovierungen erweist sich ja, was das Treppenhaus der Perleberger Str. 55 betrifft, als ein Glücksfall. Woher wüßte man sonst noch von den schönen alten Schablonen-Malereien? Photographiert hat das damals keiner.

Auch die Rekonstruktion alter Wohnungseinrichtungen, Küchenmöbel und einzelner Gerätschaften gelingt nur vereinzelt.

Was man damals auf die Platte gebannt hat, das waren vor allem Familienfeste und immer wieder — Weihnachten. »Dies Jahr haben wir aber einen besonders schönen Baum!« wurde dann festgestellt. Und alsbald gruppierten sich die gerade Anwesenden; und heute — da finden sich in den wenigen alten Aufnahmen, die noch da sind, ganz ungewöhnlich viele unter Weihnachtsbäumen. Weder Haustür, Flur, Wohnungstür, Beschläge an Türen, Klinken, Fenstergriffe — wer hat je daran gedacht, diese kunstvollen alten Messingarbeiten zu knipsen. Heute sind es begehrte Flohmarkt-Objekte, und manche Gelbgußwerkstatt hat sich neu installiert, um diese alten Formen auch im Handel wieder anzubieten.

Hausbesitz — die unvergleichliche Geldanlage — es sind schon Bände darüber geschrieben worden, und man könnte die Geschichten endlos fortsetzen. Hausbesitz, damals zu des alten Römers Zeiten das sanfte Ruhekissen fürs Alter, heute ein ziemlich problemreiches Unterfangen. Was die Perleberger Str. 55 betrifft, so sollte sich da noch einiges ereignen.

Mendes gehen in Neu-Moabit spazieren

Wenn mein Großvater aus seinem Zeichen-Atelier, wo er Landkarten anfertigte, nach Hause kam, gegen vier Uhr nachmittags zu Mittag gegessen und eine kleine Stunde geruht oder Zeitung gelesen hatte, dann kam meine damals sehr schlanke, hübsche junge Großmama, gab ihm einen Kuß und sagte: »Wie ist es, Theo, gehen wir noch ein Stückchen?«

Der Begriff Freizeitkleidung war noch nicht bekannt. Großmut-

Auszug aus dem Lageplan von 1980 mit dem Anwesen Perleberger Str. 55

ter bedeckte ihre kleidsame Frisur, glatt mit im Nacken lose geschlungenem Haarknoten, einem Chignon, mit einem der amüsanten Hutgebilde der achtziger Jahre; man hüllte sich in Paletots, Großvater ergriff Stock und Hut oder im Bedarfsfalle einen Regenschirm. Dann gingen sie meist in Richtung Kleiner Tiergarten, wo bei schönem Wetter Bänke zum Ausruhen, schattenspendende Bäume, Vogelgesang und mit Trudelreifen umhersausende Kinder die Feierabend-Idylle darstellten.

Zuweilen trieb sie aber auch die Neugier zu einem soeben errichteten Gebäude, von dem man in der Zeitung gelesen hatte, und das in seinen Einzelheiten nun besichtigt wurde.

»Wie ist das, Theo«, fragte dann Lies Mende, »die Straßen, die jetzt hier entstehen, wer gibt ihnen eigentlich die Namen?« »Das ist Sache der Stadtverwaltung. Da ist wohl eine Kommission im Magistrat, die sich damit befaßt.«

»Sage mal, Perleberger Straße — offengestanden, ich weiß im Moment überhaupt nicht, wo Perleberg liegt!«

»Och, das ist eine nette kleine Stadt mit schönen gotischen Gebäuden um den Marktplatz. Schon alt. Mitten in der Gegend, wo sich früher die Raubritter so mausig gemacht haben. Die ›Edlen Gans zu Putlitz‹ waren die Gründer. Alles in der Westprignitz. Wir sind ja hier überhaupt von westprignitzer Stadtnamen umzingelt. Havelberger Straße, Pritzwalker Straße, nach den Putlitzen hat man die ganze riesige Straße und Trasse über das Eisenbahngelände am Westhafen genannt. Und ehe du die gewundenen Steintreppen raufsteigst zur Putlitzbrücke, um zum Friedhof zu gehen, na, was siehst du da? Das Straßenschild Quitzowstraße. Auch wieder so'n oller Raubritter.«

»Weißt du, das erinnert mich alles so an meine Kinderzeit. Wir hatten ein Buch mit märkischen Sagen, schöne Bilder drin, Großmutter Noelte hatte ja keine Geduld, sie war immer sehr nervös und nörgelig. Aber Großvater, der legte seine lange Pfeife beiseite und kam zu uns Kindern ins Zimmer abends, und dann las er vor. Meist schliefen wir dann sehr schnell drüber ein. Die alten Kamellen vom Wunderblut zu Wilsnack und wie der Teufel die Bredows aus seinem kaputten Rucksack verlor, ich fand das immer *nicht* besonders spannend!«

»Ja, das sind gemütliche alte Geschichten. Aber sie gehören zum Land. Du wirst mir zugeben müssen, daß die Leute hier im Grunde alles ganz gemütliche Naturen sind. Ich bin doch nun viel rumgekommen bei den Fahrten, die bei den neuen Landvermessungen nötig waren. Tagsüber hat uns mancher Bauer ganz schön wütend beschimpft, wenn wir mit unseren Meßgeräten mitten auf der Straße standen. Aber abends in den alten Gasthöfen, da wurden zwar nicht mehr die Sagen erzählt, denn man redete eher von Politik. Aber wenn man einen richtigen Bösewicht kennzeichnen wollte, dann sagten die Bauern, die uns tagsüber angemault hatten und abends mit uns einen hoben, schon mal ›Das is ein ganz Schlimmer! Den hat der Deibel aus'm Sack verlorn!‹ So hat sich das alles erhalten in den Köpfen der Leute!«

Wieso eigentlich Moabit?

Sie gingen aus dem Kleinen Tiergarten ein Stück die Turmstraße entlang in Richtung Stromstraße.

Am Wege stand ein großer Eisenbrunnen. Um seinen Fuß ringelte sich eine Kette von Fischen, aus einem eisernen Fischmaul floß der Wasserstrahl, Knorpelornamente und nachgemachte herabrinnende Wassertropfen aus Eisen zierten den Schaft des Brunnens.

»Oben ein Abschluß wie ein Bowlen-Deckel, mein Geschmack ist das ja nicht. Aber sieh mal, die Bengels — «, und Theodor Mende jr. wies auf eine Schar Jungen, die sich an den Pumpenschwengel hingen und auf und ab damit sausten und herumtobten, während immer einer von dem Wasserstrahl zu trinken versuchte und die anderen dann naßspritzte.

»Komm«, sagte Lies, »laß uns hier rübergehen. Ich will nicht bei diesen kleinen Rüpeln vorbei. Sie ruinieren einem ja die Sachen mit ihrer Planscherei.«

Sie warteten einige Pferdedroschken ab, dann überquerten sie die Turmstraße, gingen an einem Baugerüst vorbei und bogen dann in die Stromstraße ein.

»Da wir übrigens heute gerade bei Namen sind«, meinte Lies im Weitergehen, »wieso heißen wir eigentlich Moabit? Das ist doch ein biblischer Name. Andere Stadtteile sind nach den Dörfern benannt, die schließlich nach Berlin eingemeindet wurden, Rittdorf, Pankow, Lichterfelde. Aber ein Dorf Moabit, ich meine, das hat es doch mit Sicherheit nicht gegeben!«

Theo lachte. »Soweit kommt das noch, meine Liebe! Dorf Moabit! Nein, das hing wohl anders zusammen. Ich habe ja viel darüber lesen müssen. Wir armen Karthographen sollen uns ja schon in der

Ausbildung immer mit der Herkunft von Flurnamen und all diesem Kram befassen. Es gibt da wohl verschiedene Meinungen.« Theo Mende ergriff sorglich den Arm seiner jungen Frau, wieder mußten sie etwas warten, ehe sie die Stromstraße überqueren konnten. Die Pferdebahn von der Putlitzbrücke her zuckelte vorüber, ein paar private Pferdekutschen, zwei Mietdroschken. Dann endlich. Sie beeilten sich mit der Überquerung der breiten Stromstraße, Lies hob den Rock ihres Straßenkostüms. Die Pferde hatten mal wieder reichlich für den Tisch der Spatzen gesorgt.

»Ja, das ist immer die Malesche«, er sagte die übliche Verballhornung für Malaise, wie alle Leute in Berlin, »daß die Straßenfeger mit ihren Karren nicht schnell genug die Hinterlassenschaft der Gäule beseitigen. Bei Regen ist das ein richtiger Modder. Aber du fragtest mich nach Moabit. Geht man der einen Auffassung nach, so stammt Moabit wirklich von Modder her, Moor, Morast, das hieß auf Wendisch Moch. Moorig wurde wie Mochaw gesprochen. So soll es ursprünglich gewesen sein. Als dann die Hugenotten Ende des 17. Jahrhunderts mehr und mehr hier angesiedelt wurden, hatten die ja keine wendischen Gedankenbrücken, sondern hörten nur die Leute Mochaw sagen und verstanden es als Moab. Das Moabiterland, das war etwas, das sie kannten. ›Terre de Moab‹, so hatten sie gleich einen Anknüpfungspunkt, um sich bei dem Soldatenkönig, der 1718 einem ganzen Schwung von Réfugiés Siedlungsland zuwies, mit wohlgesetzten Worten zu bedanken. Wir müssen zu Hause mal nachlesen.«

Jetzt bogen die jungen Mendes in die Perleberger Straße ein, wo eben junge Ulmen gepflanzt worden waren.

»Sie sehen ja noch reichlich mickrig aus!«, meinte die junge Frau kritisch. Doch ihr Theo drückte nur ihre Hand.

»Laß man, mein Schatz, wenn du demnächst deinen Kinderwagen spazierenfahren willst, die Bäume in der Rathenower Straße geben schon genügend Schatten. Aber wir sprachen von Moabit. Ja, wieso Moabit. Ich weiß nicht, ob man in den Mädchenschulen darüber überhaupt spricht im Religions-Unterricht. Weißt du zufällig, was es mit den fragwürdigen Sitten der Töchter Loths auf sich gehabt hat?«

»Loth —«, Lies besann sich, »war da nicht Loths Weib, die zur Salzsäure erstarrte?«

»Ja, dies auch. Aber — nun ja, ich verkünde ja keine Neuigkeit, es steht ja seit Luther auf Deutsch in allen Bibeln. Also die Töchter

Loths luden ihren Papa voll des süßen Weins, und dann — « »Ach, das meinst du?« Lies hob kühn die Nasenspitze und entgegnete erhaben: »Für wie dumm hältst du mich eigentlich. Von der sittenwidrigen Beiwohnung haben wir natürlich in der Schule gelesen. Aber sonst wäre die ganze Familie ja wohl ausgestorben. Also von den Töchtern Loths — «

»Ja, die eine gebar Moab. Und der muß sich irgendwie erfolgreich vervielfältigt haben. Jedenfalls gab es so um 1200 bis 1100 vor Christi Geburt schon ein ganzes ›Volk der Moabiter‹, die sich immer wieder aus plausiblen Gründen mit anderen ›Itern‹ herumschlagen mußten. Die halbe Bibel ist ja voll mit Völkern, die auf -iter enden. Ammoniter, Hethiter, Enakiter, wer soll sich das alles merken. Sie wurden auch zuweilen verjagt, kehrten zurück, mußten wieder fliehen, beschwerten sich bitter über den Verlust ihrer Weinberge — also weißt du, ich bin kein Theologe, wir gucken zu Hause mal eben nach. Jetzt habe ich ja schon beinahe Fransen am Mund. Sagen Sie, liebe Dame, wie wäre es denn mit einer Weiße mit Schuß? Sieh mal, die kleine Wirtschaft dort«, und er wies mit dem Stock auf eines der soeben eröffneten kleinen Bierlokale in der Birkenstraße, »das sieht doch richtig gemütlich aus, und wir haben uns eine Erfrischung wahrhaft verdient!«

»Aber sonst verzehren wir nichts, nicht wahr, Theo? Du weißt, wir müssen jetzt bald den Kinderwagen — «

»Aber ja, mein Engel, alles wie du willst. Bloß die Weiße, also da kenne ich nichts — «

Als Mendes zu Hause waren, da holte Theo eine dicke Zwingli-Bibel, die ihm ein ausländischer Freund mal geschenkt hatte, aus dem Regal und schleppte sie zu Lies in die Küche. Auf dem zum Sitz zusammengeklappten Leiterstuhl nahm er Platz mit seiner Last und verkündete: »Ich hab's gefunden! Jesaja 16, Vers 4 und 5, hör' zu:

›*Laß die Versprengten Moabs bei dir zu Gaste sein, sei ihnen ein Schirm vor dem Verwüster; denn hat ein Ende der Bedrücker, ist es aus mit dem Verwüster, sind fort die Zertreter aus dem Lande, so wird der Thron durch Güte befestigt sein, und auf ihm wird im Zelte Davids unwandelbar ein Richter sitzen, der nach dem Rechte trachtet und sich der Gerechtigkeit befleißt.*‹

Diese Worte sagte der französische Prediger beim Dankgottesdienst zu König Friedrich Wilhelm I., der damals gerade fünf Jahre am Ruder war und ein sehr strenger und gerechter Herr sein wollte.

Daß das Musik in seinen Ohren war, kannst du dir denken! ›Im Zelte Davids.‹ Ja, die Franzosen. In der Wortwahl sind sie einzig.«

»Das haben der Herr Mende aber wunderbar gesprochen,« sagte das Hausmädchen Stine aus Wusterhausen an der Dosse, »wie uns' Herr Pastor. Geradewech!«

»So, Stine, nun tragen Sie auf«, meinte Lies, nachdem sie die Schüssel mit Aufschnitt noch eben mit etwas Petersilie dekoriert hatte.

»Übrigens Wortwahl«, meinte Lies dann beim Essen, »du magst ja was gegen unsere Töchterschulen haben und daß wir nicht alles erfahren, was so in der Bibel steht. Aber dafür fällt mir in diesem Moment ein, daß die charmanten Franzosen nach 1718 festgestellt haben, die ollen Sumpfwiesen da hinter der Spree wären das Letzte vom Letzten und taugten zu nichts. Dann haben sie Gewächshäuser gebaut und Melonen gezüchtet. Das klappte dann und war ein nettes Geschäft. Aber sie haben vordem nicht schlecht geflucht und sagten ›terre maudite‹, was eine Verwünschung dieses Landes bedeutet. Und ›modite‹ und Moabit — das klingt bei nuschelnden Leuten ja auch sehr ähnlich. Manche sagen, der Name Moabit käme daher!«

»Mein kluges Engelchen!«, schmunzelte Theo und goß aus der kleinen Kristallkaraffe einen Schuß Rum in sein Teeglas, das in einem ziselierten Silberbecher mit Fuß stand. »Ich bin fast sicher, daß unser Sohn noch wesentlich schlauer wird, als wir beide zusammen es sind. Und darauf trinke ich jetzt einen! Prost!«

2. Kapitel

Wie es bei Mendes weiterging

Wenn ich darüber nachdenke, bei welcher Gelegenheit ich über unsere Familie Einzelheiten erfuhr, so sind es stets und ständig die Erinnerungen an die häufigen und unglaublich langweiligen Spaziergänge, fast sollte man sagen: Wanderungen, die uns zu den Friedhöfen führten.

Wir wählten dabei immer die Abkürzung von unserem Haus zur Stendaler Straße, die durch einen von Bäumen beschatteten Hofdurchgang führte, in welchem das Kino »Artushof« in der Perleberger Straße gelegen war. Dieser Kino-Eingang war von beiden Seiten zugänglich und ersparte einem einen ziemlichen Umweg. Dann gingen wir durch die Stendaler Straße, einige Schritte die Havelberger entlang, über den Stephanplatz, wo Bänke standen und Kinder in Sandkästen spielten. Danach die Salzwedeler Straße bis zu den Aufgängen zur Putlitzbrücke. Hatten wir dann die Bahngleise überquert, am Ringbahnhof Putlitzstraße vorbei, so zweigte links am Hohenzollern-Kanal ein schöner Promenadenweg ab, das Nordufer.

In allen Lebensaltern wurde ich diesen Weg entlang »auf die Weide getrieben«, wie mein Vater es ausdrückte, wenn ich an die frische Luft sollte.

Den Zeitläuften entsprechend entwuchs ich dem Kinderwagen, mußte auf eigenen Füßen dorthin traben. »Laß dich nicht so ziehen!« klingt mir noch in den Ohren. Geduldfördernde Pfefferminz-Fondants bildeten unseren Reiseproviant. Da auf dieser endlosen Pflichtstrecke zu den Gräbern der lieben Verstorbenen weder an Entkommen noch an optische Abschweifungen zu denken war, so verdanke ich den Erzählungen meiner Mutter auf diesen Friedhofs-Wanderungen eigentlich meine Kenntnisse aus früherer Zeit.

Mutter schilderte alles sehr plastisch und nahm auch kein Blatt vor den Mund:

»Als mein Großvater Christian Noelte älter wurde, du weißt ja, er war achtzig Jahre alt geworden, da hatte ich immer gräßliche Angst, abends mit ihm allein zu bleiben, wenn meine Eltern ausgingen. Habe immer gedacht, er würde gerade in dem Moment sterben, wenn ich bei ihm war, weil er doch schon so alt war und alle in der Familie sagten: ›Wir werden ihn wohl nicht mehr lange haben!‹ Nur Kurt konnte mich verstehen, obwohl er fünf Jahre älter war als ich und meinen Kindergedanken eigentlich schon entwachsen. Aber er hatte immer Mitleid mit mir. Ich war so ungern Kind.«

»Wieso denn? Oh, Mutti, sieh doch mal, ein Schlepper mit drei Zillen!«

»Na und? Sieh mal, da drüben, wo die hohen Kräne sind und die Lagerhäuser, das ist der Westhafen. Da fahren doch andauernd Kähne oder Schleppzüge. Das ist doch hier nichts Besonderes. Willst du nun weiterhören oder nicht?«

»Ja, schon. Also wieso warst du ungern Kind?«

»Weil ich immer das tun mußte, was ich absolut nicht leiden konnte. Das fing schon damit an, daß damals schwarze Strümpfe modern waren. Mitte der neunziger Jahre. Ich brüllte wie am Spieß, wenn man mir die kratzigen schwarzen Wollstrümpfe anziehen wollte, schmiß mich auf den Fußboden und erstickte beinahe an meiner eigenen Wut. Dann sah Mutter ein, daß es so nicht weiterging. Sie besorgte mir Baumwollstrümpfe. Aber auch die ganze Dressur, hier einen Knicks und ›sei lieb zu Tante Hedwig‹, auch dann, wenn ich diese Person nicht ausstehen konnte. Na, du hast ja auch so deine Touren gehabt, nicht wahr, Frollein?«

»Ach, immer erzählst du dasselbe. Nur weil ich bei Tante Tinchen hinter den Sessel kroch!«

»Na, lassen wir's gutsein. Jedenfalls hast du ein viel freieres Leben, das kann ich dir nur sagen. Nie habe ich eingesehen, wozu man eigentlich auf die Welt kommt! Einen Haufen Ärger von Kindesbeinen an, ewig zum Friedhof rennen, Eisblumentöpfe kaufen, Blätter abzupfen vom Efeu. Die damalige Mode machte mich ganz nervös. Häßliche Schuhe, Knöpfstiefel mit zwanzig oder mehr Haken. Einen Stiefelknöpfer brauchte man, einen Stab mit runder Öse oder halbmondförmiger Stahlkuppe. Es war mühselig, damals modern zu sein. Wenn Mutters Freundinnen kamen, so hörtest du die Fischbein-Einlagen in den Korsetts krachen. Alle Damen zwängten sich in diese Dinger rein, obwohl sie kaum Luft kriegten.«

»Hast du auch ein Fischbein-Korsett gehabt?«

»Einmal und nicht wieder! Gott sei Dank kamen zu meiner Zeit die Reformkleider auf. Aber meine Eltern und Großeltern — da hätte keine Dame gewagt, ungeschnürt zu gehen. Manchmal denke ich, Großmutter Mende, die ihren Mann um zwanzig Jahre überlebte, war nur deswegen so unausstehlich, weil sie sich durch die ewige Schnürerei ein Gallenleiden zugezogen hatte. Sie hat die letzten zehn Jahre in unserem Haushalt gelebt, das heißt einige Zeit auch bei Tante Flora nebenan. Aber da hatten wir sie genauso auf der Pelle.«

»Aber begießen müssen wir sie trotzdem, auch wenn du sie nicht leiden konntest?«

»Frage nicht so unsagbar dumm. Familie bleibt Familie. Und dann liegt sie neben meinem Großvater Theodor Mende, dessen Grabstein auf unserem alten Bild ist, bestattet, und den ich nicht mehr gekannt habe. Wären wir nur erst dort, ich frage mich, warum die Verwaltung hier auf diesem endlosen Nordufer keine Bänke aufstellt! Wenigstens haben wir eine Bank am Grab der Großeltern!«

»Hast du nicht noch ein Pfefferminz-Fondant?«

»Wenn du jetzt alle aufißt, ist auf dem Rückweg großes Geschrei, nicht wahr? Und kein Laden weit und breit. Also beherrsche dich nur, Madamchen!«

»Und dann gehen wir zu Onkel Kurts Grab, nicht? Den hattest du lieb. Wie alt war er eigentlich, als er sterben mußte?«

»Ach, das ist eine lange Geschichte!«

»1889 — mein Bruder Kurt Mende«

»Kurtchen wurde am 11. Oktober 1889 geboren. Hausgeburt natürlich, große Freude über den Sohn. Schöne Taufe in der Johanniskirche. Sie fuhren mit einer Droschke hin. Dann zu Hause bei uns sehr nette Gesellschaft. Von dieser Feierlichkeit und den Gästen gab es auch Photos, aber sie sind verlorengegangen.

Meine Eltern waren damals so um die dreißig, noch froh und unbeschwert. Kurtchen sollte nicht allein bleiben. Bald darauf wurde Herta geboren. Sie wurde nur fünf Jahre alt. Dann ein Baby, das kurz nach der Geburt starb. Endlich 1894 dann ich.

Kurt war fünf Jahre älter als ich. Als er eingeschult wurde, krabbelte ich noch durch die Wohnung und lutschte am Daumen. Aber er hatte mich lieb, streichelte mich, spielte mit mir, war nicht ruppig, wie wohl andere Jungen von sieben Jahren.

In Moabit gab es seit 1882 das ›Königliche Luisen-Gymnasium‹. Alle Jahre, wenn die Schutzpatronin der Schule, die unvergeßliche

Königin Luise, die unter diesem gräßlichen Napoleon so gelitten hat, Geburtstag gehabt hätte, hielt man in der Aula eine Feierstunde ab. Das geschah an jedem 10. März eines Jahres oder, falls dies ein Sonntag war, am Tage vorher. Die schöne Königin starb schon mit vierunddreißig Jahren.«

»Aber da war sie doch schon alt!«

»Ach, du Dummes! Für dich halbe Portion ist ja ein Achtzehnjähriger schon ein alter Mann. Aber ich wollte ja von Kurt erzählen. Kurt ging nach der Volksschule mit elf Jahren, also 1900, aufs Luisen-Gymnasium in der Wilsnacker Straße Ecke Turmstraße. Gegenüber befand sich dann meine Schule. Helene Richters ›Höhere Töchterschule mit Selecta‹. Sie war billiger als das teure Luisen-Gymnasium. Bei mir wurde an allem gespart. Der Sohn sollte ja eine gute Berufsausbildung haben.«

»Habt ihr da nicht denselben Schulweg gehabt?«

»Ja, aber erst später. Außerdem lagen die Unterrichtsstunden bei uns anders. Ich trottete immer mit Ernchen Bahls zur Schule, die dort auch, na, ich muß schon sagen ›gastierte‹. Sie war eine ganz schwärmerische und ein bißchen verdrehte Person. Aber faul und uninteressiert in der Schule, du machst dir keinen Begriff!«

»Aber jetzt macht sie doch Dichterlesungen und hat Gesangunterricht und — «

»Na ja, ich sage auch nur, wie sie als Kind war. Jeder Mensch kann sich ja entwickeln. Sie hatte eben Gelegenheit dazu und entwickelte sich vom Portierskind aufwärts zur Rechtsanwaltsgattin mit literarischen Ambitionen!«

»Was ist das?«

»Das sind so Steckenpferde, weißt du, schöne Zitate wissen und Zirkel mit Gesprächen über Bücher. Heute bist ja auch du noch ein Schaf. Doch lies nur tüchtig, ich gebe ja die Hoffnung nicht auf mit dir. Aber ich wollte von Kurtchen erzählen.

Die Luisenschüler kamen viel zu uns nach Hause, Kurt war sehr beliebt, so anständig, so fair. So um 1906 muß er wohl sein Einjähriges gemacht haben, diente ein Jahr beim Militär und ging dann in Vaters Dienststelle, um auch Kartograph zu werden. Das lag bei uns so in der Familie. Mein Großvater, mein Vater, dessen beide Brüder — eine wahre Rotte von Kartographen und Topographen. Nun also auch Kurt. Damals gründeten er und seine Freunde den ›Amicitia-Club‹, eine lustige Clique von jungen Leuten, auch jungen Damen. Man ging einmal im Monat aus, man ging gemeinsam

6 Die Familie Mende im Jahre 1896:
Urgroßmutter Auguste, Großonkel Alfred, Großonkel Richard,
Großvater Theodor und Lies Mende (von links nach rechts)

7 Wie in dieser Puppenküche sah es 1884 beim Einzug in die Perleberger Straße aus

8 Lies Mende im Jahre 1911, die Mutter der Autorin

9 Die Schwestern Seeck, oft zu Gast in der Perleberger Straße 55

tanzen, aber immer in Rudeln. Allein wäre nicht schicklich gewesen. So, jetzt paß auf, wir müssen über die Brücke hier — kannst du nicht hinsehen, ob da links was kommt? Gewöhne dich endlich daran, daß diese Vehikel alle schneller sind, als man denkt. So, jetzt komm, aber nun los, bummele nicht so!

Ja, was wollte ich sagen. Kurt — nun, um es kurz zu machen: Ich gönne ihm heute noch die einzige unbeschwerte Zeit seines Lebens in diesen paar Jahren von 1907 bis 1914. Zwischendurch mußte er dann ab und zu eine Reservisten-Übung beim Militär mitmachen, aber sonst — ich glaube, er war ganz munter.

Doch dann kam der Krieg 1914, die jungen Männer mußten ins Feld. Feld ist ja ein viel zu harmloser Ausdruck für die Strapazen. Es ist eine Zumutung gewesen. Die armen Kerle lagen da wochenlang in nassen Schützengräben in Flandern. Er wurde natürlich prompt krank. Aber während andere sich erholten, wurde sein Leiden immer schlimmer. Die Nieren, weißt du, das sind wesentliche und empfindliche Organe. Auf den alten Bildern siehst du ja, wie geschwollen sein Gesicht war im Lazarett. Er hat viel durchgemacht. Und als sie ihn dann 1916 nach Hause entließen, da konnten Mutter und ich nichts anderes mehr tun, als ihm das Ende zu erleichtern. Die schlimmste Zeit für uns alle. Die letzten sechs Wochen erblindete er, am 4. November 1916 tat er dann seinen letzten Atemzug. Nun liegt er hier draußen bei seinem Vater.«

»Mami, wir haben aber nie wieder Krieg, nicht? Versprich mir, daß wir nie wieder Krieg haben, wo die Leute sterben!«

»Wollte Gott, sie hätten so viel Grips in den Regierungen, daß es nicht mehr vorkommt. So, halte mal meine Tasche. Ich habe einen Stein im Schuh. — Und nun laß uns etwas schneller gehen, ich muß mich unbedingt bald setzen!«

»Meine anderen beiden Geschwister tot — Ich schielte zum Gotterbarmen«

Die Reihe der Nordufer-Kollegs in Sachen Familie ließe sich beliebig fortsetzen. Aber gerade in der Zeit um 1932 wollte ich mehr über Onkel Kurt wissen, dessen Bild bei uns unterm Regulator im Wohnzimmer hing. Ein so schneidiger junger Herr. Meine Mutter erzählte:

»Unsere Eltern hatten ihre Ehe so heiter und unbeschwert begonnen. Aber dann waren da die Brüder von meinem Vater. Du kennst sie von dem Photo am Grabhügel meines Großvaters. Onkel Richard Mende, auf dem Bild in Beerdigungs-Kleidung mit Zylinder und Gehrock. Er war Kartograph bei einem Verlag, also nicht bei einer Behörde. Sehr tüchtig. Hatte eine Dame aus irischer Familie zur Frau, die wir aber wenig kannten. Gertrud O'Kelly. Ich habe keine Erinnerung an sie. Dieser Onkel Richard endete tragisch, aber wir alle fanden ihn bewunderswert mutig. Er erfuhr eines Tages, daß er unheilbar krank sei. Er kaufte sich eine starke Seidenkordel und machte es wie die chinesischen Minister, die in Ungnade gefallen waren: Er erhängte sich. Ein Schock natürlich für die Familie. Doch in seinem Abschiedsbrief standen seine Motive. ›Lieber dies, als Siechtum! — Ich will meiner geliebten Gertrud nicht zur Last fallen und umarme Euch alle im Geiste ein letztes Mal!‹, so seine Worte. Er war der jüngste der Mende-Brüder.

Dann begannen die langwierigen Ärgernisse mit dem zweiten Bruder meines Vaters, dem Alfred Mende, der immer hundert Mark ausgab, wenn er mal dreißig Mark verdiente. Auch er Kartograph, zeichnete Stadtpläne beim — ja, war es der Magistrat? Kind, ich weiß es nicht mehr. Jedenfalls hielten sich seine Gläubiger an meinen Vater, den Herrn Rechnungsrat in gesicherter Position. Auf allen Photos wirst du sehen, daß sowohl mein Vater als auch meine Mutter einen gewissen zerquälten, sorgenvollen Zug im Gesicht haben.«

»Aber ihr hattet doch die teure Vierzimmerwohnung und immer eine Minna!«

»Ach, Kind, so ein Hausmädchen kostete damals zwanzig Mark im Monat. Das war schon viel. Heimlich nahm Vater graphische Arbeiten an. Zeichnete Hochzeits-Zeitungen, Menükarten, Glückwunschkarten. Er war ja so künstlerisch veranlagt. Aber, ob du es glaubst oder nicht, wir sind nie verreist. Das einzige, was wir uns gönnten, das war zuweilen ein Theaterbesuch, im Sommer ein Promenadenkonzert. Unter den Linden, wenn es hochkam, dann mal ein Konzert im Zoo. Zeitweise waren wir ja auch vier Kinder. Aber zwei starben jung, das erzählte ich dir ja schon.

Doch jährlich vier Wochen echte Ferien, so wie wir es jetzt immer machen, das habe ich als Kind nie gekannt.

Und Kurt — nun, er hat von seinem bißchen Verdienst zu Hause abgegeben, was nur möglich war.

Immer wurde ich das Gefühl nicht los, daß meine Eltern mich im Grunde nicht mochten. Denke nur, ich schielte in geradezu irritierender Weise. Die Freunde meines Bruders neckten mich manchmal: ›Lieschen, wohin guckst du jetzt? In meine Augen oder in meine Westentasche?‹

Aber das ließ man alles die ganzen Jahre unberücksichtigt. Ich wuchs heran, kein Mensch dachte daran, mit mir mal zum Arzt zu gehen. Man nahm Schielen offenbar als Schicksal. ›Aber sonst ist sie ja ganz brav!‹ war immer die Redensart. Klavierstunde, ja, die habe ich gehabt. Das lag mir, da durfte ich dann sogar aufs Stern'sche Konservatorium, das in Alt-Moabit eine Filiale hatte. So, und jetzt trägst du bitte mal gefälligst die Gießkanne, mein Arm ist schon ganz lahm!«

»Was wolltest du denn werden?«

»Offengestanden, ich hatte keine Ahnung. Vielleicht Klavierlehrerin. Solche Leute sieht man ja immer nur von der Seite, da wäre das Schielen nicht aufgefallen. Aber es kam dann alles anders!«

»Wieso denn, bist du mit wem durchgebrannt?«

»Sage mal, aus welchen Schmökern beziehst du eigentlich deine Weisheiten? Durchgebrannt! Du bist wohl nicht bei Trost! Schlenkere nicht so mit der Gießkanne, hörst du? Und quetsche mich nicht immer so aus mit deinen Fragen. Sieh mal, da ist ein Eismann mit seinem Karren. Komm, wir kaufen uns ein Eis!«

»Vater starb — Ich ging in Schwarz, und andere junge Dinger tanzten Walzer linksrum«

Dann wieder, bei einem späteren Spaziergang am Nordufer, kam die Rede auf die Sitten und Gebräuche bei Trauerfällen.

»Früher gab es hier die sogenannten Trauermagazine in Berlin. Sie machten riesige Reklame auf ihren kahlen Brandmauern mit ganz schaurig trivialen Texten. ›Im hellen Sommerkleid betreten sie unser Haus und verlassen es zehn Minuten später als tief verschleierte Witwe!‹

Starb jemand in der Familie, so lief alles erst mal ein Jahr lang in tiefem Schwarz. Sogar der Schmuck mußte schwarz sein. Es gab schwarze Jett-Ketten, Broschen, Armbänder. Von Großmutter hatten wir noch ganz alten Filigran-Eisenschmuck, der auch erlaubt war. Ein tristes Bild. Dann begann die Halbtrauer. Töchter durften dann helle Blusen zu schwarzen Röcken tragen. Aber Strümpfe und Schuhe — dies blieb noch ein weiteres Jahr schwarz. Andauernd war das bei uns der Fall. 1902 starb Großmutter Noelte aus der Rostocker Straße. Sie war auch schon siebenundsiebzig. 1906 dann Großvater Noelte, der die letzten Jahre bei uns gewohnt hatte. Ein Jahr vorher, 1905, verlor Tante Flora ihren Mann — wieder alles in Schwarz. So hielt es sich dran. 1911 starb mein Vater ganz plötzlich an einem Gehirnschlag, 1912 Großmutter Auguste Mende geb. Seidel — wir kamen aus den schwarzen Kleidern nicht mehr raus.

Aber das hatte ja noch andere Folgen. Wer im ›Trauerjahr‹ war, und da folgte ja beinahe eins aufs andere, der durfte nicht zu Konzerten, nicht in Operetten, vor allem nicht tanzen. All meine Mitschülerinnen, und vor allem Ernchen Bahls, sie gingen in Rosa, Hellgrün, Lila, Teerosengelb zum Tanz. Nur ich armes Wurm saß zu Hause und langweilte mich. Sogar meine Klavierstücke unterlagen strenger Zensur. Nicht zu denken an fröhliche Sachen. Allenfalls Chopin, die Nocturnes, die Czernyschen Etüden gerade eben noch. Um meine Mutter zu beruhigen und ein kleines bißchen zu hofieren, spielte ich hingebungsvoll Beethovens ›Für Elise‹, obwohl ich immer bei dem großen Oktavsprung danebengriff. Aber das besserte sich natürlich allmählich.

Dennoch war Mutter nach Vaters Tod total durcheinander und nicht sehr gerecht.«

»War der Onkel Alfred, der so viel Geld verpulverte, war der immer noch da?«

»Den hatten wir endlich, nach langem Hin und Her, vom Halse, denn Vater hatte noch vor seinem Tod die Entmündigung beantragt, er wurde unter Kuratel gestellt, weil sein Schuldenmachen nicht aufhörte!«

»Was ist Kuratel — Kurvatell?«

»Kuratel — das ist ein rechtliches Verfahren, mit dem Personen für unfähig erklärt werden, ihre finanziellen und behördlichen Angelegenheiten zu erledigen. Sie bekommen einen Vormund, bei dem sie wegen jeder privaten Unternehmung anfragen müssen. Der Onkel Alfred war uns natürlich lebenslang böse. Eigentlich fand ich es schade, daß er dann nicht mehr zu uns kam. Er war immer wundervoll angezogen, sowas von Geschmack! Sein Zylinder vom letzten Schnitt, Spazierstock mit Silberknauf, elegantes Schuhwerk, das leise knirschte, wenn er bei uns eintrat. Immer ein Hauch von Russisch-Leder-Rasierwasser oder was es sonst war. So gepflegt, so einnehmend. Aber alles auf meines Vaters Kosten. Und wenn ich neue Schuhe brauchte, dann sagte meine Mutter schon mal voller Zorn: ›Geh hin und laß dir das Geld von Onkel Alfred geben. Der ist zuständig!‹ Alfreds Allüren überschatteten all unser Tun und Lassen.«

»Was sind Allüren?«

»Na, so kostspielige Angewohnheiten, die man sich nicht leisten kann. Wenn jemand ein Luftikus und ein Bruder-Hochhinaus ist. Aber es gibt solche Menschen. Da war mein Onkel Alfred nicht der einzige Verschwender unter der Sonne!«

»Mein einziger Pluspunkt:
Schwester eines Bruders mit vielen Freunden zu sein!«

Meine Mutter konnte endlos aus ihrer Jugendzeit erzählen. Sicher erfuhr ich alles mehrmals, immer mit anderen Worten. »Als junges Mädchen hatte ich viele Minderwertigkeitskomplexe. Vor allem, wenn ich mit Ernchen Bahls zusammen war. Sie wuchs sich aus zu einer wahrhaften Schönheit, das mußte ich neidlos anerkennen. Dagegen war ich noch viel weniger als eine graue Maus, denn mein großes Handicap, die Schielaugen, das war schon schlimm für mich.

Daß ich dennoch nicht ganz in Trübsinn versank, das verdanke ich auch nur meinem Bruder, obwohl er ja die fünf Jahre älter war. Aber seine Freunde, ein lustiges Volk, die waren sehr nett und fair zu mir, und weil bei uns immer viele junge Herren mit bunten Schülermützen aus- und eingingen, da hatte ich seltsamerweise auch viele Freundinnen.

›Sieh dich vor‹, warnte meine Mutter dann, ›die haben es ja nur auf Kurt abgesehen oder auf Max Patzer oder den jungen Ziemer oder auf diesen und jenen! Denke nur nicht, daß die dich mögen!‹

Mutter stupste mich auf diese Weise immer wieder in Selbstkritik, nahm mir meine Unbefangenheit, und obwohl sie es in ihrer Weise wohl gutmeinte, war das alles nicht besonders spaßhaft.

Dennoch durfte ich auch in den Trauerjahren mit zu den Abendessen im Amicitia-Club gehen, Unterhaltungen und Tee-Abende waren erlaubt. Doch dann gab es einmal einen Höhepunkt, den ich nie vergessen werde.«

»Wieso? Was für ein Höhepunkt? Komm, erzähle schnell!« »Kind, lassen wir es für heute, sieh mal, dort ist das Portal vom Friedhof, nun geh' voraus und hole die Kanne bei der Pförtnersfrau. Nachher dann weiter!«

So tat ich als Kind, wie meine Mutter mir sagte; schon froh, daß endlich die große Zink-Gießkanne bei der Pförtnersfrau am Friedhofsportal abgegeben worden war. Es kostete einige Pfennige, aber wir hatten die Last nicht mehr, den langen Weg das schwere Ding zu schleppen.

Nicht allein die später von mir »Nordufer-Kollegs« genannten Stunden, in denen von früher erzählt wurde, brachten mir die Geschichte meiner Großeltern und Verwandten näher. Auch die alten Photoalben. Die »alten Alben«, die alle verbrannt sind. Man klebte dort keine Bilder ein, sondern sie steckten in vorgeprägten Rillen. Bräunlich, manche schon verblichen. Keinen der Großväter hatte ich je erlebt. In den alten Alben waren nicht nur sie, sondern auch deren Eltern und Verwandte abgebildet gewesen. Es waren sehr viele Personen, und als Kind hatte ich für sie kaum Interesse. Aber ein Bild, das fand ich ganz atemberaubend: Mutter in schwarzer Bluse mit Spitzen-Stuartkragen. Darüber befragte ich sie oft, davon erzählte sie mir, und damit hatte es eine ganz weittragende und grundlegende Bewandtnis.

Eine Trauerbluse mit Stuartkragen, eine Ohrfeige und Mutters Entschlüsse

»Es war im Jahre 1911, kurz nachdem mein Vater so plötzlich von uns gegangen war!«, erzählte meine Mutter, als ich mir mit dreizehn Jahren meine erste Bluse selbst genäht hatte. »Wir verlebten die traurigste und elendeste Vorweihnachtszeit, die du dir nur denken kannst. Mutter untröstlich. Finanziell wohl ohne direkte Sorgen, aber doch alles sehr unsicher und die Verhältnisse von heute auf morgen sehr stark eingeschränkt. Witwenpensionen bedeuteten meist, daß der bisherige Haushalt aufgelöst, eine kleinere Wohnung genommen wurde. Doch Kurt versprach, bei ihr wohnen zu bleiben; so behielt meine Mutter zwar die Wohnung, aber das Mädchen wurde entlassen. Eine Reinemachefrau hielt dreimal wöchentlich Einzug. Ich mußte viel zugreifen in der Küche. Zu Weihnachten 1911, als ich mir so triste und kahl mit meiner Trauerbluse vorkam, man nannte solche Oberteile damals auch ›Taille‹, da kaufte ich mir einen schwarzen Spitzenkragen nebenan bei Herkenraths im Eckgeschäft. Er kostete fünf Mark. Er paßte sehr gut, seine Form war genau dem Halsausschnitt angepaßt, ich hatte nur ein paar Stiche zu nähen.

Zu Hause angekommen, stand ich im Vorderzimmer, dem

Erkerzimmer, vor dem Trumeau, probierte den Kragen, legte ihn mir um. Es ist ja manchmal wirklich erstaunlich, wie eine bedeckte, vorher unschöne Halspartie einen Menschen verändert. Mein Gesicht sah viel feiner aus, mein Hals schmaler, der Haaransatz kam besser zur Geltung. Ich war aufs Höchste zufrieden mit mir. Da geht die Tür auf, Mutter kommt herein, sieht mich vor dem Spiegel, nimmt die Tüte, den Kassenzettel. Dann sagte sie nur: ›Und das wagst du, wo es uns jetzt so schlecht geht? Fünf Mark für diesen Spitzenkragen — und diese Eitelkeit so kurz nach Vaters Tod —‹, und dann hatte ich im Umsehen und ohne daß ich ausweichen konnte eine derart kräftige Ohrfeige bekommen, daß ich zunächst steif und starr hinter meiner Mutter her sah, die weinend und mit hochroten Flecken im Gesicht den Raum wieder verlassen hatte, die Tür hinter sich zuschlagend.

Es war wie ein Krampf in mir, der sich erst nach Minuten löste. Dann hatte ich auch schon meinen Entschluß gefaßt. So geht es einfach nicht weiter! Es gibt so Momente im Leben. Dies war einer. Mit Siebzehn noch Ohrfeigen bekommen, Schielen, keine Aussichten für eine gute Partie und keinen Beruf. Nur mit Mutter und ihrem Jähzorn, nein! Nicht mit mir.

Am nächsten Tag fuhr ich zur Poliklinik in die Charité, Abteilung Augenheilkunde. Dort reichten mich die Ärzte von einer Begutachtung zur anderen. Mit Siebzehn noch Operationen am Augenmuskel —, also es war riskant, aber ich fand einen Helfer. Mein Operationstermin wurde festgelegt.

Als ich nach Hause kam, sprachen Mutter und Kurt gerade zusammen. ›Glaube mir, Kurt‹, sagte Mutter bewegt, ›ich habe es sehr bereut, sie geschlagen zu haben. Sie war heute den ganzen Vormittag nicht hier. Ich mache mir Sorgen um das Madel!‹

›Nicht mehr nötig, Mutter‹, sagte ich dann. ›Ihr könnt mir jetzt nur noch den Daumen drücken. Ich werde endlich geradeaus sehen können. Deine Freunde werden nicht mehr irritiert sein. Jetzt kann ich allen in die Augen sehen und nicht mit einem Auge immer in die Westentasche, wie ihr das formuliert habt. Und dann belege ich einen Stenokursus und Schreibmaschine. Ich will doch sehen, ob man sich nicht mit siebzehn Jahren für fünf Mark einen Blusenkragen verdienen kann!‹« »Da hast du es deiner Mammi aber ordentlich gegeben!«, freute ich mich damals, gerade dreizehn Jahre alt, im Jahre 1933.

Dann fuhr meine Mutter fort in ihren Erinnerungen: »Es waren scheußliche Jahre nach Vaters Tod. Aber ich verstand dann schon meine Mutter besser. Sie hatte ja niemanden mehr, mit dem sie ihre Sorgen besprechen konnte oder besser, jemanden, den sie sachlich um Rat fragen konnte. Ihr Bruder Paul war ganz Geschäftsmann und allem behördlichen Kram sehr abhold. Das einzige, was er ihr immer abnahm, waren die Gänge zu den Standesämtern. Als Vater starb, als Kurt dann später starb. Da ist immer sein Erscheinen beurkundet.

Ihre Schwester Flora, unsere Tante Florchen — ja, wenn ich ehrlich sein soll, so war sie seit dem Tode ihres Mannes eigentlich nur noch Witwe und sonst gar nichts. Sie trauerte, legte von ihrer winzigen Pension noch etwas zurück für schlechte Tage, aber lebenstüchtig, versiert in den alltäglichen Geschäften, das war sie nicht. So fand Mutter zwar herzliche Anteilnahme und auch Trost, was eine Schwester eben an Trost spenden kann. Aber Rat in finanziellen Angelegenheiten, den hat dann Kurt vermittelt, der sich mit Hermann Ziemer schon damals in allen rechtlichen Fragen beriet. Hermann studierte Jura. Es ging um die Restschulden des entmündigten Bruders. Mutter beantragte eine Gläubigerversammlung und Aussetzung der Rückzahlung aller noch offenen Beträge, weil ihr Einkommen sich drastisch verringert habe. All dies mußte nun beantragt, verhandelt, durchgestanden werden. Mutter war nervlich total überfordert.

Überängstlich, wie sie war, erschien ihr auch meine bevorstehende Operation als neue Sorgenquelle, und mir blieb eine ganze Weile keine andere Wahl, als ihr möglichst aus dem Wege zu gehen. Aber als dann meine Augen gerichtet waren, alles verheilte, als sogar in einer medizinischen Fachzeitschrift von dem gelungenen Eingriff bei angeborenem Schielen in vorgerückten Lebensjahren die Rede war, da galt ich als kleine Sensation. Natürlich wurde ich mit meinen siebzehn vorgerückten Lebensjahren schrecklich gehänselt, aber ich war jetzt nicht mehr so verletzlich, nahm nichts so schnell krumm. Ganz eisern ging ich zum Stenokurs und übte statt Etüden Schreibmaschine. Und eines Tages, da hatte ich dann mein Zertifikat und bewarb mich als Kontoristin bei Siemens.«

*»Meine Zeit bei Siemens
Erstes Selbstverdientes und lebenslange Freundinnen«*

An einem schönen Frühlingstag des Jahres 1934 war gerade ein Brief gekommen, als wir eben zum Bellevuepark spazierengehen wollten.

»Komm«, sagte meine Mutter, »wir nehmen ihn mit und lesen ihn auf einer schönen Bank im Grünen. Er ist von Tante Annemarie!«

»Kommt sie wieder einmal?«, fragte ich, denn diese hellblonde, strahlend blauäugige Freundin Muttis mochte ich sehr gern.

»Das werden wir wohl bald erfahren. Meinst du, wir halten es aus, den Brief bis zum Bellevuepark zu transportieren, ohne ihn aufzumachen?«

»Sag mal, warum ist denn das so eine Affäre?«, fragte ich Mutti quengelig. »Du tust, als gehe es um einen toten Erbonkel! Nun mach doch mal ruhig den Brief auf, und wir überfliegen ihn, und dann wissen wir wenigstens, daß sie gesund ist und niemand tot oder das Haus abgebrannt!«

»Was du nur immer für sensationelle Gelüste hast!«, wunderte sich meine Mutter. »Also gut, ich öffne den Brief, aber wir überfliegen ihn nur!«

Und dann war die Nachricht von solcher Art, daß wir, inzwischen die Wilsnacker Straße bis beinahe zur Turmstraße entlanggegangen, kurzentschlossen ins Café Musolf gingen. Mutter sank auf einen Stuhl. »Nun sag schon«, drängelte ich, »also doch das Haus abgebrannt — ist es so?«

»Weit schlimmer!«, hauchte Mutter, »sie heiratet!«

»Wieso schlimm? Echt Heirat, mit Brautkleid und Schleier? Sind wir eingeladen?«

»Setz dich und bestell ein Eis!«, befahl Mutti, »und wenn ich dir jetzt sage, warum das nie und nimmer gutgehen kann, dann wirst du verstehen, daß ich diese Heirat schlimm finde, egal, wer der Mann letztlich ist!«

Schließlich standen zwei Eis auf unserem kleinen Marmortisch, ringsum gedämpftes Geschwätz von Kaffeetanten und Geflüster von händchenhaltenden Liebespärchen. Café Musolf, Schauplatz unzähliger Damen-Bekenntnisse, Liebesschwüre, netter Flirts.

»Du weißt ja gar nicht, was es für uns damals bedeutet hat, selbst berufstätig zu sein und die Mütter nicht um jeden Groschen bitten zu müssen. Unsere Berufstätigkeit unterlag noch einer gewissen doppelten Wertung. Einesteils wurden wir sehr gepriesen, daß wir so tüchtig waren. Aber andererseits hieß es, daß es doch ein Jammer sei, schon achtzehn und noch keinen Bräutigam, und wenn es erst mal anfinge im Büro, wer nimmt schon ein Schreibmaschinenfräulein zur Frau? Das waren so die Redensarten der Mütter und der Verwandten. Doch wir?

Wir waren drei Freundinnen bei Siemens, eine richtige verschworene kleine Gemeinschaft. Die Annemarie Seeck kam aus Tilsit, hatte in England ein bißchen die Sprache und englische Stenographie gelernt. Dann Jenny Goerke, sie war mir eigentlich zuerst die Liebste. Einmal war sie nicht da, das machte mir Sorge. Ich ging zum Personalbüro und erfragte ihre Adresse. Schrieb ihr dann sehr lieb, sie war wirklich krank. Und seit dieser Zeit trafen wir uns auch außerhalb der Dienstzeit. Du wirst gesehen haben in unserem Album, auf wie vielen Bildern Tante Jenny seit alters her immer mit drauf ist. Sie gehörte einfach zur Familie.

Annemarie ging dann Anfang der zwanziger Jahre fort von Berlin nach Dresden, doch sie schrieb immer weniger. Ich wußte nur, daß sie in einem Vorort von Dresden ein kleines Schreibwarengeschäft betrieb und englischen Nachhilfeunterricht erteilte.

Und nun dieser Brief. Sie hat einen sächsischen Herrn aus dem Erzgebirge geheiratet. Er heißt Ernst Ulbricht. Das Geschäft ist verkauft. Sie wollen in Naundorf in der Sächsischen Schweiz leben. Sie richten sich dort ein kleines Landhaus ein. Wir sollen im Sommer die ersten Pensionsgäste sein!«

»Nanu? Fahren wir dies Jahr nicht ins Riesengebirge?«

»Kind, höre mal, alles was recht ist, aber sieben Urlaube hintereinander Riesengebirge — es ist gewiß sehr schön dort. Aber die Sächsische Schweiz soll sehr anziehend sein — und der Ort — Moment mal, hier steht es: ›Naundorf ist Luftkurort. Wir sehen weit ins Land mit den bizarren Felsenbergen. Zum Elbestrom sind es nur dreißig Minuten zu gehen. Im Sommer ist ein Schwimmbad in Pötzscha abgeteilt.‹ — Ein Schwimmbad gab es in Steinseiffen nie!«

»Na, da mache dir nur keine Hoffnung auf Tante Annemies Sommerfrische, wie ich den Papa kenne — und ich — «

»Na, du wirst mir doch hoffentlich nicht in den Rücken fallen?«

»Wie war denn das alles mit euch damals bei Siemens? Habt ihr zusammen was angestellt, daß ihr immer so zusammenhalten mußtet? Irgendeinen Grund wird das doch wohl gehabt haben!«

»Sage mal, wie kommst du *darauf*? Was angestellt! Wir mochten uns einfach. Dafür brauchte man keine Begründung. Ihr würdet heute wohl sagen, es war schlichte Idioten-Sympathie. Wir lachten über die gleichen Witze, fanden die gleichen Stoffe schön, trugen die gleichen Spitzenrüschen an den Blusenkragen, ach, es war so vieles — wir hatten diese ewige Fragerei im Elternhaus alle hinter uns gelassen. Kurt beobachtete uns mal. Er stand vor dem Büroausgang. Da kamen wir drei laut lachend und plaudernd an ihm vorbei, und er machte sich auch nicht bemerkbar, sondern sah uns nur heimlich nach. ›Ihr wart so unbeschwert!‹, sagte er mir zu Hause. ›Noch nie habe ich meine kleine Lies so ausgelassen gesehen. Was war es denn, was in diesem Büro von Siemens so erfreulich gewesen ist?‹ Doch ich konnte immer nur sagen, daß es für mich natürlich zu allererst die ganz große Genugtuung war, Mutter die fünf Mark wiedergeben zu können, weswegen ich die Ohrfeige bekommen hatte. Du weißt schon, wegen des Stuartkragens auf der Trauerbluse. Überhaupt dies winzige bißchen finanzielle Freiheit. Wir bekamen ja nur sechzig Mark im Monat. Aber wir kamen uns steinreich vor und freuten uns auf jeden Tag wie die Schneekönige. Das war eine echte Euphorie, die sich unserer da bemächtigt hatte.«

»Was ist Euphorie?«

»Hochstimmung, begeistert sein, vergnügter als nötig. So war es wohl. Sechs Jahre ungefähr saßen wir in den mit Glaswänden unterteilten Büros, hatten nette Chefs, angenehme Menschen, gute Umgangsformen. Auch keine Intrigen, es war auch nicht die Zeit dazu. Ich habe ja fast den ganzen Krieg dort gearbeitet, nur wenige Male nahm ich unbezahlten Urlaub, um Mutter zu Verwandten zu begleiten. Einmal nach Görlitz, wo die Familie Wietasch herstammte, Tante Floras Mann. Einmal an die See. Nachdem Kurt Mutter mit seinem Verdienst beistand, da fuhren wir einmal nach Seddin. Ziemliches Kaff. Aber da fehlten mir Annemarie und Jenny schon sehr. Und du siehst ja, nach so langen Jahren, wir halten immer noch zusammen. Ich wünsche dir nur, daß deine Freundschaften auch so lange halten wie meine bis heute!«

»Ich weiß, warum ihr euch so gefreut habt, daß ihr von zu Hause fortkonntet.«

»Und warum, nach deiner Meinung, liebe Dame?«, fragte Mutti, zahlte und stand auf.

»Weil ihr nie im Pensionat wart. Immer bei Muttern am Schürzenband. Gräßlich.«

»Erlaube mal«, entrüstete sich meine Mutter, »ist es für dich etwa auch gräßlich, bei mir am Schürzenband zu hängen, wo ich doch nie Schürzen trage, solch ein Unsinn.«

»Nein, Muzilein, außerdem wärst du ja ganz schön beleidigt, wenn ich sagen würde, es sei bei dir gräßlich. Das wirst du bei mir logischerweise nicht zu hören kriegen. Aber — «

»Nun, du neunmalschlaues Geschöpf, so gib nur deine Weisheit von dir!«

»In allen Büchern aus dem unteren Regal im Bücherschrank, wo Papa den ›Trotzkopf‹ und ›Die blonde Baronin‹ und was er sonst noch als Kitsch bezeichnet hat hinstellte, da gehen die jungen Mädchen alle ins Pensionat, haben es dort sehr angenehm und kehren mit einem reichen Freiersmann im Schlepptau zu den einst mekkernden Eltern zurück. Dann sind sie fein raus!«

»Du denkst in Klischees, und das gefällt mir überhaupt nicht. Außerdem war bei uns alles ganz anders. Pensionat — welche Beamtenwitwe konnte ihrer Tochter wohl ein Pensionat bezahlen? Da bist du wirklich noch ein dummes Ding, wenn du das annimmst.«

»Aber wie war es nun wirklich mit dir und deinen Freundinnen? Und warum hast du gesagt, daß es jetzt nicht gutgeht mit Tante Annemaries Hochzeit, mit diesem sächsischen Herrn!«

»Nun, ich kenne ihn ja nicht. Aber schon die Sprache. Sie sagen ›Weeß Kneppchen‹ und ›Nu äben‹ und haben da ganz lustige Sachen, aber eher fürs Kabarett geeignet. Und nun täglich so ein Weeß-Kneppchen-Mann um sich herum! Also das ist erstmal der eine Punkt.

Und dann — wir alle hatten doch die persönliche Freiheit kennengelernt in unseren Berufen. Selbst als Schreibmaschinenfräulein mit kleinem Gehalt, es ist ein herrliches Gefühl, selbst Geld zu verdienen. Und Annemarie, sie war die Freiheitsliebendste von uns dreien. Jenny nicht so ausdrücklich, aber auch. Aber bei Annemarie, da grenzte das schon ein bißchen an frauenrechtlerische Bestrebungen, sanfte Emanzipation, denn sie war andererseits wieder kokett und wußte ganz genau, daß ihre strahlend blauen Augen den Männern die Köpfe verdrehten. Und nun, sie ist doch nicht mehr jung, wird sie sich anpassen? Ein Stadtfräulein und dann eine Pension auf dem Lande? Das ist doch rein arbeitsmäßig — erinnere dich bitte an die Krause-Töchter in Obersteinseiffen. Wie waren sie immer ausgepumpt, wenn sie die Mittagsmahlzeiten serviert hatten. Fremdenpension, dazu gehört ein enormes Arbeitspensum. Und dann die zarte Annemarie? Verstehst du jetzt, warum ich mir das diesen Sommer alles mal ansehen will?«

»Aber du hast doch auch geheiratet. Du bist doch gern mit Pappi verheiratet, oder nicht?« Ich fragte es beinahe streng.

»Das werde ich dir natürlich nicht auf die Nase binden, ob ich mit Pappi glücklich bin. Außerdem hast du ja wohl Augen im Kopf und Ohren unter deinen Haarfransen. Sperre beides auf, dann hast du die Antwort. Die Ehe ist doch kein ewiges Turteln. Der Alltag hat einen da ganz schnell am Wickel, und du weißt ja, bei der Verteilung der Ausgaben, da scheiden sich bei uns die Geister.«

»Aber sonst ist es doch bei uns ganz gemütlich, findest du nicht?«

»Ja, es könnte schlimmer sein!«, sagte Mutter.

»Wieso hast du eigentlich Vati geheiratet?« Inzwischen waren wir im Bellevuepark einige unserer Wege gegangen, hatten auch auf einer Bank gesessen, die Sonne schien. Dann sah Mutter auf ihre Uhr und putzte ihre Sonnenbrille. Sorglich feuchtete sie ein sauberes Taschentuch mit etwas Eau de Cologne an und rieb die Gläser ab. »So, laß uns gehen. Sonst ist Vati eher da als wir, das liebt er nicht.« Wir standen auf, gingen die Parkwege zum Ufer der Spree, dann noch ein Stückchen am Fluß entlang, über eine Brücke, die Kirchstraße, schließlich die Wilsnacker Straße, um noch einige Kleinigkeiten zum Abendbrot einzukaufen.

Alle Mende-Männer waren 1916 tot
In Zukunft würde Lies Mende nun Puder heißen

»Meine Mutter, unsere Oma Mende, hat kein leichtes Leben gehabt. Als 1911 mein Vater starb, da dachte sie schon, nun könne es nicht mehr ärger kommen. Allein, und die Abwicklung der finanziellen Dinge, Kurt noch in der Ausbildung, ich ein schielendes, aufsässiges junges Ding.

Aber dann kam 1914 der Krieg. Kurt mußte als Einjähriger sofort ins Feld. Ach, wie lange hat meine Mutter seine wenigen Feldpostbriefe noch aufgehoben. Ich erzählte dir ja schon, daß er dann 1916 todkrank zu uns entlassen wurde und in unserer Wohnung starb. Ein einziger Jammer, dieser liebe, gutaussehende junge Mensch. Er war der letzte Mende-Nachkomme. Von den beiden Brüdern meines Vaters stammte kein Nachwuchs. So waren die Mendes in dieser Linie ausgestorben. Einst so stattliche Brüder, mein Vater Theo, der Alfred und der Richard. Nun lebte keiner mehr. Wieder zwei Trauerjahre für uns. Dazu der Absturz aller Lebensbedingungen. Nichts Gescheites zu essen, Kohlrübenwinter, Kleider wenden und alles ewig ändern und nichts Neues, Schuhe besohlen und noch einmal besohlen lassen. Du weißt es nicht und wirst es hoffentlich nie erfahren, wie es ist, wenn man mit knurrendem Magen ins Bett gehen muß. Schauderhaftes Gefühl. Seit der Zeit habe ich immer ein Glas Trinkwasser auf dem Nachttisch. Das beruhigt den Magen, so ein Schluck Wasser in der Nacht, wenn man vor Hunger aufwacht.

Für die Beamten waren schlechte Zeiten. Wir hatten ja nichts zu tauschen. Alle Geschäftsleute standen sich da besser.

Kurts Freunde kamen natürlich auch weiterhin zu uns. Hermann Ziemer, Max Patzer. Die beiden Puders waren schon früher oft bei uns. Der Franz sogar einmal in voller Montur als Corps-Student der Normannia. Er war so hundertprozentig mein Typ, aber als ich fünfzehn war und hoffnungslos für ihn schwärmte, galt er schon als Erwachsener mit seinen sechsundzwanzig Jahren. Wenn ein Mann elf Jahre älter war als ein junges Mädchen, so rechnete er schon nicht mehr in den Kreis der möglichen Bewerber. Franz war dann auch lange in England, und ich verlor ihn aus den Augen. Diese traurige Geschichte erzähle ich dir ein andermal.

Während des Krieges jedenfalls, da sind dem Erich wohl in all den bedrohlichen Zeiten Gedanken gekommen, die er sonst nie ausgesprochen hätte. Er war schließlich noch nichts, beruflich noch keine auskömmliche Existenz. Doch als er einmal in einem Lazarett in Schweidnitz lag, da hielt er schriftlich bei meiner Mutter um meine Hand an. Er liebe mich so und wünschte so sehr, sie würde in unsere Verbindung einwilligen.

Es war bei mir ganz sicher keine lodernde Leidenschaft, als ich dann nach Schweidnitz fuhr 1917, um meinen kranken Bräutigam zu besuchen. Wir hatten ja um ihn die gleiche Sorge wie um Kurt. Würde er je gesund werden? Würden wir *auch ihn* nur noch als Todeskandidaten wiedersehen? Glücklicherweise nahm die Krankheit einen anderen Verlauf. Er fand seine Einstufung als 30% Kriegsversehrter, und später kamen viele gesundheitliche Unannehmlichkeiten auf ihn zu. Schon damals im Lazarett fiel mir seine große Schwerhörigkeit auf. Mehrere Monate war er Geschützführer gewesen, Richtkanonier, und was weiß ich. Jedenfalls muß es nicht sehr gesund sein, ständig neben donnernden Kanonen herumzustehen.

Weißt du, wenn dann so ein netter Kerl so krank ist, so wenig Aussichten für die Zukunft hat —, also ich konnte da nicht hingehen und sagen: ›Lieber Erich, dein Antrag ehrt mich, aber leider — mein Herz ist nicht mehr frei!‹ oder solche Redewendungen. Er tat mir zu leid. So haben wir uns bei der Hand gehalten und haben uns versprochen, es miteinander zu versuchen.

Gott sei Dank war er nicht mehr felddiensttauglich. Kam auch noch in andere Lazarette und Heilanstalten. Danach hat er dann die mittlere gehobene Justizlaufbahn eingeschlagen. Wobei er natürlich immer wieder betonte, daß sie zunächst durchaus mehr mittel als gehoben sein würde. Und viel Geld hatten wir wirklich nicht. Ich arbeitete bis Mai 1919, im Juni haben wir geheiratet.«

»Aber du hast ihn doch sicher gemocht, nicht?«

»Sieh dir doch deinen Vater an. Er hat ja sehr viel Gewinnendes. Groß, stattlich, sah selbst in seiner Krankheit noch gut aus. Und dann die vollendeten Manieren in allen Lebenslagen, was bei einem Mann ja schon sehr viel ist. Die meisten Männer sind nur galant und höflich vor der Ehe. Da geht es ›Bitte vorangehen zu dürfen, gnädiges Fräulein!‹ und ›Gestatten‹ und ›Werde mir erlauben‹ und all diese Sachen. Und daheim am häuslichen Herd, da gähnt er, ohne die Hand vorzuhalten, bis auf den Grund seines Rachens und streckt alle viere von sich. Nein, siehst du, bei Erich, den ich viele Jahre kannte, da war ich sicher, wenigstens keinen Boofke zu bekommen. Dein Vater ist von Natur aus ein höflicher Mensch, als sei es ihm angeboren. Eben ein Herr. Hat mich ja auch prompt rumgekriegt!«

»Tut dir wohl leid, Mammilein, wo es jetzt so schöne Filmstars gibt?«

»Hör auf, du überaus albernes Kind du, man sollte dir wirklich nichts von früher erzählen, du bist einfach nicht imstande, diese ganzen Dinge zu begreifen, mit dem nötigen Ernst!«

»Also gut, Mammi, ich verspreche dir, ich bringe dir auch keinen Boofke nach Hause —.«

»Unterstehe dich!«, sagte Mutter und stieg die drei Stufen in den Delikatessenladen von Leschonsky hinab. »Ein Viertel italienischen Salat, ein Viertel Liptauer Käse. Ist er auch frisch?« Nach einigen weiteren kleinen Besorgungen bogen wir im gleichen Augenblick von der Wilsnacker Straße her in die Perleberger Straße ein, als mein Vater aus der Rathenower kam, Aktentasche in der Hand, winkend, den Hut schwenkend.

Er stieg vor uns die drei Stufen zur Haustür empor, stemmte sich dagegen, denn der Türschließer war gerade repariert und die Tür nur schwer beweglich. »Kommt, ihr Hübschen«, sagte er vergnügt, hielt die Tür auf, bis wir sie durchschritten hatten, »so, die Damen, gehen Sie vor, meine Lieben, ich halte die Tür fest, daß Ihr sie nicht ins Kreuz bekommt!«

Mutti und ich sahen uns an. Beide dachten wir an die Unterhaltung über Manieren! Und dann stiefelten wir mit unserem unerschütterlich höflichen Familienoberhaupt die rankengeschmückten Treppen nach oben, in die zweite Etage, wo wir zur Zeit dieses Gespräches, im Jahre 1934 etwa, die Dreizimmerwohnung innehatten. Aber zu eben diesem Zeitpunkt hatte ich erfahren, wieso das Fräulein Mende nun schon seit fünfzehn Jahren Puder hieß.

3. Kapitel

Ehepaar Bahls um 1890
Portierloge und Haushaltsgeschirr

Nahezu gleichzeitig mit meinen Großeltern Mende zogen kurz nach Fertigstellung des Hauses Perleberger Str. 55 die jungen Eheleute Bahls ein.

Herr Bahls, ein auffallend schöner Mann, teilte das Schicksal vieler Teilnehmer am deutsch-französischen Krieg 1870/71. Er war durch innere Verletzungen Invalide geworden. Allerdings kam hinzu, daß ihn weder Charakter noch Neigung einer geregelten und gewinnbringenden Tätigkeit zuführten.

Frau Bahls, gutaussehend, ständig verliebt in ihren ordengeschmückten Veteranen, sah in diesem Ladenlokal im Erdgeschoß des Neubaus eine Existenzmöglichkeit, denn es kostete keine Miete, wenn die Inhaber sich verpflichteten, Portierspflichten mit zu übernehmen.

Zunächst beabsichtigte Hausbesitzer Schiefer, dort eine Bierstube einzurichten und ließ für deren zu erwartende Gäste ein Toilettengebäude im Hof errichten. Als dies jedoch die distinguierten bürgerlichen Mieter der ersten Stunde, Mendes, Kieckbachs, die verwitwete Frau Bankdirektor Hindersin, Herr Ingenieur Reuschner und seine Frau und der Herr Eisenbahn-Werkstatt-Vorsteher Turner erfuhren, taten sich die einander fremden Menschen schleunigst zu einer Interessengemeinschaft zusammen. In wohlgesetzten Worten verfaßte man eine Petition, in welcher der Hauswirt, Zimmermeister und Rentier Schiefer, ersucht wurde, das Ladenlokal anderen Zwecken freundlichst zuführen zu wollen, denn ein Bierkeller würde unerträgliche Belästigungen der Hausbewohner mit sich bringen, die man nicht hinzunehmen gewillt sei. Sollte der verehrte Herr Hauswirt den Wünschen seiner Mieter nicht entsprechen, so behalte man sich vor, einen Wohnungswechsel unverzüglich ins Auge zu fassen. Die Auswahl in Moabit sei ja groß.

Dies Schreiben muß seine Wirkung getan haben. Ehepaar Bahls eröffnete ein Geschäft für Haushalts-Tonwaren und versah nebenbei die Obliegenheiten eines Hauswarts. Diese waren allerdings keineswegs erdrückend. Im Sommer beschränkten sie sich darauf, die Haustür ab 10 Uhr abends oder aber bei Einbruch der Dunkelheit zu verschließen. Später kommende Fremde hatten zu läuten und anzugeben, zu welchem Bewohner des Hauses sie zu gelangen wünschten. Auch Nachrichten nahmen Herr Bahls und seine Frau entgegen.

Späte Gäste wurden von ihren Gastgebern selbst die Treppen hinunterbegleitet, so daß dies nicht vorkam, mitten in der Nacht jemandem, der gehen wollte, die Haustür aufschließen zu müssen.

Der Winter allerdings konnte unangenehmer werden. War die Nacht über Schnee gefallen, so verpflichtete dies Herrn Bahls, die behördlicherseits unerwünschte weiße Pracht hinwegzukehren und am Straßenrand zu Wällen aufzuschaufeln, wobei einige Durchlässe für Fußgänger zum Überqueren der Fahrbahn, des Dammes, offenzuhalten waren.

Diese Verrichtung delegierte er jedoch sehr schnell mit Hilfe seiner Frau an einen bedürftigen Rentner, so daß Frau Bahls nicht mitansehen mußte, wie ihr angebeteter Gatte sich einer so subalternen Tätigkeit vor aller Leute Augen widmete.

Die neuen Haushaltungen in Neu-Moabit benötigten im üblichen Maße tönerne Gefäße. Vor allem waren es irdene Rührschüsseln in allen Größen, Mörser, innen angerauht, in denen Holzstößel auf die Befehle aus den Kochbüchern warteten: »Man stoße ein Lorbeerblatt und drei Körner Piment mit etwas Kardamom ganz fein und menge nun groben Hutzucker darunter, um auch diesen mit den Gewürzen zu zerkleinern ...«

Satten für saure Milch, Breinäpfe für kleine Kinder, phantasievoll geformte Puddingformen aus Keramik standen auf den Regalen ringsum. Rundgelegte offene Fische, die sich beinahe in den Schwanz bissen, für Schokoladenpudding. Eine mit Blattornamenten in tiefem Relief geprägte Form für Grießpudding, Kompott-Garnituren aus Glasschüsseln in allen Farben mit dazu passenden Schälchen, bunt bemalte Obst-Services, Milchtöpfe aus Ton und preiswertem Porzellan und schließlich die damals noch gefragten Waschgarnituren für die häusliche Reinlichkeit. Wasserkrüge, breite Waschschüsseln, einfarbig und schlicht, mit Goldrand, bunt bemalt und dazu dann passend der diskret im untersten Regal versteckte Nachttopf.

In den ersten Jahren ging man eher abschätzigen Blickes an den durchaus bescheidenen Beständen des Bahlsschen Geschäftes vorüber und kaufte auch gelegentlich dies oder jenes. Doch das unscheinbare Lädchen »kam in Aufnahme«, wie man das damals ausdrückte. Immer mehr zierten Geschenkartikel die Auslagen der Fenster, Vasen, Bierkrüge, Aschenbecher, Salz- und Pfeffer-Menagen, kunstvoll verschlungene Glasflaschen für Essig und Öl, es gab immer mehr Porzellan und immer weniger Bunzlauer Geschirr, die graublauen Westerwälder Gurken-Einlegetöpfe traten zurück hinter originellen Gefäßen für Bowlen oder eingelegte Heringe, die auf den Deckeln, je nach Verwendungszweck, mit den Symbolen des einstigen Inhalts geschmückt waren: glasige Erdbeeren am Griff und gleichsam im Guß erstarrte Waldmeisterblätter, gänzlich naturgetreu angemalte Heringe, die anstelle eines Knaufes oder Henkels die Deckel verzierten.

Inmitten all der aufkommenden Porzellanpracht waltete Frau Bahls immer freundlich und geduldig. Ihr Fleiß tat sich den Augen der Bewohner kund bis in die späten Nachtstunden. Für wenige Pfennige Hilfsgeld heuerte sie Schuljungen oder Dienstmädchen der Nachbarschaft an, die ihr nach Geschäftsschluß halfen, die während des Tages eingetroffenen Warenkisten zu öffnen und auszupacken. Droben, in der über dem Laden liegenden Dreizimmerwohnung lag indessen der müßige und nur mit seinen vermeintlichen Kriegsleiden beschäftigte Herr Bahls auf dem Sofa, neben ihm auf einem Holzstuhl eine Schüssel mit Nüssen, die er einzeln mit gut gezielten Hammerschlägen zertrümmerte. Die Kerne verzehrte er. Um die im Zimmer umherfliegenden Nußschalen kümmerte er sich nicht. War die Bierkanne auf dem Stuhl geleert, gab er mit dem Hammer ein Klopfzeichen auf dem Parkettboden. Daraufhin kam sofort Frau Bahls selbst, die nicht wollte, daß jemand anders die Unordnung bemerkte, sah sich ihren nüsseknakkenden geliebten Faulenzer an, schüttelte wohl den Kopf und fragte dann nur: »Wird es auch nicht zu viel, mein Lieber, wenn ich dir noch eine Kanne holen lasse?«

Doch meist kam der Bescheid, es würde auf keinen Fall zu viel, und dann trabte drunten die jeweilige Hilfskraft zum Eckrestaurant und holte eine neue Zweiliterkanne frischgezapften Schultheiss-Märzen-Faß-Bieres oder einer anderen in Berlin getrunkenen Marke, Bötzower Bier; im Sommer an heißen Tagen oder Abenden auch gern eine Kruke Weißbier, die Frau Bahls fachmännisch öffnete und »mit Schuß« servierte. An diesen Tagen beteiligte sie sich dann auch selbst an einem guten Schluck, denn der Zusatz von duftendem Himbeersirup im spritzigen Bier hatte auch für Damen viel Anziehendes.

1896 — Das Kind Ernestine:
»Tinchen aus'm Toppkeller!«

Das sagte natürlich niemand, wenn irgend jemand der Bahls-Familie zugegen war. An schönen Sommertagen saß dann jedoch auf den drei Stufen, die zur Haustür hinaufführten, ein kleines Mädchen mit dunklem Haar und blauen Augen, von zauberhaft süßem Gesichtsschnitt, das jede Tafel Schokolade oder jede Tüte Bonbons kopfschüttelnd ablehnte. »Will niß!«, sagte es mit abwehrender Handbewegung und neigte sich zurück. Dann gingen die wohlmeinenden Hausbewohner zur Portierloge, klopften, reichten Frau Bahls die Näscherei hinein und erkundigten sich wohl auch, warum es denn nicht auf Süßigkeiten versessen sei, dies reizende Tinchen.

Meine Mutter war drei Jahre alt, als sie zum erstenmal die kleine Mitbewohnerin bei ihren Bauklötzen auf den Treppenstufen sah.

Später kam es vor, daß an schönen Nachmittagen Frau Mende mit ihrer Lies und Frau Bahls mit Tinchen im Kinderwagen zum Kleinen Tiergarten spazierten. Lies balancierte auf dem niedrigen Eisengeländer einher, zunächst noch bei jedem der niederen Pfosten, die das Geländer hielten, abspringend. Doch je größer sie wurde, um so sicherer balancierte sie. Ernchen sah daumenlutschend zu.

Wie bei Kindern, die mit Kosenamen genannt werden, so wechselte die Bezeichnung für die kleine Bahls-Tochter ständig. War es zuerst wirklich das Tinchen, so wurde es später das Ernchen, und dann nach Jahren, als sie selbst zu bestimmen hatte, änderte sie den Vornamen gänzlich.

Frau Bahls zog ihre einzige Tochter sehr hübsch an. Gelegentlich gab es da schräge Seitenblicke der Hausbewohner, die an Smokarbeit und Rüschenschürzen versuchten Anstoß zu nehmen. Die kleine Erna war durchaus nicht unempfindlich dagegen, und in späteren Jahren war sie es, die mit schöner Selbstironie feststellte: »Das war ich wohl, ich war euch suspekt. So ein Kellerkind, das hat Löcher in den Strümpfen zu haben und eine ungeputzte Nase, nicht wahr? Dabei welcher Unsinn! Man ging ja nur drei Stufen zum Laden hinab. Der Keller war ja noch darunter. Selbst unser Lager war noch in diesem Souterrain. Der Keller war viel zu feucht. Und unsere Wohnung lag schließlich im Hochparterre — natürlich war ich also kein Kellerkind. Aber ich kenne ja die lieben

Zeitgenossen. Als es dann später mit mir aufwärtsging, das haben sie nur schwer verkraftet, und so spreche ich lieber selbst davon, daß das Tinchen aus dem Toppkeller es im Leben ganz schön weit gebracht hat und daß dies nicht jeder von sich sagen kann!«

Vater Bahls — der schöne Mann ohne Halt
Mutter Bahls — die Seele vons Janze

Wer nur immer für wert hielt, gelegentlich Beobachtungen im Laden oder vor der Portierloge der Bahls anzustellen, dem fiel auf, daß dort Menschen zusammenhielten, die nichts anderes taten, als einander liebzuhaben, und dies alles gänzlich ohne Vernunft und Kalkulier-Bestreben.

Der Mann, der unvernünftig in den Tag lebte, sich von Jahr zu Jahr mehr fallenließ, Bier trank, wenn nichts Stärkeres, Nüsse knackte und zu träge für die geringste Handreichung war. Die Frau von ungemein verbindlichem Wesen, immer den Gatten in Schutz nehmend, seine Gesundheit beklagend, den Siebzigerkrieg verwünschend. Bald war er in seiner zerfallenden Schönheit der »alte Bahls«, von dem rohe Gemüter behaupteten, »er soff«! Doch im Hause Bahls kam niemals die geringste Befremdung darüber auf, sondern Vater war »heute schwer ansprechbar« oder »litt wieder besonders an Kongestionen«. Für den familiären Alltag fiel er jedenfalls fortwährend aus. Erna Bahls sprach ganz offen darüber.

»Ich habe meinen Vater sehr geliebt, aber viel getan hat er für mich nicht!« Das war die nüchterne Feststellung der Tochter. »Er hat mir seine schöne Stimme vererbt. An schmerzfreien Tagen sang er gelegentlich. Laut und etwas falsch: ›Im tiefen Keller sitz ich hier‹ oder die Falstaff-Arie mit eigenem Text

Komm, teure Olle her,
bring mir 'ne Molle her!

worüber wir pflichtschuldigst zu lachen hatten. Mutter lächelte zu allem. Sie verwöhnte und pflegte ihn nach besten Kräften. Die freie Wohnung, Vaters kleine Kriegsbeschädigtenrente, das waren keine großen Güter. Mutter hat mit ihrer Geschäftstüchtigkeit die Familie erhalten. Immer wieder bekam sie von Kundinnen zu hören, sie sei die Seele vons Janze! Natürlich hatten wir viele einfache Leute als Kunden, die berlinerten. Warum auch nicht. Ist ja ganz witzig. Was mich als Kind mit Angst erfüllte, war nur, daß Mutter zuweilen so erschöpft war. Kam sie vom Geschäft nach oben in die Wohnung, so sank sie erstmal ganz kraftlos und ausgelaugt in einen Sessel und rührte sich eine Weile nicht vom Fleck!«

Diese Erinnerungen entnahm ich viel späteren Gesprächen zwischen Tante Tinchen, wie ich sie nannte, und meiner Mutter.

»Es ist nicht gut für eine Frau, einen kranken Mann zu haben und nebenbei und doch eigentlich lebenserhaltend Geschäftsfrau zu sein. Aber Mutter hatte eine Art, dies jahrelang zu bewältigen. Erst viel später habe ich es zu würdigen gewußt!«

Erna Bahls als Höhere Tochter
Mutter Bahls kommt unversehens zu einer Hofhaltung

Der Tod des problematischen Gatten veranlaßte Frau Bahls 1904 zu einem Gespräch mit dem seit einem Jahr im ersten Stock wohnenden Hauswirt Römer.

Sie zog sich sorgfältig an, ordnete ihr schwarzes Witwenkleid, zog einige Volants zurecht am Halsausschnitt, ergriff ein Kuvert, in welchem sich die handgeschriebenen Vereinbarungen mit dem alten Hauswirt Schiefer und die danach getroffenen Abmachungen mit Hauswirt Brüll, einem einst stillen und zurückhaltenden Herrn, sorglich gefaltet befanden.

Der neue Hauswirt galt als sehr gutmütig, aber im Wesen von jener Art, die im Berliner Jargon als bullerig bekannt ist. Schnell aufbrausend und etwas grob, aber im Grunde entgegenkommend und besonders bei kleineren Reparaturen auch rasch bereit, die Kosten ganz oder anteilig zu übernehmen.

Doch heute ging es um mehr.

Frau Römer öffnete die Tür.

»Ach Gott, Frau Bahls, kommen Sie herein, wie geht es Ihnen denn nach all den Aufregungen, bitte, ja, hier ins Wohnzimmer. Mein Mann hält noch seinen Mittagsschlaf. So, ich mache das Fenster zu. Einmal muß man ja lüften, wo er so ein starker Raucher ist und so empfindlich gegen Zugluft. So, nun nehmen Sie Platz!«

»Danke, Frau Römer«, Mutter Bahls setzte sich auf einen der mit Drechsel-Aufsatz versehenen Stühle am Mitteltisch des Raumes. Ihre Augen schweiften durch das Zimmer und blieben an einem Ecktisch mit ungebeizten geschnitzten Kästen haften. »Was hat denn Ihr Mann da wieder Schönes gemacht?«

»Ja, es ist seine ganze Freude, wo er doch nun so Rheuma hat. Aber die Auswahl der Motive, die Holzbearbeitung — er ist ja auch sehr geschickt. Und alles was recht ist, jede Art von Tabak hält sich in diesen Kästen ganz hervorragend frisch.« »Wie kunstvoll!«, sagte Frau Bahls und legte ihre Schriftsachen auf den Tisch.

»Sicher ist es wichtig, was Sie mit meinem Mann zu besprechen haben?«

»Ich überlege gerade, liebe Frau Römer, ob ich nicht besser später wiederkomme.«

»Aber nein, ich bitte Sie! Es ist gleich vier Uhr, und wir trinken um diese Zeit unseren Kaffee. Ich habe gerade gebrüht, mein Mann wird gleich kommen, dann trinken Sie eine Tasse mit uns. Mögen Sie Napfkuchen? Ich habe gerade vorige Woche mal wieder gebakken. Übrigens, die Form stammt aus Ihrem Geschäft. Sehr gute Glasur. Der Kuchen geht aus den Rillen raus, man sollte es nicht glauben, da haftet nichts. Aber Sie werden ja sehen. So, ich gehe mal nach meinem Mann sehen. Hier, die *Gartenlaube* ist eben gekommen. Vielleicht blättern Sie ein bißchen darin? Wir stehen Ihnen dann gleich zur Verfügung. Momentchen!« Und damit verließ sie, über den Besuch sichtlich erfreut, das Zimmer.

Als Kernpunkt für ihre Unterredung hatte sich Frau Bahls schon zurechtgelegt, daß sie vor allem den Dienst an der Portierloge nicht mehr versehen wollte. Auch hatte sie den Wunsch, die hinteren Räume des Ladens etwas zu ändern, eine Zwischenwand zu entfernen und eine Falltür mit einem Flaschenzug anzubringen. Der feuchte Keller unter dem Laden, für kurzfristige Lagerung von Ware in Kisten war er immerhin geeignet. Sie wollte ihn nun doch benutzen.

»Na, unsere Mutter Bahls zu Besuch? Schönen guten Tag, meine Beste!« Jovial und mit ausgestreckten Händen kam Hauswirt Römer auf sie zu. Ein massiger Mann, nicht groß, freundliche Augen in einem vollen Gesicht. Der Tabakduft, den er verbreitete, umgab ihn wie eine dichte Wolke.

»Das war ja nun traurig mit Ihrem lieben Mann, nicht wahr? Noch gar nicht so alt und mußte schon gehen. Ja, man weiß es nicht, wie es einem selbst einmal gehen wird. Wie hat es denn Ernchen so verkraftet?«

»Ach, Herr Römer, so ein Kind! Natürlich fragt sie noch manchmal, warum denn Vati nicht wiederkommt und wo er jetzt ist und all diese Sachen. Aber sie hat ja immer den Kopf voller Flausen. Kommt sie mir doch und will Ballett-Unterricht? Das gab es natürlich nicht, wie sollte ich auch. Soll sie lieber besser ihre Schulaufgaben machen. Aber was ich mit Ihnen besprechen wollte ...«, und dann folgte die Darlegung ihrer Wünsche, der Kaffee, der Napfkuchen, die freundlichen Nötigungen, doch noch ein Stückchen zu nehmen vom guten Napfkuchen.

»Alles auf einmal wird nicht gehen!«, sagte Karl Römer schließlich. »Mutter, bringe mir doch mal meine Pfeife, die Damen erlauben doch, nicht wahr?« Während mechanisch seine Hände die Tabakmenge in den Pfeifenkopf füllten, mit einem Metallstopfer nachdrückten, den Tabak in Brand setzten und er genüßlich die ersten Wolken durchs Zimmer blies, wandte er sich an Mutter Bahls. »Ich bin ja kein Krösus, nein, das gewiß nicht. Aber die Portierloge, die können wir ja erstmal schließen und ein Schild vor das Fenster hängen AUSSER BETRIEB. Dann können Sie an dieser Stelle schon von innen Regale montieren. Die Falltür, die Zwischenwand, ich muß da ja auch erst einen Antrag stellen, wissen Sie? Das sind ja bauliche Veränderungen. Und der Keller, na, der muß ja wohl erstmal überholt werden und Licht rein und so weiter. Es sind ja da auch Sicherheitsvorschriften, nicht wahr?«

»Wenn es sein muß, Herr Römer, so will ich da nach meinen Möglichkeiten zuschießen. Wenn Sie mir die Anträge und all das machen würden!«

»Na ja, na ja, ich muß es mir überlegen. Sie haben ja recht. Das Kind da oben allein in der Wohnung — Sie wollen sie unten beaufsichtigen. Das ist gut und klug. Und ein Tisch für die Schularbeiten und überall Gaslicht. Wir werden das alles nach und nach ins Auge fassen. Machen Sie mir doch mal einen Zettel, was am dringlichsten wäre, nach ihrer Meinung!«

»Die Sache mit der Zwischenwand und der Falltür, damit wir die vielen Kisten woanders unterbringen können. Sehen Sie, dieser Raum mit dem Tisch, es ist mir so wichtig. Und es soll ja auch alles freundlich sein und luftig. Wo ich bis jetzt meine Rechnungen machte, nur ein Stuhl und ein Pult, das ginge nicht mehr so weiter. Das Kind ist ja sehr begabt, aber so zerstreut und verträumt. Wenn ich nicht aufpasse, wird da nie was draus!«

Dies Gespräch fand etwa im Jahre 1904 statt, als das Kind Ernestine Bahls zehn Jahre alt war. Im Laufe der Zeit gingen die Änderungswünsche der Mutter in Erfüllung, manches ließ sie von sich aus und mehr oder weniger heimlich machen. Als Tinchen fünfzehn war, konnte Mutter Bahls befriedigt um sich blicken. Das Bauamt hatte die Neuerungen schon behördlich abgenommen, und alles war beinahe besser geworden als geplant. Die Portierloge war nahezu unsichtbar zugemauert. Eine geringfügige Unebenheit in der Wand erinnerte noch an das einstige Fenster. Aber die Bemalung mit falschem Marmormuster verbarg die Änderung nahezu gänzlich.

Das bedeutete gleichsam den Schlußstrich unter eine gesellschaftlich nicht besonders geachtete berufliche Vergangenheit. Bahls hatten nun mit dem Hauswartsposten nichts mehr zu tun. Mutter und Tochter waren nur noch Geschäftsinhaberinnen und sonst gar nichts.

Weder dem aufmerksamen Blick der Hausbewohner noch der Mutter selbst konnte entgehen, daß sich Ernchen zu einer Schönheit entwickelte.

Junge Mädchen zu bewachen ist ärger,
als eine Tüte Flöhe zu hüten!

An diesen uralten Spruch mußte Frau Bahls in den kommenden Jahren häufig denken.

Meine Mutter, mit Ernestine Bahls oftmals den gleichen Schulweg zurücklegend, denn beide besuchten Helene Richters »Höhere Töchterschule mit Selecta«, die seit 1891 in der Wilsnacker Straße Nr. 62 bestand, erinnerte sich ihr Leben lang an die krassen Unterschiede, denen ein ganz nettes, aber schielendes Mädchen wie sie, und dagegen ein bezaubernd schönes junges Fräulein wie Ernchen Bahls ausgesetzt waren.

»Einfach in allem hatte sie es besser. Wurde vorgezogen. Keiner war ihr böse in der Schule, wenn sie mal wieder gänzlich verkehrte Antworten gab. Wir waren ja zwei Klassen auseinander. Sie ist zwei Jahre jünger gewesen als ich. Aber die Mädchen erzählten mir, daß sie ein ganz verdrehtes Geschöpf sei. Hatte sie zwei Gesangbuchverse auf, so lernte sie das ganze Lied oder ebenso bei einem Gedicht. Aber alle anderen Schularbeiten, Geschichtszahlen, Geographie — das war wohl Schwerarbeit, sie dafür zu interessieren. Sie sang recht hübsch und war im Schulchor, aber wer nicht gerade eine Reibeisenstimme hatte, der war sowieso im Schulchor. Ich ja auch.«

Diese Mitteilungen machte mir meine Mutter meist an schönen Sommer-Nachmittagen, wenn wir zum Bellevuepark spazierten. Unser Weg führte zwangsläufig an der ehemaligen Richter'schen Töchterschule vorbei, damals noch gegenüber vom Luisen-Gymnasium.

»Was ich aber ganz bedrückend empfand«, meine Mutter sagte es zuweilen mit einer leisen Bitterkeit, als käme sie nach all den dazwischenliegenden Jahren nicht darüber hinweg, »das war ihre geradezu unverständliche Anziehungskraft auf junge Leute. Man konnte sagen, daß es geradezu ein Glück war, wie sich die Verhältnisse nach des alten Bahls' Tod geändert hatten. Nicht mehr das Odium des geringgeachteten Portiers, die Schaufenster voller guter Porzellane, hübscher Vasen, na, und dann kam die Zeit, wo das Schwergewicht im Sortiment von Frau Bahls bei Aschenbechern und Bierseideln lag. Was sich da an jungen Herren einfand in dem eigentlich zu Schularbeiten bestimmten Hinterstübchen des Ladens, das war schon manchmal sagenhaft!«

»Aber wieso, was soll denn daran sagenhaft sein?« Ich konnte mir keine Vorstellung machen, damals, so mit vierzehn Jahren, denn besonders geschärft war meine Beobachtungsgabe für zwischenmenschliche Beziehungen bei Flirts noch nicht.

»Wir hatten einen Tanzkurs, die Freunde meines Bruders, mein Bruder, es war eine ganze Clique. Aber darüber hinaus gesellten sich dann plötzlich andere Kursusteilnehmer auch noch hinzu, durch die beiden Puders kamen Corps-Studenten mit in den Kreis, diese hatten dann wieder Freunde, die Fähnriche oder Leutnants waren, kurz, du hättest Studien in Uniformen für studentische Verbindungen und in Berlin stationierte Regimenter dort im Porzellanhaus Bahls machen können. Sie klebten förmlich um den Tisch herum und rührten sich nicht vom Fleck, Mutter Bahls mußte Mariechen einstellen, eine Verkäuferin, die dann später jahrelang dortblieb. Aber der Anstand gebot, daß sie selbst meist bei ihren Besuchern aushielt, nicht ihre Tochter inmitten schallender Lachsalven mit den jungen Herren allein ließ. Auch ich wurde zuweilen gerufen, sollte dann ›ein bißchen runterkommen‹, aber man meinte damit, daß ich gleichsam als Anstandswauwau mit dabeisitzen sollte. Die allgemeine Aufmerksamkeit genoß nur Ernchen mit ihrer Grazie, ihrem reizenden Lächeln, ihren noch viel schöner gewordenen blauen Augen. Sie trug damals einen Mittelscheitel, die Frisur streng in einen Nackenknoten zurückgenommen. Sie hatte etwas Südliches in ihrem ganzen Habitus, eine Carmen in Moabit.

Bei Bahls' verkaufte man enorm Aschenbecher an die jungen Herren, denn niemand wollte natürlich ›nur so‹ und ohne Anlaß das Geschäft betreten. Es wurde aber immer eine Audienz daraus, würdig präsidierte Mutter Bahls; silberhell perlend, wie's in den Trotzköpfchen-Büchern wohl geheißen hätte, klang Ernchens Lachen in die Gespräche hinein, und ganz ungewöhnliche Mengen von Bier und preiswertem Dessertwein wurden an diesen Tagen ausgeschenkt.

Doch dann kamen Mutter Bahls zuweilen Bedenken. Ernchen erhielt Migräne verordnet. Nahten Verehrer, so war das verehrte Fräulein Tochter dann eben nicht zugegen oder hatte eine Angina oder was es sonst so für Ausreden gibt. Jedenfalls, in diesen Jahren kurz vor dem Ersten Weltkrieg und wenn dann die Soldaten oder jungen Offiziere auf Urlaub kamen, es war wie ein Karussell von Huldigungen, in deren Mittelpunkt Ernchen stand!«

Tinchen und der Millionär
Und jemand, der die Hoffnung nicht aufgibt

»Wenn ich so höre, wie du redest, Mutti — ich weiß nicht, aber immer habe ich das Gefühl, als wärst du Tante Tinchen nicht recht grün. Nicht so im Herzen mit ihr einverstanden und hättest an ihr was auszusetzen!«

»Ja, Kind, das kann ich dir auch genau erklären, warum mir da manches nicht paßte. Sie war mir in jenen Jahren absolut zu theatralisch. Der kleinste Vorgang in ihrem täglichen Leben wurde zu einem wer weiß wie folgenschweren Vorfall aufgebauscht. Unsereiner hatte einen schlichten Schnupfen, sie gleich eine schwere Influenza. Kriegten wir bei einem Schulausflug Mückenstiche, sie hatte eine gefährliche Infektion durch Insektengift. Alles wurde um mehrere Schuhnummern aufgeplustert. Und das war es, was mich störte. Aber — jedem Tierchen sein Pläsierchen. Ein vernünftiger Mann kann bei einer solchen Frau . . .«

»Ist denn Onkel Hermann kein vernünftiger Mann?«

»Nun bringe mich doch nicht dauernd aus dem Konzept. Von Onkel Hermann war doch damals noch gar nicht die Rede. Er war einer der netten jungen Männer in unserer Clique. Sieh mal, die Richter'sche Mädchenschule, wir konnten ja den Ausdruck ›Töchterschule‹ nicht leiden, schließlich ist jedes Mädchen zunächst mal Tochter, egal aus welchen Kreisen. Na, also der Hermann Ziemer, der ackerte sich durch sein Jurastudium zusammen mit Max Patzer. Sie mußten ja beide erstmal die Befähigung zum Richteramt erwerben und machten demzufolge alle Stationen dieser Laufbahn durch.«

»Warum sagt Vati immer: Jurastudium wäre ein Schlauch und dauerte endlos?«

»Davon nun später. Ich wollte sagen, die Richter'sche Schule lag zum Gram vieler Eltern nahezu genau gegenüber vom Luisen-Gymnasium. Und die Jungs mit den bunten Gymnasiastenmützen und die Mädchen, die sich zwangsläufig in den Pausen und auf den Schulwegen begegneten — das war eine Äugelei und ein Hin und Her von Blicken, da war das Ende von weg. Aber alles sollte ja möglichst ehrbar und bieder zugehen. Darum also unser Amicitia-Club und der Zusammenhalt eines bestimmten Freundeskreises.«

»Ist doch eigentlich prima, nicht? Warum habe ich eigentlich keinen so praktischen Bruder, durch den man einen Haufen Jungs kennenlernt?«

»Du bist ein Grünschnabel und mit deinen vierzehn Jahren noch absolut zu kindisch. Die würden dich doch nur auslachen. Einen Bruder haben, das heißt doch auch gleichzeitig, mit einem Packen Kritik aufwachsen. Genieße du nur dein Einzelkind-Dasein. Aber wir kommen ewig davon ab, wie es bei Ernchen weiterging. Da tauchte doch eines Tages ein junger Mann auf, tadellose Manieren; hatte sie bei einem Dampferausflug kennengelernt. Kratzte sich bei Mutter Bahls ein mit einer Rose für die Frau Mutter und war auch sonst von einer unglaublichen Geschicklichkeit, sich beliebt zu machen.«

»Was hat er denn da so angestellt?«

»Weiß ich nicht mehr genau. Mutter Bahls Behördengänge abgenommen, ihr auch wohl mal höhere Rabatte bei ihren Einkäufen verschafft. Jedenfalls Vorteile, die bei ihr ins Gewicht fielen. Max und Hermann, mein Bruder — sie waren ja alle noch nicht fertig mit ihren Berufsausbildungen. Max Patzer und Hermann sagten immer, sie müßten büffeln wie die Kümmeltürken!«

»Was in aller Welt ist ein Kümmeltürke, das habe ich nie gehört?«

»Studentensprache. An der Uni Unter den Linden, wo das Humboldt-Denkmal davorsteht, da hatten ja damals die corporierten Studenten viel mehr Geltung als heute. Es hat sich ja alles überlebt. Aber ein Student in einer Verbindung, der hatte — man sagte das bei den Unbemittelten nicht ohne Sarkasmus — eben seine Verbindungen. Irgendwo saß immer ein Ehemaliger seines Corps und hielt schützend die Hand über ihn. Ganz dumm durfte er schon nicht sein, aber ein Schnitzer oder irgendeine Eselei, da wurde dann der Mantel der corporativen Nächstenliebe drübergehängt.

Und die Nicht-Corporierten, die waren einzig und allein auf ihren Fleiß und ihre Leistungen angewiesen und schufteten sich durch ihre Semester hindurch. Und das waren eben die Kümmeltürken. Noch heute wirst du es hören: Heute habe ich gearbeitet wie ein Kümmeltürke. Nur weiß niemand mehr, woher der Ausdruck kommt!«

»Dann sind doch die Nicht-Corporierten, wenn es stimmt, was du sagst, doch eigentlich viel schlauer als die Studenten in den Verbindungen?«

»Ach, doch wohl nur in Einzelfällen. Das Leben zupft sie dann schon alle zurecht. Und wenn ich so an Franz Puder denke! Sowas von korrektem und angenehmen jungen Menschen. Diese stille, vornehme Art, so ehrenhaft, so absolut vertrauenswürdig. Die Verbindungen haben ja auch sehr guten Einfluß auf die holden Jünglinge gehabt. Denkst du denn, das sind alles Engel? Da ist der zügelnde Einfluß einer straffen Organisation doch von Segen!«

»Und wie war das nun mit dem Außenseiter, der sich da einschlich bei Tinchens Mutter?«

»Das war eine glatte Katastrophe. Er hängte mit seiner Taktik den ganzen Schwarm der Verehrer im Umsehen ab. Wir kamen nie so recht dahinter, aber eines Tages stand die Verlobungsanzeige in der Zeitung. Hinter vorgehaltener Hand wurde getuschelt, er sei mehrfacher Millionär.«

»Das ist ja aufregend. Und dann?«

»Kind, ich bin ganz trocken im Hals. Jetzt hol uns mal da drüben im Bahnhof Bellevue ein paar Pfefferminzbonbons, dann reden wir später noch mehr davon!«

Der entscheidende Tag
Die große Szene im Standesamt Tiergarten

»Nun erzähle weiter«, drängelte ich, während wir die Brückenallee hinuntergingen, über die Bärenbrücke, die von vier tapsigen Bronzebären auf hohen Podesten bewacht wurde.

»Es wurde sensationell. Täglich fuhr die Privatkutsche von diesem Ingenieur vor. Tinchen gondelte in die Stadt und kaufte ihre Aussteuer zusammen. Sie trug auch als Verlobungsring keinen schlichten Goldreif, sondern einen Brillantring von für unsere Verhältnisse grotesken Ausmaßen. Sie behauptete zwar immer, sie stünde absolut darüber, und der Mann habe eben ganz außergewöhnliche menschliche Qualitäten. Aber geglaubt, nun, geglaubt haben wir das alle nicht so recht. Die Hochzeit wurde vorbereitet, sie war geschmackvoll genug, sich sehr schlicht zu kleiden und nicht auch noch auf diesem Gebiet durchzudrehen. Aber es war schließlich Krieg und wie viele junge Männer standen an der Front, und nun dies. Dieser sehr viel ältere Mann, der Aufwand. Wir waren da alle sehr skeptisch, ob das gutgehen würde. Schließlich kam der Tag der Trauung. Eine große Feier sollte es nicht geben. Ernchen fuhr allein mit ihrem Auserwählten zum Standesamt, und wir sahen, daß Hermann, offenbar von einer unbezwinglichen Unruhe getrieben, mit hochgeschlagenem Mantelkragen von der gegenüberliegenden Straßenseite dies alles beobachtete.«

»Aber wieso? Sie heiratete doch nun den anderen. Da war doch für ihn alles aus!«

»Eben nicht. Offenbar glaubte er an die Macht der Gedanken oder was weiß ich. Jedenfalls brachte er es fertig, auch beim Standesamt auf der gegenüberliegenden Straßenseite seinen Beobachtungsposten zu beziehen. Da ging nun sein Ernchen, Blumenstrauß im Arm, ein graues Straßenkostüm, fußfrei, wie es eben modern geworden war, ein dazu passender Hut — weiß der Kuckuck, wo sie das alles in den knappen Zeiten, es war ja 1917 und Krieg, herbekommen hatte!«

»Und dann?«

»Dann kam die große Überraschung. Von einem Trauzeugen hat es Hermann später erfahren, und Ernchen hat es mir auch erzählt. Dieser Ingenieur, angeblich Millionär, hat doch vor der standesamtlichen Trauung so ganz nebenbei einen Ehevertrag aus der Tasche gezogen. Sie sollte sich verpflichten, den gesellschaftlichen Verkehr mit ihrer Mutter zu unterlassen und ihre Herkunft und ihr Elternhaus niemals zu erwähnen, sich loszusagen, wie man das formulierte. Dieser Mensch hatte den Spleen, daß eine Portierstochter aus diesem Laden mit den Nachtpötten — nun, er muß schon einen ganz erheblichen Vogel gehabt haben. Aber weißt du, was sie tat? Sie drehte sich den Brillantring vom Finger, warf ihm Ring, Blumenstrauß und Ehevertrag vor die Füße, sagte ihm irgendwelche vernichtenden Worte der Verachtung. Dann verließ sie hocherhobenen Hauptes das Standesamt und kam in sehr aufgebrachter, aber auch sehr zufriedener Verfassung nach Hause. Das haben wir ihr alle hoch angerechnet. Was muß das aber auch für ein Mensch gewesen sein! Hermann rieb sich natürlich insgeheim die Hände.

Ging dann ganz beruhigt seiner Wege. Sein Ernchen hatte vom Heiraten erstmal genug.«

Erneuter Ansturm der Verehrer
Lob der Ausdauer — Der Sieger geht durchs Ziel

Fanden unsere nachmittäglichen Spaziergänge im Frühling statt, dann nahmen wir den Rückweg gern durch die Rathenower Straße, in der zwischen den alten Ulmen auch einige Linden standen, die während der Blütezeit betäubend dufteten. Oder Ahorne sandten ihre mattgrünen geflügelten Samenkörner dann später zu Boden. Die Kinder in der Rathenower Straße setzten die Reiterchen auf die Nase. Das war meist im Juni, dem insofern schönsten Monat des Jahres, als die Sommerferien im Juli unmittelbar bevorstanden.

Die Vorfreude auf die vier Wochen Ungebundenheit wurde meist schon ab Weihnachten sorgsam gehegt. An einem der letzten Junitage 1934 gingen meine Mutter und ich in ein Geschäft in der Turmstraße, um einen neuen Badeanzug für die Ferien zu besorgen. Wir fuhren dies Jahr nur auf Hausbesuch in die Sächsische Schweiz, aber ich war so hoffnungslos aus all meinen Garderobenbeständen herausgewachsen, daß dieser Einkauf nötig war.

Wie immer, wenn wir etwas gelangweilt die vertrauten Wege gingen, kamen wir auf alte Zeiten zu sprechen, und ich wollte nun unbedingt wissen, wie es denn mit diesem erstaunlichen Ernchen Bahls eigentlich weitergegangen war. Sie wohnte derzeit in der Brückenallee in einer sehr eleganten Wohnung. Aber gerade war die Zeit sechsjähriger enger Nachbarschaft mit Ziemers, also Ernchen und Hermann, zu Ende gegangen. Nach meinen Beobachtungen lebten beide in einer unwahrscheinlich glücklichen Ehe, lasen einander jeden Wunsch von den Augen ab und sahen viele Gäste bei sich. Ich dachte darüber nach, warum sie Hermann nicht gleich genommen hatte und erst den Umweg über den charakterlosen Herrn mit dem entwürdigenden Ehevertrag damals einschlug. Mutter hatte ja alles selbst erlebt, die ganze Vergangenheit der Bahls', den Aufstieg der Freundin.

»Ernchen war während des Krieges als Rotkreuz-Schwester tätig. Das muß man ihr lassen, sie sah den Kern der Dinge. Vor allem tat sie eines: Sie saß über ihre dienstlichen Pflichten hinaus bei den Verwundeten und besorgte ihnen Briefe, schrieb für sie an die Mütter, die Väter. Sie führte Blinde im Garten umher und war in jeder Weise eine ganz engagierte Pflegerin. Sie las auch Gedichte vor, richtete Morgenfeiern in den Krankensälen ein und suchte an Lyrik und Romantik all das zusammen, was den blessierten Soldaten Mut und Hoffnung geben konnte. Sie sagte immer, deren Seele sei ja auch krank. Und die stilleren, weniger derben unter ihnen, litten auch unter den ruppigen Witzen der minder zart besaiteten Kameraden. Erst stieß sie auf Widerstand bei ihrer Oberin, doch dann wurde der Versuch gemacht. Schließlich wünschten es die Kranken, und so waren die lyrischen Lesestunden im Lazarett bald eine stehende Einrichtung. Es hört sich ja auch tröstlich an, beispielsweise Goethe:

Der du von dem Himmel bist,
Alles Leid und Schmerzen stillest,
Den, der doppelt elend ist,
Doppelt mit Erquickung füllest,
Ach, ich bin des Treibens müde!
Was soll all der Schmerz und Lust?
Süßer Friede,
Komm, ach komm in meine Brust!

Sie war dann auch dort sehr umschwärmt und verehrt, aber alles hatte jenen Dämpfer, den die ewig wiederkehrenden Todesfälle in den befreundeten Familien und in der Bekanntschaft verursachten, das muß man immer bedenken. Sie suchte den *Trost* in der Kunst und wollte dies weitergeben.

Man kann es wohl so sagen, daß auch sie vom Krieg vernünftiger geworden ist. Natürlich kann der Mensch in seiner Veranlagung nicht aus seiner Haut heraus. Etwas von Emphase, von Pathos ist ihr immer geblieben. Doch wie ich schon sagte, Hermann hat es verstanden, dann ganz auf sie einzugehen, ihre Eigenart zu werten, zu achten. Er bekam nach der Inflation die vorgeschriebene Niederlassung als Anwalt, tat sich jedoch gleich von Anfang an mit Studienkollegen zusammen. So ergab dies Anwaltsbüro eine solide wirtschaftliche Grundlage für eine Eheschließung und, das muß ich sagen, weit großzügiger als in so einer Beamtenlaufbahn, wie bei uns, bei deinem Vater. Aber das ist nun mal so.

Wenn ich dir eines wünsche mal später im Leben, dann ist es ein Mann, der dich nicht gängelt. Der dir die geistige Freiheit beläßt, dich mit Dingen zu befassen, die dir Freude machen. Denkst du vielleicht, ich ergötze mich sonderlich an Küchengerüchen und diesem ewig gleichen Haushaltskram? Wenn nicht der alte Freundeskreis wäre, der noch weiß, wie es früher war, meine Eltern, die immer ein Mädchen hatten und die solide Basis der Familien. Aber heute — Gott allein weiß, wo das alles hinführt. Aber nun komm, hier gibt es Badesachen. Nimm was Sportliches, und wehe du kommst mir mit einem so tiefen Rückenausschnitt.«

»Also Mutti!«, muckte ich auf gegen die altmodische Bevormundung. Doch sie konterte grimmig: »Fange nur nicht so an wie Ernchen. Denkst du, ich setze mich mit Süßholz raspelnden Verehrern auch mal wie eine Glucke um den Tisch und bewache meine Tochter? Du wirst gefälligst selbst auf dich aufpassen. Und weniger tiefe Rückenausschnitte dienen lediglich dazu, die ärgsten Provokationen zu vermeiden. So, und nun beeile dich, Vater hat heute Schulungsabend, und du weißt ganz genau, daß er mit dieser Uniform nicht allein zurechtkommt!« Das war eine Lektion aus dem Jahre 1934, als die Neulinge in Hitlers braunen Scharen sich als Blockwarte, im Volksmund »Treppenterrier« genannt, die ersten Verdienste erringen mußten. Aber wenigstens wußte ich jetzt, wie schwierig es sein konnte, ehe ein verliebter junger Mann seine Angebetete heimführen konnte. Nun war Onkel Hermann Ziemer in meinen Augen sehr aufgewertet worden. Seine Zähigkeit, seine Treue, seine Ausdauer imponierten mir. Eigentlich steckte mir noch eher Respekt als Zuneigung zu ihm in den Knochen. Hochgewachsen und schlank, immer zu inquisitorischen Fragen aufgelegt, so kannte ich ihn. Daß solche zurückhaltenden und seigneuralen Erscheinungen auch zu leidenschaftlichen Regungen fähig waren, das wollte mir damals noch nicht in den Kopf. Doch als wir dann mit einem einfachen, dunkelblauen Schwimmtrikot in der Tüte wieder auf dem Heimweg waren, da konnte ich mir die Frage nicht verkneifen:

»Was ist denn nun eigentlich aus dem unverschämten Millionär geworden?«

»Der?« Mutter fuhr aus einem ganz anderen Gedankengang auf. Dann sagte sie triumphierend: »Der hat ausnahmsweise in dieser verkehrten Welt mal seine gerechte Strafe erhalten. Er ging pleite!«

4. Kapitel

Vor dem Kapitel Baumgarten zu lesen

Der in Moabit geborene Kurt Tucholsky muß hier in Auszügen zu Worte kommen, ehe das folgende Kapitel dem Mißverständnis unterliegen könnte, als Glorifizierung des Militarismus ausgelegt zu werden.

1898, in diesem Jahre gab es seit siebenundzwanzig Jahren ein deutsches Kaiserreich. Die einzelnen deutschen Länder hatten ihre Armeen, Bayern, Württemberg, Sachsen, natürlich auch Preußen, der größte Partner hinsichtlich Terrainbesitz und Einwohnerzahl. Baumgarten gehörte der Königlich-Preußischen Armee an. Militärmusiker, das war ein Wahlberuf wie andere auch. Ein Arzt, ein Anwalt, ein Richter, ein Lehrer. Mochten andere Berufe Begabung gleichfalls fordern, aber nicht unbedingt zur Voraussetzung machen, so war ein Militärmusiker *ohne* Begabung ein Ding der Unmöglichkeit. Theodor Storm schrieb einmal die Reime:

Wir können auch die Trompete blasen
Und schmettern weithin durch das Land;
Doch schreiten wir lieber in Maientagen,
Wenn die Primeln blühen und die Drosseln schlagen
still sinnend an des Baches Rand.

Das Eine tun, das Andere nicht lassen. Liebe und Trompetenblasen, auch so ein Schlagwort aus vergangenen Tagen.

Doch zurück zu Tucholsky. Er war im Ersten Weltkrieg Soldat gewesen, nicht gerade an vorderster Front, in Rumänien in einer Schreibstube; aber Erfahrungen hat er genügend gesammelt. Und wenn ihn später etwas aufbrachte, dann ganz sicher die kommerzielle Kriegstreiberei und all die unerfreulichen Geschichten, die damit zusammenhingen. So um 1925 ist er darüber sehr böse und macht den Vorschlag, man solle doch nun endlich den Worten Victor Hugos folgen:

»Déshonorons la guerre!« [Sprechen wir dem Krieg jede Ehre ab!]

Wer sich in Tucholskys Werken auskennt, der wird sagen: »Ja, aber gerade er macht doch so vieles herunter, was Konservative noch Jahrzehnte hindurch hoch und heilig hielten, Kaiser und Reich, die Farben Schwarz-Weiß-Rot, die Ehre, die Orden, den Mut und die Tapferkeit — und — und!«

Gewiß, er tut es. Mein Vater sagte einmal, als er so einen Verriß von Angehörigen der Armee, des Richterstandes oder anderer Etablierter, die da angeprangert wurden, gelesen hatten: »Allmächtiger, was muß diesem Tucholsky alles im Leben begegnet sein, mit welchem Abschaum muß er es zu tun gehabt haben! Ich habe in meinem ganzen Leben keinen der Geschilderten getroffen!«

Irgendwann nach 1916, als so viele Frauen in Trauer gingen, als auch im Hause Perleberger Straße meine Großmutter Mende nach dem Tode ihres Sohnes Kurt völlig verzweifelt war, da kamen ihr die Zeilen von Paul Zech in die Hände, irgend jemand hatte sie ihr gebracht, zum Trost? Um sie zu erinnern, daß sie nicht allein war in ihrem Schmerz?

Empor

O Menschheit, such in diesem ausgerauchten Raum
die Mutter nicht! Millionen Mütter kauern
angstklein und überströmt von Tränenschauern
an leerer Betten mondbescheintem Saum.

Mit hilflos stammelnden Gebeten heben
sie die durchbohrten Herzen in die Nacht empor
und bröckeln langsam von dem Turmbau Leben
wie Ziegel ab. Denn nie verlor
ein Dasein so den Sinn zu sein, wie dieser Frauen
sohnloses Jahr. Ihr Himmel war gewölbt in dem Gebot:
alternden Vätern Söhne aufzubauen,

die Wachsenden, noch über den gemeinen Tod
der Zeuger, aus rohrschwanken Kinderzeiten
in ein umfriedetes Geborgensein zu leiten.

Ihr aber habt mit schmetterndem Gesang,
mit marschgeschwellten Schritten
das Band zerschnitten
von Herz zu Herz. Aus eurem Überschwang
gewitterte ein sonnenloser Norden.
Und so wie eine Rose, die Frost verdirbt:
sind alle Mütter grau geworden,
und niemand weiß von euch wie mühsam jede stirbt.

(Paul Zech 1916)

Das Gedicht von Paul Zech war in vieler Hinsicht treffend und den vergrämten Müttern ein bleibendes Mahnmal. Der *entscheidende Denkfehler* lag jedoch darin, daß ja nicht die Militärmusiker die Kriege aushandelten, begannen oder verursachten, sondern daß dies damals wie heute völlig andere Mächte betrieben haben und betreiben.

Kaiser Wilhelm II., so oft und noch lange nach seiner Abdankung Ziel von Kritik und Abwertung, muß in seinem Reich doch auch unglaublich viel Gutes gehabt haben, Stabilität, keine so hohe Kriminalitätsrate wie später, Zuverlässigkeit, Unbestechlichkeit und im allgemeinen mehr Wohlverhalten als in späteren Zeiten.

Mag Tucholsky noch so viele Liter Tinte oder noch so viele Kilo Farbbänder verbraucht haben, um Altes umzustürzen und noch formlos Neues zu propagieren: des *Guten* in den vergangenen Verhältnissen war er sich auch bewußt. Da steht so ganz zwanglos zwischen allem anderen:

»Was am Preußentum gut und gesund ist — «

oder:

»Das hätte es im Kaiserreich niemals gegeben — «

Also auch er, selbst er, trauerte einer Sache nach, die mal viele Vorzüge hatte, in vieler Hinsicht vorbildlich war.

Der Ausweg aus dem Dilemma, den Krieg gefühls- und verstandesmäßig strikt zu verdammen, die Militärmusik aber begeisternd schön zu finden, ergibt sich von selbst durch historische Rückblicke.

Man muß nicht gerade bei den Posaunen von Jericho anfangen; die Türkenkriege im 17. und 18. Jahrhundert haben da sehr befruchtend gewirkt. Die Infanterie profitiert bis heute vom alten Brauch, daß die Würde eines Paschas durch die Anzahl von Roßschweifen gekennzeichnet wurde. An ihren Schellenbäumen hängen Roßschweife — Tradition, 's war immer so, seit Jahrhunderten. Es war immer so zum größten Vergnügen aller Beteiligten, das muß gesagt werden. Das ist auch schon tausendmal mit Nachdruck gesagt worden, am nettesten und volkstümlichsten wohl vom Dichter Liliencron:

Die Musik kommt

Klingling, bumbum und tschingdada,
zieht im Triumph der Perserschah?
Und um die Ecke brausend brichts
wie Tubaton des Weltgerichts,
voran der Schellenträger.

Brumbum, das große Bombardon,
der Beckenschlag, das Helikon,
die Pikkolo, der Zinkenist,
die Türkentrommel, der Flötist,
und dann der Herre Hauptmann.

Der Hauptmann naht mit stolzem Sinn,
die Schuppenketten unterm Kinn,
die Schärpe schnürt den schlanken Leib,
beim Zeus! das ist kein Zeitvertreib;
und dann die Herren Leutnants.

Zwei Leutnants, rosenrot und braun,
die Fahne schützen sie als Zaun,
die Fahne kommt, den Hut nimm ab,
der bleiben treu wir bis ins Grab!
Und dann die Grenadiere.

Der Grenadier im strammen Tritt,
im Schritt und Tritt und Tritt und Schritt,
das stampft und dröhnt und klappt und flirrt,
Laternenglas und Fenster klirrt;
und dann die kleinen Mädchen.

Die Mädchen alle, Kopf an Kopf,
das Auge blau und blond der Zopf,

aus Tür und Tor und Hof und Haus
schaut Mine, Trine, Stine aus;
vorbei ist die Musike.

Klingling, tschingtsching und Paukenkrach,
noch aus Ferne tönt es schwach,
ganz leise bumbum bumbum tsching;
zog da ein bunter Schmetterling,
tschingtsching, bum, um die Ecke?

(Detlev Frhr. von Liliencron,
vertont von Oscar Straus, opus 54)

Liebhaber von guter Militärmusik kommen überall auf der Welt auf ihre Kosten. Sei es beim ergreifenden Tattoo zum Abschluß der Edinburgher Festspiele in Schottland, diesem magisch beleuchteten und faszinierend dargebotenen Großen Zapfenstreich auf englische Art, oder sei es in so fernen Regionen wie auf den Fidschi-Inseln. Ankommende Kreuzfahrtschiffe werden dort mit schmetternden Marschrhythmen begrüßt und verabschiedet. Dabei welch andere Kostümierung der Musiker, welch abweichende Gewohnheiten: gezackte dunkelblaue Röcke, weiße Hemden, gemächlich auf Stühlen plaziert. »Donnerwetter, die haben ja acht Helikons!«, sagt ein kundiger Passagier dann wohl anerkennend. — Besser als tausend Pillen helfen manchem, wenn man mal traurig ist, die amerikanischen Märsche von Philip Sousa.

In alter Zeit schrieb man noch »Musik-Chor«, das, sächlich. Dann wandelte sich die Orthographie. Aus dem Musik*c*orps wurde das Musik*k*orps, wobei die Aussprache keinerlei Veränderung erfuhr. Chor, Chöre, was tun sie? Sie singen Lieder. Marschkomponisten, was taten sie? Sie nahmen unzählige Volkslieder und arrangierten die bekannten Melodien als Märsche. In Österreich geschah dies besonders häufig, die Titel weisen es aus: O du mein Österreich, Kärntner Liedermarsch, Tiroler Holzhackerbuam. Mir sein die Kaiserjäger.

Eine reiche Fundgrube für Bearbeiter von Marschmusik stellt auch das internationale Opernrepertoire, die Operette nicht minder. Der Einzugsmarsch aus dem »Zigeunerbaron« von Johann Strauß (1825—1899), der Marsch nach den Motiven aus der nahezu vergessenen Oper »Die weiße Dame« von Boieldieu, einen Marsch nach Melodien aus »Die Hugenotten« von Meyerbeer — es ginge endlos fortzusetzen. Besonders hervorzuheben wäre in diesem Zusammenhang, daß der Nibelungenmarsch mit Themen aus Wagners Ring, zusammengestellt von Stabshoboist Gottfried Sonntag vom Bayerischen Infanterie-Regiment Nr. 7, zur Zeit seiner Entstehung, also vor 1883, noch die volle Billigung des anspruchsvollen Richard Wagner gefunden hatte.

Bei den preußischen Truppen wurde der traditionelle Bestand der alten Armee bevorzugt, die Märsche, die schon in den vergangenen Jahrhunderten erklungen waren. Die Pflege der Marschmusik, immer die internationale Herkunft, den internationalen Austausch als unabdingbare Voraussetzung, war eine solche Selbstverständlichkeit, daß über ihre Berechtigung niemand einen Gedanken verschwendete.

Thomas Mann macht im »Zauberberg« so hin und wieder seine Bemerkungen über Musik und Militär. Die gelegentlichen Sonntagskonzerte im Garten des Sanatoriums Berghof. Wie sagt Herr Settembrini:

> *»Es ist etwas Bedenkliches um die Musik, meine Herren. Ich bleibe dabei, daß sie zweideutigen Wesens ist. Ich gehe nicht zu weit, wenn ich sie für politisch verdächtig erkläre.«*
>
> *(Der Zauberberg, Gesamtausgabe 1959, S. 162)*

Im Hinblick auf die Geschichte seiner italienischen Heimat mochte Settembrini recht haben. Vor der Befreiung Italiens von österreichischer Herrschaft hatten die Italiener unversehens den Chor der Gefangenen aus der Oper »Nabucco« von Verdi zum Fanal gegen Knechtschaft hochstilisiert. Man wird sich erinnern, Sissi-Film, Elisabeth betritt das Opernhaus, aus dem Parkett erklingt: »Flieg Gedanke, auf goldenen Schwingen« — Originaltext: »Va pensiero, sull'ali dorate«. Politisierung eines Opernchors bis zu dem Punkt, wo damit Protest in letzter Brisanz zum Ausdruck kommt. Kamera schwenkt. Sissi erbleicht.

Doch dann wieder anerkennende Worte über das Militär, auch von Thomas Mann, Zauberberg. Vetter Joachim, dem kein anderer Beruf denkbar ist, als Soldat zu sein. »Ihr habt die Haltung und die Bienséance!«, heißt es da. Und daran muß man zwangsläufig anknüpfen, will man über all das berichten, was sich vor Entstehung des Zauberberg, also vor 1923, exakt zu Baumgartens Wirkungszeit, sagen läßt: über Militär, dessen Musik, die Repräsentanten des Berufsstandes, der immerhin bei Konflikten zuerst seine Haut zum Markte zu tragen hatte. »Unsere Jungens werden das schon machen!«

Sie hatten die Haltung und die Wohlanständigkeit, die absolute Integrität der Lebensführung und Berufsauffassung.

Die unangenehmen Ausnahmen in diesem Berufsstand, sie führen in der Literatur allerdings ein zähes Leben. Man hat sie aufgespießt und angeprangert wie seltene Käfer in der Insektenabteilung eines Naturkunde-Museums. Unter Glas und haltbar.

Die große Masse der vergnügten, harmlosen, ihren Beruf liebenden und anständigen Soldaten und Vorgesetzten, diese vielen Hunderttausende. Für die ist nur das Reservat der Erinnerung in den Familien. »Vater hat nie — «, oder »Was Vater gelitten hat nach seiner Verwundung bei —.«

In den Jahren zwischen 1871 bis 1914 übten jedenfalls die Soldaten aller Gattungen in Europa, und nicht nur in Preußen-Deutschland, dreiundvierzig Jahre lang ihren Job mit größter Gelassenheit und nicht mehr Engagement aus als etwa ein Lehrer oder ein Lokomotivführer.

Auf den folgenden Seiten wird die Lebensgeschichte eines Militär-Kapellmeisters berichtet. Ein Drittel Soldat, ein Drittel Handwerker, ein Drittel, und das entscheidende von allen, Künstler und Musiker.

Emil Rudolf Baumgarten, Dirigent des berittenen Trompetercorps des 1. Garde-Feldartillerie-Regimentes in Berlin, ein Könner, ein tadelsfreier Vorgesetzter und so gutmütig, eine solche Bonhomie ausstrahlend, daß er im Volksmund nicht anders als »Papa Baumgarten« genannt wurde.

Bei den großen festlichen Veranstaltungen in Berlin, die in den siebziger und achtziger Jahren des vorigen Jahrhunderts zur Kaiserzeit aus mannigfachem Anlaß stattfanden, Sedanstag, Kaisers Geburtstag, Einholung von fürstlichen Bräuten, Staatsbesuchen, kündigte sich sein Regiment unverwechselbar durch die Klänge des ihm zu dieser Zeit eigenen Regimentsmarsches an, den »Kesselsdorfer«.

Die Schlacht bei Kesselsdorf lag lange zurück. Sie beendete 1745 den Zweiten Schlesischen Krieg des Alten Fritzen. Der Alte Dessauer erntete seine letzten Lorbeeren bei seinem Sieg über die sächsischen Truppen. Diese standen unter dem Oberbefehl eines Mannes von interessanter Herkunft: des Grafen Rutowski. Er war der Sohn Augusts des Starken (oder besser einer der vielen Söhne!), seine Mutter jedoch war exotischen Geblüts, die schöne Türkin Fatime. Mit »e«.

Man muß ausdrücklich betonen, daß der Marsch keineswegs als musikalisches Beutestück von den Sachsen übernommen wurde. Die Zusammenhänge sind anders. Er findet sich in der Güntherschen Sammlung von Märschen aus dem Jahre 1788 als sogenannter »langsamer Troupp-Marsch«, dessen Komponist nicht bekannt ist. Im 19. Jahrhundert war er gleichzeitig Parademarsch im Schritt bei Baumgartens 1. Garde-Feldartillerie-Regiment in Berlin. Befand sich das Regiment also in Bewegung und paradierte, so wurde der »Kesselsdorfer« gespielt.

Zur selben Zeit bis 1918 führte aber auch das Königlich-Sächsische Grenadier-Regiment Nr. 101 in Dresden denselben Marsch als Präsentiermarsch. Dabei hat das Regiment Aufstellung genommen, und ein hochgeehrter Gast schreitet die Front ab. Dann also werden Präsentiermärsche gespielt, und es erklang der »Kesselsdorfer« in Dresden.

Es ist ein gravitätischer Marsch, ernsthaft, klangschön, dessen melodiöses Trio freudige Ergriffenheit beim Zuhörer auslöst.

Für Dirigenten gibt es ihn in einem Particell, einer zusammengefaßten Übersicht der einzelnen Stimmen bei Bote & Bock. Für den Klavierspieler enthält »Das goldene Marschbuch« Bd. II, Seite 52 von Schott diesen Marsch. Zum Nachempfinden.

Baumgarten hat auch komponiert, dies ist sicher, obgleich in die Sammlung der Heeresmärsche keine seiner Arbeiten aufgenommen wurde. Aber eine »Prinz August Fanfare« von ihm ist verbürgt, auch halten die Fachleute es für möglich, daß er den Trabmarsch und den Galoppmarsch für sein 1. Garde-Feldartillerie-Regiment komponiert hat. Beide Stücke werden heute noch gespielt.

1899 — Baumgartens ziehen ein

Schon zu Anfang des Jahres gab es im Hause Perleberger Str. — einst 35, nun 49 — ein Raunen und Tuscheln, als die Vierzimmerwohnung leerstand. Mehrmals waren Interessenten die vier Treppen in den obersten Stock hinaufgeklommen und hatten die geräumigen Zimmer besichtigt. Auf dem Balkon hatte es jedesmal ein »Ahhh!« oder »Nein, sieh doch, das ist ja wie Sommerfrische!« gegeben. Die Kronen der Ulmen ragten schon beinahe bis zum dritten Stock, Straßenverkehr im heutigen Sinne gab es kaum. Eine Pferdebahn zuckelte in gewissen Abständen vorbei. So präsentierte sich das Quartier als vorortlich angenehm.

Eines Tages sah man einen überaus stattlichen Herrn in Uniform, begleitet von einer freundlich um sich blickenden Dame, die etwas ächzend, denn auch sie war leicht korpulent, am gedrechselten Treppengeländer Halt suchend, nach oben steigen. Diese Dame kam dann eines Tages wieder, begleitet von einem ebenfalls uniformierten, jedoch jüngeren Herrn als vordem. Die Tür wurde aufgeschlossen, sie mußten also schon die Schüssel haben. Danach hörte man Schritte hin und her, es war, als falle ein Zollstock zu Boden. Wenige Tage danach erschienen die Maler und rumorten einige Wochen im Obergeschoß.

Bald darauf kam der zehnjährige Kurt Mende, den Ranzen auf dem Rücken, mit seinem Freund Alfred Schmidt aus der Schule und wollte sich eben mit einem unbeteiligten: »Na dann — also bis morgen —« von Alfred verabschiedet haben, da blieb ihm der halbe Satz in der Kehle stecken, denn ein aufsehenerregendes Gefährt nahte.

Auf dem Kutschersitz eines großen Möbelwagens, von zwei bemerkenswert starken Gäulen gezogen, saß ein uniformierter junger Mann, der gewandt herabsprang. Er riß die hinteren Türen des Transportwagens auf, und wieder schwangen sich behende zwei uniformierte junge Leute aus dem Wageninneren, die sich sogleich mit Umsicht und unter Lachen und Zurufen über allerlei Gegenstände hermachten. Bücherregale, Kartons, Spiegel, ein Plättbrett, kleine Zierschränke, Stühle, einen ungewöhnlich großen Ohrensessel mit passender Fußbank — Kurt Mende und sein Freund kamen aus dem Staunen nicht heraus.

Schließlich sahen sie die Schwalbennester an den Ärmeln der Uniformierten, waren sich aber nicht ganz sicher, was das alles zu bedeuten hatte. Die Soldaten, die Ziehleute, die eben ein Klavier mit Gurten und Hauruck die drei Stufen zur Haustür emporwuchteten.

»Jottedoch,« sagte der eine, »den dicken Brocken ausjerechnet vier Treppen hoch. Na, wir machen öfter mal Halt!«

Kurt und Alfred fragten schließlich einen der umherlaufenden jungen Leute und bekamen die mehr Frage als Antwort bedeutenden Worte zu hören:

»Ja, wißt ihr denn nicht, daß hier Baumgartens einziehen?« »Baumgarten?« wiederholte Kurt mit verblüfft offen bleibendem Mund. »Jungejunge, doch nicht etwa — «

»Genau!«, antwortete der Soldat vergnügt und schleppte ein

großes Blasinstrument in einem dunkelbraunen Schutzüberzug aus dem Wagen ins Haus, »Papa Baumgarten mit dem Tschingderassa-Bumderassa-saa!«

Des Königlichen Militär-Musikdirigenten Emil Baumgartens Lebenslauf und Karriere

Als Baumgartens in die Perleberger Straße umzogen, war der Hausherr sechsundfünfzig Jahre alt. Wäre nicht die Musik in seinem Leben vorrangig gewesen von Anbeginn, so würde man ihn heute als »alten Troupier« bezeichnen, einen bewährten, altgedienten Soldaten.

Am 1. Oktober 1862 war er beim 2. Garde-Ulanen-Regiment in der Invalidenstraße in Berlin als einfacher Trompeter eingetreten. Knapp acht Jahre später erfolgte seine Beförderung zum Stabstrompeter, gleichzeitig verließ er vorübergehend die Hauptstadt und übernahm als Dirigent das Trompeterkorps der Reitenden Abteilung des Feld-Artillerie-Regiments Nr. 3 in Düben, das ist 13 km nordöstlich von Dessau gelegen. Im deutsch-französischen Krieg 1870/71 machte er die Reiterkämpfe bei Mars-la-Tour mit, wurde leicht verwundet und erhielt das Eiserne Kreuz von 1870, 2. Klasse, den ersten seiner vielen Orden und Auszeichnungen.

Im Volksmund geht die Redensart »dreimal umgezogen ist einmal abgebrannt«. Sicherlich ist es der Umsicht und Energie Frau Baumgartens zu danken gewesen, daß dies bei Baumgartens nicht der Fall war. Sie teilten das Schicksal vieler Berufssoldaten und Offiziere, die von Garnison zu Garnison versetzt wurden und auch innerhalb Berlins noch mehrmals die Wohnung wechselten.

Bald nach dem Siebzigerkrieg verließ Baumgarten Düben und wurde versetzt. 1872 bis 1874 leitete er das Trompeterkorps des Feld-Artillerie-Regimentes 18 in Frankfurt an der Oder.

Wenn dann auch eine Periode beruflicher Beständigkeit folgte, da er vom 11. 11. 1874 bis zum Jahre 1912, immerhin achtunddreißig Jahre, das berittene Trompeterkorps des 1. Garde-Feld-Artillerie-Regiments in Berlin, Kruppstraße, leitete, so änderte sich selbst im Stadtteil Moabit seine Adresse mehrmals.

Auch sein Dienstgrad wandelte sich in erfreulicher Weise. Vom Stabstrompeter, welchen Titel er jedoch nebenher weiterführte, erhielt er am 15. 11. 1887 die Beförderung zum Königlichen Militär-Musik-Dirigenten. Im Jahre 1908 wurde diese Bezeichnung für ihn und all seine Kollegen in »Königlicher Obermusikmeister« geändert.

Emil Baumgarten war nicht das, was man ein Berliner Original nennen könnte, dazu gab er zu wenig Bonmots und Redensarten von sich. Aber er machte eine Musik, Dunnerkiel, die fuhr einem in die Knochen.

An einem Novembertag, als sich niemand etwas Außerordentliches dachte, begab sich vor dem Haus Perleberger Straße 49 ein denkwürdiges Ereignis.

Kaum daß es hell geworden, schlichen sich am 11. 11. 1899 vierzig Trompeter in Uniform nacheinander und möglichst unauffällig in den Porzellanladen von Frau Bahls, um dort die Hüllen ihrer Instrumente zu deponieren. Frau Bahls betrachtete das Gewimmel in ihren mit so zerbrechlichen Dingen angefüllten Räumen etwas besorgt, aber die Musiker bewegten sich mit großer Vorsicht und bedankten sich immer wieder für die Hilfestellung zur großen Überraschung: Dem Chef sollte ein Morgenständchen gebracht werden, denn ein Jubiläum war fällig: Er war 25 Jahre Stabstrompeter des Regiments!

Um halb zehn formierte sich vor dem Haus, halb auf der Fahrbahn, damals sagte man »auf dem Damm«, ein Halbkreis von vierzig mit blinkenden Blasinstrumenten ausgerüsteten Regimentsmusikern. Das Programm war abgesprochen. Es begann mit »Dies ist der Tag des Herrn — « und brachte alle Lieblingsstücke des Chefs, unter anderem auch seine eigene Komposition, die »Prinz-August-Fanfare«. Aus den Fenstern der Perleberger Straße 49 sahen und hörten die Bewohner der Darbietung mit wachsender Begeisterung zu. Auch die gegenüberliegenden Häuser zeigten von neugierigen Köpfen ausgefüllte offene Fenster. Wer durch das Geäst der Ulmen partout nicht genügend sehen konnte, denn diese so beispielhaft musizierende Schar von Militärmusikern bot ja nicht nur akustisch, sondern auch optisch sehr Ergiebiges, der nahm eben rasch Paletot, Umhang oder Umschlagetuch zur Hand und begab sich auf die Straße, um nur ja keinen Ton und keinen Blick auf dies musikalische Morgenständchen zu verpassen.

Droben auf dem offenen Balkon blickte der Chef gerührt auf seine musizierende Schar hinab, wachsam, aber durchaus wohlwollend und zuweilen schmunzelnd. Die Jungs da unten machten ihre Sache gut. Seine Frau stand ihm zur Seite, fröstelnd in ihren Paletot gehüllt. Dann verschwand sie kurz, kam dann wieder. Am Ende der Darbietungen wurde ringsumher reichlich und spontan Beifall gespendet, den die Trompeter voller Haltung und mit der Unbewegtheit der Erfolgsgewohnten entgegennahmen.

Dann erschien im Hauseingang ein schwarzgewandetes, mit weißer Volantschürze und einem gestärkten Häubchen mit Rüschen ausgestattetes Dienstmädchen.

»Der Herr Musikdirigent lassen zu einem kleinen Umtrunk bitten!« Ein paar der jüngeren Herren holten die Hüllen der Instrumente von Frau Bahls wieder ab, dann erklommen die stattlichen Musiker, blaue Uniformen, gestreifte Schwalbennester an den Oberarmen als Zeichen ihres Berufsstandes, die vielen Stufen im Treppenhaus mit der unwandelbaren Distel-Ranke. Die Wohnungstür im vierten Stock war gastlich geöffnet. In den Vorderzimmern versammelte man sich um den Jubilar, sein Korpsältester brachte in passenden Worten die Glückwünsche des Trompeterkorps und den Dank für vorbildliche Betreuung zum Ausdruck. Inzwischen hatten alle ein Bierglas in der Hand, und nachdem angestoßen worden war, erhob man nochmals die Instrumente und das unvermeidliche »Hoch soll er leben — « erklang schmetternd in den beiden Vorderzimmern, deren verbindende Flügeltür heute schon seit dem Morgen offenstand, wie immer, wenn man zahlreichen Besuch erwartete. Im Berliner Zimmer, um den ausgezogenen großen Eßtisch, hatten sich die älteren der Herren inzwischen zu einem Imbiß niedergelassen, einfach, soldatisch, traditionell: Würstchen, frische Semmeln, Mostrich. So ähnlich, das wußte man, war es in des Soldatenkönigs Tabagie zugegangen, wo dem vielen Bier eine nahrhafte Unterlage mit Bockwürsten, Semmeln oder Salzstangen geboten wurde.

Die Zoo-Konzerte — Papa Baumgarten dirigiert

Aus dem Jahre 1904 ist eine Inseratenseite des »Berliner Konzert-Anzeigers« erhalten, welche links oben die »Militär-Doppelkonzerte« der Woche im Berliner Zoologischen Garten, kurz Zoo genannt, ankündigt. Alle diejenigen Berliner, die gern unter Menschen gingen, ihr neuestes Kleid, den guten Anzug, die Ausgeh-Uniform vorführten, die ihren Kindern die Elefanten und das Affenhaus, die Eisbären und den übrigen Bestand an exotischem Getier mal wieder zeigen wollten, strebten an Sonntagen mit gutem Wetter zum Kurfürstendamm. Am Elefantenportal des

Zoos herrschte lebhaftes Treiben, der Eintritt war für heutige Begriffe spottbillig.

Aber nicht nur die Sonntage boten das Vergnügen von Militär-Konzerten mit reichem Repertoire.

Die alten Inserate malen ein buntes Panorama der Regimenter, ihrer Musikkorps, Trompeterkorps oder wie man füglich und fachlich die taktfesten Blaskapellen benennen mochte, die dort der musikliebenden Bevölkerung ihr Bestes darboten.

Da warben die Konzert-Etablissements aller Art, vom Kronprinzen-Zelt bis zur Brauerei am Friedrichshain, von Kroll's Etablissement bis zur »Actien-Brauerei-Gesellschaft Patzenhofer« in Moabit, Thurmstraße 25/26.

Die Liebe zur Militärmusik war durch alle Bevölkerungsschichten querbeet ziemlich gleichmäßig verteilt.

Aus den neunziger Jahren des vorigen Jahrhunderts ist eine Anekdote verbürgt, wie sich die Wachaufzüge, Vorbeimärsche und musikalischen Spitzendarbietungen vor dem kaiserlich-königlichen Berliner Schloß auf die jungen Prinzen auswirkten.

Kronprinz Wilhelm (1882—1951) und sein Bruder Oskar (1888—1958) teilten in ihrer Kinderzeit und als junge Burschen zuweilen in Berlin oder anderswo ein Zimmer. Wilhelm war gar nicht so sehr für Militärmusik eingenommen und betrachtete sie mehr oder weniger als Quelle endloser Abfragerei: »Jetzt kommt dieser oder jener Mensch. Welches Regiment führt ihn? Bitte, Prinz Wilhelm, Sie wissen es nicht?« So teilte also der etwa fünfzehnjährige Kronprinz im Jahre 1896 oder 1897 durchaus nicht die Begeisterung seines jüngeren Bruders Oskar, der bei einer großen Parade aus irgendeinem nicht mehr bekannten Anlaß ständig wie ein Wiesel zum Fenster rannte, um das nächste Regiment und dessen Marsch nur ja nicht zu verpassen.

Es muß eine abendliche Darbietung gewesen sein, denn Wilhelm wollte schlafen, während Oskar ihn völlig nervös machte, wie eben ein achtjähriger Junge seinen großen Bruder durch ewiges Gerenne im Zimmer kribblig machen kann. Schließlich packte den Kronprinzen die Wut, und als Oskar sich endlich zu Bett legte, da knurrte er los: »Nu stell bloß deine Stiebel mit den Spitzen zur Wand, sonst rennen die nächstens noch alleene los!«

Dieser brüderliche Unwille blieb Prinz Oskar unvergeßlich, und das kleine Vorkommnis hat sich im Gedächtnis einer alten Freundin des Prinzen Oskar, Marga Ohnesorg, lebendig erhalten.

Ein Helikon? Was ist denn das?
Der »Kesselsdorfer Marsch«, wenn Baumgarten kam

Der Ruhm und die herausragende Stellung, die das berittene Trompeterkorps des Königlichen Musik-Dirigenten Emil Baumgarten in der Vielzahl der Berliner Regimenter einnahmen, resultieren aus der Zusammensetzung des 1. Garde-Feld-Artillerie-Regiments. Es umfaßte vier Abteilungen mit insgesamt zwölf Batterien. Jede Batterie verfügte über drei Trompeter, so daß das Regiment mit einem auffallend starken und leistungsfähigen Trompeterkorps auftreten konnte. Eine weitere Besonderheit war die ergänzende starke Besetzung mit weich und voll klingenden Blechblasinstrumenten des mittleren und tiefen Registers. Nach den Überlieferungen muß die Musik des 1. Garde-Feldartillerie-Regiments wegen dieser klanglichen Qualitäten weithin berühmt gewesen sein.

Aus den Jahren vor 1898, als sich das 1. Garde-Feldartillerie-Regiment in Berlin noch den »Kesselsdorfer« als Parademarsch mit dem Königlich Sächsischen Grenadier-Regiment Nr. 101 in Dresden gewissermaßen teilen mußte, erinnert sich ein Augenzeuge noch an die umwerfende Wirkung von Baumgartens Trompeterkorps:

»Der Kesselsdorfer ist fest, schwer, vollakkordig; als Marsch der kursächsischen Leibgarde präsentieren unter ihm Dresdens Grenadiere, wie auch sein Name sich auf die sächsische kleine Ortschaft Kesselsdorf hart westlich Dresden bezieht, wo 1745 eine winterliche Schlacht zur Beendigung des 2. schlesischen Krieges führte. In Preußen defilierte das 1. Garde-Feldartillerie-Regiment unter diesen Klängen im Schritt, übrigens das Regiment mit dem größten Trompeterkorps. Allein 6 Tenorhörner, 2 Bariton und 8 (!) Tuben bzw. Helikons — und das zu Pferde! — hatte dieses Militärorchester, also eine Tiefe und Fülle, daß die alten Berliner noch heute davon rühmen. Und an der Tête ritt der dicke Obermusikermeister Baumgarten.« *(Joachim Toeche-Mittler, »Armeemärsche«)*

Der Nicht-Fachmann greift erst einmal betroffen zum Lexikon für Musikinstrumente. Heiliger Bimbam, was ist ein Helikon?

»Aus dem Griechischen, bedeutet ›sich winden‹, eine kreisrund gebaute, wie die alten Buccinen und Hifthörner über die Schulter zu tragende Militärtuba mit etwas engerer Mensur und schneidenderem

Ton. In ähnlicher Weise hat man gelegentlich auch Tenöre, Alte, Soprane und Pikkolos gebaut. Stowasser in Wien hat 1849 nach Wilh. Wieprechts Angaben die ersten geschaffen; Wieprecht selbst schreibt übrigens bereits 1845, die Russen ›hängten sogar die Blas-Instrumente um den Leib, so daß das Schallstück derselben hinter dem linken Ohre auf der Schulter liegt...‹«

(C. Sachs, Real-Lexikon der Musik-Instrumente 1972)

Das größte und klangschönste Trompeterkorps unter Baumgarten, das bei Paraden den »Kesselsdorfer« spielte, erhielt im Jahre 1898 auch einen Präsentiermarsch. Die Verleihung erfolgte vom Chef des Regiments, Kaiser Wilhelm II., König von Preußen. Fortan wurde der »Zweite Artilleriemarsch« nicht weniger zur Erkennungsmelodie des Regiments als sein Parademarsch. Der Zweite Artilleriemarsch ist im Verzeichnis preußischer Armeemärsche unter Nr. III, 91 aufgenommen. Ein sehr alter Marsch, würdig, repräsentativ und heute noch gespielt.

Rathenower Straße, Kruppstraße, Feldzeugmeisterstraße, wo der Rotdorn blüht

Ein handliches Buch, der Stadtführer aus dem Jahre 1912, widmet ein ausführliches Kapitel dem großen militärischen Gebäudekomplex, der einst den Exerzierplatz in Moabit umgab. Die Kasernen zeigten ganz unterschiedliche Baustile. Das 2. Garde-Ulanen-Regiment, die Oberfeuerwerkerschule und das alte Zellengefängnis in der Invalidenstraße waren alle drei in einem mittelalterlichen Burgstil ausgeführt. Der Exerzierplatz maß 1000 mal 600 Meter. Im Norden lag die Kaserne des 1. Garde-Feld-Artillerie-Regiments, im Westen, an der Rathenower Straße, die Kasernen des 4. Garde-Regiments zu Fuß.

Dies hatte unmittelbare Auswirkungen auf die eheliche Verbindung des schönen und sittsamen Fräulein Berta Borchard, die sich in den schmucken Soldaten Hugo Witt vom 4. Garde-Regiment zu Fuß ganz unrettbar verliebte, was zur Eheschließung führte. Ehepaar Witt war mehr als vier Jahrzehnte im Hause Perleberger Straße 55 wohnhaft — in Baumgartens Wohnung, vier Treppen mit Balkon, als dieser ausgezogen war.

Doch davon später.

Die Kasernenbauten waren alle von namhaften Architekten und Baumeistern ausgeführt worden und städtebaulich interessant.

10 *Das Schlittschuhlaufen war groß in Mode*

11 Das Trompeterkorps
des 1. Garde-Feldartillerie-Regiments-Berlin, 1909;
in der Mitte Emil Baumgarten

12 Musikdirigent Emil Baumgarten in voller Pracht

13 Das 1. Garde-Feldartillerie-Regiment am Potsdamer Platz/Ecke Bellevuestraße, 1912

Baumgarten und sein 1. Garde-Feldartillerie-Regiment residierten in der Kruppstraße 2—4 und Nr. 15.

Hier galt das Lied
»Wenn die Soldaten — durch die Stadt marschieren!«

In der Perleberger Str. 62 gab es um 1880 die »Offizier-Speiseanstalt«, die jedoch 1912 schon nicht mehr diesem Zweck diente. Als elegantes »Ballhaus Tiergarten-Festsäle« erfreute sich der Bau eines lebhaften Zuspruchs für allerlei Veranstaltungen. Meine Mutter hat mir erzählt, daß auch der Freundeskreis um ihren Bruder Kurt Mende, der »Amicitia-Club«, dort Treffen und Tanzabende veranstaltet hat.

Für die Bauten wurden Entwürfe der Architekten Heimerdinger, Voigtels, von Appelius sowie von La Pierre benutzt. Die Erweiterung der Kaserne von Baumgartens 1. Garde-Feldartillerie erfolgte dann in den Jahren 1886—89 durch die Baumeister Appelius und Zaar. Das 4. Garde-Regiment zu Fuß erhielt in den Jahren 1891—93 wohldurchdachte Unterkünfte vom Geheimen Oberbaurat Schönhals.

Roter märkischer Backstein war das Baumaterial.

Das ganze ehemalige Kasernenviertel wurde im Krieg weitgehend zerstört. Was noch an Gebäuden übrigblieb, dient heute der Polizeiverwaltung für ihre Dienststellen. Aus den Trümmern der Wohnhäuser Moabits entstand ein Hügel mit Parkanlagen, der »Fritz-Schloß-Park«.

Anstelle der Soldaten, die aus ihren Fenstern schon mal »Puppchen, du bist mein Augenstern« gepfiffen haben, wenn ein nettes Mädel vorüberging, sind heute in Schulen und Kinder-Tagesstätten viele Blue-Jeans-behoste Jugendliche die Bewohner der Rathenower Straße auf der einst militärischen Ostseite.

Aber in der damaligen Zeit, da hatte hier wirklich noch das Lied seine Gültigkeit:

Wenn die Soldaten, durch die Stadt marschieren,
Öffnen die Mädchen die Fenster und die Türen —
Ei warum, ei darum,
ei nur weg'n dem
Tschingderassa, Bumderassasa —
ei nur weg'n dem
Tschingderassa, Bumderassa-saa.

»Das hättest du sehen sollen: Baumgarten in Paradeuniform mit dem roten Helmbusch!«

Hier muß ich wieder auf die Erzählungen meiner Mutter zurückgreifen, die ja seit dem Jahre 1899, als sie fünf war, den Papa Baumgarten über sich wohnen hatte. Mendes wohnten in der Vierzimmerwohnung im dritten Stock, Baumgartens darüber. Also Hausgenossen von 1899—1912, dreizehn Jahre.

»Wir hörten natürlich immer oben die Tür gehen. Alle diejenigen Tage, an denen Paraden oder militärische Feiern wie Sedanstag, Kaisers Geburtstag, irgendein Fürstenbesuch oder was sonst angekündigt war, stattfanden, entweder wußten wir es sowieso, weil es Tradition war, oder aber es hatte in der Zeitung gestanden. Dann spitzten wir wie die Luchse, um nur nicht das Schauspiel zu versäumen, Papa Baumgarten in voller Montur mit sämtlichen Orden und Medaillen geradezu pompös die Treppen runtergehen zu sehen.

Ich sage Dir, entweder flitzten die Damen in den Wohnungen an den ›Spion‹, das kleine Guckloch, oder aber, wenn sie alles ganz hautnah erleben wollten, dann wurde just um diese Zeit ein Metallputzmittel und Polierlappen bereitgestellt. Baumgarten wird sich amüsiert haben, was die Damen immer um diese Zeit an ihren Messinglöwen herumzuwienern hatten. Aber nur so hörte man das Leder der Stiefel knirschen, die Sporen leise klirren, der Helmbusch wehte mit rotem Gepluster, und schneidig legte der Herr Obermusikmeister die Hand zum militärischen Gruß an den Helm. Sein Koppelzeug, die Knöpfe, die Schwalbennester — ja, diese aus glitzerndem Zeug gemachten gestreiften Oberarm-Halbmonde, sie hießen Schwalbennester, alles war auf Hochglanz.

Grüßend und unter dem Schnauzbart freundlich brummelnd und lächelnd ging er vorbei, durch die Haustür, auf die Straße.

Aber unsere Phantasie arbeitete ja weiter. Wie oft hatten wir ihn alle schon mit seinen Trompetern durch die Stadt reiten sehen. Wir wußten, jetzt würde er in der Kaserne den Siegfried besteigen, sein stadtbekanntes Pferd; ein Riesengaul. Die Leute waren ja damals mit ihren ›Re'mentern‹ verwachsen. Kein Mensch sagte Regimenter, alle nur Re'menter. Und dann bedauerten wir alle, daß wir es nicht so machen konnten wie die Jungen auf den Straßen, die einfach neben den marschierenden Soldaten und der dollen Musik nebenher liefen und völlig geistesabwesend nur auf das Schauspiel sahen und sich manchmal in einem Stadtteil wiederfanden, aus dem sie sich erst mühsam wieder nach Hause zurückfragen mußten. Kurt ist es auch so ergangen. Aber immer wenn Baumgarten Paradeuniform anhatte — welch ein Glanz in unserem Haus!«

1912 — Baumgartens ziehen aus
Die Perleberger Str. 49 verlor ihren populärsten Mieter

Als Baumgarten auszog, war er schon neunundsechzig Jahre alt und ging in Pension. Er starb im Jahre 1926.

Die jungen Männer mußten 1914 einrücken, es galt, ständig Nachwuchs auszubilden, Obermusikmeister Gleue als sein Nachfolger hatte alle Hände voll zu tun, um den bisherigen Standard zu halten und zu bewahren.

Als neue Anschrift wird für Ehepaar Baumgarten Berlin-Lichterfelde genannt. Man zog also auch »ins Grüne«, etwas mehr in einen Vorort. Wer hätte noch 1912, als die Welt nahezu in Ordnung erschien, gedacht, daß sich all die buntfarbig uniformierten Regimenter kein Jahrzehnt mehr halten würden? Wohl niemand.

In Deutschland waren alle Herzen auf Sieg programmiert, als könne es nicht anders sein, noch vom siebziger Krieg her.

Das Debakel von 1918, das lag außerhalb eines jeden Vorstellungsvermögens. Dennoch ist zu bemerken, daß, als bei den Soldatenräten und Matrosenrevolten 1918 schon die Achselstücke der Offiziere runtergerissen wurden und alles drunter und drüber ging, ja, da blieb immer noch unangetastet die Militärmusik der Berliner Truppen. Sie gaben sogar noch in den Jahren 1918 bis 1920 ihre altgewohnten Konzerte, nur fanden keine Paraden und fürstlichen Empfänge mehr statt. Aber die endgültige Auflösung erfolgte erst um 1920, die letzte Baßtuba, das letzte Barytonhorn wurden in den Überzug gesteckt und sagten keinen Ton mehr.

Erst später, als sich die Reichswehr konstituierte, da mußte unter dem ebenfalls sehr populären Musikmeister Ahlers wieder Schwung in die Musike kommen.

Doch das alte Haus profitierte von seinem Wirken nichts. Es sei denn, man sah die nun feldgraue Schar zur Wachablösung am Brandenburger Tor von den altgewohnten Kasernen ausrücken. Zufällig mal, so gegen Mittag.

Dann stand ich wohl mit meiner Mutter unter den Leuten, die beim Klang der Instrumente, beim Klappern der Hufe stehengeblieben waren. »Ach, Kind«, sagte dann meine Mutter, »tust mir wirklich leid. Alles jetzt so grisegrau. Die armen Kerle. Aber das eine steht fest: Das Schönste im Leben hast du sowieso verpaßt, diese herrlichen Uniformen. Und die Orden. Baumgarten hatte mehr als ein Dutzend, Orden, Medaillen, also es klunkerte ganz schön bei ihm. Jetzt nichts als Eiserne Kreuze. Ja, es ist ein Jammer. Aber es gehört wohl zur Misere unserer Zeit, daß man diesen Anblick nicht mehr hat. Wenigstens spielen sie noch so gut wie früher. Wäre ja auch gelacht!«

Eine neue dreibändige Geschichte der Militärmusik schließt mit einem kurzen Resumée, das den Kern der Sache trifft:

»Militärmusik ist reines Vergnügen.

Zu allen Zeiten und in allen Ländern haben nüchterne Rechner die Verringerung oder Einsparung der Militärmusik verlangt und auch erreicht. Ebenso hat die Gegenseite die stärkende Kraft und den Frohsinn, den Militärmusik vermittelt, hervorzuheben und einzusetzen verstanden. Regimenter und Offiziere trugen durch Jahrhunderte Mühen und Kosten für ihre Militärmusik. Fürsten und Regierungen gaben Zuschüsse aus eigener Schatulle und tun es noch heute.

Eins war die Militärmusik jedoch nie: Eine Waffe! Auch nicht, wenn man sie eine Waffengattung nennt.

Die Militärmusik war immer ein Vergnügen, für die Soldaten wie für die ganze Bevölkerung, und das in Zeiten des Friedens. Möge sie uns weiterhin in friedlichen Zeiten ein Vergnügen sein, ein reines!« *(Joachim Toeche-Mittler)*

5. Kapitel

Wietasch

Mädchenerziehung 1867
Des Lebens Widrigkeiten nicht einkalkuliert

Meine Großtante Flora Noelte wurde als jüngere Tochter des Ehepaars Christian Noelte und seiner Frau Auguste geb. Zimmer am 16. Mai 1867 in der Berliner Altstadt, der Alten Schönhauser Straße, geboren.

Sie fand eine vier Jahre ältere Schwester vor, meine spätere Großmutter Elise Noelte, ferner einen zwei Jahre älteren Bruder, Paul genannt. Die Noeltes kamen aus einer verbreiteten märkischen Bauernfamilie. Mein Urgroßvater Christian Noelte handelte zunächst mit Tabakwaren. Er war ein gemütlicher Mann, behäbig, nicht hektisch und keineswegs ehrgeizig. Sein biederes Wesen trug ihm einen treuen Kundenstamm ein. Als sich eine günstige Gelegenheit ergab, das benachbarte Ladenlokal zu mieten, griff er zu und ließ eine Tür durchbrechen. Dort wurde ein Spirituosen-Ausschank eröffnet, eine sogenannte »Probierstube«, von keiner Brauerei finanziert und getragen, sondern spezialisiert auf Liköre, Dessertweine, klare Schnäpse.

Er führte ausdrücklich kein Restaurant, betrieb auch keine eigene Schnapsherstellung, sondern hatte eine, wie es damals hieß, eingeschränkte Schanklizenz en detail. Wer sich seine Zigarren oder Zigarillos bei ihm kaufte, der blieb wohl noch auf einen

Schwatz und trank einen kleinen Seelentröster. Da das Geschäft so gut lief, war wohl auch damals eine ganze Menge Trostbedürftigkeit bei den Herren.

Bemerkenswert die reiche Auswahl an »in- und ausländischen Tabaken«, wie alte Ladenschilder bezeugen.

»— und die Marke der Havanna
stammt aus Ostdorf bei Berlin!«

war der Refrain eines Possenliedes, damals in aller Munde. Der Tabakanbau in der Mark Brandenburg und in der Uckermark stellte einen gar nicht unbedeutenden Wirtschaftszweig dar. Kamen die Vertreter aus dem »Potsdam der Uckermark«, wie Schwedt an der Oder damals wegen seiner noch vorhandenen Markgrafenschlösser gern genannt wurde, so wurden in den Verkaufsgesprächen auch schon mal beeindruckende Umsatzzahlen genannt, wobei viel von Doppelzentnern, die in die Tausende gingen, und deren Erlös, ebenfalls Hunderttausende von Talern ausmachend, die Rede war.

Mein Urgroßvater führte sein Geschäft mit Umsicht und Gelassenheit. Es brachte ihm Auskommen und Kreditwürdigkeit. Sein Sohn Paul wurde Einzelhandelskaufmann, war sehr erfolgreich, und seine spätere Teilhaberschaft an einem Lampengeschäft wurde schon erwähnt.

Die Töchter Elise und Flora erhielten eine nach damaligen Begriffen gutbürgerliche Erziehung mit einem Hauch von Noblesse.

Über diese Äußerlichkeiten hinaus, die geboten, daß man nie ohne Hut und Handschuhe aus dem Hause zu gehen hatte, keinesfalls auf der Straße auch nur den geringsten Bissen an Nahrungsmitteln zu sich zu nehmen hatte und was dergleichen mehr Vorschriften bestanden, die ein junges Mädchen zur Dame oder Nichtdame stempelten, lag in der ganzen seelischen Anlage der jungen Damen ein Hang zu Schwärmerei, begeisterte Hinneigung zu den schönen Künsten, enormer Zeitaufwand für Handarbeiten und fast gar kein Sport, es sei denn im Winter Schlittschuhlauf. Aber auch diese Sache wurde mehr als gemäßigte Betätigung in frischer Luft betrieben, keinesfalls engagiert und ohne großen Aufwand. Feste Stiefel, lose Schlittschuhe, die mit einem kleinen Vierkantschlüssel an das Schuhwerk angeschraubt wurden, das war schon alles. Man lief Schlittschuh mit bodenlangen Röcken, Schleierhütchen und kleinem Pelzmuff, in welchem Hände, Geld und einige Taschentücher für die Schnupfnase verborgen waren. Das kontinentale Klima Berlins bescherte viele Tage mit sehr tiefen Temperaturen. Aber das war natürlich herrlich, denn erst dann froren die Gewässer in der Stadt in tragsicherer Weise zu.

1884, als die große Schwester Lies als glückstrahlende Frau Mende in die Perleberger Str. 35 einzog, lebte Flora noch weiter im Haushalt ihrer Eltern, ging der Mutter in ihren häuslichen Beschäftigungen zur Hand, lernte hin und wieder etwas Kochen, beaufsichtigte auch das Hausmädchen bei seinen Arbeiten. »Aber Gustchen, nun sehen Sie doch mal den Zylinder von Vaters Schreibtischlampe — «, damit hielt sie die helle Glasröhre der Petroleumlampe mit dem grünen Glasschirm gegen das Tageslicht, »da ist ja noch Ruß dran, und er ist ganz verschmiert. Sie müssen doch mit einem trokkenen Tuch nachpolieren, das sollten Sie nun aber langsam wissen!«

Um die Zustände absoluter Reinlichkeit im Haushalt ständig besorgt, mit der eigenen hübschen Person vor dem Frisierspiegel lebhaft beschäftigt: »Meinst du, daß mir Stirnfransen stehen?«, fragte sie wohl ihre Mutter, »Ach, ich glaube nicht, es ist auch zu équivoque!«, war es in den damaligen Zeiten jedoch ganz offensichtlich gänzlich versäumt worden, Florchen Wietasch eine gewisse Übersicht über staatliche Struktur, Wirtschaft, Verwaltung und vor allem auch nur die geringste Gesetzeskenntnis und eine gewisse Erfahrung im Umgang mit Behörden zu vermitteln.

Junge Mädchen hatten offenbar lieb und hübsch zu sein, sich in aller Sittsamkeit und ohne extravagante Stirnfransen einen Freier zu gewinnen, sollten von den neuen Tänzen sehr viel, von Kindererziehung etwas und von guten Manieren auch noch die kleinste Nuance wissen. Schluß.

Niemand dachte ernstlich weiter als bis zu dem Zeitpunkt, an welchem dereinst die Hochzeitsglocken läuten würden, Brautkleid und Spitzenschleppe, mit natürlich gänzlich geschlossenem Myrthen-Kranz drapiert, in der Hochzeitskutsche verschwanden. Aus. Ein junges Mädchen sollte und durfte sich zunächst einmal amüsieren, und jegliche Einladung, jeder Besuch, Theater, Oper, Ball — alles wurde hinsichtlich des Amüsements gewertet.

»Der Ernst des Lebens kommt früh genug!«, pflegten die Mütter zu sagen, und wo auch immer sie diese triviale Feststellung von sich gaben, es hat ihnen niemals jemand widersprochen.

Den Ernst des Lebens gab es eben zu jeder Zeit, nur dieser lange leere Zeitraum im Leben der jungen Mädchen, ausgefüllt mit Nichtigkeiten, das gab schon meinen Eltern, das gibt auch mir heute noch zu denken.

Als ich zur Welt kam, war Flora dreiundfünfzig Jahre alt. Kein Beruf, kein merklich hervortretendes geistiges Interesse bewegte sie. Ihre Hilflosigkeit bei Eintreffen eines amtlichen Briefes, bei Einführung des Wahlrechtes für Frauen, alle Dinge, die mit Politik und öffentlichem Leben zusammenhingen, das waren ihr kaum begreifliche Vorgänge, es prägte sich mir tief ein. Ihr Weltbild ging über den Rahmen freundlicher Anspruchslosigkeit nicht hinaus. Im engen Umkreis der Familie, der Freunde und Bekannten, da war sie beliebt, geherzt, geküßt. Häufig eingeladen und ebenfalls einen Schweif von Freundinnen aus ihrer Jugend bis zum Ableben der jeweiligen Damen mit sich ziehend. Ganz sicher war sie weder kenntnisreich noch geistig interessiert. Aber eines unbedingt: eine sehr liebreiche, geduldige, immer hilfsbereite Großtante.

Die Briefe aus ihrer zehnjährigen Verlobungszeit sind erhalten. Nach nur fünf Jahren einer gänzlich ungetrübt glücklichen Ehe zog Großtante Flora in die Perleberger Str. 49 ein, zur Familie ihrer Schwester Lies Mende, die Dreizimmerwohnung im dritten Stock, Wand an Wand. Aus heutiger Sicht ein Frauenleben, das kaum noch begreiflich erscheint. Aber im Sinne ihrer Erziehung lebte sie es konsequent zu Ende, Dame durch und durch, Böses meidend, tief religiös und schwärmerischen Idealen nachhängend.

»Geehrter Herr!« — Flora Noeltes Briefwechsel mit ihrem Bräutigam

Niemand sah dem jungen Mädchen, das am 1. Juli 1890 die Treppen zur Mendeschen Wohnung rasch emporstieg, an, daß schon dreiundzwanzig Lenze hinter ihm lagen. Das Gesicht schaute frisch und rosig unter einem leichten einfachen Strohhut hervor, blondes Haar darunter, geflochten, sorgsam aufgesteckt, ein paar lose Haarsträhnen im Nacken. Das hellblaue Waschkleid stand ihr ausgezeichnet, ein zierlich geflochtener Korb diente als Handtasche. Sie hob den Ring, den der grimmig dreinschauende Messinglöwe zwischen den Reißzähnen festhielt. Ein lautes, aber angenehmes Klingeln erscholl im ganzen Treppenhaus, bei Mendes im dritten Stock war dieser Klingelton bis in die abgelegene Küchenregion hörbar. Eilige Schritte nahten auf dem Flur, Lies öffnete ihrer Schwester fröhlich die Tür.

»Komm rein, ich besorge gerade Kurtchen!«, rief sie etwas gehetzt, »leg in Ruhe ab, ich muß springen, gleich wird er schreien, daß er sein Fläschchen wiederbekommt!« »Na, da hat er ja wohl recht, nicht? Böse Tante, mitten im Haferbrei-Gelage, wie?« Flora warf den Strohhut rasch auf die Hutablage, schaute flüchtig in den Dielenspiegel, strich das Haar ein wenig zurecht und lockerte die vom Hut etwas zerdrückte Frisur. Doch dann folgte sie der Schwester in das große Erkerzimmer.

Lies saß in einem Sessel vor dem geöffneten Mittelfenster, die warme Sommerluft strömte herein, es war drei Uhr nachmittags, soeben erreichten die ersten Sonnenstrahlen die Fensterfront. »Wollt ihr nicht doch Jalousien anbringen lassen? Im Hochsommer ist es doch reichlich heiß, den ganzen Nachmittag diese Glut, ich weiß nicht. Hast du mit Theo mal drüber gesprochen?« Flora nahm einen Stuhl und setzte sich zu der hübschen Schwester, die den emsig an seinem Fläschchen saugenden kleinen Kurt auf dem Schoß hielt. Nur die Augen des Kindes bewegten sich, sahen das Gesicht der Tante, blieben an ihren Augen haften, einen Moment stand sein Mündchen still.

»Na, Kurtchen? Warum trinkst du nicht weiter? Tante freut sich doch, wenn es dir schmeckt!« Kurt sah alles an der Tante genau an, ihr Haar, ihre Halskette, die Hand mit dem Korallenring, die seine kleine Faust streichelte. »Nun wird er bald dreiviertel Jahr, wie die Zeit vergeht. Übrigens —«, Flora sah sich vorsichtig um, als sei sie von Häschern verfolgt, ging sogar zur Tür, um sich zu vergewissern, daß das Hausmädchen nicht gerade auf dem Flur war. Dann wandte sie sich der Schwester wieder zu und flüsterte:

»Er hat geschrieben!«

»Wer?«, fragte Lies zerstreut, denn Kurt begann zu strampeln und beschäftigte sie einen Moment.

»Ach, du weißt doch, dieser Herr Dingsda, von neulich, als wir zum Feuerwerk in Treptow waren. Richard Wietasch. Er ist mir ja den ganzen Abend nicht von der Pelle gegangen, wie man so sagt, Mutter hat sich schon aufgeregt, weil doch Wehrhahns dabeiwaren, und sie hat nun mal eine spitze Zunge.«

»Laß mal sehen, hast du den Brief mit?« Flora kramte in ihrem Körbchen, brachte ein Buch zum Vorschein, und zwischen den Seiten lag ein Kuvert, noch mit Marke und Stempel im hübschen Korrespondenz-Format, starkes elfenbeinfarbenes Papier.

»Also die Schrift ist sehr sympathisch«, urteilte Lies von weitem,

»wie drückt er sich denn aus? Hat er Schliff? Nun sage doch schon mal, was er geschrieben hat.«

»Er fängt sehr manierlich an mit ›Hochverehrtes gnädiges Fräulein!‹, und er wäre so tief von mir beeindruckt gewesen an jenem Tag und besonders den Abend lang. Er will mich unbedingt wiedersehen, wir hatten ja auch schon ein bißchen darüber geredet. Aber nun bäte er mich ganz inständig, doch mein Versprechen zu halten, und ob er es wagen dürfte, mich um ein Wiedersehen zu bitten, noch nie hätte eine junge Dame einen solchen tiefen Eindruck auf seine Empfindungen gemacht und ihn buchstäblich aus dem Konzept gebracht. Ja, das schreibt er hier, wohl aus Jux, dieser kaufmännische Ausdruck. Kaum hätte er sich den Tag über auf seine Arbeit konzentrieren können, immer wieder seien seine Gedanken auf Wanderschaft gegangen in die Alte Schönhauser Straße, und diesem Zustand müsse unbedingt abgeholfen werden, sonst käme er noch um Lohn und Brot!«

»Na, da zeigt er doch aber Humor, findest du nicht?«

»Ja, natürlich! Und überhaupt — sowas von Unterhaltungsgabe, ich habe mich ja keine Minute mit ihm gelangweilt!«

»Das kommt, wenn man gleiche Interessen hat und gewissermaßen dieselbe Sprache spricht und sich auf Anhieb versteht. Woher, sagtest du, stammt er?«

»Aus Görlitz, stelle dir vor. Sagt er doch zu mir ›Ja, ich stamme aus einer berühmten Stadt. In Berlin hat man ihr sogar einen eigenen Bahnhof gebaut. Wann werden denn gnädiges Fräulein den Zug mit mir besteigen, um meine Familie kennenzulernen?‹ Habe ich ihm aber gesagt, soweit wären wir ja doch wohl noch lange nicht, und dies stünde doch wohl sehr in Frage, worauf er richtig eingeschnappt war. Aber sage mal selbst, sowas kann man doch am ersten Abend nicht durchgehen lassen, findest du nicht?«

»Es hängt alles davon ab, mein liebes Florchen, ob du ihn nun magst oder ob er dir gleichgültig ist. Könntest du dir vorstellen, seine Frau zu sein, so stoße ihn nur nicht vor den Kopf. Wie du ihn loswerden willst, das brauche ich dir ja wohl nicht zu erklären. Aber ihn, wenn er so nett bleibt, ein bißchen am Bändchen zu halten, das ist doch ganz spaßig, nicht?«

»Ja, nun hilf mir doch aber mal, nun muß ich ihm doch antworten. Und zu Hause kann ich niemanden fragen, da ahnt doch keiner was. Sieh mal, ich habe Bleistift und Papier mitgebracht, jetzt setzen wir mal meinen Antwortbrief auf, komm, hilf mir mal.«

»Du dummes Mädchen, was denkst du, gleich wird Theo vom Amt kommen, und ich muß erstmal zu Käthe in die Küche, ob auch alles klappt mit dem Essen. Kurtchen muß noch eben aufstoßen, dieser kleine Wonneproppen. Hier, nimm ihn mal, aber halte das Handtuch über dein Kleid, er spuckt manchmal ganz kräftig, haben die kleinen Süßen so an sich. Kannst ja schon ein bißchen üben, Kinderchen wiegen — «

»Zieh los, du . . .!« Flora nahm ihr den kleinen Jungen ab, der sich energisch aufzustellen versuchte und ihr sofort ins Haar griff. »Na, du richtest mich ja gut her, mein kleiner Schatz, so, laß Tante mal los, wie sehe ich denn aus. Hier, komm, nimm deine Klapper!« Doch kein Ablenkungsmanöver half, Kurtchen vermißte seine Mama, warf Klapper, Ball, Gummi-Quietschbär und andere Spielsachen ins Zimmer und brüllte.

»Na, hier sieht's ja aus!« Lies bückte sich schnell und sammelte alles zusammen, als sie wieder eintrat. »Du kannst übrigens mit uns essen, die Käthe hat reichlich falschen Hasen. Sie macht das immer sehr gut, rollt hartgekochte Eier in einen Hackfleischmantel ein. Da kann sie wirklich was. Aufgeschnitten sieht das gut aus, es macht richtig was her. Aber du weißt ja, wir essen einfach. Keine Suppe für mich, sonst setze ich zu sehr an. Theo verzichtet nicht darauf, er war es von seiner Mutter her so gewöhnt. Doch nun zu deinem Brief. Also, nur nicht zu freundlich, Florchen, hörst du?«

»Denke ich wie du; ›Geehrter Herr,‹ nicht wahr? Das ist doch korrekt. Aber auch nicht zu trocken, sonst zwitschert er mir ab. Das soll er ja schließlich nicht. Ich werde schreiben: ›Beim Durchlesen Ihres lieben Briefes entdecke soeben, wie schön Sie bitten können‹ — «

»Findest du nicht, daß sich das ein bißchen nach Pudeldressur anhört? ›Mach schön bitte‹, so sagt man doch zu den Kötern, und dann kriegen sie ihr Stück Wurst!«

»Also Lieschen, da bin ich nun gar nicht deiner Ansicht. Wo die jungen Männer doch eher herablassend und eingebildet sind, da kann man es ruhig mal betonen, daß einem Bitten und Höflichkeit direkt auffallen. Nein, laß mich man — «

»Ja, soll ich dir nun helfen oder nicht?« Lies sah aus dem Erkerfenster und blickte dann auf die kleine goldene Uhr, die sie an einer langen Halskette trug. »Theo muß ja gleich kommen. Ich werde ihm natürlich nichts erzählen.«

»Um Himmels willen nicht! Männer spotten nur und außerdem

— hast du in den letzten Monaten von was anderem sprechen gehört, als daß es in der Politik jetzt nach Bismarcks Entlassung bergab geht und Caprivi das nie und nimmer — «

»Jetzt höre *du* wenigstens mit diesem Thema auf. Ich kann es bald nicht mehr ausstehen. Diese Einseitigkeit und das ewige ›Hätte der Kaiser‹ und tausend Wenn und Aber. Nein, verschone mich. Was willst du nun noch wissen?«

»Über den Text muß ich wirklich noch in Ruhe nachdenken. Aber am Schluß, wie soll ich schreiben: Flora Noelte ist doch gut, nicht? Oder meinst du: *Ihre* Flora Noelte?«

»Unsinn. Schließlich ist es nach einmaligem Sehen der erste Brief. Und wenn ihr euch noch so gut amüsiert habt in Treptow, ›Ihre‹ wäre zu vertraulich. Nein, ›Flora Noelte‹ genügt durchaus. So, jetzt kommt Theo. Wir legen Kurtchen etwas in sein Bett, nachher fahre ich ihn spazieren, dann ist auch die ärgste Hitze vorbei.«

»Ich verabschiede mich besser. Ich habe jetzt doch nur diesen verflixten Brief im Kopf und bin zu keinem vernünftigen Gespräch zu gebrauchen. Theo will seine Ruhe haben, ich verschwinde.«

Aber der Schwager hatte schon die Wohnungstür aufgeschlossen und trat, eine Zeitung in der Hand, lebhaft ins Zimmer.

»Kinder«, rief er mit offenkundiger Begeisterung, »es ist perfekt! Wir haben Helgoland!«

»Nein, wirklich?«, beide Schwestern neigten sich über die Zeitung, deren Titelzeile HELGOLAND GEGEN SANSIBAR in übergroßen Lettern sehr augenfällig gedruckt war.

»Vater sagt, es wäre unverantwortlich, Sansibar wäre so wichtig für die Kolonialpolitik und — «

»Nun ja, die Meinungen sind geteilt. Aber ich persönlich finde, daß einem das Hemde näher sitzt als der Rock. Helgoland haben wir da oben direkt vor der Nase, und England ärgert sich schief. Dagegen Sansibar ist weit. Und dieses Witu — «

»Heißt es Witu — man sagt doch auch Caprivi-Zipfel — «

»Nun bringe nicht alles durcheinander. Wir haben Witu aufgegeben, weil wir den Zugang zum Sambesi brauchen, verstehst du? Und dieser Zugang ist der Caprivi-Zipfel, so wird der arme Mensch wenigstens zipfelweise unsterblich!«

»Jetzt geht es hier schon zu Hause los mit Politik, mein einziger Theo, ich bitte dich, mache dich etwas frisch, ich lasse dann auftragen.«

»Frisch? Ha, ich bin so frisch wie lange nicht. Florchen, du bleibst doch zum Essen? Heute muß ich ein bißchen reden, das ist alles so wesentlich, was da passiert ist. Eine ganz große günstige Wende in der England-Strategie!«

»Allmächtiger! Strategie! Als ob es morgen Krieg geben sollte. Kinder, ich bitte euch, laßt uns zum Essen rübergehen. Möchtest du ein Bierchen, Theo? Du trinkst Limonade, Florchen, oder lieber ein Glas Milch?«

So wurde an diesem Tage nicht mehr von Florchens Herzensangelegenheiten gesprochen.

Die Briefe, die in den kommenden Monaten und Jahren zwischen Flora Noelte und Richard Wietasch gewechselt wurden, sind nicht vollständig erhalten. Ein flaches Päckchen gehört zu den spärlichen Kleinigkeiten, man kann sie auf einem Tablett vor sich her tragen, die heute noch aus jenen Tagen um 1890 vorhanden sind. Briefe, ein paar Tassen und Teller, ein Ring, ein Armband, ein paar Broschen, einige Photos. Schon um diese wenigen Dinge sind wir froh. Wie viele Familien haben nichts mehr, aus dem Gesinnung, Haltung, Lebensauffassung und die Bewertung der Dinge in jenen schon fernen Zeiten hervorgeht.

Flora Noelte an Richard Wietasch

Berlin, den 2.7.1890

Geehrter Herr!

Beim Durchlesen Ihres lieben Briefes entdecke soeben, wie schön Sie bitten können, Selbiges veranlaßt mich nun auch Ihre Bitte zu erfüllen, gleichzeitig auch mein Versprechen betreff unseres Zusammenseins Donnerstag zu halten.

Recht sehr habe ich bedauert, daß Ihnen die Parthie nicht so gut wie mir bekommen ist, wünsche Ihnen nun recht gute Besserung und Sein Sie recht herzlich gegrüßt

von Flora Noelte.

Die jeweiligen Antwortbriefe des so angenehmen Herrn Wietasch sind nicht erhalten. Teilweise hat es auch keine gegeben, da meine Großtante sich auf Unterhaltungen und Gespräche bei den gehabten Zusammentreffen bezieht. Die Bekanntschaft begann im Juli, doch das »Sie« wurde monatelang beibehalten. Erst in einem Brief vom 3. Dezember steht das erste »Du«, als schon der Verlobungsring in Florchens Handtasche lag. Inzwischen gab es heftige Dispute um die Nuancen der Ausdrucksweise, man war einander schnell böse, entschuldigte sich tausendmal. Florchen wußte nicht, woran sie war, wie sie es ausdrückte, Herr Wietasch bemühte sich dann wieder, sie von seinen reellen Absichten zu überzeugen. Am 28. November ist davon die Rede, daß Lies Mende aus der Perleberger Str. 35 mit dem Kleinen, also Kurt, bei den Eltern Noelte gewesen sei, und Florchen habe an diesem Tag natürlich nicht weggehen können. Man war einander böse, man versöhnte sich, mal war der eine gesundheitlich nicht gut zurecht, mal hatte Florchen Magenschmerzen oder Kopfweh. Anfang November beklagt sich Richard einmal bitter über die große Reserviertheit seiner Angebeteten, und Florchen rückt die Sache zurecht:

Berlin, d. 7. Novbr. 1890

Mein lieber Richard!

Im Besitze Ihres lieben Briefes gelangte ich schon gestern, und will auch ich mich beeilen, mein Versprechen zu erfüllen. Das Vergnügen ist Ihnen also gut bekommen, dasselbe kann ich von mir auch sagen, abgesehen natürlich von der großen Müdigkeit, welche sich bei mir erst heute eingestellt hat, schadet aber nichts, die Hauptsache ist, daß man sich amüsiert, und amüsiert habe ich mich sehr gut; es thut mir sehr leid, Sie durch meine Äußerung geärgert zu haben, es war doch aber nur Scherz und muß man doch nicht alles so übel aufnehmen.

Was nun Ihre Frage betrifft, glaube ich Sie können sich dieselbe allein beantworten, der zweite Brief hat es Ihnen doch wohl verrathen; Sie finden mein Wesen Ihnen gegenüber zurückhaltend, ich bin aber einmal so und können Sie Recht haben, daß man es mit der Zeit lernt. Ihren Wunsch, am Sonntag zusammen zu sein möchte ich ja sehr gern erfüllen und werde ich sehen, wie es einzurichten geht. Hoffentlich sehen wir uns morgen und können wir ja noch darüber sprechen. Seien Sie recht herzlich gegrüßt

von Ihrer Flora.

Wie streng eine dreiundzwanzigjährige Tochter von ihren Eltern in jener Zeit gehalten wurde, das zeigt der nächste Brief, wo sogar die Frage nach einem Spaziergang mit Herrn Wietasch bei den Eltern zu einer Haupt- und Staatsaffäre gediehen war, zu der es besonderer Courage bedurfte. Dabei waren sich die Liebenden längst einig, und »die bewußte Frage« hatte Florchen schon schriftlich mit einem »Ja« beantwortet.

Berlin, den 20. November 1890

Mein lieber Richard!

Was unseren Spaziergang am Sonntag betrifft, so habe ich bis jetzt

noch nicht Gelegenheit oder besser gesagt Mut zum Fragen gehabt, ich werde es aber so bald wie möglich thun und hoffe, daß meine Eltern nichts dagegen haben werden. Aber nun allein?
Herr und Frau Netzel gehen vielleicht zu Bötzow und wäre es doch ganz nett, wenn wir uns mit ihnen träfen, nicht wahr?
Jedenfalls möchte ich Sie nur bitten, gegen 3 Uhr bei uns zu sein, nicht später, und könnten wir ja dann spazieren gehen. Hoffentlich ist schönes Wetter. Habe mich heute morgen über Ihren Brief recht amüsiert, namentlich über den schönen Traum, muß reizend gewesen sein, wirklich schön erdacht, nicht wahr, mein lieber Richard?
In der Hoffnung Sie am Sonntag zu sehen grüßt Sie recht herzlich
Ihre Flora.

Aber nun allein? Diese Frage offenbart uns die Welt von damals, nach deren Begriffen von Schicklichkeit und Anstand es gänzlich unmöglich gewesen sein mußte, daß das ehr- und tugendsame Fräulein Flora Noelte, dreiundzwanzig Jahre alt und eine ausgewachsene Frauensperson, mit dem gleichfalls ehrengeachteten Jüngling Richard Wietasch an einem Sonntag in Berlin spazierenging! So mußte ein Ehepaar her, das die Geduld und Neigung aufbrachte, zwei Verliebte zu chaperonieren, wie man das nannte, zwei Anstandswauwaus.

»Geliebter Richard!«
Zehnjährige Brautzeit und hochherrschaftliches Heim

Das Blättern in den alten Briefen erfüllt mich mit großer Wehmut. Im Laufe der Zeit treten ja derart viele zerstörerische Elemente auf, daß es mir beinahe befremdlich erscheint, diese alten Papiere noch zu haben.

Sie wurden in Tante Florchens Büfett aufbewahrt in einem schönen kleinen Kasten aus poliertem Olivenholz. Er war gefüttert mit durchbrochener Papierspitze, in die ein Markenzeichen eingedruckt war: Pasta Mack. Was mag dies nun wohl gewesen sein? Eine Süßigkeit? Die Tortenspitzen-Auslegung und das italienische »pasta« lassen das vermuten. Die Briefe steckten alle noch in ihren Kuverts. Meine Großtante pflegte zu sagen: »Du mußt dir das vorstellen, Kindchen, nehme ich die alten Kuverts in die Hand, so ist mir immer der Augenblick gegenwärtig, mit welchen Gedanken und Hoffnungen ich die Briefe damals zum Postkasten getragen habe. Wie wird er ihn öffnen, wie wird er sich freuen! Nun sind sie mein einziges Andenken an ihn. Ein paar Briefe, ein paar Bilder. Seine Briefe an mich sind mir verlorengegangen, ich habe oft ein schlechtes Gewissen gehabt, daß ich nicht besser aufgepaßt habe. Es muß bei irgendeinem Umzug passiert sein. Wir sind ja von der Alten Schönhauser Straße umgezogen in die Rostocker Straße Nr. 1, wo meine Eltern lebten, bis 1902 Mutter starb. Ach, meine liebe Mutter! Immer in Sorge um ihre Jüngste, daß sie nur nicht eine alte Jungfer bleiben würde. Mit dreiundzwanzig war man ja schon beinahe zu alt zum Heiraten. Aber mit meinem Richard, er war so gut! Vor Weihnachten 1890 haben wir uns in aller Stille heimlich verlobt.«

Berlin, d. 3. Dezbr. 1890

Mein lieber Richard!

Meine Befürchtung am Sonntag Schelte zu bekommen, ist zum Glück nicht eingetroffen, abgesehen von den kleinen Bemerkungen. Mutter empfing mich mit den Worten, aber Florchen, es ist ja schon so spät, und Vater frug mich, ob das Theater jetzt erst aus wär, ich antwortete natürlich, daß das Theater erst um 11 Uhr aus war, eine Notlüge schadet ja wohl nichts, und gut amüsiert habe ich mich, sogar sehr gut.

Meinen Ring habe ich Montag früh meinem Muttchen gezeigt, dieselbe war natürlich sehr erstaunt.

Nun, lieber Richard möchte ich Dich bitten, doch nicht Frau Netzel ihr Opernglas zu vergessen.

Nun muß ich aber schließen und sendet dir einen recht herzlichen Gruß und Kuß

Deine Flora.

Obwohl die beiden nun heimlich verlobt waren, Ring, Jawort, Muttchen eingeweiht, so ist dennoch im nächsten Brief vom 11. Dezember wieder die Angst vorm gestrengen Papa vorherrschend, der noch von nichts wußte, schelten würde, »diesen Herrn Wietasch« mit mißtrauischen Augen betrachtete.

Jetzt sandten sich die Liebenden ihre Photographien. Es war das Weihnachtsgeschenk, das sie sich gegenseitig machten, ein Lichtbild im schönen Rahmen.

Richard Wietasch war Kaufmann, in welcher Branche, das habe ich nie erfahren. Florchen Noelte half im elterlichen Tabakwaren-Laden mit, vor Weihnachten war dort unendlich zu tun.

Richard konnte Weihnachten nicht in Berlin bleiben, denn seine

Eltern erwarteten ihn in Görlitz. So haben sich beide vor Weihnachten 1890 nicht mehr gesehen, nur die Briefe gingen hin und her. In Görlitz müssen wohl die Ursprünge der geheimnisvollen Umstände zu suchen gewesen sein, weshalb die Verlobung geschlagene zehn Jahre dauern mußte, ehe endlich der eigene Hausstand begründet werden konnte.

Viele der noch erhaltenen Briefe sind undatiert, immer noch taucht das Problem auf, daß sie eigentlich nichts allein unternehmen dürften. Doch dann, etliche Jahre später:

Mein lieber, süßer Richard!

Da das Wetter schön ist, so werde ich durch den Thiergarten laufen und erwarte Dich also am Bahnhof Thiergarten — vielleicht können wir noch eine Stunde schlittschuhlaufen.

In Liebe Deine Flora.

Sehr oft ist in den Briefen die Rede davon, daß Richard Wietasch von Zeit zu Zeit besonders starke Kopfschmerzen hatte. Florchen zeigte sich immer sehr besorgt, berichtete von eigenen Unpäßlichkeiten und tröstete. Bemerkenswert die kurzfristig vereinbarten Termine in den Briefen. Man bekam die Post morgens, mittags, abends. Eine morgens aufgegebene Briefsendung innerhalb Berlins wurde abends noch zugestellt. O, welch wundervolle Zeiten!

Meine Mutter und ich, wir haben immer wieder orakelt, weshalb die Verlobungszeit ausgerechnet zehn Jahre dauern mußte. Mutter wußte darauf die Erklärung:

»Es waren damals eben absolut berechenbare Zeiten. Man war gewohnt, lange im voraus zu planen und sich sein Leben einzuteilen. Richard Wietasch hatte irgendeine Verpflichtung seiner Familie gegenüber zu erfüllen, welche, weiß ich nicht mehr. War es eine Leibrente, die er zu zahlen übernommen hatte, war es eine schwerkranke Mutter, deren Pflege er bezahlte, ich kann es nicht mehr sagen. Jedenfalls irgend etwas Heroisches, Aufopferndes, mit dessen Ableistung Florchen sich voll einverstanden erklärte. Erst um die Jahrhundertwende haben sie geheiratet, genau weiß ich es nicht mehr, aber das Wie ist mir noch sehr gut in Erinnerung.

Sie bezogen eine Wohnung in der Oldenburger Straße. Die Eltern Noelte waren inzwischen umgezogen und wohnten Rostocker Str. 1, ein verkleinerter Tabakladen befand sich in der Huttenstraße, den mein Großvater Noelte noch eine Weile aufrechterhielt.

Großmutter Noelte starb 1902, da war mein Großvater aber schon sechsundsiebzig Jahre alt und gab dann mit einem Schlage das Geschäft und die Wohnung auf. Er hatte wohl sowieso damals schon einen Teilhaber, der den Laden weiterführte. Nun zog er zu seiner Tochter Flora in die Oldenburger Straße. Als dies alles vor sich ging, um 1902, war ich acht Jahre alt und hatte immer ein bißchen Angst vor ihm. Er war etwas knurrig, aber wohl doch ein guter Mensch. Nur — das Alter verändert, weißt du? Der Frohsinn schwindet, etliche Leiden machen sich bemerkbar. Er ging am Stock.

Manchmal passiert im Laufe der Jahre in einer Familie absolut nichts Gravierendes, dann wieder geht es Schlag auf Schlag. Florchen saß also in ihrer wirklich hochherrschaftlich eingerichteten großen Wohnung in der Oldenburger Straße, war so glücklich mit ihrem Richard, wie eine Frau wohl nur sein kann. Aber dann, ja, dann hatte diese Herrlichkeit mit wohlgepflegtem, sorgenfreien Haushalt, mit Dienstmädchen Emma, die mit Deckelkorb und rosagestreiftem Kleid, lange weiße Schürze davor, Frau Flora Wietasch auf den Wochenmarkt begleitete und alles Gekaufte trug und im Deckelkorb verwahrte, nun, dies war urplötzlich zu Ende.«

Richard Wietaschs Tod nach kurzer Ehe 1905
Flora zieht in die Perleberger Straße 49

»Wir haben alle vermutet, daß der arme Richard Wietasch an einem Gehirntumor starb, anders ist sein plötzlicher Tod mit noch nicht vierzig Jahren kaum erklärbar. Denke an die Kopfschmerzen, die schon in der Verlobungszeit so oft auftraten. Wietaschs hatten keine Kinder. Es war nicht daran zu denken, daß Florchen die große Wohnung beibehalten konnte. Mit allen Fasern zog es sie zu ihrer Schwester Lies. Es ergab sich, daß dort 1905 die Wohnung neben meinen Eltern, also die Dreizimmerwohnung im dritten Stock, freiwurde. Flora entschloß sich schweren Herzens, aber dann doch mit Mut und Tatkraft. Opa Noelte kam mit.

Da ihr Richard so jung gestorben war, betrugen ihre Rente und eine Lebensversicherung nur ganz geringe Summen. Sie war darauf angewiesen, von der Dreizimmerwohnung ein oder zwei Zimmer zu vermieten. Als sie einzog, wohnte Großvater Noelte, ihr Vater, noch ein Jahr bei ihr im großen Vorderzimmer. 1906 starb auch er. Wieder liefen wir alle wochenlang in Schwarz. Florchen fand zwei seriöse Damen als Mieterinnen und schlug sich mit großer Vorsicht durch. Aus ihrem Hausrat hat sie nur die Einrichtungsgegenstände übernommen, die du noch alle in ihrer Wohnung kanntest. Sie wohnte im als Schlafzimmer gedachten Raum zum Hof, der etliche Vorteile hatte. Leicht zu heizen mit dem großen weißen Kachelofen in der Ecke, dazu Morgensonne. Dann daneben das Kämmerchen, durch eine Tapetentür zu erreichen. Im Sommer schlief sie dort, ein weißes Metallbett mit Filet-Häkeldecke stand in diesem Raum. Im engen Zimmer Vertiko, Büfett, eine hohe Servante, eine Schlafcouch mit unsichtbarem Bettkasten, ein Nähtisch, ein vergoldeter gedrechselter Damenstuhl, ein schöner achteckiger Intarsientisch mit besonders zierlich arrangierten gespreizten Füßen, die von einem Mittelkranz aus vielen gedrehten Säulchen ausgingen. Dann noch etliche Stühle.

Ein großer Kleiderschrank verdeckte die Durchgangstür zum großen Vorderzimmer.

Das Hauptstück, das jedoch die Zierde des Zimmers darstellte, war entschieden der Damen-Schreibsekretär. Auf vier schlanken kannelierten Beinen, so geriffelt, weißt du, mit einer flachen Schublade, dann die schön polierte Schreibfläche, darüber ein Aufbau, geschnitzt, gedrechselt, mit Leisten und gedrehten Halbsäulchen besetzt, mit irgendeiner gedrechselten Bekrönung versehen. Nur geschrieben hat sie damals sehr wenig daran. Ihre Dokumente waren darin verwahrt, im erhöhten Mittelschränkchen jedoch ihre Seifen und das Kölnischwasser. Öffnete sie die Tür, so erfüllte der Duft von Lavendel und Sandelholz, von 4711 oder Johann Maria Farina den Raum. Einige Bilder, die sie liebte, hingen an den Wänden, dazu eine mit einem grünen Seidenband und Schleifen verzierte silberne Krümelschippe mit geschwungenem und ziseliertem Bürstchen aus weißen weichen Borsten.

An Geschirr hatte sie nur ihr gutes Porzellan mitgenommen, ein sehr zart und fein gemustertes Dekor mit dem Namen Louis XIV. Marke Bavaria von Rosenthal in Cronach.«

So erzählte meine Mutter mir, als ich noch klein war. Doch wenn ich dies alles heute schreibe, so fällt es mir wieder ein, wie oft das feine Porzellan auf dem achteckigen Tisch auf einer zarten Spitzendecke stand, wenn Damenkaffee bei Tante Florchen war. Eine Tasse nach der anderen ging entzwei; als sie starb, gab es von einstmals zwölf Gedecken nur noch zwei.

Onkel Richards Bild stand auf dem Vertiko im Silberrahmen. Betrachtete ich als Kind die eingerahmten Familienbilder, bräunliche Gestalten in altmodischer Kleidung, so sah ich einen schönen jungen Herrn mit Mittelscheitel und fein ausgezogenem schmalen Schnurrbart. Auf seiner Nase trug er ein Pincenez, das mit einem schwarzen Seidenband an seiner Kleidung befestigt war. Seine Photographie verblaßte mit den Jahren. In der Erinnerung meiner Großtante blieb sein Andenken jedoch ungetrübt lebendig, er alterte nicht; kein ernsthafter Konflikt hatte Wietaschs jemals belastet, ein gelber Immortellenkranz hing jedes Jahr neu um sein Bild, immer zum Todestag am 5. Juni eines jeden Jahres. Feine lila Bänder waren um diesen Kranz gewunden. Seit langem habe ich so etwas nicht mehr gesehen.

Aus eigener Erinnerung:
Tante Florchen und ihre bescheidene Welt

Manche Frau, die mit achtunddreißig Jahren Witwe wird, liebäugelt wohl mit dem Gedanken, sich wieder ehelich zu binden und nicht einsam ihren weiteren Lebensweg zu gehen. Für meine Großtante kam dies alles überhaupt nicht in Betracht. Ihrem zurückhaltenden und reservierten Wesen entsprechend, kam sie nicht entfernt auf die Idee, sich erneut zu verheiraten.

Sie wohnte nun in einem für damalige Zeiten ganz komfortablen Domizil, das große Vorderzimmer war mit dem Schreibtisch ihres verstorbenen Gatten, mit Trumeau, riesig schwerem ausziehbarem Eßtisch, einem Bett, einer Waschkommode und, ebenfalls vor die Durchgangstür zu nunmehr ihrem eigenen Zimmer gestellt, einem braunen großen Schrank ausgestattet, wo ihr Vater ja nur noch kurze Zeit gewohnt hatte. Dann kam jemand anders. Im kleinen Vorderzimmer daneben wohnte eine junge Schneiderin, diese Möblierung habe ich nicht mehr gekannt.

Als Flora Wietasch einzog, wohnte neben ihr die wohlsituierte Schwester, Frau Rechnungsrath Mende mit Familie. Deren Sohn Kurt war sechzehn, ein netter, vergnügter Gymnasiast mit bunter Schülermütze. Die kleine Lies Mende, meine spätere Mutter, war eben elf Jahre alt. Oft fand sich die kleine Lies des nachmittags bei der Tante ein.

Meine Mutter erzählte mir manchmal davon:

»Was hat sich Tante Flora für Mühe gegeben, mir etwas Weißnäherei beizubringen. Sie hatte ein Faible für extrem schön gearbeitete Wäsche und Garderobe. Sogar die Bettwäsche war mit Monogrammen verziert. Meisterhaft machte sie allerlei Bandspitzen, die mit Spannstichen, die ihrerseits wieder mit Fäden umzogen wurden, oder aber mit Häkeleinsätzen verbunden wurden. Sie schuf wahre Wunderwerke. Sie arbeitete mir auch ein Konfirmations-Taschentuch von solcher Feinheit und einem so hohen Anteil an poröser Spitze, daß ich nie gewagt habe, es normal zu gebrauchen. Allenfalls konnte man sich Rührungstränen damit abtupfen.«

Während der Anschaffung hatte Florchens Aussteuer einiges Aufsehen im Familienkreis gemacht, dann war sie in der Oldenburger Straße in Schränken und Kommoden verschwunden.

Aber nach 1905 und noch bis in meine Kindertage hingen dann all die Schätze nach Waschtagen auf dem großen Trockenboden in der Perleberger Straße 49. Es kam vor, daß Mieterinnen aus dem Hause sich von Frau Wietasch den Bodenschlüssel erbaten, um diese auffallend schön gestickten und mit Spitzeneinsätzen versehenen Wäschestücke zu betrachten.

Als ich schon lesen konnte, fiel mir zu meinem großen Vergnügen einmal ein »Katechismus der Toilettenkunst und des guten Geschmacks« aus dem Jahre 1891 in die Hände, der uns allen so um 1927 herum ganz ungewöhnliches Vergnügen bereitete. Gerade über standesgemäße Ausstattungen von Bräuten stand da einiges Kurioses:

Schaffe also an:
— ein Dutzend einfache Nachtkorsetts, sechs wärmere, sechs reich geputzte,
— sechs Anstandsröcke, sechs Kostümröcke, drei wärmere Röcke und ebensoviel Staubröcke
— ein Dutzend leichter Beinkleider für den Sommer aus Schirting oder Chiffon, ebensoviel für den Winter aus Flanell oder Barchent, ein halbes Dutzend aus Batistleinen mit reichem Aufputz ...

Oder auch die weitverbreitete Ansicht:

Das Nachschaffen von Wäsche während der Ehe ward, wenn nicht besondere Umstände es rechtfertigten, immer als bedenkliches Zeichen für die Gediegenheit des Hauses angesehen!

»Na, Tantchen«, pflegte dann meine Mutter zu sagen, »du brauchst bestimmt nicht nachträglich noch Wäsche anzuschaffen. So phantastisch, wie dein Wäscheschrank gefüllt ist!«

Und doch sollten die erwähnten besonderen Umstände eintreten, die zumindest die Bettwäsche gänzlich hinwegrafften. Und das kam so.

Mein Vater hatte eine große Vorliebe für den Kabarettisten Otto

Reutter, den einmalig komischen Sänger aus Gardelegen, der zu Anfang dieses Jahrhunderts Berlin und die Herzen seiner Einwohner im Sturm eroberte, denn, wie Kurt Tucholsky wahrheitsgetreu berichtete, die Leute lagen in den großen Varieté-Theatern, Wintergarten, Scala, vor Lachen buchstäblich unter ihren Sesseln und hielten sich die Seiten.

War bei uns Besuch, so kam mit Sicherheit der Moment, wo in fröhlicher Runde einige Verse von Otto Reutter im Sprechgesang rezitiert wurden, wobei der Refrain seiner großen Bekanntheit halber von allen Gästen dann mitgesungen wurde. So kam auch an einem vergnügten Samstagabend der folgende Vers zum Vortrag in der Perleberger Straße 55:

Ick kam jestern in de Nacht nach Haus,
Da räumten se jrade mein' Schreibtisch aus!
An meine Kommode stand'n Mann,
Der sagt zu mir: »Fassen Se doch mit an!
Se seh'n doch, for een' isset zu schwer!«
Ick wundre mir über jahnischt mehr!

Es waren kaum einige Tage vergangen, da kam mein Vater nachmittags vom Dienst nach Hause. Als er die Haustür mit sanftem Druck nach innen öffnete, kam ihm ein Mann mit einem Waschkorb entgegen. Er trug eine Art Dienstmann-Mütze, mit Schirm und einem bedruckten Band, Vater achtete da nicht genau drauf. Doch höflich und hilfreich, wie er nun einmal war, ging er in den Treppenflur und hielt dem schwer schleppenden Korbträger entgegenkommenderweise die Tür auf. Wird wohl ein Wäscherei-Bote sein, dachte er. Der bedankte sich mit Kopfnicken und »Sehr freundlich, vielen Dank auch!«, weg war er. Vater stieg in seine vier Wände im zweiten Stock empor, aß gemütlich sein spätes Mittagessen um vier Uhr, rauchte danach in aller Seelenruhe eine Zigarre, machte ein Schläfchen auf dem unverwüstlichen grünen Umbausofa. Wir saßen dann um sieben Uhr rund um den Abendbrottisch, als an der Wohnungstür dem Löwen beinahe der Ring aus dem Reißzahn gerissen wurde. »Wer klingelt denn da so Sturm, ich komme ja schon!«, meine Mutter ging befremdet und besorgt zur Tür. Draußen stand Tante Florchen mit allen Zeichen des Entsetzens:

»Lieber Gott, Lieschen, ist Erich da? Er muß sofort kommen, wir müssen die Polizei rufen — bei mir ist eingebrochen worden, es ist ja entsetzlich!«

Vater war aufgesprungen, alles stürmte nach oben in den dritten Stock. Das Schloß war unversehrt, also mußte der Dieb einen Dietrich gehabt haben. Tante Flora war gegen halb drei Uhr weggegangen und hatte einen hübschen Kaffeeklatsch bei ihrer Freundin Frau Cartillieri genossen. Und jetzt beim Heimkommen dieser Schreck!

»Nichts anrühren!«, befahl Vater kategorisch, denn er wußte aus Gerichtsverhandlungen — von Krimis hielt man damals in unserem Hause noch nichts! — , daß dies die Spurensuche erschweren oder unmöglich machen würde.

Dann registrierte er die Vorgänge, hielt fest, daß nur die wertvolle Bettwäsche fehlte, alle Schubladen waren jedoch nach Geld durchwühlt worden, am schönen Schreibsekretär standen die Türen offen, die Schubladen lagen umgekehrt auf dem Fußboden, der Inhalt verstreut, das Türchen zur Kammer war geschlossen. Niemand wagte durchzugehen und nachzusehen, ob wohl auch dort etwas fehlte. Kurz, der Einbruch wurde trotz sofortiger Recherchen nie aufgeklärt.

Erst spät abends, als unser aufgeregter kleiner Haushalt zur Ruhe gekommen war, als ich mich geweigert hatte, allein in meinem Kämmerchen im Kinderbett zu schlafen aus Angst vor Einbrechern, und zu Mutti in die Federn gekrabbelt war, da setzte sich Vater plötzlich im Bett noch einmal mit einem Ruck auf und sagte: »Weißt du, was mir einfällt? Der Vers von Reutter! Habe ich da etwa den Deibel an die Wand gemalt? ›An meiner Kommode da stand 'n Mann‹ — und ich Trottel habe da unten gestanden und ›mit angefaßt‹, habe dem Räuber mit dem Waschkorb die Tür aufgehalten. Da kannste nur sagen: ick wundre mir über jahnischt mehr!«

Die hilflosen alten Damen und die Stürme der Zeiten

Dieses Ereignis mit dem Wäscheraub war gleichsam das Tüpfelchen auf dem i der Furchtsamkeit, die in der Wohnung über uns mehr und mehr die Bewohner beherrschte.

Mit dem Kriegsende 1918 hatte es begonnen, tagelange Schießereien auf den Straßen, der Zerfall einer einst so festgefügten und behaglichen Welt. Das Geld futsch, die Kriegsanleihe-Zeichnungen, oft die ganzen Ersparnisse der vaterländisch denkenden Menschen, verfallen und nichts mehr wert. Die krasse Armut drohte in manches behagliche Bürgerheim Einzug zu halten.

Droben im dritten Stock wohnten längst keine »fremden Menschen« mehr. Mitte des Ersten Weltkrieges hatte Fräulein Käthe Balzer im großen Vorderzimmer Einzug gehalten. Die Schneiderin war fort, an deren Stelle teilten sich die Miete für das kleine Vorderzimmer meine beiden Großmütter, Elise Mende und Bertha Puder, von mir später liebevoll Omchen Mendchen und Omchen Pudchen genannt.

Im Jahre 1919 machte ein Fassadenkletterer Berlin unsicher, besonders trieb er sein Unwesen im vornehmen Hotel Adlon am Brandenburger Tor. Dort erschien er wie ein Phantom, klaute Schmuck, Geld, Butterdosen, was damals ja auch Gold wert war. Erstmalig sahen daraufhin die Bewohner des Hauses Perleberger Straße 49 ihre Fassadenstruktur an und stellten fest, daß ein alpinistisch geschulter Bergsteiger oder ein Artist an diesen quaderförmigen Putz-Elementen bis zum Hochparterre und auch danach wohl alle Chancen gehabt hätte, bis in jede Etage nach Wahl vorzudringen.

»Mach die Fenster zu, Berthchen, damit keiner einsteigt!«, so pflegte meine Großmutter Mende ihre Zimmergenossin aufzufordern, alle Vorkehrungen für eine ungestörte Nacht zu treffen. Viel zu holen wäre wohl kaum gewesen bei den verarmten und verängstigten Frauen.

Dann kam die Inflation ab etwa 1923 mit den ganz neuen Schrecknissen, die alles bisher Dagewesene weit übertrafen. In jenen Jahren völliger finanzieller Konfusion war es wohl, daß sich Florchen Wietasch angewöhnte, mit einem Zeitungsblatt in der Hand gegen sechs Uhr abends bei uns in der Wohnung zu erscheinen, wieder mit der Frage: »Ist Erich da?«, und dann trug sie ihm vor, was sie nicht verstand, was gänzlich über ihr Begreifen hinausging, kein Geld mehr zu haben, keine Rücklagen, Brotpreise, die ins Ungemessene emporstiegen — also sie war verzweifelt. »Was wird denn nu?«, pflegte sie zu sagen, mit dem hilflosen Ausdruck eines Kindes in ihren hellblauen Augen.

Mein Vater erklärte, beruhigte, kam mit den Floskeln vom Rechtsstaat und den finsteren Elementen, die sich am Untergang des deutschen Reiches mästeten, redete von der großen Stunde der Börsenjobber, die einstens noch die Welt regieren würden und wirkte durch diese Prognosen nun wieder gar nicht beruhigend auf die verängstigte Tante.

Kaum war der Spuk mit der Inflation im November 1923 vorbei, da erschreckten Zeitungsmeldungen von atemberaubend scheußlichen Morden die Leser und besonders die Leserinnen.

Im Juli 1924 hatte man in Hannover am Ufer der Leine einen Menschenschädel gefunden, darauf wurde das Flußbett von den Behörden abgedämmt und Polizisten und städtische Arbeiter fanden bei ihrer Suche über 500 Leichenteile, die mit Sicherheit 22 jungen Menschen zugehörten, die hier auf grauenvolle Weise umgebracht und im Wasser versenkt worden waren. Ausgerechnet ein Polizeispitzel, Fritz Haarmann aus Hannover, entpuppte sich als der Massenmörder. Hatten schon vorher in Berlin ähnliche Taten das Repertoire der Leierkastenmänner moritatenartig bereichert:

»Es schwimmt eine Leiche im Landwehrkanal — «,

so entstand Ende 1924 gleichzeitig mit der Aufführung der Operette von Willi und Walter Kollo, freundlich und harmlos »Marietta« genannt, eine Variation des Schlagers:

»Warte, warte nur ein Weilchen,
Bald kommt auch das Glück zu dir — «

mit dem aktuellen Text:

»Warte, warte nur ein Weilchen,
Bald kommt Haarmann auch zu dir,
Mit dem kleinen Hackebeilchen
Macht er Schabefleisch aus dir!«

Dies mit fröhlichen Drehorgelklängen vorgetragene Lied veranlaßte die verschreckten Großmütter und Tante Florchen nur, die schon in Zeitungspapier eingewickelten Sechserstücke wieder in ihre Portemonnaies zurückzustecken. Es wäre doch unerhört und eine Seelenlosigkeit sondergleichen, über sowas auch noch makabre Scherze zu machen. Aber die Welt sei so schlecht, es wäre einfach nicht zu sagen.

Der Kreis der Damen im dritten Stock links lichtete sich, Großmutter Puder verbrachte ihre letzten beiden Lebensjahre von 1927 bis 1929 im Pflegeheim Johannisstift, damals noch in Französisch-Buchholz gelegen, später hieß der Stadtteil einfach Berlin-Buchholz.

Großmutter Mende starb 1930 ganz plötzlich, worauf sich Florchen Wietasch völlig vereinsamt vorkam. Lies Mende, die ältere und sehr geliebte Schwester, war ihr Trost in den alltäglichen Querelen mit »der Balzern« gewesen, jenem Fräulein Käthe Balzer, das so harmlos und anspruchslos wirkte und die Miete für das Vorderzimmer mit dem Trumeau auch immer pünktlich bezahlt hatte.

Doch im Miteinander während gemeinsamer Küchenbenutzung erwies sie sich als recht »gewöhnlich«. Und nun kam sie und wollte »ihren Verlobten« im kleinen Zimmer einmieten. Wieder ein Grund, daß meine Großtante Flora 1930 mit gerungenen Händen, ein Taschentuch vor den Augen, vor unserer Tür stand, »was wird denn nun bloß?« fragte, und den Rat meines Vaters einholte, ob man denn »diesen Menschen« als Hausgenossen akzeptieren solle oder nicht.

Wieder wurde beruhigt, abgewiegelt, das Tantchen in den Arm genommen und gestreichelt. Schließlich gab Vaters Argumentation den Ausschlag, daß wir ja alle von gelegentlichen Besuchen Herrn Schwarze schon kannten. Ein bescheidener, gut gekleideter Herr mit kleinem Schnurrbart, dunklem Haar, sehr still. Ich nannte ihn seinerzeit schon »Onkel Erich«, ebenso wie ich zu Fräulein Balzer schon seit langem »Tante Käthe« sagte.

»Was du hast, Florchen, das weißt du. Was du kriegst, das weißt du nicht! Kommt dir jetzt jemand Wildfremdes in die Wohnung, so mußt du diese Leute erst wieder ergründen. Die Balzern kennst du nachgerade und ihre Eigenheiten. Ich finde die Lösung gar nicht so schlecht.«

Siebenunddreißig Jahre Mieterin im Hause
Flora Wietasch starb an ihrem 76. Geburtstag, 16. 5. 1943

Im Jahre 1930 verlebten die Schwestern Noelte, also Tante Flora und meine Großmutter Elise Mende, die Sommerferien in Schlesien mit uns zusammen. Schon seit drei Jahren waren wir bekannt in der Villa Klara bei Familie Krause. Diesmal nun also große Familien- und Freundschafts-Ferien. Tante Jenny schloß sich uns an, ebenso das Ehepaar Sutholt aus dem Freundeskreis meiner Eltern.

Tante Flora zählte 63 Jahre, ihre Schwester etliche Jahre älter, an die siebzig, die übrigen Teilnehmer:

mein Vater Erich Puder 39
meine Mutter Elise Puder geb. Mende 36
ich, das Kind Lotti Puder 10
Gerhard Sutholt 41
Paula Sutholt 42
Tante Jenny Goerke 35

Ein Bild aus diesen Wochen hat sich erhalten, das meine Großmutter immer ganz schrecklich fand, weil sie gerade so böse blickte.

Dies entsprach keineswegs ihrem Naturell. Sie war nur sehr verstimmt über die Prozedur des Photographierens an sich. Auf der weiten Liegewiese vor der Villa Klara standen etliche Garnituren jener Gartenmöbel, die aus rohen Birkenästen zusammengefügt waren. Sie waren schwer beweglich, und sie zu einem geeigneten Platz zu schleppen, war allein schon eine Arbeit. Aber Vater wollte nun unbedingt dies Familienbild haben, dunkle Tannen im Hintergrund. Er stand mit seiner Plattenkamera beschäftigt. Der Apparat auf einem hölzernen Stativ, ein schwarzes Tuch für die Einstellung, irgend etwas mußte herausgezogen oder hineingeschoben werden, ein paarmal ging die Aufnahme schon aus diesem Grunde daneben. Dann wieder erreichte Vater seinen Platz auf dem Bild nicht rechtzeitig genug und der surrende Selbstauslöser war abgelaufen, ehe er in Positur stand.

Und all dies mußten nun Tante Florchen und Großmama Mende ohne Weheklage ertragen, in der brütenden Sonne eines Julitages in Obersteinseiffen bei Krummhübel. Mutter und ich waren schon zu oft Opfer solcher Aufnahmen gewesen, wir hatten gelernt, den Kopf mehr nach oben, die Hand nicht so weit nach vorn, die Schultern nicht so unmöglich schief und alles in allem für diese Sache herzuhalten.

Vater im hellen Einreiher mit Weste, Stehkragen und Krawatte, justament eine Freizeitkleidung, über die meine Enkel in helles Juchzen ausbrechen würden. Mutter im hellen Sommerkleid, eine gänzlich neutrale Angelegenheit. Die ältere Generation in »gedeckten« Farben, dunkelbunt, Tante Flora immer noch am liebsten in Schwarz, obwohl der selige Richard doch nun schon fünfundzwanzig Jahre auf dem neuen Friedhof der Moabiter Heilandskirche in Plötzensee seine Ruhestätte gefunden hatte.

Inmitten dieser Familieneintracht stehe ich, vorher nachdrücklich ermahnt, nicht etwa wieder Grimassen zu ziehen oder ein besonders dummes Gesicht zu machen. Das Kleid stammte, na, woher wohl? Von Emma Bette, Butt & Lachmann.

Sowohl Lies Mende als auch ihre Schwester Flora Wietasch halten mit größter Selbstverständlichkeit ihr unentbehrliches Lorgnon in den Händen. An langer goldener Kette bildete es ihr Leben lang die einzig denkbare Sehhilfe in Gesellschaft, in der Öffentlichkeit. Brillen ruinierten die Frisur, verursachten Druckstellen an der Nase, saßen meist schief, und man trug sie nur zu häuslichen Näharbeiten oder längerer Lektüre im Familienkreise.

Zum Studieren von Speisekarten, Tischkarten bei Einladungen, zum kurzen Ablesen von Fahrplänen an Straßenbahn-Haltestellen, in fremden Häusern, wo man Besuche zu machen hatte und nicht genau wußte, in welcher Etage die Betreffenden wohnten, ja, ohne Lorgnon war das alles ganz unmöglich.

Die Jugendbilder von Tante Flora sind alle verbrannt; auf den noch folgenden Altersbildern, meist Weihnachten aufgenommen, erscheint sie ständig feiner, zarter, auch körperlich kleiner, denn ihre Wirbelsäule war nicht in Ordnung, und sie sank förmlich von einem Jahr zum anderen ein wenig mehr in sich zusammen. Doch ihr Geist blieb frisch und anteilnehmend an allem Geschehen.

Als der Zweite Weltkrieg im Jahre 1939 ausbrach, hatte sie besonders viel Anlaß zu ihrer gewohnten Frage: »Aber Erich, erkläre mir doch mal bitte, was wird denn nu?«

Die ersten Luftangriffe auf Berlin scheuchten alle Bewohner der Perleberger Str. 55 pflichtgemäß in den weißgekalkten Luftschutzkeller. Einige Male konnte sie noch selbst gehen. Sie hat die Verdunkelung auf den Straßen noch mit großer Mißbilligung registriert, hinderte sie diese Finsternis doch daran, ihre Freundin Aline Skronn in der Nachbarschaft zu besuchen, denn sie fürchtete sich einfach, nur mit dem winzigen Lichtkegel einer abgeblendeten Taschenlampe die vielleicht hundert Meter von Haus zu Haus zurückzulegen. Außerdem flößten die anderen schemenhaften Passanten auf der Straße ihr große Furcht ein.

Im Jahre 1943 wurde sie leidend, eine Zellgewebsentzündung am Fuß machte ihr erst stundenweise, dann gänzlich das Gehen unmöglich. Sie lag auf ihrer Couch, von meiner Mutter gepflegt. Doch die Sorge, was bei Luftangriffen mit ihr werden sollte, machte uns zu schaffen. Zunächst trug mein Vater sie auf seinen Armen vorsichtig in den Keller, denn sie war leicht wie ein Kind.

Dann fiel das Haus meines damaligen Verlobten Reinhold Scharnke in Karlshorst durch eine Luftmine in einen Trümmerhaufen zusammen; das war im Februar 1943. Fortan wohnte Herr Scharnke bei Dennhardts, von Frau Dennhardt, Vierzimmerwohnung im dritten Stock und Tante Floras langjährige Nachbarin, liebreich aufgenommen.

Nun war es Reinhold Scharnke, der in den sternklaren Nächten, wenn es hieß: »Heute werden sie wohl kommen!«, die kranke Tante vom dritten Stock in den Keller trug, wir mit ihren Koffern und Decken hinterdrein.

Doch dann verschlimmerte sich ihr Befinden, Anfang Mai wurde fachgerechte Pflege unumgänglich. Doch die Krankenhäuser waren alle überfüllt und ein Bett dort zu bekommen, das grenzte an Zauberei. Reinhold Scharnke vollbrachte diesen Kraftakt. Überredungskunst, ein Schulfreund, der Arzt war, ich weiß nicht mehr wie. Dann besuchte die Verwandtschaft sie, denn sie fürchtete sich im Krankenhaus nicht minder vor Fliegerbrummen und den Detonationen von Bomben in der Nähe. Eines Tages kam meine Mutter von einem Besuch und sagte: »Es ist beinahe eine Gnade, aber ihr Sinn verwirrt sich. Käthe Noelte war da, Käthe Balzer zufällig auch, beiden versprach sie ihre goldene Uhr, zu beiden sagte sie ›mein Käthchen‹, beide weinten dicke Tränen. Erich, nun sage mir mal, haben denn solche Versprechungen irgendwelche Verbindlichkeit?«

Am 16. Mai 1943 kam der Anruf aus dem Krankenhaus, daß die Patientin Flora Wietasch geborene Noelte friedlich eingeschlafen sei. Durch die Zellgewebsentzündung habe sich eine allgemeine Sepsis ausgebildet, gegen die alle Mittel versagt hatten.

Diesmal gingen wir nicht in Schwarz, denn seit langem war in der Familie kein Trauerfall gewesen. Die kümmerlichen Bezugs-Abschnitte, Punkte genannt, auf unserer Kleiderkarte sahen Anschaffungen an Textilien für Trauerfälle nicht vor.

Mutter kaufte in der Drogerie ein Färbemittel, und einige kochbare Blusen wurden in der schwarzen Brühe auf den schicklichen Farbton gebracht. Vater war in einem dunkelgrauen Anzug mit Trauerflor am Ärmel und einem schwarzen Schlips passend ausgerüstet.

Wir verloren einen guten Geist der Familie. Niemals hat sie über einen Menschen abträglich gesprochen, es gab nicht *einmal* in ihrem Leben in ihrem großen Freundeskreis ein Zerwürfnis, mit keinem Familienmitglied jemals Streit. Mich liebte sie die dreiundzwanzig Jahre, die ich in dem alten Hause gelebt habe, mit einer überschwenglichen und kritiklosen Liebe, die ich nicht immer verdient habe. Heranwachsende sind manchmal ruppig, ich war da keine Ausnahme. Ihre Liebe und Fürsorge waren wie ein dichter Schutzmantel, tausend kleine Wünsche erfüllend, ein Polster gegen kleine Mißlichkeiten des Lebens.

Die Familie, die Freundinnen, die Erbstreitigkeiten

Meine Großtante Flora hinterließ weiß Gott keine Reichtümer. Aber in der damaligen Zeit bedeuteten schon der kleine Hausrat, ihre gepflegte Kleidung, ihr bißchen Silber und Geschirr sowie der nach dem Wäscheraub wieder angeschaffte Bestand an Bett- und Tischzeug nahezu ein Vermögen.

So gerieten sich beide Käthchen, Nichte Käthe Noelte und Untermieterin Käthe Balzer, nahezu in die Haare, wer denn nun wirklich die goldene Uhr bekommen sollte. Doch mein Vater zog das BGB zu Rate und unter Heranziehung von irgendwelchen juristischen Kommentaren wurde dann den aufgebrachten Damen klargemacht, daß einzig und allein diejenige Nichte die Erbin sei, die im Testament als Haupterbin genannt sei. Die kleinen Schmuckstücke, die den Noelteschen Nichten ausdrücklich vermacht worden waren, wurden gewissenhaft und gegen Quittung ausgehändigt. Käthe Balzer erhielt Tante Floras Kücheneinrichtung und ihr Gebrauchsgeschirr und diejenigen Einrichtungsgegenstände, für die meine Mutter keine Verwendung hatte.

Da ich im gleichen Jahre heiratete, kam Tante Floras Erbe in diesen knappen Zeiten zu hohen Ehren und in pfleglichste Obhut.

Von der goldenen Uhr haben wir später, in den Hungerjahren nach dem Krieg, ein paar Wochen zu essen gehabt, denn wir konnten sie gegen Lebensmittel tauschen. Ihre gesamte Garderobe wurde Naht um Naht getrennt, gereinigt, gebügelt, aufbewahrt. Noch Jahre später entstand aus zwei Mänteln der kleinen Großtante ein neuer Mantel für mich, alles selbstgemacht, selbstgefärbt, in der damaligen Zeit der ewigen Trainingshosen und Kopftücher geradezu aufsehenerregend schick.

Mit der Noelteschen Verwandtschaft führten die juristischen Auslegungen meines Vaters jedoch zum endgültigen Bruch; knapp, daß zu meiner Hochzeit noch Blumen kamen. An die Freundinnen verteilte meine Mutter kleine Andenken, guterhaltene gestickte oder umhäkelte Taschentücher, kleine Filetdecken, einige Photos.

Erst heute fällt mir auf, daß Tante Flora kein einziges Buch besaß. Dennoch las sie viel, borgte sich auch von uns häufig Lesestoff, Ganghofer, die Buddenbrooks. Empört kam sie dann nach der Lektüre zu meiner Mutter.

»Es ist ganz unerhört und unglaubwürdig, daß in diesem so

christlichen Haus der Konsulin Buddenbrook so oft ›Ach Gott‹, oder ›Gott, Toni‹ gesagt wird. Das ist doch eine mißbräuchliche Anrufung Gottes, wie kann dieser Thomas Mann das nur so schreiben. Du sollst den Namen des Herrn deines Gottes nicht unnützlich führen, denn der Herr wird denjenigen nicht ungestraft lassen, der seinen Namen mißbraucht. Ich kenne meinen Katechismus. Nein, es ist ja gut zu lesen, aber aus diesem Grunde muß ich das Buch ablehnen!«

Großtante Flora. Dein Bild habe ich nun noch. Wo bekomme ich jetzt nur einen gelben Immortellenkranz her, mit einem lila Band umwunden, den ich an Deinem Geburts- und Todestag, an jedem 16. May, mit Ypsilon geschrieben, wie auf Deiner Kindertasse in Goldschrift steht, zum Andenken und voller Wehmut um Deinen Bilderrahmen hängen kann?

6. Kapitel

Gedanken um den »Stillen Portier«, und wo er herkam. Namen rein, Namen raus — Namen rein —

Wo es einen Ausdruck wie »Stiller Portier« gibt, da muß ihm wohl der Begriff des Gegenteiligen vorangegangen sein. Im Falle der Perleberger Straße 55 war der einzige lebendige und auch lauthals redende Portier Herr Bahls gewesen. Im Zusammenhang mit dem Porzellanhaus Bahls, mit dessen Ladengeschäft die Portierloge baulich verbunden war, wurde schon darüber berichtet.

Der »Stille Portier« war jedoch eine behördliche Vorschrift. Jeder Besucher eines Hauses sollte schon spätestens im Hochparterre wissen, mit welchen Einwohnern er es zu tun haben würde, ob der oder die Gesuchte hier zu finden sein würde.

Ganz unverzichtbar war der »Stille Portier« für Unglücksfälle, Brände und sonstige Katastrophen. Das zuständige Polizei-Revier und die nächste Brandwache der Feuerwehr hatten, so wollte es die Vorschrift, angegeben zu sein. Für damalige Zeiten ein großer Fortschritt, denn noch hatten die ersten Telephon-Apparate Seltenheitswert, den allgemeinen Notruf für Feuer oder Polizei per Telephon, den kannte noch niemand. Insofern kam der gedrechselten Holztafel eine lebenserhaltende Funktion zu.

Die Hausverwalter hatten dafür zu sorgen, daß der »Stille Portier« immer auf dem letzten Stand war. Als die Aufnahmen zu diesem Buch entstanden, war ein Ägypter Hausverwalter, der keinerlei Verständnis mehr für die hergebrachte Einrichtung aufbringen konnte. Wer denkt denn auch in Ägypten an sowas?

Drechselarbeit von gehobenem Gebrauchswert wie diese alten Holzgerüste wurden seinerzeit, zu Ende des 19. Jahrhunderts, in der Strafvollzugsanstalt Moabit gefertigt. Dort befand sich eine voll ausgerüstete Werkstatt zur Beschäftigung der Gefangenen. Man wählte die Möbelform und kopierte die stilistischen Zier-Elemente der Renaissance, da es bei diesen zahlreichen Säulchen und Knäufen extrem viel zu drehen und zu drechseln gab. Die Arbeiten wurden mit solchem Erfolg abgesetzt, daß sich später eine Handels-Gesellschaft für den Vertrieb von Möbeln der Neo-Frührenaissance daraus bildete, mit deren Produkten sich ganze Generationen in Berlin eingerichtet haben.

, 15
ie Ge-
ırtstags-
sse von
'orchen
'oelte,
önig-
:h Preu-
sche
orzel-
nmanu-
ktur
erlin

16 Eltern Puder (hinten), Elise Mende (links) und Flora Wietasch, im Jahre 1930. Das Kind in der Mitte ist Lotti Puder, spätere Charlotte Pangels.

Die Namen, die 1892 zu nennen gewesen wären, sollte es den schönen Hängekasten schon gegeben haben, lauteten nach dem Adreßbuch dieses Jahres wie folgt:

Bechlin — Pensionär
Blank — Schneider
Elendt — Schumacher
Hindersin — verw. Bank-Dir.
Kieckbach — Gerichts-Sekretär
Mende — Topograph
Oelcke — Staatsanw. Sekr.
Reussner — Ingenieur
Sander — Rev. Inspekt.
Schröder — Post-Sekr.
Turner — Eisenbahn-Werkstatt-Vorsteher

Dies war die alphabetische Ordnung.

Die Tafel aber, so lautete die Vorschrift, sollte die Mietparteien nach Etagen bezeichnen. Hier hilft das Adreßbuch nicht weiter. Auch ist festzustellen, daß Hauswirt Römer, der 1903 die Fragebogen für die Adreßbücher auszufüllen hatte, sich selbst als Einwohner immer vergaß.

Das vorletzte nach Grundstücken geordnete Adreßbuch der Stadt Berlin erschien im Jahre 1963. Da standen für das Haus Perleberger Str. 55 die Namen:

Baron, Rosa
Boergen, Franz — Ingenieur
Borbe, Hans — Polizeibeamter
Dennhardt, Albin — Kaufmann
Fuhrmann, Klaus — Bauarbeiter
Labedzki, Tadeus — Gerüstbau
Maffey, Margarete — Hausverwaltung
Meyenberg, Annemarie — Kontoristin
Nerlin, Robert

Es fehlten Langners, die heute noch dort wohnen, es fehlten all die Untermieter, die ebenfalls dem alten Haus jahrzehntelang die Treue gehalten hatten.

Dann gab es sieben Jahre Pause, und schließlich kam 1970 nochmals ein Verzeichnis, nach Häusern und Grundstücken geordnet, heraus, das nur neun Mietparteien enthält, immer noch Namen aus den dreißiger Jahren, aber auch solche, von denen nichts zu erfahren war.

Baron, Rosa
Boergen, Franz — Ingenieur
Borbe, Hans — Polizeibeamter
Dennhardt, Albin — Kaufmann
Karaaslan, Osman — Schweißer
Maffey, Margarete — Hausverwaltung
Meyenberg, Annem. — Kontoristin
Stehning, Manfred — Eisenflechter
Voigt, Heinz-D. — Maler

Seit 1970 sind, soweit zu erfahren war, keine Erhebungen mehr gemacht worden, die auf die Planung eines neuen, nach Häusern und Grundstücken geordneten Adreßbuches von Berlin schließen lassen.

So sind seit den berechenbaren Jahren vor der Jahrhundertwende vom 19. zum 20. Jahrhundert unzählige Namensschilder auf diese Registriertafel aufgeklebt, mit Reißnägeln angezwickt oder mit kleinen Nägeln angeheftet worden. »Dennhardt, 3 Tr. r.« kann man noch lesen, obwohl sie längst ausgezogen sind. »Langner, 1 Tr. r.«, das trifft noch zu. Frau Sigrid Langner hat die Wohnung ihrer Eltern behalten.

Das Pendant waren Stecktafeln für Sitzordnungen bei Gesellschaften

Heute geht alles einfacher, wenn irgendwo eine große Gesellschaft eingeladen wird. Man hat andere Klebemittel, es finden sich weniger aufwendige Vorrichtungen, Sitzordnungen für festliche Tafeln zusammenzustellen.

In unserem Haushalt existierte, wie fast alles vermutlich von Großmutter Mende übernommen, eine zweifache polierte Holztafel mit gedrechseltem Griff. Sie entsprach in ihren Abmessungen im verkleinerten Maßstab dem braunen Ausziehtisch, dessen Schwere an alte Bankett-Tische in Rittersälen erinnerte.

Alle Seiten dieses Doppelbrettchens waren halboffen, so daß man jegliche weiße Kärtchen mit Namen zur Hälfte hineinstecken und auch schnell wieder umstecken konnte.

»Du weißt doch, Erich, wir können Frau Rothe niemals neben Tante Hanne setzen, seit das mit Treffi passiert ist!« Rothes Treffi hatte besagte Hanne gebissen, und Frau Rothe behauptete kühn, Cousine Hanne habe ihn getreten. Da hörte sich doch alles auf!

Waren »Stille Portiers« dazu gedacht, die Namen einer Hausgemeinschaft säuberlich sortiert zu *vereinen*, so kann man ohne Übertreibung sagen, daß diese Menü-Sitzordnungs-Stecktafeln ausschließlich dazu dienten, die einander unsympathischen Familienmitglieder *auseinander*zuhalten.

Mehrmals, so kann ich mich erinnern, lagen solche Anlässe vor.

1926 wollten meine Eltern den 70. Geburtstag meiner Großmutter Bertha Puder groß feiern. Dazu sollten auch die Verwandten Teuchert aus Gollnow in Pommern anreisen. Aber über die Unterbringung geriet man in Unfrieden. Denn 1926 lebte noch Großmutter Puders Bruder Paul Ganzel, der als pensionierter Stadtobersekretär in der Rathenower Straße eine große Vierzimmerwohnung allein innehatte. Er beschlagnahmte Teucherts förmlich, schleppte sie zu allen Sehenswürdigkeiten Berlins, gab »unvernünftig viel Geld« aus für Theaterkarten, wie seine Tochter Charlotte Ganzel fand. An dieser Kritik entzündete sich ein gänzlich unvorhergesehener Streit, so daß schließlich das hehre Fest am 22. Januar 1926 in der Ganzelschen Wohnung stattfand und nicht bei uns. Das verstimmte meine Mutter, Großmutter Mende und Großtante Wietasch wiederum sehr, denn sie hatten schon Vorkehrungen getroffen, etliche Napfkuchen gebacken, Tischwäsche extra durchgesehen und waschen lassen, die großen Tafeltücher, die so leicht vergilben, wenn sie lange liegen.

Und 1928 hatte meine Großmutter Mende ihren fünfundsechzigsten Geburtstag. Sie feierte ihn bei uns, ich war acht Jahre alt und beteiligte mich an der Ausschmückung der Kaffeetafel. »Leg mal um Omis Platz lauter Röschen rum!«, ein Körbchen, eine Schere, dann alles schön drapiert.

Vierzig Jahre aus dem Hause fort
Zum Hergang der Recherchen

In der Rückschau habe ich nur etwa ein Drittel meines Lebens im Geburtshaus Perleberger Str. 55 zugebracht. Zwölf Jahre Coburg, acht Jahre Lübeck, dazwischen einige Jahre Sachsen. Ab 1966 das Doppelleben zwischen Bayern und Teneriffa. Alles in allem kann ich sagen, ich habe länger in Bayern gelebt als jemals in Berlin. Als ich 1943 das alte Haus dort verließ, war auch an eine geregelte Korrespondenz mit alten Freunden nicht zu denken. Es geschah alles gerade in jener Phase des Zweiten Weltkrieges, da sich die

Bombenangriffe auf alle Städte Deutschlands verschärften, jeder war mit sich selbst und den Versuchen zu überleben beschäftigt.

Mütter mit kleinen Kindern wanderten erstmal aufs Land, sie wurden evakuiert.

Nun nach vierzig Jahren wieder Adressen ausfindig zu machen, überhaupt erste Kontakte zu knüpfen, das war ein kompliziertes Stück Arbeit.

Erste Hilfe leistete eine alte Schulfreundin, die sich in kirchlichen Instanzen und behördlichen Nachfrage-Einrichtungen unvermutet gut auskannte. Diesen zart gesponnenen Fäden dann jedoch nachzugehen und sie nicht wieder zu verlieren, das war gar nicht einfach, und wenn am Ende dann einer der Gesuchten gefunden war, dann waren es meist nicht eigenes Verdienst und Würdigkeit, sondern einfach auch ein bißchen Glück.

Manche Nachforschungen sind zwangsläufig daran gescheitert, daß überhaupt keine Unterlagen über die Familien mehr vorhanden sind, daß man zu spät für den Drucklegungstermin von irgendwelchen Einzelheiten erfuhr, oder aber auch daran, daß jetzige Bewohner des Hauses, offenbar zum Schutze ihrer Privatsphäre, zu Gesprächen nicht bereit waren.

Aus alter Zeit bekannte ehemalige Mitbewohner haben den neugewonnenen Kontakt mit großer Freude begrüßt.

Wo alles Suchen nichts half: die Untermieter, die Kinderlosen

Wie alle Bücher, die sich mit Erinnerungen aus vergangener Zeit befassen, so ist auch dies mit Sicherheit lückenhaft. Ehepaar Kieckbach, unsere Nachbarn in der Vierzimmerwohnung der 2. Etage, hätten sicherlich einige Einzelheiten aus ihrem Leben beitragen können, immerhin lebten sie über vierzig Jahre in diesem Haus. Aber in welche Hände ihr Nachlaß gelangte, das war nicht festzustellen, denn sie hatten keine Kinder.

»Onkel Kieckbach« gehörte als Geheimrat zu einem jener »Rats«, die Hauswirt Römer seinen neuen Mietern immer als Zeichen der Gediegenheit seines Hauses zu rühmen pflegte. »Bei uns wohnen lauter Rats!«

Dann die Untermieter, deren Namen auf dem offiziellen »Stillen Portier« nicht auftauchten. Was nach dem Zweiten Weltkrieg beinahe zur Norm gehörte, daß um einen Klingelzug herum etliche

Zettel oder Kärtchen klebten, mit dem Vermerk: »Müller 3 x klingeln« oder »Schmidt 2 x läuten«, das fand in ähnlicher Form ja auch in den Notjahren nach dem Ersten Weltkrieg statt. Da waren es noch nicht die Bomben, die die Menschen zwangen, sich räumlich einzuschränken, sondern der katastrophale Vermögensverfall des mittleren Bürgertums.

Immer wieder am präzisesten hat diese Berliner Verhältnisse der quasi um die Ecke, in der Lübecker Straße in Moabit geborene Kurt Tucholsky gesehen, beobachtet, geschildert:

1919

... Eine ganze Schicht lebt heute das alte Leben weiter fort, aber es ist ein Scheinleben; das Rad läuft, aber der Antrieb ist gehemmt. Noch läuft es. Eine ganze Schicht fragt sich jeden Morgen besorgt und beschwert, wie lange es noch so wird weitergehen können. Denn die alten Sachen, die noch vorhanden sind, das Material, das heftig in Anspruch genommen wird: es wird eines Tages verbraucht sein, es muß erneuert werden, aber das kostet Geld, es wird also nicht erneuert werden — nun gut, und dann — ?

Dann wird eine Schicht, die heute nicht die schlechteste am Mittelstand darstellt, untergegangen sein, leise, klanglos still, ohne daß es einer merken wird. Untergehen — die Menschen gehen nicht unter. Sie verelenden. Und das geschieht ohne viel Lärm und Aufsehen.

... All die kleinen Lehrerinnen, die Beamten, die kaufmännischen Angestellten und ihre Angehörigen — diese ganze Schicht, die bis dahin den empfänglichsten Boden für die Gaben der Künstler gebildet hatte, die so dankbar waren für alles, was ihnen gegeben wurde — sie sind in der Nähe des Untergangs. Heute haben sie noch. Und dann — ? Unsere Väter sind alt und sitzen in ihren Möbeln. Unsere Kinder werden ... wieder in der Lage sein, sich in die ihren zu setzen. Aber wir? ...

Diese Worte erinnern mich wieder an den tragischen Punkt in meinen Nachforschungen. Anfang der fünfziger Jahre zog eine Schneiderfamilie im ersten Stock in die Dreizimmerwohnung ein, neben Langners. Auf die Einzelheiten komme ich noch zurück. Aber bis heute ist es mir, ungeachtet eingehender Fragen bei allen nur erdenklich zuständigen Stellen nicht gelungen, da niemand den Namen der Leute kannte, zu erfahren, wer diese Familie war. Es sollte aussehen wie ein Unfall, als habe sich ein Gashahn durch unglücklichen Zufall geöffnet. Aber die Fensterritzen des Raumes waren verklebt. War es nicht doch Selbstmord? Einer dieser namenlosen Fälle von wirtschaftlichem Ruin, wo dann die Kraft, die Zuversicht und jegliches Mittel versagen, um die Existenz einer Familie aufrechtzuerhalten. Auch das hat das alte Haus gesehen.

Die großen Unbekannten. Mieter, die man eben nur grüßte

Heute, vierzig Jahre nach meinem Auszug aus jenem Hause, weiß ich mehr über dessen Bewohner als damals, als ich noch mitten unter ihnen lebte. Es waren alles keine engeren Freunde. Man kannte sich vom Sehen, man grüßte höflich, ein paar Worte über das Wetter. Das war schon alles.

Wir haben nur die Wohnung von Ziemers öfter betreten, weil Erna Ziemer geborene Bahls, eben jenes »Tinchen aus'm Toppkeller«, im Jahre 1929 als elegante Anwaltsgattin ihr Geburtshaus wieder bezog. Meine Mutter und sie blieben lebenslang Freundinnen.

Dann kannten wir natürlich die Wohnung von Tante Flora Wietasch über unseren Häuptern, schon weil die Pflege der Großmütter und viele verwandtschaftliche Anlässe uns zu ihnen führten. Aber weder die Wohnung von Langners, Bartelmus', Passarges, Dennhardts, weder die Räume von Witts noch von Meyenbergs haben wir jemals betreten.

Einzig dann ab 1934 nebenan die von Frau Warsany bewohnten Zimmer, in denen sie schneiderte, und vor deren Trumeau wir unsere neuen Kleider bekrittelten. Frau Warsany war nach der Ziemerschen Zeit unsere Nachbarin.

Vergeblich war die Suche nach näheren Auskünften über das Ehepaar W. Günther, die erstmals 1914 mit der Berufsangabe Telegraphen-Sekretär in den Listen auftauchen, und deren Name bis 1933 verzeichnet ist. Frau Günther gab Klavierstunden, der junge Helmuth Witt hat bei ihr Unterricht gehabt.

Der Name O. Bormann, Kaufmann, steht zum erstenmal 1910 aufgeführt, bis 1932 kann man ihn immer wieder nachlesen. Dann nicht mehr. Ich selbst kann mich nicht mehr an diese Mitbewohner erinnern, während andere ganz deutlich in Gestik und Aussehen vor mir wieder erstehen, wenn ich die Augen schließe.

Frau Kwiatkowsky, habe ich sie jemals bewußt gesehen? Oder war es nur eine Dame, die ich grüßte wie einen fremden Besuch?

Die Handwerksmeister im Haus
Man ließ arbeiten bei...

Schon 1892 gab es im kleinen Laden neben der Haustür links eine Schuhmacherei. Herr Elendt war es, der die Knöpfstiefel meiner Großmutter und die Wanderschuhe meines Großvaters besohlte. Meine Mutter erhielt ihr Kinderschuhwerk von ihm repariert und so weiter. Doch dann ist plötzlich von Herrn Elendt nicht mehr die Rede. Ab 1905 waltet Herr F. Meyer als Schuhmachermeister in der gleichen Werkstatt, dazu hat sich irgendwo im Haus Herr Handschuhmacher-Meister E. Rausch niedergelassen, die Wohnung und Etage ist nicht angegeben. Ab 1908 ließen sich die »Geschwister Schmidt« als Schneiderinnen eintragen, 1911 nannten sie sich »Modistinnen«.

1921 zog in die Werkstatt der Schuhmachermeister als wahres Abbild des Hans Sachs Meister H. Stanke ein. Mein Vater, was Verse betraf in beneidenswerter Weise sattelfest, fing im Hinblick auf Stanke gern an, aus Goethes »Hans Sachsens Poetische Sendung« zu rezitieren:

In seiner Werkstatt Sonntags früh
Steht unser teurer Meister hie:
Sein schmutzig Schurzfell abgelegt,
Einen saubern Feierwams er trägt,
Läßt Pechdraht, Hammer und Kneipe rasten,
Die Ahl' steckt an den Arbeitskasten;
Er ruht nun auch am siebten Tag,
Von manchem Zug und manchem Schlag...

Natürlich war ich als Kind zu dumm und zu ungeduldig, das ganze endlos lange Gedicht auch nur im mindesten zu kapieren oder auch nur zuzuhören. Aber heute, wenn ich mich an die vielen freundlichen Worte, an unzählige klassisch schön reparierte Pumps oder Tanzstundenschuhe, die ich ganz dringend brauchte, wenn ich mich an diesen lieben nachbarlichen Service erinnere, dann möchte ich gern einstimmen in die letzten Verszeilen:

Weil er so heimlich glücklich lebt,
Da droben in den Wolken schwebt
Ein Eichkranz, ewig jung belaubt,
Den setzt die Nachwelt ihm aufs Haupt;
In Froschpfuhl all das Volk verbannt,
Das seinen Meister je verkannt.

Ob der gute Herr Stanke je gedichtet hat, weiß ich nicht. Aber allein wegen seiner großen Hilfsbereitschaft hat er einen Lorbeerkranz verdient, denn in den schlechten Jahren nach den Brüningschen Notverordnungen, nach der Kürzung der Beamtengehälter, da gab es zum Monatsende bei uns auch Engpässe im Portjuchhe. Und wenn dann einer mit einem verständnisvollen Augenzwinkern sagte: »Na, laß man Lottichen, bringstes übermorgen, nicht wahr?«, dann war das Meister Stanke, der auch mal ein Paar Schuhe ohne sofortige Bezahlung herausgab.

Kürschnermeister Langner und seiner Familie ist ein gesondertes Kapitel gewidmet.

Berliner Adreßbücher
Nur Anhaltspunkte, nicht vollständig

Um die Adreßbücher und die polizeiliche Meldepflicht in Deutschland haben sich oft wilde Debatten abgespielt. Die Linken verurteilten heftig den Polizeistaat, der dem angeblich mündigen Bürger keinen Freiraum ließ. Die Konservativen dagegen führten als stärkstes Argument ins Feld, daß allein ein Staat mit einem gut funktionierenden Polizei- und Meldewesen die Sicherheit der Bürger gewährleisten könne.

Es ist nicht abzustreiten, daß »der Grüne« oder »der Blaue«, wie die Schutzleute nach ihren jeweiligen Uniformfarben genannt wurden, ein ganz unglaublich schönes Gefühl der Sicherheit vermittelte. Alte Mütterchen oder Kinder, wer sich nicht allein über den Damm traute, sei es bei Glatteis oder sonstigem Anlaß, immer halfen die Schupos.

Es ist mir nicht ein einziger Anlaß im Gedächtnis, wo die Bevölkerung die damals üblichen Schupos an der Straßenecke als überflüssig oder gar bedrohlich oder lästig empfand. Völlig im Gegenteil. Der unbescholtene Bürger fühlte sich geborgen. Die anderen, na ja, die hatten eben kein reines Gewissen, keine weiße Weste. So sah man diese Einrichtung.

Wie sehr die Verhältnisse nach dem Zweiten Weltkrieg durcheinander gerieten, das ist allein daran zu erkennen, daß von 1943 bis 1963 kein einziges Adreßbuch zusammengestellt wurde, das nach Grundstücken aufgeteilt worden war. Dann, nach weiteren sieben Jahren, erschien das derzeit letzte Werk dieser Art, 1970.

Während der Arbeit an diesem Buch ist mir jedoch mehr denn je klargeworden, wie unvollständig und auch unbewußt fehlerhaft die Angaben in diesen Registern sind. Familienforscher und Genealogen, aus dem Ausland Zurückkehrende, die alte Freunde wiederfinden wollen, sie alle werden es festgestellt haben: allein auf Grund der Adreßbücher kann man sich kaum helfen.

Doch der Senator für Inneres in Westberlin hat eine Umfragestelle geschaffen, wo man Einsicht und Auskunft, was die ganz alten Einwohner-Melderegister betrifft, beantragen kann.

Der »Stille Portier« wurde gestohlen, und wo er vermutlich hinkommen wird

Wer immer über die Flohmärkte in Deutschland oder im Ausland schlendert, der sieht die seltsamsten Sachen. Da tauchen all die wunderlichen Gebrauchsgegenstände des längst vergessenen einstigen Alltags wieder auf. Gleich dutzendweise hätte ich silberne Krümelschippchen wieder kaufen können, Türspione, Tintenfässer mit Sandbehälter. Punktum, Streusand drüber! So sagte man früher, wenn eine Sache erledigt war.

Was wird nun wohl mit unserem alten »Stillen Portier« geschehen? Seine alte Funktion, wie und wo sollte er sie wohl ausüben?

Was ich glaube, ist, man wird das Gitter in der Mitte, das die Namensschilder aufteilte, säuberlich heraussägen. Dann kommt Spiegelglas hinein, möglichst leicht beschädigt, leicht schwarz verkratzt oder etwas blind.

Und dann liest der erstaunte Flohmarkt-Besucher: »Kajütspiegel eines Postdampfers, Kapitänskabine, Mitte 19. Jahrhundert. Garantiert echt aus der Zeit. Preis ...«

Ja, da die Holzarbeit so gut ist, und da heute kaum noch jemand weiß, was ein »Stiller Portier« überhaupt ist, so wird bei irgendwem im Flur oder über der Hausbar das gute Stück dann eines Tages hängen. Bei Herrn Schmidt in Deutschland, bei Mr. Smith in England oder beim Ehepaar Tschudi in Zürich. Wer weiß. Die Perleberger Straße 55 jedenfalls ist um ein Erinnerungsstück ärmer. Punktum, Streusand drüber!

7. Kapitel

Wie Ehepaar Witt zueinander fand
1913 — Witts ziehen in Baumgartens Wohnung ein

Am 13. Januar 1775 wurde in München Mozarts Opera buffa »Die Gärtnerin aus Liebe« — La finta Giardiniera — aufgeführt. Dort nimmt ein Mädchen Strohhut, Rosenschere und Harke und begießt aus lauter Liebesgram für eine Weile die Primeln, obwohl sie in Wirklichkeit eine Gräfin ist, und dergleichen reiner Firlefanz und Torheit bedeuten. Zum guten Ende muß sie sich noch geistesverwirrt stellen, um endlich ihrem bisher als Mörder verdächtigten Auserwählten in die Arme zu sinken. Hier also fingierte Berufswahl. Soweit Mozart.

Beim Ehepaar Witt, das 1913 als Nachfolger des Königlichen Obermusikmeisters Baumgarten die Vierzimmerwohnung im vierten Stock der Perleberger Straße — noch 49 — bezog, verhielten sich die Dinge genau gegenteilig.

Hugo Witt, geboren 1879 in einem so schön gelegenen Ort wie Vitte auf Hiddensee, hatte ursprünglich die Gärtnerei erlernt. Zeit seines Lebens war und blieb er mit Leib und Seele Gärtner. Doch dann kam er im Zuge seiner ganz normalen Einberufung zum Militär nach Berlin, und zwar zum 4. Garderegiment zu Fuß in die Rathenower Straße.

In jener Straße wohnte nun ein Ehepaar Borchard, dessen Tochter Bertha um 1900 justament achtzehn Jahre alt war.

Sie war wunderhübsch und anziehend und wirkte auf den schmukken jungen Soldaten, kühn gezwirbelter Schnurrbart, lockiges Blondhaar, derart umwerfend, daß er ein für allemal seine Gärtnerlaufbahn spontan über den Haufen warf und sich eine andere Karriere aussuchte. Ein krasser Fall von »*Nicht-Gärtner aus Liebe!*«

Gottlob fanden seine Bemühungen um ihre Sympathie die nötige Resonanz, so daß alsbald das schöne Fräulein Borchard und der frischgebackene Beamtenwärter per Militär-Laufbahn Verlobungsanzeigen herumschickten. Kurz nach der Jahrhundertwende war der Ehestand beschlossene Sache. Berta Borchard stickte über das schon vorhandene B in ihren Servietten ein schwungvolles W, und 1905 wurde geheiratet. Das junge Paar bezog eine Wohnung in der Wilsnacker Straße. 1906 starb Vater Borchard. Als 1911 der Sohn Helmuth geboren wurde, herrschte zwar eitel Freude und Wonne, jedoch mit dem Wohnraum wurde es mit dem heranwachsenden Kleinen nun etwas eng.

Wie günstig deshalb der Zufall, daß die schöne geräumige und luftige Vierzimmerwohnung in der Perleberger Str. 49 freigeworden war. Jetzt löste auch die verwitwete Frau Borchard ihren Hausstand auf und zog zu ihrer Tochter. Wieder rumorten für einige Wochen die Maler, Gardinen und Vorhänge wurden ausgemessen. Befriedigt stellte Hugo Witt fest, daß der Balkon ihm erlauben würde, eine ganze Reihe von Blumenkästen zu betreuen. Der Nicht-Gärtner aus Liebe hatte einen winzigen Ausgleich gefunden für seinen Verzicht.

So wuchs das Kind Helmuth Witt unter der liebevollen Betreuung seiner Eltern und Großmama Borchard heran. Von mütterlicher Seite schon gänzlich urbaner Herkunft aus Berlin, doch die Großeltern väterlicherseits lebten weiterhin auf Rügen, in einem reetgedeckten weißen Landhaus in Gingst. Dennoch, Liebe hin, Betreuung her, einmal hat Klein-Helmuth eine tolle Aufregung verursacht, unwissentlich, aber von nachhaltiger Wirkung.

Schreck in der Abendstunde
Als der kleine Helmuth die Schlüssel verlor

An einem strahlend schönen Nachmittag im September 1915 unternahm Familie Witt, Großmama, Mutter und Kind — der Vater war ja beim Militär im Kriege —, einen Ausflug zu Verwandten in eine relativ entlegene Stadtgegend: nach Pankow. Gewiß, man hatte schon recht gute Verkehrsverbindungen, dennoch blieb einem das Umsteigen nicht erspart. Man fuhr von der Putlitzstraße aus, einem damals viel benutzten Bahnhof der Ringbahn. Sicher, irgendwo mußte man umsteigen, schließlich alles in allem, mit Warten auf die Anschlüsse etwa eine Stunde Fahrt, dazu noch der Fußweg. Aber Helmuth war ja schon groß, vier Jahre alt, frisch und vergnügt verbrachte er all die Stunden des Besuches in der fremden Wohnung.

Nur gegen Abend, als die liebe Tante sagte: »Aber Kinder, das gibt es doch gar nicht, daß ihr ohne Abendbrot nach Hause geht. Das wäre ja gelacht. Nein, kommt nicht in Frage. Ich habe schon ein paar Brote vorbereitet, jetzt dürft ihr mich nicht im Stich lassen. Berta, nun sage bitte, was möchtest du trinken? Tee? Gut, und die Herren sicher Bier?«, und während man noch die Fragen der gastlichen Bewirtung abklärte, begann Helmuthchen zu quengeln: »Will Hause!«, und als ihn keiner hörte, schrie er ungeniert: »Hause!«, so daß sich ihm schließlich einer nach dem anderen aus der belegte Schnittchen verzehrenden Gesellschaft für einige Zeit widmete. Der eine hielt die so beliebte Taschenuhr mit Sprungdekkel an sein Ohr. Oder an die Nase, und scheinbar durch einen Nasenstüber sprang, o Wunder, der Deckel auf. Bald jedoch verfing das Kunststück mit Nase und Uhr nicht mehr, andere Dinge mußten herhalten, schließlich auch Mutters großes Schlüsselbund. Allein der Hausschlüssel war groß und schwer, beinahe wie ein Stadttorschlüssel. Jetzt war das Helmuthchen zufrieden, spielte beharrlich und ohne weitere Umstände und Forderungen den Rest des Abends mit diesen Schlüsseln.

Nun wollte es der Zufall, daß das Kind auf einem Sofa mit vielen Kissen saß. Wie man weiß, Sofakissen, möglichst in Handarbeit und mit raffinierten Techniken, waren der Stolz der Hausfrauen. Und falls das Helmuthchen müde sein sollte, so fand er ein weiches Lager inmitten dieser Kissen.

Man sprach noch von diesem und jenem, daß der Krieg nun wohl wieder nicht zu Weihnachten zu Ende sein würde, wie man noch voriges Jahr so optimistisch gedacht hatte. Ja, es sei ein Elend. Nach der Schlacht von Tannenberg im vorigen Jahr habe man noch soviel Hoffnung gehabt, aber es gehe ja nun endlos weiter, und nun wieder diese mörderische Schlacht bei Tarnopol. Natürlich sei die Offensive der Deutschen im Osten an sich günstig. Doch dann sagte der Onkel mit einer gewissen Resignation: »Ich bin alter Soldat und wünsche unseren Jungens da draußen wahrhaftig das denkbar Beste. Aber ein Blick auf die Landkarte und dies riesige Rußland. Und dann die alte Erfahrung mit Napoleon und Rußlands bestem und treuesten Verbündeten: General Winter! Ach, ich sehe Politik immer als Geopolitik. Im Westen der endlose Stellungskrieg, im Osten die immer länger werdenden Frontlinien, das will ja auch alles gehalten sein. Gebe Gott, und ich meine es wörtlich, gebe Gott, daß es alles gnädig endet!«

»Deinen Pessimismus verstehe ich einfach nicht«, entgegnete ein Vetter, »wo wir so hervorragende Feldherren haben, das ist doch nun wirklich erwiesen. Und Tannenberg im vorigen Jahr hat doch eine enorm abschreckende Wirkung für die Russen gehabt, sowas wirkt doch noch nach!«

»Eben nicht. Das Kriegsgeschehen wechselt in den heutigen Zeiten eben viel zu schnell. Und dann diese Barbarei mit den Gasangriffen. Und nicht zu vergessen, das da mit diesen Fliegern, von denen doch kein Mensch geglaubt hat, daß sie einmal im Kriege eine Rolle spielen würden, also wenn das so weitergeht —.«

»Vor allem die vielen Gefallenen«, warf Berta Witt seufzend ein. »Wenn ich denke, alle waren sie so kleine unschuldige Kinder wie unser Helmuthchen jetzt. Und dann zieht man sie auf, und wozu? Wirklich nur, um fürs Vaterland zu sterben?«

»Dulce et decorum est pro patria mori!«, der Vetter sagte es mit bitterem sarkastischen Zug um den Mund. »Seit Kain den Abel erschlug, ich glaube nicht, daß die Menschen sich ändern. Es wird weiter heißen: Und willst du nicht mein Bruder sein, so schlag ich dir den Schädel ein. Können wir es ändern? Ich bitte euch, nun sagt mir doch nur, ob es jemals anders war in der Welt?!«

Berta Witt stand auf. »Ich sehe nur die vielen verhärmten Frauen in Schwarz. Das genügt mir. Und wir wollen sehen, wie alles endet. Niemand wird an meiner vaterländischen Gesinnung zweifeln. Aber der große Konflikt bleibt: das Gebot lautet ›Du sollst nicht töten!‹, und es gilt für alle Fälle. Aber jetzt philosophieren wir schon wieder, und es wird kein Ende nehmen. Im übrigen wird es jetzt wirklich Zeit, daß wir aufbrechen. Sieh nur, es ist schon halb zehn. Denkt doch an unseren langen Nachhauseweg. Wir werden gerade noch den letzten Zug bekommen. Der Junge hat nun schon geschlafen, jetzt wird er schön quarrig sein. Es ist ja unverantwortlich!«

»Unsinn!«, der Onkel hob das Kind vom Sofa, »der Sohnemann ist doch schon groß. Der macht das spielend mit. Bahnfahren bei Nacht mit den vielen Lichtern, das ist doch was für ihn!« »Hoffentlich!«, entgegnete die Mutter und zog dem Kleinen seinen Kieler Matrosenmantel an. »So, ihr Lieben, und nun Adieu und vielen Dank für alles, und es war wieder so schön bei euch. Nächstesmal dann wieder bei uns.«

»Ich packe dem Helmuthchen noch etwas Napfkuchen ein, dann hat er morgen ein kleines Andenken an seine Tante.«

»Ach, nicht doch, das ist doch nicht nötig. Aber wenn du willst, wir danken natürlich herzlich. Doch nun auf Wiedersehen!«

Der Heimweg verlief ganz ohne Schwierigkeiten, man bekam die Züge, die man brauchte, und der Heimweg vom Bahnhof Putlitzstraße in der frischen Nachtluft war eher ein Spaziergang zu nennen. Das Kind war natürlich müde, aber man war ja nun gleich zu Hause.

Vor der Tür angekommen, kramte Mutter Witt in ihrer Handtasche: »Sage mal, Großmama, wo habe ich denn meinen Hausschlüssel? Hatte ich ihn extra? Das kann doch nicht sein. Oder hast du das Schlüsselbund in deiner Handtasche?« Worauf die alte Dame zur Laterne vorm Haus ging und in deren Licht zunächst ruhig, doch dann immer nervöser in der Ledertasche zu kramen begann. »Ich habe nichts, Berta. Das Schlüsselbund ist doch groß und auch schwer, sieh doch nochmal in deiner Tasche ganz sorgfältig nach!«

Alles Suchen half nichts, die Schlüssel waren unauffindbar. Helmuthchen fing leise an zu weinen. »Bettchen gehen!«, greinte er, »will Bettchen gehen!«

»Jaja, sofort!« Doch dann faßte sich Mutter Witt an den Kopf und sagte: »Himmel, ich weiß, wo die Schlüssel sind — in Pankow bei Vetter Hans auf dem Sofa!«

Die Damen standen einen Moment starr. »Das ist ja fürchterlich!«, flüsterte Großmama. »Und wir jetzt mitten in der Nacht hier vor dem Haus, wo doch alles schläft! Natürlich, das Kind hat ja noch mit den Schlüsseln gespielt, und wir waren so froh, daß es ruhig war. Aber was machen wir denn nun?«

Alle Schlafzimmer des Hauses lagen zum Hof hinaus. Wer würde wohl hören, wenn man jetzt in die Hände klatschte, Hallooh rief, sich auf jede nur denkbare Weise bemerkbar machte? Man trommelte gegen die Ladentüren. Vielleicht hörten es zufällig die Geschäftsinhaber. Aber Bahls' wohnten im Hochparterre und schliefen auch nach hinten raus. Also, das war ja schrecklich. Vielleicht an die Haustür klopfen? So ganz laut, mit den Fäusten an die hölzernen Türfüllungen vom unteren Teil der Tür?

Die drei nächtlichen Ausgeschlossenen waren schon am Verzweifeln.

Da öffnete sich im ersten Stock plötzlich ein Fenster. Die Hauswirtin Frau Römer lehnte sich heraus und rief unwillig: »Na was soll denn der Krach da mitten in der Nacht? Was wollen Sie denn?«

»Hallo, wir sind es, Ihre Mieter — Witts vom vierten Stock. Wir haben unsere Schlüssel vergessen. Können Sie uns wohl reinlassen?« Frau Römer übersah die Lage mit einem Blick, die aufgeregten Damen, das ermüdete und weinende Kind. »Ich komme runter!«, rief sie und schloß das Fenster.

Wenig später flammte das Treppenlicht hinter den Glasscheiben der Haustür auf, Frau Römer im Schlafrock und einer etwas bizarren Nachtfrisur schloß auf und nötigte sie mit einem Wortschwall des Bedauerns in ihre Wohnung.

Nun wären Witts schon froh gewesen, das Kind irgendwo in einen Sessel legen zu können und selbst im Stuhl mit einem gelegentlichen Nickerchen den Rest der Nacht unter Dach und Fach zubringen zu können.

Aber nichts da. Vater Römer wurde aus den Federn gescheucht. Das Ehepaar zog um mit allem Bettzeug auf Sofa und Bettcouch im kleinen Vorderzimmer und im großen Wohnzimmer. Dann wurde erstmal Milch für das Kind warmgemacht, eine Dose mit Keksen mußte für die erste Stillung des Hungers genügen. Doch dann bestand Frau Römer darauf, daß Witts sich nach einer Atempause und Erholung im Schlafzimmer zu einer richtigen Nachtruhe niederlegten. Dazu wurden Gästebetten aus Truhen und vom Hängeboden hervorgezogen, frisch bezogen, frische Laken. Das Kind ein Extrakopfkissen in die Mitte. »Helmuthchen schläft auf der Besuchsritze, das geht ja nun nicht anders heute!« Schließlich war die nächtliche Unruhe beendet, Römers betteten sich behelfsmäßig, aber annehmbar als eigene Gäste in die Vorderzimmer, und Witts sanken nach all den Aufregungen voller Dankbarkeit in die bequemen Ehebetten von Hauswirt Römer.

»Es ist nicht wahr«, sagte Pastor Witt 1983, als er mir diese ganze turbulente Geschichte aus seiner Kinderzeit erzählte, »es stimmt einfach nicht, daß uns die Nazis erst die Volksgemeinschaft beigebracht haben. Der Berliner war immer und zu allen Zeiten spontan hilfsbereit und tat noch ein übriges! Besonders in unserem Hause wurde die Hilfsbereitschaft ganz großgeschrieben! Wenn ich daran denke, wie es sich in den späteren Jahren noch immer wieder gezeigt hat, als meine Eltern älter wurden, man trug ihnen die Einkaufstaschen bis zum vierten Stock und half in jeder Weise. Und natürlich besonders während des Zweiten Weltkrieges. Ach, da gibt es ja so viel zu erzählen. Wo soll man nur anfangen?!«

Klavierstunden bei Frau Günther
Erinnerungen an Ferien und Reisen

Das war das Kardinalproblem beim endlichen Wiedersehen zwischen uns ehemaligen Hausbewohnern nach sechsundvierzig Jahren, beinahe einem halben Jahrhundert. Erinnerungen einordnen.

»Daß wir übriggeblieben sind«, sagte Pastor Witt, »das erscheint mir fast wie ein Wunder! Was ist inzwischen alles geschehen — wo sollen wir anfangen, uns alles zu erzählen!« »Chronologisch«, sagte ich nach der ersten herzlichen Begrüßung, »aber wie Sie wollen. Wir können auch einzelne Ereignisse herausgreifen, nicht wahr? Man tastet sich ja immer nur fragmentarisch zurück in die alte Zeit!«

»Das ist das richtige Wort«, fiel Frau Helga Witt lebhaft ein, »auch wenn wir ganz für uns privat zuweilen zurückdenken, was ist einem inzwischen alles entfallen!«

»Aber wieviel ist auch geblieben! Man sollte dankbar sein. Als ich Ihre ersten Briefe las, die mich erreichten, das war so bewegend für uns. Die Kinderbilder, die Sie mitsandten, wieviele Erinnerungen an die unvergessenen Menschen, denen ich in meiner Kindheit und Jugend täglich begegnet war. Es ist unwillkürlich, daß mir dann auch Bibelzitate einfallen, Psalm 77, der 6. Vers

Ich gedenke der alten Zeit,
der vergangenen Jahre.

Die Bibel enthält so reiche Bezugnahme auf das heutige menschliche Leben. Manchmal frage ich mich, wie Menschen ohne sie auskommen können!«

»War Ihnen eigentlich schon in Ihrer Jugend ganz klar, welchen Beruf Sie einst ergreifen würden? Nun habe ich dreiundzwanzig Jahre lang mit der Familie Witt unter einem Dach gelebt, aber daß ›der junge Witt‹ einmal Pastor werden würde, offengestanden, das habe ich nie gewußt!«

17 *Die Verlobten Hugo Witt und Berta Borchard, 1900*

18 *Therese Borchard geb. Lübke im Jahre 1911*

19 *Helmuth Witt im kleinen Vorderzimmer der elterlichen Wohnung, 1936*

20 Familie Witt im Berliner Zimmer, 1940:
Helga Witt mit Sohn und Bruder, Hugo und Berta Witt
(von rechts nach links)

»Ja, wie eigenartig. Wir haben damals überhaupt nichts voneinander gewußt. Wir standen auf Grüßfuß, wie man das nannte. Es wurden achtungsvoll die Hüte oder Mützen gezogen, man machte einander Platz im Treppenhaus, aber familiären Kontakt, nein, das stimmt, den hatten wir nicht.«

»So hoffe ich nur«, entgegnete ich bei meinem Besuch in Hamburg, »daß ich Ihnen heute mit meinen eingehenden Fragen nicht lästig falle!«

»Kein Gedanke«, entgegnete Helga Witt, »es war uns eine so große Freude, und wir waren eine Zeitlang wie verwandelt, gleichsam versunken in diese alten Erinnerungen, die Kindheit meines Mannes, alles wurde so lebendig.«

»Sagen Sie«, fuhr Pastor Witt fort, »habe ich Sie nicht manchmal ganz schön belästigt mit meinem vielen Klavierspiel? Zu allererst hatte ich Unterricht bei Frau Günther im Hochparterre. Sie war wirklich sehr tüchtig und auch noch in späteren Jahren beriet sie mich bei der Einstudierung der Stücke für Fortgeschrittene, wie es so schön hieß. Manchmal spielte ich mit einem Freund vierhändig, wir donnerten da ganz schön auf den Tasten herum. Haben Sie das nie gehört?«

»Ich kann mich nicht erinnern«, mußte ich zugeben. »Sie waren mir im Alter so weit voraus. Damals das Idealbild eines jungen Mannes für mich. Sie kamen mir sehr groß vor, dann so hellblond, die großen blauen Augen, meine Freundinnen schwärmten von Ihnen!«

»Na sowas! Heute sind Sie fast größer als ich!«

»Ach, das machen wohl nur die Absätze der Schuhe. Aber Ihr Beruf, wann faßten Sie diesen Entschluß?«

»Es dauerte schon eine Weile. Man macht sich als junger Mensch während der Schulzeit ja noch keine großen Gedanken darüber. Zuerst will man sich ein bißchen die Welt ansehen. Das war ja auch in unserer Generation in bescheidenem Umfang der Fall. Wir trampten nicht nach Indien und flogen nicht mit den Eltern auf die Seychellen, aber dafür haben wir uns die Heimat erwandert, was eine ganz wunderbare Sache gewesen ist.«

»Bitte, erzählen Sie von Ihren Reisen und Fahrten, ich erinnere mich genau, Sie gelegentlich in einer Art Pfadfinder-Uniform gesehen zu haben.«

»Richtig, das war aber später. Die Reisen in meiner Kindheit führten uns meist auf die Insel Rügen. Ein herrlicher Fleck Erde.

Mein Vater war auf Hiddensee geboren, Vitte, seltsam nicht, ein Ort, der so ähnlich klingt wie unser Name. Witt, das heißt auf Plattdeutsch weiß. Der weiße Sandstrand der Ostsee, das weitgedehnte Erholungsgebiet für die Berliner jener Zeit, ohne jegliche Einschränkung oder Zuteilung, wie heute im Osten, reguliert lediglich vom Portemonnaie!«

»Sie besuchten dort Verwandte?«

»Ja, der Großvater Witt, meine Großmutter, sie lebten dort in Gingst in einem dieser reetgedeckten weißen Inselhäuser, umgeben von einem herrlichen Obstgarten. Mein Vater war dann immer ganz in seinem Element. Ich sagte schon, daß er ein leidenschaftlicher Gärtner gewesen war, bevor er sich meiner Mutter zuliebe in Berlin seßhaft gemacht hatte. Meine Mutter war sehr tolerant, aber Gartenarbeit, es ist ganz eigenartig, die lag ihr nicht. Mein Vater hat das in jungen Jahren schnell erkannt und seiner feschen großstädtischen Braut diese ländlichen Beschäftigungen wie Unkrautjäten oder andere Gartenarbeiten nie abverlangt. Sie wissen ja, die Berlinerinnen sind kulturell sehr interessiert, lieben adrettes Aussehen, das ganze städtische Drumherum. Mutter hat auch nie daran gedacht, Berlin zu verlassen, doch davon später.«

»Sie waren viele Jahre hindurch in den Ferien auf Rügen?«

»Mit Sicherheit bis 1918, bis zu meinem siebenten Lebensjahr. Im Jahre 1918 starb Großvater, der Haushalt veränderte sich dann. Unsere Reiseziele auch. Wir fuhren dann insgesamt wohl fünfmal ins Riesengebirge, das Sie ja auch kennen und lieben. Ich habe es sommers und winters genossen, ein wunderschöner Fleck Erde. Als ich älter war, habe ich auch viele Fahrradtouren gemacht. Oft fuhr ich mit Vater allein. Wir gaben unsere Fahrräder mit der Bahn auf und fuhren dann am Zielort los. 1926 zum Beispiel einmal nach Hamburg und anschließend durch die Holsteinische Schweiz. Wer hätte geglaubt, daß ich nun hier meinen Lebensabend verbringe. Pastor in Hamburg-Schnelsen! Es war mit Sicherheit nicht vorauszusehen, daß ich gerade hier meinen Wirkungskreis finden würde.«

»Wohin ging Ihre erste Alleinreise?«

»Allein?«, in den Augen von Pastor Witt blitzte es belustigt auf. »Darin war ich ein Spätzünder. Nicht wie die heutigen jungen Leute, die schon mit fünfzehn in weite Fernen entfleuchen, und noch dazu als Anhalter. Nein, ich war schon neunzehn Jahre, stand in meinem ersten Studiensemester und wollte partout einmal die

Nordsee kennenlernen. Sicherlich nicht geleitet von Else Urys Buch ›Nesthäkchen im Kinderheim‹, sondern aus eigenem Interesse ging es auf die Insel Amrum. Wittdün, wieder die Begegnung mit einem Anklang an den Namen Witt. Die weiße Düne. Es war eine ganz herrliche und unbeschwerte Reise im Spätsommer 1930. Diese Jahreszeit in jener Gegend, der Reiz des Wattenmeeres, die einmalige Atmosphäre, und dann, vor allem ist man in jenem Lebensabschnitt ja so gänzlich unbeschwert und genießt die bunte Fröhlichkeit des Lebens. Dies Nichtwissen, was die Zukunft noch parat hält, erst später weiß man diese Wohltat vollkommen zu erfassen. Später schränkt sich vieles ein.«

»Wie lebte Ihre Familie nach dem Ersten Weltkrieg? Haben Sie daran Erinnerungen?«

»Ja, sicher. Man mußte finanziell vorsichtig taktieren, die geldliche Situation war ja für alle Menschen damals höchst schwierig. Wir wanderten unendlich viel. Damals mit Verwandten und meinem Vater durch die Ruppiner Schweiz. Mein Vetter und ich, wir waren in jenen Jahren unzertrennlich. Wir haben damals schon, ungefähr zwölf bis vierzehn Jahre alt, angeleitet durch viele Lektüre mit meinem Vater, beinahe vollkommen die ›Wanderungen durch die Mark Brandenburg‹ von Theodor Fontane nachvollzogen. Diese Fußreisen brachten unvergeßliche Erlebnisse und weckten gleichzeitig brennendes Interesse für die Verhältnisse der Zeitgeschichte im vergangenen 19. Jahrhundert. Es gab dadurch sofort die Brücke zu den weiteren Werken Fontanes. Während andere Jungen in dem Alter sich auf Karl May stürzten und Old Shatterhand sie nahezu ausschließlich beherrschte, so fanden mein Vetter und ich schon Geschmack an Fontanes Balladen und Gedichten, dann an den Altberliner Romanen, es war ganz erstaunlich, wie da die Einschränkung der Inflationszeit befruchtend auf unseren geistigen Horizont wirkte.«

»Sie haben viel gelesen?«

»Bei uns wurde vor allem viel *vorgelesen!* Ich erinnere mich an die langen Winterabende. Wir saßen im gemütlichen Wohnzimmer, die Lampe bestrahlte den Tisch. Erst Gasbeleuchtung, dann ab 1925 etwa elektrisches Licht. Meine Mutter saß bei einer Näharbeit, ich bastelte etwas oder hörte einfach nur zu oder besah Bilder. Mein Vater war ein vorzüglicher Vorleser. Man konnte fragen, diese Abende waren sehr lebhaft, und oft klappte mein Vater das Buch zu und wir diskutierten!«

»Herr Witt, sagen Sie mir doch, befinden sich hier in Ihrer Hamburger Wohnung noch Gegenstände aus der Perleberger Straße 55, aus Ihrer alten Wohnung?«

»Aber ja, kommen Sie, wir sehen sie uns an!«

Die Uhr, der Bücherschrank, das Seestück
Streifzüge durch den Lesestoff von damals

Pastor Witt begann den Rundgang durch die Wohnung. »Hier in der Diele, das ist die alte Wanduhr, die, so lange ich denken kann, in unserer Wohnung in Moabit hing. Dann haben wir noch etwas Porzellan, einige schöne handgemalte Teller, eine kleine Tasse mit blauem Muster aus unserem täglichen Geschirr. Von den zerbrechlichen Dingen ist ja nicht viel übriggeblieben. Ich konnte mich auch lange Jahre nicht darum kümmern, dies oder jenes aus unserer Einrichtung zu übernehmen, denn im Zweiten Weltkrieg war ich Soldat, wie alle vom Jahrgang 1911, ich war achtundzwanzig Jahre alt, machte den Krieg mit und geriet dann noch vier Jahre in Gefangenschaft. Das ist sehr hart gewesen. Meine Frau und ich waren neun Jahre getrennt, und das Wiedersehen nach diesen höllischen Jahren erschien uns beiden als ein kaum faßbares Glück.«

»Entsinnen Sie sich nicht auch, daß in den zwanziger und dreißiger Jahren eigentlich niemand an die Möglichkeit eines neuen Krieges glaubte?«

»Ja, davon waren wir alle felsenfest überzeugt, daß ein solcher Wahnsinn, wie ja schon der Erste Weltkrieg das gezeigt hat, niemals wieder ausbrechen würde. Aber auch hier ist es ja nicht allein der Rückblick auf die Geschichte.

Auch die Bibel ist voll von Kriegsberichten. Manchmal frage ich mich, wann wird endlich eine geistige Kraft so stark werden, daß diese sanktionierten Völkermorde aufhören? Nun sitzen wir hier 1983 zusammen, seltsamerweise noch lebendig! Weil ich Christ bin, so sage ich: durch Gottes Fügung. Andere nennen es vielleicht Zufall.« Wir gingen weiter in das Balkonzimmer.

»Sehen Sie hier, dies einfache Ölbild mit dem Segelschiff, vermutlich eine Viermastbark auf hoher See. Es hing schon in meiner elterlichen Wohnung. Meine Frau und mein Sohn haben während meiner Dienstzeit und auch später oft dies Bild gesehen, und es ist dem Kind erklärt worden. Und wissen Sie, wie solche Bilder manchmal, tief im Unbewußten wirkend, junge Menschen beeinflussen können? Mein Sohn ging später zur See, wurde Schiffsoffizier und fuhr auf Schiffen verschiedener Reedereien. Er heiratete dann eine Hamburgerin aus Schnelsen, ich selbst habe unsere Kinder in der Schnelsener Kirche 1964 getraut. Ein wenig seltsam ist das schon mit dem Seestück und dem Beruf meines Sohnes.«

»Aber nun, da Ihr Sohn verheiratet ist, fährt er noch zur See?«

»Nein, das brachte er nicht übers Herz. Er hat sich einen Beruf an Land gesucht, der dennoch nicht den Verzicht auf Seeluft bedeutet. Er ist bei der Wasserschutzpolizei. Eine sehr gute Lösung für die Familie. Sie leben hier in Schnelsen im eigenen Haus, wir sehen uns oft.«

»Haben Sie noch Möbelstücke aus Ihrer Jugendzeit?«

»O ja, der alte Bücherschrank meines Vaters, kommen Sie, hier ist er. Dies kleine Zimmer hat meine Mutter bei uns bewohnt, als sie dann später zu uns zog. Aber davon dann nachher, das ist wie ein Roman. Schauen Sie, da steht das gute Stück. Heute natürlich mit anderen Büchern als damals.«

»Darf ich raten, was drinstand? Er sieht beinahe aufs Detail genau so aus wie unser Bücherschrank in der zweiten Etage. Nur spannte meine Mutter grüne Seide vor die Glasscheiben. Von innen natürlich. Goethe, Schiller, die Bilderbibel von Schnorr von Carolsfeld, Gustav Freytag, ›Ingo und Ingraban‹, die ›Verlorene Handschrift‹, ›Die Ahnen‹, Stifter, Ganghofer —.«

»Hören Sie auf, hören Sie auf, es ist, als sängen wir ein Duett! Es ist wohl zu jener Zeit in den bürgerlichen Häusern alles irgendwie ähnlich gewesen. Aber was den Lesestoff betrifft, der sich beliebig ergänzen ließe, so habe ich als Junge eine wahre Marotte gehabt: Bitte lachen Sie nicht, es stimmt, ich las mit Wonne Kursbücher! Das hing natürlich mit unserer Reiselust zusammen. Für mich war es wie eine Detektiv-Aufgabe, Anschlüsse auszutüfteln und Kurswagen ausfindig zu machen, Ferienreisen zusammenzustellen, die Sonderzüge zusätzlich zu erfragen und mich überhaupt schon früh als Arrangeur unserer Reisen zu betätigen. Heute würde man Reiseleiter sagen, aber ich habe ja nichts geleitet, ich war nur fasziniert von der Akribie, mit der diese Fahrpläne und Zugverbindungen da festgehalten waren.«

»Hatten Sie Bühnenliteratur? Wenn Sie abends viel gelesen haben, wurden nicht auch einmal Bühnenstücke mit verteilten Rollen gelesen? Mein Vater hat das ein paarmal versucht. Aber wir wollten nicht so recht, meine Mutter und ich, wir waren auch so schrecklich unernst; Mutter und ich fingen über jeden Versprecher schrecklich an zu lachen, was meinen Vater dann so ärgerte, daß es mit der Zeit unterblieb.«

»Wir haben das auch versucht, aber es fehlte dann oft die Zeit. Außerdem gab es ja für uns Kinder ab elf Jahren das Theater der Höheren Schulen, jenen Abonnements-Zirkel, der wirklich äußerst informativ und ohne Verfremdungen die Klassiker auf die Bühne brachte.

Wie gut hatten wir es damals! Dann fällt mir noch etwas ein. Haben Sie Anfang der siebziger Jahre das Buch von Rudolf Bing gelesen? Er wirkte jahrzehntelang als Generaldirektor der Met in New York. ›Fünftausend Abende in der Oper‹ hieß sein Lebensrückblick. Es warf mich beinahe um, als er schilderte, man habe einmal das ganze Haus New Yorker Schulkindern zur Verfügung gestellt, damit sie das Erlebnis einer Oper genießen könnten. Das Ergebnis war, daß viele Polster und Sessel zerschnitten waren. Ein Schaden, der in die Tausende von Dollars ging. Denke ich dann an die disziplinierten Schüler in meiner Jugend, denen schon jedes Rascheln mit Bonbon-Papier ein verweisendes Zischeln von allen Seiten eintrug!«

»Um auf etwas anderes zu kommen. Wissen Sie, lieber Herr Witt, daß wir viele Jahre hindurch die einzigen Einzelkinder im Hause Perleberger Straße waren, von dem wir jetzt dauernd sprechen? Kieckbachs waren kinderlos. Bei Schuhmachermeister Stanke gab es einen Sohn, aber welcher Jahrgang er war, das weiß ich nicht mehr. Römers waren ebenfalls ohne Nachwuchs, auch Ziemers, als sie 1929 neben uns einzogen. Bei Passarges — nein, dort waren keine Kinder. Es waren schon nur wir beide, die zwei Treppenstufen auf einmal nahmen, wenn ein gutes Zeugnis im Schulranzen lag und die recht kleinlaut daherschlichen, wenn es eine Vier in Mathe gegeben hatte. Oder hatten Sie keine Abneigung gegen dies scheußliche Fach?«

»Eigentlich nicht. Die Schule machte mir viel Spaß. Chemie, Physik, das liebte ich alles sehr.«

»Wenn Ihr Verhältnis zu den Naturwissenschaften so gut war von Anfang an, wie vertrug sich das später mit ihren theologischen Studien? Sie begaben sich gänzlich in die Welt des Glaubens; die Naturwissenschaften stellten ihre Antithesen zur Religion auf.«

»Das wird nie ausdiskutiert werden. Mit Sicherheit nicht. Aber da Sie von Physik sprachen. Mein Vater hat sich auch bemüht, mir deren Merkmale schon früh zu erklären. Zum Beispiel, daß die Luft voller Bestandteile ist, Staub, Gase, was alles sich darin befindet. Einmal gingen wir die Treppen zur Putlitzbrücke hinauf. Natürlich auch zum Friedhof, vielleicht auch nur zur Ringbahn. Sie erinnern sich? Es waren zwei runde Gebäude mit breiten steinernen Wendeltreppen. Durch die offenen Fenster schien die Sonne in breiten Bahnen. Da ich nun gerade erfahren und gesehen hatte, wieviele Stäubchen sich darin tummelten, wieviele Bazillen man mit dieser Luft hätte einatmen können, da hatte ich dann lange Zeit die Marotte, die Treppen der Türme an der Putlitzbrücke ohne einmal Luft zu holen emporzustürmen. Mein Vater war ganz entgeistert, als ich es ihm japsend oben erklärte. Aber dann lachte er sehr und ließ mir meinen Spaß.«

Naturliebe und Jugendbewegung
Pastoren in mehreren Generationen

»Schon Ende der zwanziger Jahre, so um 1928, meine ich, daß Sie einer Jugendorganisation angehörten. Oft kamen Sie mit Wanderschuhen, einen Tornister auf dem Rücken, Brotbeutel, Kartentasche an einem Sonnabend die Treppen herunter. Das war doch lange vor der Hitlerzeit, als man uns alle auf diesem Gebiet aktivierte.«

»Ich gehörte schon früher dem ›Bund evangelischer Schüler-Bibelkreise‹ an. Abgekürzt BK. Im Laufe der Jahre wurde die christliche Schülerbewegung von der damaligen ›bündischen‹ Jugendbewegung stark inspiriert, so daß wir in der Zeit etwa ab 1927 der Pfadfinderbewegung in manchem ähnlich wurden. Dies war wohl das äußere Erscheinungsbild, das Ihnen im Gedächtnis haften geblieben war. Ich möchte aber ausdrücklich betonen, daß wir keinesfalls mit den in England beheimateten Pfadfindern, den Boy Scouts, identisch waren.

Es gab und gibt übrigens auch noch heute die ›Christliche Pfadfinderschaft‹ (CP). Die Bibelkreis-Bewegung ist bedeutend älter. Der erste ›Evangelische Schüler-Bibelkreis‹ wurde 1883 schon am Elberfelder Gymnasium gegründet. Ich erinnere mich noch unserer letzten Reichstagung im Teutoburger Wald zu Pfingsten 1933. Anläßlich des 50jährigen Bestehens unseres Bundes waren fünftausend Schüler aus ganz Deutschland zusammengekommen.

Dem Bund gehörten zu dieser Zeit etwa 16.000 bis 17.000 Schüler an. Die entsprechenden MBK, was ›Mädchen-Bibelkreise‹ bedeutet, gibt es heute noch.

Die Arbeit der männlichen Jugend wird jetzt von der ›Evangelischen Studentenmission Deutschlands‹ (SMD) im alten Sinne geleitet.

Wie viele schöne Stunden der Gemeinsamkeit und wie viele herrliche Wanderungen und Ausflüge hatten wir Jungen durch die BK unternommen. Im Zuge der Entwicklung aller Jugendbünde zur Staatsjugend nach 1933 ist der Bibelkreis ebenfalls 1934 aufgelöst worden; uns hat das damals alle sehr geärgert. In der Hitlerjugend hat man vom Christentum ja nicht viel gehalten.«

»War es vielleicht die langjährige Mitgliedschaft im BK, die Sie auf die Idee brachte, nun Theologie zu studieren?«

»Ja und nein. Es kam da einiges Wesentliche zusammen. Die plötzlich einsetzende, erst schwächer, dann stärker werdende Verfemung christlicher Grundsätze. Das war für mich eine wesentliche Anregung, mir rein dialektisch das Rüstzeug zu erarbeiten, um weltanschaulich, wie man damals so schön sagte, den neuen Parolen etwas entgegenhalten zu können. Die jungen Schüler wurden ja aufgefordert, sich nicht mehr einsegnen zu lassen, sondern zur Jugendweihe zu gehen. Das fanden wir alle ganz unglaublich.

Dann war ich wohl auch von meinen Vorfahren her erblich belastet. Sie haben in der Diele hier in Hamburg die alten Pastorenbilder gesehen. Wir haben sie neulich einrahmen lassen. In mehreren Generationen gab es bei uns Pastoren in der Familie, die alle im norddeutschen Raum ihre Wirkungsstätten hatten. Greifswald, Rostock, Stettin.«

»So möchte ich wetten, daß Ihr Vater damals auch mit Vorliebe den Mundartdichter Fritz Reutter vorgelesen hat. Das ist doch mecklenburgisches Platt, oder irre ich da?«

»Nein, keineswegs. Natürlich kennen wir diesen einmaligen Schilderer seiner Heimat. Da fällt mir übrigens die Geschichte ein vom Onkel Bräsig, der seinen Neffen auferlegt hatte, auch dann mit tief gezogenem Hut sein Haus zu grüßen, wenn er gar nicht daheim war. ›Sonst hebben se keen Respekt vor dat Huus‹, sagte er. Die Geschichte paßt übrigens nicht schlecht auf die New Yorker Schulkinder, die die Sessel zerschnitten haben. Die hatten auch ›keen Respekt vor dat Huus‹, und noch dazu vor einem so ehrwürdigen Kunsttempel wie die Metropolitan Opera.«

Helmuth studiert Theologie und tritt 1938 seine erste Pfarrstelle an

»Haben Sie Erinnerungen an irgendwelche Erlebnisse während Ihrer Studienzeit, die mit dem alten Hause zusammenhängen?«

»Ja, sehr lebhafte sogar. Wie aus Ihren Listen hervorgeht, zog die Tochter Bahls, Erna, nach dem Tode ihrer Mutter wieder in die Perleberger Straße ein. Sie wohnte ja neben Ihrer elterlichen Wohnung. Aber Sie selbst waren ein Kind damals, so acht oder neun Jahre alt.«

»Das stimmt, meine Erinnerung an diese Zeit ist aber sehr lebhaft. Darüber zu erzählen, das habe ich mir für das Kapitel Dr. Ziemer aufgehoben!«

»Na wunderbar, immer alles schön der Reihe nach. Aber meine Erinnerung an die Ziemer-Bahlsschen Tee-Abende möchte ich doch gleich beisteuern. Sie wissen ja, daß Frau Erna Ziemer unter dem Einfluß eines sehr beredsamen Vetters, eines katholischen Geistlichen, konvertiert war. Sie war zu jener Zeit eine sehr fromme Katholikin, zugleich jeder Diskussion über philosophische Fragen, auch Glaubensfragen, in jeder Hinsicht sehr aufgeschlossen.

Es war die große Zeit des Kaplans Fahsel. In Berlin hatte er besonderen Erfolg mit seinen Vorträgen, aber auch in anderen deutschen Städten. Es gehörte zu unserem Studienprogramm, sich gelegentlich seine Vorträge anzuhören. Der Mann hatte eine ganz seltsame Ausstrahlung, faszinierend, logisch und mit nahezu unerschütterlichen Gedanken-Kombinationen arbeitend.

In jenen Jahren brachte er aufsehenerregende Bücher heraus, die ich verschlang. ›Die Überwindung des Pessimismus‹, eine Auseinandersetzung mit Schopenhauer. Es kam in mehreren Auflagen.

Dann interessierte uns Studenten der Theologie natürlich besonders sein Buch ›Gespräche mit einem Gottlosen‹, das 1926 schon erschienen war und fünf Jahre später in zweiter Auflage.

Ja, meine liebe ehemalige Hausgenossin, wer hätte gedacht, daß wir uns noch einmal so lange zusammensetzen könnten und über all die Dinge sprechen würden, die sich in Ihrem Geburtshaus zutrugen, ehe Sie überhaupt das Alter erreicht hatten, davon auch nur ein Wort zu begreifen!«

»Sie müssen sich vorstellen, Herr Witt, ich war 1931 elf Jahre alt. Wenn ich mich jetzt auf den nahezu verwischten Spuren in die Vergangenheit zurücktaste, so sehe ich Sie wieder in der den Pfadfindern ähnlichen Uniform die Treppen hinauf- oder herabsteigen und mir dabei behilflich sein!«

»Sie sprechen sehr bildhaft, das muß man Ihnen lassen.« Währenddessen wurde ich im hellen Wohnzimmer der Familie Witt in Hamburg-Schnelsen von Frau Helga Witt auf das sorgsamste mit Kaffee und Erdbeerkuchen mit Schlagsahne bewirtet. Wir saßen um einen runden Tisch in einem sonnigen Zimmer, dessen Balkon auf eine Rasenfläche hinausging.

Pastor Witt kam auf ein schon angeschnittenes Thema zurück. »Sie sagten vorhin, wie mein naturwissenschaftliches Interesse sich später mit meinem Theologiestudium vereinbaren ließ. Darüber gibt es sehr alte und sehr umfassende Schriften von Thomas von Aquino, der die Geltung der Wissenschaften neben dem religiösen Glauben zwar streng verfochten hat, aber ihnen erst letzte Weisheit durch Hinzuziehung christlicher Glaubenssätze zubilligte. Aber das ist an sich ein Gebiet, das im Jahre 1930 für protestantische Studenten der Theologie gar nicht betreten werden sollte.

Im Jahre 1928 gab eine Enzyklika von Papst Pius XI. gleichsam die Parole aus ›Keine Kontakte zu ökumenischen Bestrebungen‹. Diese Rundschrift hatte den Titel ›Mortalium animos‹. Wir jungen Studenten waren im Grunde betroffen, denn englische, schwedische und deutsche sowie holländische Geistliche bemühten sich um eine Annäherung der Kirchen.

Nun lernte ich bei einem der Tee-Abende von Frau Erna Ziemer geb. Bahls in der Perleberger Straße, vermutlich durch die Vermittlung des geistlichen Verwandten von Frau Ziemer, den Pater Dr. Max Josef Metzger kennen. Er galt als der Gründer der 1930 ins Leben gerufenen Bruderschaft UNA SANCTA, die sich die Wiedervereinigung der katholischen und der protestantischen Kirche zum Ziel gesetzt hatte. Der Gedanke war natürlich bestechend und deckte sich mit vielen gleichgearteten Bestrebungen in ganz Europa. Aber da stand wie eine symbolische Mauer die Enzyklika des Papstes, daß solche Ansichten den Dogmen der alleinseligmachenden katholischen Kirche strikt zuwiderliefen. Pater Metzger ist 1944 von dem berüchtigten Roland Freisler zum Tode verurteilt worden und fiel unter dem Henkerbeil der Nazis.

Es gehörte für eine gerade zum Katholizismus übergetretene Frau wie Erna Ziemer auch schon 1930 einige Courage dazu, sich überhaupt mit Fragen der UNA SANCTA zu befassen. Wir Studenten durften es an sich und offiziell auch nicht, denn die Abgrenzung zwischen den Kirchen war scharf gezogen. Es gab auf katholischer Seite den berüchtigten und heute aufgehobenen *Index*, wonach gewisse Bücher nicht gelesen werden durften von den Gläubigen. Auf protestantischer Seite war man nicht minder bestrebt, das Schrifttum der Katholiken zu verteufeln. ›Catholica non leguntur‹ — Katholische Literatur wird nicht gelesen, wird ignoriert.

Das war nun eine Abschweifung in die Glaubenssituation der Christen in den Jahren 1928, 1930 und danach.

Für uns, die wir in den praktischen Pfarrdienst gehen sollten, sind diese Themen wohl gestreift worden, aber der Schwerpunkt lag natürlich in der direkten Auslegung der Bibel, und unsere Aufgabe war mehr begrenzt auf die Seelsorge künftiger Gemeindemitglieder, auf die Predigten und die tröstliche Anwendung des Wortes Gottes.«

»Wann verließen Sie nun eigentlich das alte Haus in Moabit?«

»Etwa 1937, denn wenig später, 1938, trat ich meine erste Pfarrstelle in Lagow in der Neumark an. Hier fand ich auch meine Frau«, Pastor Witt unterbrach für einen Moment seine Rede und blickte lächelnd zur Hausfrau hinüber, »wobei ich Ihnen versichere, daß uns nicht nur der vorzügliche Erdbeerkuchen verband, wie wir ihn eben gegessen haben und den sie schon damals so gut fabrizierte. Nein, es war, ich muß es schon wieder sagen, auch hier eine besonders günstige und gnädige Lebensfügung, daß wir einander begegneten.

Man sagte wohl, wir sendeten auf gleicher Wellenlänge. Diese Dame dort«, und Pastor Witt wies nicht ohne anerkennende Geste nochmals auf seine Frau, »hieß damals Helga Below. Jahre hindurch hatte sie in ihrer Jugend der ›Frauenmission‹ angehört, einer weithin bekannten und berühmten Bibelschule in Malche bei Freienwalde in der Mark. Die dort ausgebildeten Mädchen, die meist in die Krankenpflege gingen, auch meine Frau ist Krankenschwester mit Staatlichem Examen, wurden in allem darauf vorbereitet, einmal in fernen Ländern zu wirken. Die Mädchen aus Malche gingen vorwiegend nach Assuan oder in den Nahen Osten, einige nach China. Diese Pläne hätten aber infolge der Behinderung der Missionstätigkeit durch die Nazis wahrscheinlich kaum noch durchgeführt werden können. Nun, wir fanden dann zusammen und bald danach kam unser einziger Sohn auf die Welt. Schon wieder ein Einzelkind.

Nach 1939 mußte ich dann zu den Soldaten.

Auf den alten Bildern sehen Sie, daß meine Frau mit dem Kind meine Eltern in der Perleberger Str. 55 mehrfach besucht hat.«

»Der junge Mann auf diesen Bildern, der Bruder Ihrer Gattin, sieht Ihnen auffallend ähnlich!«

»Ja, das fanden viele. Er hieß Johannes Below, wurde aber nur Johnny genannt, auch wieder so ein Seefahrername!«

Die Eltern Witt erleben den Zweiten Weltkrieg
Die jungen Witts verschlägt es nach Hamburg

Unser Gespräch wurde kurz unterbrochen, weil wir noch bei gerade günstig stehender Sonne einige Aufnahmen auf dem Balkon machen wollten. Wir Einzelkinder von einst, jetzt im schmucken Silberhaar oder braun-grau meliert. Dann jedoch saßen wir erneut über alten Photoalben und waren ganz versunken in Erinnerungen.

»Wenn Sie 1938 auszogen«, rechnete ich nach, »dann kann ich Ihnen über die Jahre bis 1943 beinahe mehr erzählen, als Sie selbst wissen. Denn das habe ich ja auch noch erlebt, daß wir bei Kriegsbeginn einen Luftschutzkeller im Haus erhielten. Ein alter, bisher leerer Keller wurde weiß gekalkt, elektrische Leitungen verlegt, die Treppe dorthin mit einem Handlauf versehen. Dann suchte jeder auf dem Bodenverschlag zusammen, was er an Bänken und Tischen provisorisch beisteuern konnte. Alte Liegestühle kamen zu Ehren.«

»Zuerst nahmen meine Eltern das alles gar nicht ernst. Es herrschte genau die gleiche ungläubige Zuversicht wie im Ersten Weltkrieg: das kann doch nicht lange dauern. Nachdem die Menschen in Europa so vieles mitgemacht haben, so viel durchlitten — und alles keine zwanzig Jahre her. Wieder kam das Schlagwort in Umlauf ›Weihnachten sind die Soldaten alle wieder zu Hause!‹. Aber wenn es jemand nicht geglaubt hat, dann war ich es, der ich mitten im Kriegsgeschehen im Osten steckte.«

»Was uns Daheimgebliebene irritierte, das war die unerwartete Einbuße an persönlichem Freiraum. Rein zeitlich. Was hatten die Hausfrauen nach den Lebensmitteln lange anzustehen. Es ging ja gleich los mit den Rationierungen. Man stand endlos Schlange nach Fisch, nach Eiern, ich weiß nicht, wonach noch. Kamen die Damen dann noch mit vollen Taschen zurück, so waren sie zwar völlig erschöpft, aber dennoch befriedigt, überhaupt etwas bekommen zu haben. Wie oft stand man Schlange und ging dann leer aus.«

»So war es«, fiel Frau Witt lebhaft ein, »sogar in unserem kleinen Nest Lagow gab es hin und wieder Versorgungs-Engpässe, obwohl wir von Landleben geradezu umringt waren. Die Bauern schimpften über die Abgabepflicht und die strengen Kontrollen, aber ich fragte mich immer: weshalb eigentlich? Sie bekamen doch alle Lieferungen ordentlich bezahlt!«

»Im Hause Perleberger Str. 55 wurde Frau Witt immer bedauert«, konnte ich aus meiner Erinnerung beisteuern. »Die schweren Einkaufstaschen täglich zum vierten Stock emporzutragen, das war gewiß ziemlich anstrengend.«

»Nun«, fiel Pastor Witt ein, »es muß für meine beiden Eltern doch ein hervorragendes gesundheitliches Training gewesen sein. Mein Vater hatte ja das Pech, einen Schlaganfall zu erleiden. Er beschäftigte sich dann viel mit seinen Kunstmappen. Sie erinnern sich, er war lange Zeit in der Verwaltung der Kunstakademie in Berlin beschäftigt gewesen!«

»Aber Ihre Frau Mutter, sie war gesund, nicht wahr?«

»Das wohl, aber natürlich ständig in Sorge um meinen Vater. Als dann die Luftangriffe ärger wurden, erhielten alle Männer des Hauses eine Unterweisung, wie man Brandbomben löscht, wie man Schwelbrände erstickt, all diese Sachen. Mein Vater konnte sich damals schon nicht mehr daran beteiligen. Doch ich erfuhr dann durch die Hausbewohner, daß in der allerletzten, schlimmsten Zeit ab Januar 1945 mein Vater doch sehr segensreich gewirkt hat. Sein Gedächtnis war von ungebrochener Frische. Er wußte Gebete, Gedichte, Texte von Dichtern auswendig. Wenn alle im Dunkel des Luftschutzkellers saßen und die Erde erzitterte von den Bombeneinschlägen, so sagte mein Vater trostreiche Verse auf. Auch Bibeltexte. Dennhardts und Meyenbergs haben wir manchmal davon erzählt. Er brachte Licht, geistiges Licht, in den Kreis der von Angst gebeugten Menschen im Keller unseres alten Hauses.«

»Diese Zeit haben wohl alle Berliner als die schrecklichste Phase des Krieges empfunden. Allerdings habe ich gehört, daß Moabit zuerst unter russische Besetzung kam?«

»Ja, da ist manches geschehen, was unter Kulturvölkern nicht hätte sein dürfen. Für mich gelten hier die Bibelworte: Wer den Wind säet, wird Sturm ernten. Es war der Sturm der Vergeltung, der da ganz blindlings über die Leute kam. Die unteren Stockwerke hatten am meisten zu leiden. Meine Eltern oben waren in relativer Sicherheit. Aber dann begann ja die Hungerzeit.«

»Und Ihre Gattin in Lagow? Und das Kind?«

»Meine Frau ist ein sehr pflichtbewußter Mensch, sie hat buchstäblich bis zum letzten Moment in unserem Pfarrhaus ausgeharrt. Dann, als man den Kanonendonner der nahenden russischen Front schon hören konnte, gelang es ihr doch noch, sich mit dem Jungen in Sicherheit zu bringen. Eine Zeitlang suchte sie Zuflucht bei meinen Eltern in Moabit. Doch dann ging sie zu Verwandten nach Hamburg. So kamen wir überhaupt hier in den Norden Deutschlands.«

Frau Berta Witt und ihre Abenteuer nach dem Auszug aus der Perleberger Str. 55

»Im Jahre 1952 haben wir meinen Vater verloren. Er hat sich von den Folgen seines ersten Schlaganfalls nie erholen können, so kam das Ende recht früh. Meine Mutter wollte die gewohnte Umgebung keinesfalls missen und blieb noch fünf Jahre in unserer großen Wohnung, nahm allerdings gelegentlich Verwandte bei sich auf. Dann entschloß sie sich ziemlich unvermittelt, in ein Altersheim zu gehen. Das war dann auch der Zeitpunkt, wo der alte Moabiter Haushalt gänzlich aufgelöst wurde. Meine Mutter verschenkte viel und richtete sich ganz bescheiden mit den nötigsten Dingen in ihrem einen Zimmer im Altersheim ein. All die fünf Jahre nach dem Tode meines Vaters hatte sie gebetet, ihm doch bald folgen zu dürfen. Es sollte nicht sein. Nun wollte sie allein sein.

Unsere Mutter war damals dreiundsiebzig Jahre alt, sie meinte, nicht mehr lange leben zu müssen.

Doch dann gefiel ihr das Leben im Heim so wenig, daß sie zunächst einige Reisen machte, auch uns in Hamburg besuchte, sich am Aufwachsen unseres Sohnes freute.

Schließlich kam sie zu dem Entschluß, die unerfreuliche Bleibe im Heim aufzugeben, sie fand sich zu jung dafür. Nach einem weiteren Versuch hier in Hamburg gab sie auf. Sie fragte dann meine Frau und mich, ob wir es wohl gern sehen würden, wenn sie zu uns käme. Nun, wir bejahten natürlich. Und wissen Sie, wie alt unser Muttchen bei uns wurde? Fünfundneunzig Jahre. Ja, ja, das Training mit den schweren Taschen die vier Treppen hoch. Wir haben sie oft damit geneckt.«

»Fünfundneunzig!«, wiederholte ich beeindruckt. »Nein, so weit haben es meine Eltern beide nicht gebracht. Als 1957 Ihre elterliche Wohnung aufgelöst wurde, haben Sie noch mit alten Hausbewohnern gesprochen?«

»Ja, Frau Balzer wohnte noch im dritten Stock links, daneben Dennhardts in der Vierzimmerwohnung unter uns. Langners lebten noch im Haus — alles weiß ich natürlich auch nicht mehr. Der Name Meyenberg stand noch im vierten Stock an der Wohnung neben uns. In meiner Erinnerung weiß ich nur, daß schon damals das einst so schöne Treppenhaus recht verwahrlost war. Nichts repariert, miserabel beleuchtet.«

»Ihre Mutter hieß Berta, genau wie meine Großmutter Puder. Ihr Vater führte als zweiten Namen Emil, den gleichen Namen wie der verstorbene Lebensgefährte von Fräulein Balzer, Emil Schwarze.«

»Ja, die Namensgleichheiten, da gibt es in unserer Familie noch mehr Beispiele. Nur für unseren Sohn Ingo wüßte ich niemanden, dieser Name war eine Neuerung bei den Witts!«

»Ingo sagten Sie? Nun, dann hatten wir zumindest in dieser Hinsicht den gleichen Geschmack. Mein jüngster Sohn heißt auch Ingo. Dazu noch, aus dem Wunsch heraus nach Beendigung des Krieges, aus Verehrung für die Bachs: Friedemann.«

»Kannten Sie Brachvogels Roman ›Friedemann Bach‹? Sicher doch. Wie wurden wir doch von literarischen Motiven geleitet. ›Ingo und Ingraban‹ von Freytag und Friedemann Bach!«

»Und die gute Bedeutung, die man sich erhoffte. Friedemann — ein Mann, der in Frieden aufwachsen kann!«

»Wie sehr hat man sich das damals gewünscht.«

»Nun müssen Sie mir noch erzählen, was Sie jetzt, nach Ihrer doch schon einige Jahre zurückliegenden Pensionierung, hier in Hamburg tun?«

»Zunächst sind da die vielen Vertretungen. Wie oft halte ich Gottesdienst, wenn ein Amtsbruder ausfällt, auch noch hier in Schnelsen, in meiner alten Gemeinde. Man sagt ja immer: Pastor i. R., das hieße nicht Ruhestand, das bedeutete Pastor in Reichweite.«

»Köstlich. Nie gehört. Aber Sie sprachen noch von anderen geistlichen Aktivitäten, welche sind das?«

»Pastoren haben eben auch manchmal ein Hobby. Meines ist allerdings aus der vormaligen Berufstätigkeit heraus entstanden. Die evangelische Kirche veranstaltet ›Geistliche Wochen‹ und Einkehrtage, sie sind in gewissem Sinne den Exerzitien der katholischen Kirche vergleichbar. Mit dieser Tätigkeit habe ich schon 1968 begonnen und seither nun viele Zusammenkünfte dieser Art geleitet.«

»Welche Themen werden bei solchen Einkehrtagen eigentlich besprochen, oder besser: worüber wird diskutiert?«

»Natürlich wird auch diskutiert bei diesen Treffen. Aber ein Grundthema muß schon vorgetragen werden, wenn auch die Gegenwartsproblematik nicht ausgeschlossen wird. Um nur einige der zuletzt behandelten Dinge zu nennen, die den geplagten Menschen unserer hektischen Berufswelt manchmal mehr nützen als medikamentöse Anwendungen:

Die Feier der Eucharistie — Einführung und Einübung
Vom betrachtenden Gebet — Gebet und Meditation
Von der Liebe Gottes und der Würde des Menschen
Das Lob Gottes in der Heiligen Schrift, in der Liturgie der Kirche und in der religiösen Dichtung
Die Ordnungen Gottes in der Unordnung der Welt
Von heilenden Kräften in unserer technisierten und wissenschaftsgläubigen Welt
Geborgenheit
Jesus Christus — Wahrheit und Weg

Das sind nur die Themen, die mir gerade einfallen.«

»Ist es nicht wie ein Wunder, daß all die alten Kirchen, die in der Nähe des Hauses Perleberger Straße standen, teils unversehrt blieben, teils wieder in alter Schönheit aufgebaut wurden?«

»Dies ist einer der Punkte gewesen, über den ich mich besonders gefreut habe! St. Johannis, die Heiliggeistkirche in der Perleberger-/Ecke Birkenstraße, dann die Heilandskirche am Kleinen Tiergarten.«

»Die alten Damen in unserer Familie hatten ihre Vorliebe für die Heiliggeistkirche. Sie lag auch so nahe, und es war bequem, sie nach wenigen Minuten zu erreichen!«

»Was wollen Sie? Das ist doch ganz gleichgültig, in welcher Kirche Sie beten. Drei Kirchen in Reichweite — das ist noch besser, als nur ein pensionierter Pastor in Reichweite!«

»Sie sind doch sicher auch überrascht gewesen, daß unser altes

Haus schon hundert Jahre alt wird. Mir kommt es immer vor, als sei ich erst vor kurzem dort ausgezogen.«

»Es ist mein Beruf, und darum darf ich schon wieder auf die Weisheit der Bibel zurückkommen:

Tausend Jahre sind vor dir wie der Tag,
der gestern vergangen ist, und wie eine Nachtwache.

Es steht im 90. Psalm, Vers 4. Wie kein anderes Bibelwort gibt es einen Begriff von der Flüchtigkeit und Nichtigkeit des Erdendaseins.«

»Ach, du liebe Zeit! Mit diesen Maßstäben gemessen, haben wir zwei ja nur ein paar Sekunden zwischen den Löwenköpfen und den gewundenen Blumenranken in der Perleberger Str. 55 zugebracht?!«

»Bruchteile von Sekunden, müßte man sagen, Bruchteile!«

8. Kapitel

Betrachtungen über Berliner Namen
Blick ins Telephonbuch nach vierzig Jahren

Manchmal ist mir der Gedanke gekommen, ob man wohl heute, in den Jahren 1983 und 1984, als diese Zeilen geschrieben wurden, noch Menschen mit den gleichen Namen zusammensetzen könnte, wie wir sie damals im alten Haus trugen. Nur einmal unsere Familie betreffend. Nur einmal die, die schon genannt worden sind; nur die, welche im Telephonbuch stehen. Und wieviel mag es noch geben, die kein Telephon haben.

Mende 166, wie meine Großeltern mütterlicherseits.

Noelte 86, wie meine Urgroßeltern mütterlicherseits.

Zimmer, beinahe sechs Spalten, Urgroßmutter Noelte, die auch in der Perleberger Str. 55 starb, war eine geborene Zimmer.

Wietasch, es gibt noch 4 Eintragungen.

Es wäre also durchaus möglich, heute eine Tischgesellschaft zusammenzubringen, deren Teilnehmer die gleichen Namen tragen wie all die Verwandten aus vergangenen Tagen. Vermutlich würden sie sogar die gleichen Kuchen essen, in etwa die gleichen Gerichte auftragen bei einem Mittagessen, denn Rezepte halten sich hartnäkkig in Berlin, worin sich andere Gegenden allerdings nicht unterscheiden.

Theoretisch könnten also Frau Mende, Frau Wietasch, Frau Noelte und die zugehörigen Herren alle miteinander eine Dampferfahrt auf Spree und Havel unternehmen, wie unsere lieben Vorfahren im vergangenen Jahrhundert.

Das Deutsche Namen-Lexikon erklärt Mende: Der Name stamme aus Sachsen, der Ober-Lausitz und Schlesien. Deutbar als »am Ende des Dorfes, der Straße, wohnend«. A-mende. Mende.

Noelte — Nölte. Aus dem Niederdeutschen. Kurzform von Arnold. Hier fällt einem ein, daß die Lustspielfigur des Eckenstehers Nante, eines Berliner Originals, von Ferdinand abgeleitet wurde. Eduard wurde zu Ede, Georg zu Orje. Da gibt es dann viele ähnliche Abkürzungen.

1919 — Puder, Ganzel, Teuchert & Co.
Die neue Verwandtschaft unter der Lupe

Mendes und Puders kannten sich schon lange Zeit, ohne daß jedoch familiärer Kontakt bestanden hätte. Die Bekanntschaft kam über die Kinder zustande. Kurt Mende, der schon erwähnte Amicitia-Club, dem viele Schüler des Luisen-Gymnasiums angehörten, Schülerinnen von Helene Richters »höherer Töchterschule mit Selecta«. Das war nun 1919 alles lange her.

Kurt Mende und die jungen Puders, Hermann Ziemer und Erna Bahls, meine Mutter als junges Mädchen, sie alle wurden schon genannt.

Nun, im Jahre 1919 waren die Familien dezimiert. Franz Puder war völlig unvermutet im Jahre 1911 an einer als Gehirntuberkulose bezeichneten Krankheit verstorben, erst achtundzwanzig Jahre alt. Kurt Mende starb qualvoll an den Folgen seiner im Krieg zugezogenen Nierenkrankheit im Jahre 1916. Großvater Theodor Mende war schon im Jahre 1911 dahingegangen, nur einundfünfzig Jahre alt.

Als man sich im Jahre 1919 zusammensetzte, um die Heirat »der Kinder« Erich Puder (28) und Lies Mende (25) zu besprechen, da waren dies die Witwen Elise Mende geb. Noelte (56), Bertha Puder geb. Ganzel (63), Flora Wietasch geb. Noelte (52).

Ferner als beratende Verwandte der ältere Bruder Paul Noelte aus der Madaistr. 6 mit seiner Gattin Minna. Die Töchter Hanne und Käthe hatte man zu dieser ernsten Familienbesprechung nicht mitgenommen. Die Zusammenkunft fand im dritten Stock des Hauses in der Vierzimmerwohnung meiner Großmutter Mende statt und hatte einschneidende Veränderungen zur Folge.

Mein Großvater Gustav Puder war schon 1906 verstorben, auch erst achtundfünfzig Jahre alt. Seine Frau Bertha, früher eine hochgewachsene, schöne schlanke Erscheinung, war mit den Jahren merklich kleiner geworden, ihre Haltung war nicht mehr so aufrecht und stolz. Es war, als sei nach dem Tode des Gatten ihr Lebensinhalt völlig geschwunden. Eine Zeitlang hatte es einen Aufschwung gegeben, als Franz Puder 1905 ins Corps Normannia eintrat und seine Studien als Neuphilologe erfolgreich betrieb. Vor allem war sie ganz fassungslos und freudig bewegt, daß dieser sehr geliebte Sohn sich sein Studium weitgehend selbst verdiente. Er ging in allen Semesterferien als Hauslehrer nach England, sparte seine Einkünfte, gab auch daheim in der Bremerstr. 72–73, nahe beim Arminiusplatz in Moabit, Nachhilfestunden in Englisch und Französisch.

Sohn Erich war ihr Sorgenkind gewesen. Er wuchs zwar sehr gesund und kräftig heran, überragte sie schon im Alter von dreizehn Jahren an Wuchs, doch unmittelbar nach des Vaters Tod war mit dem Jungen irgend etwas nicht in Ordnung. Er erlitt in den Unterrichtsstunden des Luisen-Gymnasiums Anfälle von Bewußtlosigkeit. Man vermutete zunächst eine Jugend-Epilepsie, jedoch fehlten wesentliche Merkmale solcher Krankheit. Er fiel einfach um, lag zwei Stunden bewußtlos, dann erhob er sich, als sei nichts gewesen.

Die Schuldirektion empfahl daraufhin der Mutter, daß er zunächst einmal vom Unterricht dispensiert werden sollte. Dann wurde er aufs Land geschickt, dorthin, wo er schon als Kind seine schönsten Ferien verbracht hatte: in den Gartzer Schrey zu Onkel Teuchert. Onkel August Teuchert amtierte als Förster oder Hegemeister in einem Waldhaus, das gleichzeitig einen Anlegesteg der Oderdampfer aus Stettin hatte. Forsthaus Gartzer Schrey. An Sonntagen verwandelte sich die stille Klause in ein lebhaft besuchtes Ausflugslokal. Der so rätselhaft erkrankte Erich hielt sich nahezu ein Jahr bei Teucherts auf. Viel frische Luft, morgens schon mit auf die Pirsch, Kontrollgänge in den Revieren, Markierung der zum Einschlag bestimmten Bäume. Am liebsten wäre er damals Förster geworden.

Aber nun die Schulfrage. Kamen wir in späteren Jahren darauf zu sprechen, so erfuhr ich, daß der Wunsch, Förster zu werden, nach einem Besuch im Stettiner Hafen ganz plötzlich der Eingebung gewichen war, Offizier der Handelsmarine zu werden. See, Weite, Wellen, mein Gott, ja, das war etwas Herrliches.

Doch dann kam ein Eignungstest, und siehe da, alle Mühen mit

Nachhilfe-Unterricht und weiterer kostspieliger Gymnasial-Ausbildung hätten sich nicht gelohnt, denn — Erich war Brillenträger und litt an einer ererbten Hornhautkrümmung. Also nicht Offizier der Handelsmarine.

Er kehrte dann nach Berlin zurück, fand mit brüderlicher Hilfe an einer Privatschule Platz und machte einen Abschluß mit dem »Einjährigen«. Dann kam der obligatorische Militärdienst, aber eben nur ein Jahr. Das war etwa im Zeitraum der Jahre 1907–1909. Franz gab auch eifrig seinem Bruder in der Zwischenzeit Hilfestellung bei Fremdsprachen. Latein, Französisch, Englisch. Aber mein Vater hatte als junger Mann für Sprachen überhaupt keine Begabung. Zum Englischen war sein Verhältnis besonders schlecht. »Das sind alles völlig verkehrt ausgesprochene Fremdwörter!«, meinte er resignierend. Von allen Exerzitien der Schule und der brüderlichen Hilfe war nur ein Satz in seinem Gedächtnis haften geblieben: »Old Marley was as dead as a doornail!« Mochte er von Charles Dickens aus irgendeiner Erzählung stammen, niemand hat sich bei uns darum gekümmert. Nun, er begnügte sich mit der lustigen Formulierung, daß der alte Marley so tot wie ein Türnagel war. Aus, Englisch abgehakt.

Dann machte er Aufnahmeprüfungen für die zivile Beamtenlaufbahn, die ihm auch ausnahmslos gelangen. Als Aktuarius verschlug es ihn einige Zeit nach Schleswig-Holstein, wobei mir entfallen ist, ob es sich nun um Kellenhusen oder Kellinghusen handelte, die es ja beide auf der Landkarte dort gibt. Jedenfalls hatte er erneut Gelegenheit, sehnsüchtig über Ostseewellen zu blicken und der Laufbahn als Schiffs-Offizier nachzutrauern. Damals gewöhnte er sich an zu sagen: »Ach, ich bin schon ein Pechvogel. Wenn ich mir mal ein Sarggeschäft kaufe, dann stirbt keiner mehr!«

Man empfahl ihm das im Interesse der Langlebigkeit der Menschheit sehr warm, aber er hielt dann doch seinen eingeschlagenen Berufsgang ein.

Die Puders-Jungs, wie sie im Bekanntenkreise hießen, waren beide sehr gutaussehende junge Leute. Franz dunkelhaarig und durch die Auslandsaufenthalte weltläufiger, mit geschliffenen Umgangsformen, ruhig, zurückhaltend und gesellschaftlich sehr gewandt.

Erich war größer, blond, ging mehr aus sich heraus, hatte ein deklamatorisches und darstellerisches Talent, was meine Mutter zuweilen als peinlich empfand. Der ruhigere Franz wäre eher nach ihrem Geschmack gewesen. Aber Erich hatte auch den Vorzug, gesellschaftlich sehr sicher und unterhaltsam zu sein, seine Manieren waren ohne Tadel und vor allem: er gehörte zu jener Art Menschen, für die unbedingte Treue zu einmal gegebenen Versprechen ehernes Gesetz war. In der Freundschaft zu seinen Kameraden bewies sich das zunächst, später in der Ehe stand dieser Punkt gänzlich außer jedem Zweifel. In dieser Hinsicht herrschte in der Ehe meiner Eltern niemals die geringste Schwankung. Man war einander treu, auch dann, wenn zuweilen die Ansichten — und das geschah in späteren Jahren! — himmelweit auseinandergingen.

Meine Großeltern väterlicherseits waren Mitte des vorigen Jahrhunderts geboren. Großmutter, eine geborene Ganzel, entstammte einer Berliner Familie (noch zwölf Ganzels im Telephonbuch), Großvater war allerdings in Spremberg/Niederlausitz zur Welt gekommen. Seine Eltern waren beide Spremberger. Der Vater war von Beruf Mühlenbescheider, was nach alten Gewerbe-Chroniken soviel wie heute ein Obermüller im Mühlenbetrieb bedeutete. Seine Frau Auguste war eine geborene Bretschneider.

Meine Großmutter Puder geb. Ganzel war die Tochter des Eisenbahnbeamten Johann Ganzel aus Berlin, in alten Urkunden als »Billetteur« bezeichnet. Es war also einer jener heute nicht mehr existierenden Berufe. Noch bis zum Zweiten Weltkrieg und danach, da gab es auf den Bahnhöfen die »Sperren«, in kleinen Häuschen saßen die Kontrolleure und knipsten jedem Passagier die Fahrkarten mit einer Perforierzange. Erst mit diesem Knips in der Fahrkarte war man berechtigt, seinen Fuß auf die Trittbretter eines Eisenbahnzuges zu setzen.

Seine Gattin Charlotte Ganzel geb. Töpfer muß allerdings ein Original gewesen sein. Mein Vater erzählte von ihr nur immer Geschichten mit höchst heiteren Pointen. Bei Einführung des Haushaltgases in Berlin war sie zutiefst verstört. Hielt man das Streichholz an den Brenner, und mit einem leichten Blucks flammten die Kränze auf dem Gaskocher auf, so fuhr sie erschrocken zurück und retirierte in die hinterste Ecke der Küche mit den Worten: »Hach, der olle Jas, der schießt ein' ja beinahe tot!«

Sie berlinerte kräftig, und wenn sie abends von Tochter Bertha Puder, die in der Nähe wohnte, gebeten wurde, doch mal auf die Jungen aufzupassen, dann hatten Franz und Erich immer viel Spaß mit ihr. Nach dem Märchenerzählen und sonstigen Beruhigungsmaßnahmen waren die Kinder meist so aufgekratzt, daß

Großmutter Ganzel empört aufstand und sagte: »So, wenn ihr jetzt nicht artig seid, denn nehm' ick mein türk'schet Tuch und jeh wech — aber denn komm' ick nich wieder, merkt euch det!« Das muß eine stehende Redensart gewesen sein, und noch lange nach ihrem Tode geisterte die Redensart vom türkischen Tuch durch die Familie. Einmal empörte sie sich zutiefst über ihren Hauswirt. Ihre drollige Art erregte natürlich nicht nur bei der Verwandtschaft viel Schmunzeln. Wenn sie erzählte, das muß nahezu kabarettistisch komisch gewesen sein. Als jedenfalls der Hauswirt sich einmal erdreistete, zu ihr — als Kompliment gemeint! — zu sagen: »Also nee, Frau Janzel, det is ja zum Dodlachen! Wenn Sie so erzähl'n, über Ihn' könnt' ick mir wälzen!« Worauf sie wie eine Natter auffuhr, den Kopf hob, hochdeutsch sprach — was ein bedenkliches Zeichen war — und ihn abfertigte: »Das eine sage ich Ihnen, bilden Sie sich nur keine Schwachheiten ein. Das mit dem Wälzen will ich nicht gehört haben!«

Dann ließ sie ihn stehen, rückte den Kapotthut zurecht und rauschte davon.

Die »alten Ganzels« hatten außer ihrer Tochter Bertha noch einen Sohn. Paul war am 8. 5. 1854 geboren, Bertha am 22. 1. 1856. Beide spielten als Kinder häufig miteinander auf den damals noch ruhigeren Straßen der Innenstadt. Getauft sind beide in der Louisenstädter Kirche in Berlin. Man mußte also in deren Nähe gewohnt haben. Das kleine Berthchen wurde, wie viele kleinere Schwestern, vom großen Bruder hin und wieder gepiesackt. Schrecklich geärgert. Dann kam Berthchen weinend gelaufen und sank mit dem Klageruf in Mutters Arme: »Mutti, der Paul, der Paul ist wieder so onninär!« Das sollte ordinär bedeuten, und selbst ich Kücken im Jahre 1925 und später sollte noch Gelegenheit haben, mich von den angeblich so »onninären« Neigungen meines Großonkels Paul zu überzeugen.

Seine Tochter hieß Charlotte nach ihrer Großmutter, der geborenen Töpfer. Sie war dann 1920 meine Patentante, und ihr verdanke ich den Namen Charlotte, was damals nicht besonders lustig war. »Lotte heißt jedes Pferd!« ging die Redensart. Insofern war die rasante Zunahme der Automobile für alle Damen namens Charlotte ein Segen.

Bertha Ganzel erlernte in ihrer Jugend den Beruf einer Weißnäherin und brachte es darin zu einer ans Künstlerische grenzenden Fertigkeit. Sie wurde rasch Directrice in einem sehr gesuchten Aussteuer-Wäschegeschäft in der Wilsnacker Straße. Auch ihre Bestände an Haushalt- und Leibwäsche sollen sehenswürdig gewesen sein. Was jedoch 1919 in die Perleberger Straße davon einzog, bot nur noch einen Abglanz einstiger Schönheit. Der Zahn der Zeit benagt bekanntlich Spitzenkanten in Leinenwäsche besonders gern.

Bertha Ganzel, eine sehr schöne junge Dame und genau das, was ihre Rivalinnen »eingebildet« nannten, heiratete den Herrn Oberstadtsekretär Gustav Puder, das waren also später meine Großeltern. Großpapa Puder war ein ruhiger Mann, der das Leben mit viel Gelassenheit ertrug. Seine ganze Liebe galt der Natur und — durch die Verwandtschaft zu Teucherts bedingt — der Jagd. Er brachte es fertig, mit drei Kollegen zusammen bei Onkel Teuchert im Gartzer Schrey, oder auf einem benachbarten Areal der weiten Waldgebiete dort in Pommern, eine Jagd zu pachten.

Die Jagdpächter teilten sich in den Zeiten, wenn die Beute anfiel, das erlegte Wild. So kam mit einiger Regelmäßigkeit per Eilfracht im Herbst und Winter die von meiner Großmutter eher als Last empfundene Wild-Zuteilung. Mal ein halber Hirsch, mal zwei zusammengebundene Hasen im Balg, zwei Fasanen noch im Federschmuck; diese Wild-Angelegenheit machte eine Menge Arbeit, wenn auch irgendeine Guste oder Stine bei diesen Sachen half. Aber der Hirsch mußte dann, weil man ja nicht solche Mengen auf einmal vertilgen konnte, eingepökelt werden; die Hasenrücken lagen in Buttermilch, das Hasenklein in Rotweinbeize. Die ersten Weckgläser gab es dann in den neunziger Jahren. Jedenfalls wurde die sonntägliche Tafel derart oft bei Puders senior mit Wild beschickt, daß mein Vater bei seiner Heirat am 10. Juni 1919 meiner Mutter kategorisch erklärte: »Wenn du Wild kochst, ziehe ich gleich wieder aus!«

Der Hochzeitsbraten meiner Eltern
Mein Vater — ein zorniger junger Mann?

Die Veränderungen, die Anfang des Jahres 1919 im Familienrat in der Mendeschen Wohnung beschlossen wurden, bezogen sich vor allem auf einen allgemeinen Wohnungswechsel.

Meine Großmutter Bertha Puder hatte es mit ihren dreiundsechzig Jahren von Herzen satt, sich fernerhin mit der Pflege einer großen Wohnung abzuquälen, zumal dies schon in den letzten Jahren vor dem Kriege immer nur mit einer Reinemachefrau erfolgte und nicht mehr mit einem ständigen Mädchen. Sie wollte sich also rigoros verkleinern.

Dieser Wunsch entsprang jedoch vor allem der Tatsache, daß die Reserven an Spargeldern, die nahezu jede bürgerliche Familie in Friedenszeiten auf der Hohen Kante hatte, während des Krieges 1914/18 im Vertrauen auf einen guten Ausgang der Kämpfe blindlings in Kriegsanleihen gezeichnet worden waren. Dies Geld war also erstmal futsch.

Nun hatten die alten Damen nur noch ihre winzigen Pensionen, die zum Sterben zu viel und zum Leben ganz entschieden zu wenig waren.

So steckten sie ihre ergrauenden Köpfe über Rentenbescheiden und ähnlichen Papieren zusammen, befragten Bruder Paul Noelte, ebenso den rechtskundigen jungen Erich Puder, der ja nun bald zur Familie gehören würde.

Auch Erich Puder trug mit sich einen Aktendeckel voller Papiere, aus denen seine bürgerliche Unbescholtenheit, der Stand seiner Kriegsversehrten-Rente, sein mutmaßliches Einkommen als Justiz-Aktuarius hervorgingen. Im nächsten Jahr, so hoffte er, würde er aller Voraussicht nach zum Justiz-Inspektor befördert werden, dann hätten sie also einigermaßen auskömmlich zu leben.

Da »die Mütter« sich für die Mietkosten jedoch ein bestimmtes, nur sehr kleines Limit gesetzt hatten, so beschlossen Großmama Mende und Großmutter Puder das kleine Vorderzimmer der Dreizimmerwohnung von Flora Wietasch zusammen zu bewohnen. Ein Bett, ein bequemes Sofa, ein Schrank im Zimmer, ein Schrank auf dem Flur, eine Waschtoilette, eine Frisierkommode, ein Nähtisch mit Zierstuhl davor. In der Mitte des Zimmers ein ovaler Tisch mit Mittelfuß, dreibeinig auf den Dielen stehend und immer etwas schräg. Über dem biedermeierlich geschwungenen Sofa ein Regulator. Um den Tisch rundlehnige Stühle, auf dem Tisch eine Stehlampe mit grünem Glasschirm und Zylinder, noch für Petroleum eingerichtet.

Die Möbel der Mendeschen Vierzimmerwohnung sollten vollkommen dem jungen Paar Lies Mende und Erich Puder zur Verfügung stehen. Großmama Mende hatte es auch nicht leicht gehabt, nur mit Lies allein und einer Putzhilfe die Vierzimmerwohnung in Schuß zu halten. An Vermieten und Untermieter mochte sie absolut nicht denken, denn —

— bei Florchen nebenan gab es ja nach dem Tode des alten Christian Noelte 1906 deren einige! Damen natürlich, *solide* Damen, worauf besonderer Wert gelegt wurde. Aber dennoch: angenehm war dies in keiner Weise. Kurz vor Ende des Krieges, 1917, war — wie bereits berichtet — die Büroangestellte bei Schenker & Co., Spedition, Fräulein Agnes Käthe Balzer eingezogen. Eine lebhafte hübsche Person, wunderschöne blaue Augen, gut gekleidet. Sie war nicht viel in der Wohnung anwesend, hatte sich jedoch ausdrücklich Küchenbenutzung erbeten. Nun wirtschaftete sie abends dort herum; Gerüche von Bratkartoffeln durchdrangen den Flur. Tante Flora und die beiden anderen Mieterinnen stellten dies befremdet fest, denn erstens: wo konnte sie in diesen knappen Zeiten so oft Kartoffeln herhaben, und dann wie lästig, die Bratgerüche abends, wo unsereiner nur ein Brot und Tee zu sich nahm!

Zur Hochzeit meiner Eltern, die auf den 10. Juni 1919 festgesetzt worden war, galt es jetzt, aller Ungunst der Zeitumstände zum Trotz, einen Braten zu beschaffen. Da gab es in Lichterfelde, also beinahe schon Jot-we-de, einen Kriegskameraden von Erich Puder, der eine Schlächterei betrieb. Die Puders-Jungs hatten erstaunlicherweise aus den mißlichen Zeitumständen immer Ersatzteile für ihre Fahrräder herausgetauscht. Nun war Erich der Nutznießer von immer noch einem Fahrrad, das aus den Resten vom ausgeweideten zweiten in seiner Funktion mit vieler List erhalten wurde.

»Wir müssen so harmlos wie möglich aussehen!«, kommandierte Erich. »Lisa, ich bitte dich, nun ziehe nicht so ein Gesicht, wir müssen uns als Spaziergänger tarnen, die in die Dunkelheit gekommen sind. Das ist ganz einfach. Man kann doch wohl einen Abendspaziergang machen, nicht wahr?«

»Aber dein Freund hat gesagt, wir sollten erst kommen, wenn es gänzlich dunkel ist. Ich graule mich ja tot, wo doch die Straßen noch absolut nicht sicher sind und immer wieder Schießereien vorkommen. Nein, ich streike!«

»Aber Liebes, nun sei doch vernünftig. Ein einzelner Mann mit einem Fahrrad wird wahrscheinlich schon deshalb totgeschossen, weil er eins hat. Ist aber ein nettes Mädchen dabei, um das er seinen Arm legt und sie bummeln im Abendsonnenschein — du wirst sehen, es tut uns niemand etwas!«

Nun, die Unternehmung startete. Doch die Erinnerungen meiner Mutter an diese Bratenbeschaffung waren abenteuerlich.

Sie erzählte mir dies, als ich ungefähr zwölf Jahre alt war, eine

Hochzeit in der Heiliggeistkirche gesehen hatte und sie eingehend nach *ihrem* Brautkleid befragt hatte.

»Brautkleid? Ha, daß ich nicht lache! Es gab nicht einmal welche zu leihen! Vater trug seinen Gehrock, diesen damals unabdingbaren Examensrock. Dazu seinen Chapeau claque, den Zylinder zum Zusammenklappen. Angströhre genannt, weil die Referendare im Gericht verpflichtet waren, ihn bei den Examina zu tragen, zumindest damit zu erscheinen, sie dann unterm Stuhl zu deponieren — nun, jedenfalls wer auf sich hielt, der hatte einen Zylinderhut. Kennst ja den Vers

Schön ist ein Zylinderhut,
wenn man ihn besitzen tut.

Wir taten. Doch ich? Wir haben da irgendwas Behelfsmäßiges zusammengesetzt aus einer Spitzenbluse, einem weißen Seidenrock, einer Art Tunika aus Gardinenstoff und dem sorgfältig erhaltenen Brautschleier meiner Mutter. Das war's. Hoffentlich wirst du mal in besseren Zeiten heiraten. Wenn ich daran denke, in welchen Prachtgewändern Erna Bahls und Gerda Skronn damals dann nach der Inflation heirateten! Einmalig. Gerda Skronn sogar in Zartrosa, was schon beinahe équivoque war. Du weißt nicht, was équivoque ist? Na, dann merke es dir nur rechtzeitig. Sparst es, eine Vokabel zu lernen. So ziemlich alles, was verboten war, das war ›équivoque‹. Als Tante Jenny mal im Sommer zum weißen Kleid mit weißen Schuhen ins Büro zu Siemens kam, wurde sie vom Chef zu einer Unterredung gebeten. Sie möge sich doch im Büro nicht so extravagant kleiden. Hinfort mußte sie dann während der Dienstzeit mit schwarzen Schuhen umherlaufen. Haarsträubend! Ja, dies ewige ›équivoque‹ verfolgte die höheren Töchter wie ein Gespenst. Stirnfransen und Schminke waren es, zu tiefe Ausschnitte und gefärbte Haare, alles, was damals auch nur den Anflug des Unseriösen, Ausgefallenen hatte. In alten Wörterbüchern steht sogar dafür noch ›zweideutig‹. Der Berliner milderte es ab zu ›verwegen‹ oder ›gewagt‹.

Nun, wir waren weiß der Himmel kein verwegenes Brautpaar. Sowas von solide! Aber die Zeiten!

1919 war Berlin keine angenehme Stadt. Jeden Tag neue Streiks, immer noch Schießereien von politisch gegeneinander aufgebrachten Gruppen. Deshalb mußten wir ja auch nach Lichterfelde per Fahrrad und langer Fußwanderung, weil irgendeine Verkehrsverbindung ausfiel.

Ach, diese Bratenbeschaffung. Ich bin beinahe gestorben vor Angst. Die Straßenbeleuchtung da draußen in Lichterfelde fiel aus. Aus der Karbidlampe des Fahrrads drang ständig ein gräßlicher Geruch, außerdem leuchtete das Ding kaum mehr als eine Ölfunzel. Wir mußten uns der Fleischerei des Kriegskameraden von der Hofseite her nähern, klammheimlich einen Bahndamm überklettern, in der Nähe stand eine Gruppe von murmelnden Männern mit Schußwaffen als Streikposten für das Bahnpersonal. Es hat mir in jeder Beziehung gereicht.

Aber wir hatten am Ende fünfzehn Pfund bestes Rindfleisch für einen Lendenbraten. Sagenhaft. Natürlich mußten wir ihn teuer bezahlen, aber schwerer noch wog die Mühsal, unter der wir ihn überhaupt ergattert hatten. Nachher auf der Hochzeitstafel, schon in unserer Dreizimmerwohnung im zweiten Stock in der Perleberger Str. 49/55, schön garniert, die ganze Verwandtschaft um den Tisch herum versammelt, da gab es denn nichts als Erstaunen und Komplimente. Aber mir blieb beinahe der Bissen im Halse stecken in Erinnerung all der Schrecknisse!«

Wie oft ergaben sich die Gelegenheiten, daß meine Mutter und ich lange Fußwege miteinander machten. Ich war ja das einzige Kind meiner Eltern. Mutter und ich waren von Anbeginn ganz ungewöhnlich aufeinander eingestellt. Sie erzog mich im Grunde recht unsentimental, bei aller Liebe. Versuchte immer, mir die Augen zu öffnen für die manchmal recht rauhe Wirklichkeit des Lebens. Selbst das vielbeneidete Dasein der Beamten mit der »sicheren Position« und der »schönen Rente im Alter« bot eine ganze Menge familiärer und anderer Krisenpunkte. Da wir gerade vom Hochzeitsbraten sprachen, bekam ich auch noch andere denkwürdige Vorkommnisse aus dem Küchenbereich zu hören.

»Wenn du denkst, das war immer eine reine Freude, wie wir da so miteinander wohnten, die alten Damen mit Fräulein Balzer im dritten Stock, Vater und ich im zweiten, dann bist du schief gewikkelt. Natürlich gab es viele Vorteile, und die muß man wohl zuerst bedenken. Wir konnten ausgehen, soweit man damals überhaupt ausging, auch während deiner Kinderzeit, das war schon sehr angenehm. Die Omas traten geradezu in einen Wettstreit, dich zu bemuttern. Tante Florchen nicht minder. Selbst das manchmal so problematische Fräulein Balzer, manchmal mißmutig von unseren alten Damen einfach ›die Balzern‹ genannt, legte dir zuweilen einen Teddy oder anderes Spielzeug unter den Weihnachtsbaum.

Meine Mutter half mir auch im Haushalt, denn droben kochte Florchen für sie mit, sie führten gemeinsame Haushaltskasse, die beiden Schwestern. Doch für Großmutter Puder, da hatte ich in meiner Ahnungslosigkeit die Verpflichtung übernommen, für sie mitzukochen. Es lag ja nahe. Sie gab uns einen Beitrag zur Verpflegung, wir konnten ihn gut gebrauchen, aber die Eingewöhnung in die Eßgewohnheiten der Familie Puder, ehrlich gesagt, ich hatte da meine Schwierigkeiten. Es lag wohl auch daran, daß man zu wenig über die Einzelheiten sprach.

Wir Mendes hatten den Spinat sehr gern mit einer Speck-Einbrenne gegessen, das ist sehr würzig und ich kannte es gar nicht anders. Doch bei Puders? Da gab es glatte Katastrophen.

Die Lebensmittelzuteilungen und die Zeit danach, man war ja froh, überhaupt mal frisches Gemüse zu bekommen. Also ich kochte frohgemut meinen Spinat nach alter Weise mit Speckwürfeln und etwas Mehl abgebunden. Alles war fertig. Der Tisch gedeckt für deinen Vater, der gegen vier Uhr nach Hause kam und dann warm aß. Für Großmutter Puder mußte ich, so unglaublich es klingt, mittags um zwölf Uhr auf einem Tablett das Essen hochtragen in die Wohnung über uns. Sie war an diese Mittagszeit gewöhnt, behauptete, ihr Magen vertrüge keine andere Essenszeit. Dann bat ich sie, doch um diese Zeit runterzukommen und mit mir zusammen zu essen, was ja eine große Erleichterung gewesen wäre. Nichts da. ›Ach, meine Füße!‹ oder irgendeine andere Ausrede. Nun, ich tigerte also brav jahrelang mittags um zwölf mit abgedeckten Schüsseln oder Terrinen eine Treppe höher. Was macht man nicht alles um des lieben Friedens willen.

Doch an diesem Spinat mit Speckwürfeln, da entzündeten sich offenbar die Leidenschaften. Von Tante Florchen erfuhr ich später, daß Oma Puder nur die Bratkartoffeln und die Boulette gegessen habe, den Spinat jedoch hätte sie, vermeintlich unbeobachtet, in die Toilette geschüttet.

Bei deinem Herrn Papa kam das noch wesentlich schlimmer. Du kennst ihn ja, er ist die Liebe und die Güte in Person, aber sowie ihn seine Gallenbeschwerden plagen, oder er hat Ärger im Büro, also dann ist er nicht mit Pfeffer und Salz zu genießen. Jeder Mensch hat eben seine schwarzen Tage, er wurde ja auch, was ich vorher nicht wußte, bei all seiner Liebenswürdigkeit und ungeachtet seiner verbindlichen Art zuweilen furchtbar jähzornig. Das verrauchte nach wenigen Stunden, und wir haben einander solche

Sache nie nachgetragen, aber diese Ausbrüche, na, du bist ja nun zwölf und hast es selbst mehrfach erlebt.

Aber um auf den Spinat zurückzukommen. Ahnungslos und frohgemut begrüßte ich ihn an diesem Tage. Bouletten mochte er gern, die Bratkartoffeln dufteten ganz lecker, der Spinat stand extra in einem Schüsselchen. Was passiert? Er nimmt den ersten Bissen, findet einen Speckwürfel und legt ihn zunächst mal an den Rand des Tellers. Den zweiten, den dritten. Doch dann, ich weiß es noch wie heute, er hatte wohl auch gerade im Büro Ärger gehabt oder was weiß ich, welche Laus ihm über die Leber gelaufen war, da ergriff er zornbebend und stumm das Schüsselchen mit dem Spinat und warf es, man glaubt es nicht, klatschend und zielsicher an die Wand neben dem Vertiko!

Da ich mit ihm aß, saß ich ganz erstarrt, mein Besteck in der Hand, fassungslos.

›Aber Ehrchen?‹, stammelte ich, ›was ist denn bloß los?‹ Ich kannte ja meinen wohlerzogenen, tadellosen und stets liebenswürdigen Mann nicht mehr wieder.

›Mit Speck ist das Zeug ein Schlangenfraß!‹, wütete er. ›Hat dir denn Mutter nicht gesagt, daß ich das nicht esse? Unerhört, wie wenig man hier auf meine Wünsche Rücksicht nimmt!‹

Keine Einwände halfen, daß ich ja keine Ahnung gehabt hätte, und den grünen Salat mit Speckwürfeln, den äße er doch so gern — ›Schweig!‹, rief er ganz außer sich, ›meine Galle, ich bekomme einen Anfall! Wo sind meine Tropfen? Wenn es nicht besser wird, hole den Arzt. Mache mir eine Wärmflasche — ich bin außerstande!‹

Damit stand er auf, lief ins Herrenzimmer nebenan, warf sich auf die Couch und begann zu stöhnen.

Damals wußte ich überhaupt nicht, wie mir geschah. Also erst die Tropfen, dann schnell abräumen. Aber Arzt? Lieber Himmel, wie sah es bei uns aus. Der Spinat klebte an der Tapete, rann kleckernd zum Fußboden runter, die Scherben der Schüssel dazwischen, das Parkett grün gesprenkelt weit im Umkreis. Der Essensgeruch. Also erstmal Fenster auf, etliche Lappen, einen Eimer Wasser, eine Kehrschaufel. Ein einziger günstiger Umstand: die Tapete war dunkelgrün. Man sah keinen Fleck an der Wand. Als das Gröbste getan war, lief ich dann zum Arzt und bat um schnellen Besuch. Der gab dann eine Spritze, nach zwei Tagen sprach niemand mehr davon. Aber das war vielleicht ein enttäuschender Beginn meiner

Hausfrauen-Tätigkeit. Mein erster Gang war dann zu seiner Mutter mit Block und Bleistift, und dann haben wir systematisch die krisenträchtigen Gerichte notiert, Einzelheiten über Gewürze. Nie Fisch, nie Geflügel, Wild sowieso schon gar nicht. Allzuviel blieb da gar nicht übrig. Manchmal mußte ich echte Gallendiät kochen, nichts scharf Gebratenes, alles nur gedünstet, wenig Salz wegen des chronischen Nierenleidens. So übermäßig spaßig war das nicht.

Für mich war es nur eine ganz einmalige Erfahrung, wie körperliche Beeinträchtigungen, schlechte Laune, womöglich dann noch miese Nachrichten oder eine Ungerechtigkeit im Büro so haarsträubend auf einen Menschen wirken können, daß er sich zu sowas hinreißen läßt! Spinat an der Wand! Das hat es bei uns zu Hause nie gegeben! Ich dachte nur: das kann ja heiter werden!«

Mit Donner und Blitz
Mein verwickeltes Eintreffen in Moabit

Zu den ältesten Bildern in unseren Familienalben gehört das Babyfoto von mir aus dem Jahre 1921. Der Photograph C. Günderitz aus Berlin NW5, Perleberger Str. 26, setzte mich auf ein Plüschsesselchen. Da so ein Babyhemdchen mit kleinen Ärmeln in seinen Augen offensichtlich nicht genügend dekorativ war, zog man es schräg über den rechten Arm herab. Ich zeigte der Menschheit gleich zu Anfang die kalte Schulter.

Dies Hemdchenbild hat kürzlich bei meinen Enkeln einen derartigen Juchhei-Erfolg gehabt, daß bei uns die Kissen vom Sofa flogen.

»Omi, das sollst du sein? Aber das ist ja glatt gelogen!«, riefen die Kindlein, warfen sich vor Lachen ächzend umher und streckten strampelnd die Füße in die Luft. Deren Väter blickten mich strafend an. Lapidar und gänzlich den Realitäten zugewandt wurde ich ermahnt:

»Die Bilder sind ja ganz schön, aber nun mache endlich die korrekten Unterschriften, ehe du tüddelig wirst!«

Was die unendliche Liebe und Courtoisie meiner Nachkommen für mich glasklar erhellt.

Die Abneigung meiner Mutter gegen Gewitter war ihr angeboren. Bis ins hohe Alter ergriff sie bei der ersten dunklen Sommerwolke eine Handtasche, füllte sie mit Paß, Sparbuch, sonstigen Dokumenten und allem im Hause befindlichen Geld, mehreren

Taschentüchern, Kopfweh-Tabletten, Baldriantropfen und Schlüsseln. Zog ein schweres Gewitter auf, so verzog sie sich in Korridore oder Dielen, zuckte bei jedem Donnerschlag zusammen, litt stumm. Blitze erfüllten sie mit unüberwindlicher Furcht.

Ausgerechnet um den 23. und 24. Juli herum herrschte in Berlin ein schwüles Sommerwetter »mit vereinzelten Gewittern!«, wie aus alten Zeitungen ersichtlich. Die Temperaturen waren nicht besonders hoch, um die 25 Grad Celsius, aber es lag in der Luft jene Spannung, Windstille und unangenehm belastende Form der Atmosphäre, die manchen wetterfühligen Menschen sehr zu schaffen macht.

Meister Adebar, wie man damals vornehm umschreibend sagte, wurde bei uns jeden Augenblick erwartet. Mutter aß noch mit Oma Mende zu Mittag, gegen zwei Uhr spürte sie plötzlich die ersten Schmerzen. Draußen grummelte eines der »leichten Gewitter«. »Auch das noch! Ausgerechnet jetzt geht es los!« Man benachrichtigte Frau Rusicke, die Hebamme, denn es war eine Hausgeburt geplant. Sie kam, betrachtete die Dinge fachkundig und sagte: »Das kann noch lange dauern! Sie müssen sich bewegen. Laufen Sie nur in der Wohnung tüchtig hin und her. Sie haben gerade gegessen? Nun, hier ist etwas Rizinusöl. Davon nehmen Sie in einer Stunde zwei Eßlöffel voll! Scheußlich? Ach, Unsinn. Kauen Sie Brot hinterher, dann ist der Geschmack sofort weg. Das erleichtert die ganze Sache erheblich. Sie werden sehen.«

Mutter gehorchte. Tigerte um den großen Eßtisch, wanderte im Herrenzimmer auf und ab, legte sich zwischendurch angekleidet aufs grüne Umbausofa.

Frau Rusicke hatte angeordnet, man möge Vater nicht extra benachrichtigen, es sei noch nicht soweit. Nein, auch die anderen alten Damen brauchten sich noch nicht zu beunruhigen. Es habe alles noch Zeit.

Für die Nacht schlug sie jedoch ihr Lager auf besagtem Sofa im Wohnzimmer auf. Mein Vater wurde ausquartiert aus dem Schlafzimmer und bezog die Couch im Herrenzimmer, sein Leidenslager bei Gallenkoliken.

Frau Rusicke wirtschaftete im elterlichen Schlafzimmer herum, sortierte Tücher, Binden, Alkohol, ein Fläschchen mit Silbernitrat, allerlei Gerätschaften. Dann ständig heißes Wasser.

Mutter stöhnte, äußerte sich absprechend über die Konstruktion des menschlichen Körpers, fand alles äußerst lästig und überflüssig, meinte schon beim Rizinus, sie würde sich diesen und ähnlichen

21 Die Großeltern der Autorin väterlicherseits, Bertha und Gustav Puder mit Sohn Franz, 1890

22 Erich Puder, der Vater der Autorin, an seinem Schreibtisch

23 Lotti Puder im Frühjahr 1921

Prozeduren nie im Leben wieder unterziehen, war ganz und gar mit sich selbst und der Welt zerfallen und von freudiger Erwartung oder gar Ergebung in »hehres Frauenlos« war nicht das geringste zu spüren.

Die Nacht verging, es wurde wieder hell, die Wehen wurden stärker, Mutter stöhnte lauter, wanderte zwischendurch weiterhin durch sämtliche Räume. Ihre Mutter saß und strickte irgend etwas, beruhigte: »Nun rege dich doch nicht so auf, ich habe das viermal durchgemacht, es geht zum Schluß dann alles ganz schnell, und du wirst es bald vergessen haben!«

»Nie!«, fauchte Mutter, krümmte sich auf dem Sofa, wies jede Nahrungsaufnahme zurück, trank nur hier und da einen Schluck Zitronenwasser.

Frau Rusicke legte Vater nahe, doch vielleicht im Amt Urlaub zu beantragen, sie rechne so gegen Mittag mit dem Kind.

Im Gericht traf mein nervöser Papa seinen Freund Hermann Ziemer, damals noch Assessor oder ähnliches. Die beiden Freunde empfahlen sich mit bewegten Worten bei ihren Vorgesetzten und pilgerten gemeinsam zur Stätte der kommenden Ereignisse.

Das nächste »leichte Gewitter« grummelte herauf. Am Himmel. Das Treppenhaus mit der Distelranke schritten jedoch die beiden Herren empor, wohlversorgt mit einer Flasche deutschen Weinbrandes. »Die habe ich extra für dich aufgehoben, Erich«, sagte Hermann Ziemer. »Außerdem bleibe ich natürlich bei dir. Was willst du unter all den aufgeregten Damen?«

So gegen elf Uhr fand Hermann, es sei eigentlich Sherrytime, aber da es eben im Jahre 1920 partout keinen Sherry in Berlin aufzutreiben gab, jedenfalls nicht in seriösen Kreisen und keinesfalls zu einem annehmbaren Preis, so begnügte man sich mit Weinbrand. Auch eine alte, gute Marke.

Die Sonne stach, wie man zu sagen pflegte. Im Schlafzimmer, wo die Morgenerwärmung sonst so geschätzt war, wurden die Rollos zugezogen, die Fenster jedoch standen halb offen. Um etwas Durchzug zu erzeugen, ließ Frau Rusicke die Schlafzimmertür zum Flur hin etwas offen, machte Mutter kalte Kompressen auf die Stirn und nasse Umschläge um die Hände. An die Bettpfosten war nach altem Brauch ein zusammengedrehtes, haltbares Stück Leinentuch gebunden.

»Selbstverständlich müssen Sie beim ersten Kind ein bißchen mitarbeiten«, mahnte sie geduldig, »so ganz ohne Zutun kommt das

Kind nicht auf die Welt. Aber bei Ihnen ist ja alles ganz normal, was meinen Sie, was andere Damen manchmal auszustehen haben. Querlage und solche Sachen. Ich glaube fest, wir kommen ohne Arzt aus.«

Es wurde zwölf, es wurde eins. Das nächste »leichte Gewitter« grummelte herauf. Die Sonne verschwand, es tröpfelte draußen ein bißchen Regen vor sich hin.

Im Herrenzimmer saßen Vater und Onkel Hermann, und es tröpfelte auch, aber aus der Flasche in die Cognacgläser. Ab und zu drangen durch die Räume die Wehlaute des »ach so natürlichen« Vorganges, mein Vater wurde immer unruhiger, jetzt war er es, der im Zimmer hin- und hertigerte. Hermann erzählte gerade einen spannenden Kriminalfall.

Schließlich, um 13 Uhr 46, bequemte ich mich zu erscheinen. »Aber du lieber Gott!«, rief Frau Rusicke, »sowas von Eitelkeit! Hat sich die Nabelschnur dreimal um den Hals gewickelt! Na, hoffentlich schnappt sie uns nicht ab!«

Ich wurde aus meiner Verwicklung fachkundig erlöst, erhielt den obligaten Klaps auf den Po, sagte keinen Ton. Inzwischen brauchte Mutter erneut den Beistand von Frau Rusicke, ich lag apathisch auf dem zweiten Bett auf einem Badetuch. Das »leichte Gewitter« sandte einige handfeste Donnerschläge und Blitze in unsere Gegend, und kurz nach einem besonders erschröcklichen Krach gab ich meine ersten Laute von mir.

»Nanu?« sagte Frau Rusicke, beinahe erstaunt. »Da haben wir aber Glück gehabt. Sie lebt ja doch!«

Das freudige Ereignis wurde alsbald verkündet. Die alten Damen, nun stolze Großmütter und Großtante Florchen, träufelten sich Kölnisch Wasser auf die Taschentücher, Vater ergriff einen in der Küche harrenden Blumenstrauß, Onkel Hermann rückte die Krawatte zurecht. Dann, nach einer guten halben Stunde, als Mutter erfrischt, frisiert, ebenfalls mit Uralt-Lavendel und ähnlichen Dingen, ferner mit einem dekorativen alten Spitzen-Nachtgewand meiner Großmutter angetan, wieder ansprechbar war, nahte zunächst mein Vater.

»Mein armes Lieschen«, sagte er und küßte sanft seine Gattin, die vorsichtshalber die Lider schloß, damit man nicht sehen konnte, wie wütend sie die Augen rollte. Blumen, dann Handküsse. Dann wurde ich begutachtet: »Nein, wie süß!«

Dann nahte auch schon die Verwandtschaft nebst Onkel Hermann. Doch Frau Rusicke komplimentierte die ganze aufgeregte Schar sofort wieder hinaus.

»Was Frau Puder jetzt vor allem braucht, ist gänzlich Ruhe. Heute abend können wir weitersehen!« Draußen grummelte das abziehende Gewitter. Mein Vater saß in ganz gebrochener Haltung am Bett seiner Frau.

»Ach Lieschen, meine Einzige«, brachte er stockend hervor, »weißt du, das Kind ist ja reizend; aber ich hoffe, wir gehen da einig, das soll bei uns nicht wieder vorkommen. Jedenfalls ich —«, und er wischte sich demonstrativ den Angstschweiß von Stirn und Brille, » — ich für meine Person halte diese Tortur nicht noch einmal aus!«

Dies war einer der Momente, in denen meine Eltern sich von Herzen einig waren.

Tiergartenzeit, Frisur mit Propellerschleife
»Man treibe das Kind auf die Weide!«

Die Zeit, die ich mir zur Landung auf dem Planeten Erde ausgesucht hatte, war denkbar miserabel. Allerdings geriet ich hinsichtlich elterlicher und verwandtschaftlicher Liebe in ein wahres Wunderland. Über meinem Babykörbchen wachten mit gleichem Entzücken Vati, Mutti, zwei Großmütter, Großtante Florchen und mit einiger nichtverwandtschaftlicher Eifersucht Fräulein Balzer.
Zuweilen tauchten, säuberlich getrennt, die übrigen Verwandten auf. Großonkel Paul Ganzel mit Frau Emma geb. Schumann aus der Rathenower Str. 51, dessen Tochter Charlotte, die meine Patentante wurde. Taufe in der St. Johanniskirche zu Alt-Moabit, alles, wie es sich damals gehörte.

Dann Noeltes aus der Madaistr. 6 am Schlesischen Bahnhof. Onkel Paul, immer schnieke in Gehrock, gewählten Hüten und Spazierstöcken, Barttracht nach Napoleon III.; Tante Minna Noelte, seine Frau, geplusterte Hochfrisur mit Knoten mitten auf dem Hinterkopf oben. Die Töchter Hanne und Käthe Noelte etwa im Alter meiner Mutter.

Das war sie auch schon, die Verwandtenzuteilung in Berlin. In Gollnow Kreis Naugard in Pommern saß inzwischen Onkel August Teuchert, pensionierter Förster aus dem Gartzer Schrey. Dann gab es noch in Bad Warmbrunn in Niederschlesien eine Familie Wucherpfennig, mit denen wir weitläufig verwandt waren. Tante

Gertrud kam gelegentlich zu uns und berichtete Erstaunliches, doch davon später.

Wir waren eine patriarchalische kleine Familie. Alles drehte sich um Vatis Nierenleiden, seinen Eiweißbefund, seine Gallenbeschwerden. Noch während ich als Krabbelkind die alten Möbel auf Stoßfestigkeit erprobte, reiste er einmal nach Wildungen zur Kur. Da kam pünktlich zur zweiten Wiederkehr meines Geburtstages ein Brief, der sich erhalten hat. Deutsche Schriftzüge. Für die Juniors muß man das übersetzen:

Bad Wildungen, Haus Sorgenfrei, den 17.7.1922

Mein liebes, süßes kleines Lottchen!

Schau mal an, 2 Jahr bist Du schon? Herrjemineh! Aus Kindern werden Leute. Und über den Tisch kuckst Du auch schon. Und ganz allein sitzt Du auch schon auf dem Stuhl ganz wie die großen Leute. Ja, wie machst Du das denn bloß?

Na, denn gratulier' ich Dir von ganzem Herzen, Du kleiner Goldpussel. Werde mir ein gesundes braves Kind! Werde ein guter, ein glücklicher Mensch! Lieber Gott im Himmel, hilf dazu und gib Deinen Segen diesem kleinen Menschenkinde.

Auf daß Du von der Existenz Deines Vaters auch noch ein sichtbares Zeichen erhältst, schau in dies Kästchen hinein. Da ist Chokolade und Bonbons drin. Verdirb Dir aber nicht den kleinen Magen.

Und nun such Dir mal den Papa auf dem kleinen Bildchen, das beiliegt. Ein 50 DM Schein liegt auch noch bei, dafür kauf Dir unter Mitwirkung Deiner lieben Mutter irgendetwas zum Spielen, zum Essen, oder — mach damit was Du willst.

Nun sei tausendmal geküßt, Du kleine Motte, gieb aber 500 von den Küssen an Deine Mamma ab. Und grüß mir auch die Großmamas und Tante Loschen

Dein Vater.

Damals konnte ich den Namen Florchen noch nicht aussprechen und sagte »Tante Loschen«, daher diese Bezeichnung. Das O lang gesprochen.

»Man merkt«, so sagte meine Mutter später über jene vergilbten Zeilen, »daß es beginnende Inflationszeit war. Sonst hätte Vati dir nie im Leben 50 Mark zum Geburtstag geschickt!«

Ausgerechnet jetzt, um diese Zeit etwa, geschah etwas, was ansonsten unser Verbleiben im Hause Perleberger Straße ernsthaft in Frage gestellt hätte: Vater gewann 30.000 Mark in der Lotterie.

In späteren Jahren habe ich mir oft die Frage gestellt, warum unsere Familie nie den Wunsch gehabt hat, ein eigenes Haus zu erwerben, anstatt immer nur zur Miete zu wohnen. Zweifellos gab es auch schon damals Bausparkassen oder andere finanzielle Möglichkeiten, die gerade den Beamten ein Eigenheim ermöglicht hätten.

Solch ein Entschluß würde aber der betreffenden Familie auf lange Jahre hinaus ein straff sitzendes Sparkorsett verpaßt haben, das vor allem Verzicht auf kulturelle Dinge und noch einmal Verzicht auf jegliche technische Neuerung bedeutet hätte. Ferner natürlich auch die Unmöglichkeit, Sommerreisen zu finanzieren. Zu diesen Opfern hatte einfach niemand Lust. So wohnte eine große Anzahl von Berliner Familien jahrzehntelang zur Miete, wobei sie sich mit ihrer Bleibe so weit identifizierten, daß es immer »unser Haus« war, mochte es ihnen nun gehören oder nicht.

Bei Puders bedeutete es ein urgemütliches, zwar altmodisches, aber geschmackvoll und stilgerecht eingerichtetes Zuhause, in das man von allen Ausflügen nur zu gern wiederkehrte.

Nun der plötzliche Geldsegen in der Familie. Alle waren fasziniert. Was wollt ihr denn damit machen? Vater ging unverzüglich auf Suche nach »irgendeinem kleinen schönen Haus draußen in Frohnau«.

Dabei muß er sich aber wohl zu lange aufgehalten haben, denn mit der rasch fortschreitenden Geld-Entwertung, dem »Valutaverfall«, wie man es damals nannte, schmolzen die Möglichkeiten für das Häuschen im Grünen derart zusammen, daß Vater eines Tages sagte: »Lies, jetzt gibt es für 30.000 Mark nicht mal mehr die Klinke zum Gartentor. Gehe hin und kaufe ein halbes Brot, da wissen wir, was wir haben!«

Unnötig zu erwähnen, daß Vater wieder seinen Spruch hersagte, daß es doch nun wirklich jeder Beschreibung spotte, in welchem Maße er ein Pechvogel sei. Nun gewinne erstmalig in der Geschichte der Familie ein menschliches Wesen überhaupt auch nur einen Groschen, und er gleich 30.000 Mark, und dann käme eine Inflation, was es ja früher nie und nimmer — , nicht wahr? Also es sei schon was Wahres dran, wenn er sich ein Sarggeschäft kaufe ...

Mit Entrüstung las man von Schiebern und Börsenjobbern, mit einigem Neid wurde mitangesehen, daß alle Leute, die Sachwerte besaßen, einen wüsten Tauschhandel begannen. Und man selber hatte eben nur seine Altersversorgung, und die war nicht das Schwarze unter dem Nagel wert!

»Irgendwie müssen wir diesen himmelschreienden Quatsch

überleben, das wäre ja noch schöner!« Vater machte sonntags allein lange Wanderungen mit dem Rucksack, und wenn er schon nichts anderes mitbrachte, so waren es im Herbst dann einige Pilze, Falläpfel oder Brombeeren. Schraubgläser und Dosen führte er mit sich.

Was wurde in jenen Jahren spazieren gegangen!

Mein Vater hielt streng darauf, daß ich bei nahezu jedem Wetter an die Luft kam. Nicht gerade dann, wenn es Schusterjungen regnete, aber ein leichter Nieselregen war kein Hinderungsgrund. Schusterjungen? Natürlich nicht in bezug auf die Lehrbuben der Schuhmacher, die mit Stiefeln über der Schulter die Kunden belieferten. Nein, Schusterjungen sind eine Art Roggenbrötchen in Berlin, leicht weiß bemehlt und von unvergleichlicher Delikatesse, wenn sie mit Grieben- oder Gänseschmalz bestrichen werden. Vielfach lange Zeit hindurch *das* Gebäck auf dem abendlichen Teetisch zu Hause.

Zwischen 1920 und 1925 war unser bevorzugtes Ziel für Spaziergänge, vor allem mit den Omas, der Kleine Tiergarten. Mit Trudelreifen und Murmelbeutel versehen machte ich erste Bekanntschaften mit anderen Kindern. Aber als Einzelkind hatte ich da meine Schwierigkeiten. Die Omas redeten sich Fransen an den Mund.

»Nun sei doch nicht so schüchtern. Sieh mal, das kleine Mädchen dort auf der Bank. Du gehst einfach hin und sagst: ›Kleine, willst du mit mir Murmelspielen?‹ Ist doch ganz einfach.« Aber ich ging nicht, verkroch mich, weinte. Manchmal standen Kinder bei Kreisspielen zusammen. Deren Mütter oder Omas saßen, genau wie die meinigen, auf den Parkbänken und strickten, häkelten, beäugten alles. Um mir wenigstens gelegentlich Zugang in so einen Spielkreis zu verschaffen, sagten die Omas schon mal: »So, Kinder, nun laßt mal die Kleine hier mitspielen. Sie heißt Lotti!« Dann ging auch alles ohne Umstände. »Der Plumpsack geht rum!« oder »Blindekuh«, »Morgen woll'n wir heiraten, ixe, axe, uh!«, alles alte Kinderspiele.

Kindergarten? Aber nein doch! Das gab es nicht.

Unwiderstehliche Anziehungskraft hatten auf mich die Photographen in dem kleinen Park. Auf Holzstativen dicke Plattenkameras mit ausgezogenem Harmonika-Balg. Schon damals gab es eine Art Sofortbild-Verfahren auf Metallscheiben. Von diesen alten Aufnahmen waren einige noch nicht gänzlich verrostet. Da steht man dann. Etwas grimmig wegen der langen Einstellzeit, Propellerschleife im Haar. »Gleich kommt das Vögelchen hier aus dem schwarzen Kasten! Kuck mal her, Kleine, nein, nicht doch! Lachen sollste!« Der Mann hantierte unter seinem schwarzen Tuch, drehte hier, zog dort, dann zückte Oma das Portemonnaie, das Metallbildchen wanderte in ein Kuvert und dann in den Pompadour.

Wenn mein Vater scherzhaft sagte, man solle das Kind auf die Weide treiben, so gehörten dazu auch die bescheidenen Reisen, die man sich, nach dem strapazierten Geldbeutel ausgerichtet, damals leisten konnte. Einmal war es Hangelsberg in der Nähe von Fürstenwalde. An einem Spreearm gelegen ein nettes Gasthaus, eine Sandkuhle zum Buddeln war für ein Kind sehr anziehend. Meine Eltern badeten. Papa im quergestreiften Badeanzug, Mutti im schwarzen Einteiler mit Puffärmelchen und Pluderhosen, auf dem Kopf so eine Art Duschhaube. Und Mücken, lieber Himmel! Was gab es Mücken rund um Berlin!

1924 ging es einmal nach Seifershau im Kreise Hirschberg in Niederschlesien. Jedenfalls ein von Bergen umzingeltes Gewitterloch. Das Gasthaus hatte für Kinder viele kleine hölzerne Schaukelpferde im Garten zwischen den Tischen aufgestellt, das gefiel mir so sehr, daß ich es heute noch weiß.

1925 durfte ich mit Oma Puder eine Reise nach Gollnow machen. Zu dem von Vaters Kindheitserinnerungen umwobenen Onkel Förster, der nun müßig, lange Pfeife aus langem Bart heraushängend, in Filzpantoffeln in seinem Zimmer saß und Jagdzeitschriften studierte.

Ein Haus aus roten Ziegelsteinen mit Schieferdach, Deutsche Straße 19. In der geräumigen Küche mit Steinboden Tante Agnes Teuchert. »Na, will unser Kind ein Zuckereichen? Ja? Na, dann bleib man gleich hier, du kleiner Fratz!« Mit einer Gabel schlug die Tante im tiefen Teller das Eiweiß zu Schaum, gab dann Zucker und etwas Vanille-Zucker dazu, dann das Gelbei. »So, damit du schöne rote Bäckchen kriegst, wenn du nach Hause kommst!«

Draußen viele fremde Kinder, die auch sangen »Morgen woll'n wir heiraten, Juhuhu, — ixe-axe-uh«.

In einem Turmzimmer eine Tante, auch Agnes geheißen, die Filzpantoffeln nähte und für eine Firma lieferte. Dann die Gespräche über die andere Tochter, Tante Grete.

»Weißt du noch, Agnes?«, sagte dann meine Oma Puder, »als Grete damals geschieden war und August sich so aufgeregt hatte? Wir saßen bei Euch vorm Forsthaus in Gartz und aßen Fisch. Mein

Gustav bekam eine Gräte quer und hustete endlos. Da schlug ihm dein August auf den Rücken und sagte zu ihm: ›Ach laß man, Justav, besser 'ne Jräte innen Hals als 'ne Jrete auf'm Hals!‹ Weil doch Grete wieder bei Euch lebte. Na, sie hat ja dann wieder geheiratet.«

»Daß du das behalten hast, Bertha!« Und dann sagte Großmutter: »Aber gib doch dem Kind nicht soviel Süßes, du verwöhnst mir die Kleine ja viel zu sehr!«

»I wo, geh mir doch!«, entgegnete Tante Agnes, »solange meine Rhodeländer noch in Ordnung sind, meine Eier sind unschlagbar gut. Ich sollte langsam auf Leghorn umstellen, der Ertrag ist ja wesentlich — «, dann hörte ich nicht mehr zu, wie immer, wenn die Dinge eine Wendung zum Geschäftlichen hin nahmen.

Gegenüber wohnte ein Mann, der in seiner Freizeit Gummibälle herstellte. Ich bekam so viele Bälle wie nie zuvor. Alle hatten einen kleinen Fehler, Beulen an einer Seite, verrutschte Muster oder dicke Falten. Aber sie sprangen lustig.

In das Kapitel »Tiergartenzeit« fallen auch meine häuslichen Erfahrungen mit meinem Vater. Wie schon nachdrücklich erwähnt, die Liebe und die Güte selbst, doch bei heraufziehenden Gallenkoliken hochexplosiv; ebensosehr empfindlich, sowie sich der geringste Ansatz zu Respektlosigkeit meinerseits bemerkbar machte.

Aber es gab auch ganz unbeschwerte Stunden. Noch war ich der Goldpussel. Mit fünf Jahren ungefähr begann eine Zeit, da las ich schon die von meinen Eltern ererbten Bilderbücher mit Gedichten auswendig daher und wendete sogar die Seiten richtig um, ohne auch nur einen Buchstaben zu kennen. Es waren mehrere Bilderbücher, denn damals »hielten« sich die Kinder ihre Sachen. Die Bücher stammten noch von den Großmüttern zum Teil, also museumsreif, aber für mich ganz herrlich. Da gab es ein Katzenbuch, das begann mit den Versen:

Ein Netz zum Schmetterlinge fangen
Bekam der Mauz vom Onkel heut.
Er trug danach schon groß Verlangen,
Und hat sich dann auch sehr gefreut.

Da kam Klein-Murner sacht gegangen,
Und hat, war da die Freude groß,
Den Falter unterm Hut gefangen!
Ach, wie das unsern Mauz verdroß!

Vater fand, ich habe viel zu wenig Kinder um mich, und so verwandelte er sich lange Zeit hindurch an guten Tagen mit viel Vergnügen in die Bilderbuchfigur Klein-Murner. Wir spielten nahezu alle Szenen der Katzengeschichte durch. Mir fiel die Darstellung der »Puppenmutter Piesekatz« zu, die mit ihrem Kinderwagen voller Puppen das Spiel der Kater stört. Manchmal lief Klein-Murner mit meiner Puppe Grete am Bein durchs Zimmer. Entsetzlich, ich brüllte, die arme Grete!

Dann wieder sollte ich meine Kräfte mit Klein-Murner messen. Er war wohl eben gerade vom Mittagsschläfchen erwacht und lag noch auf dem grünen Umbausofa.

»Komm, wirf mal Klein-Murner vom Sofa! Schaffst du ja doch nicht!«, hieß es dann. Ich stürzte mich freudig in diese beginnende Rangelei, aber wehe, wenn ich in meiner Ausgelassenheit mit dem Ellenbogen in die Gallengegend geriet!

Ein drohendes »Lottüüüh!« erschallte, ich machte eine gekonnte Voltige vom Katzenbuch-Dasein zurück ins normale Familienleben. Mit ganz zahmer Miene und dem bedauernden Ausruf: »Ach Vati, war das aber heute wieder schööön!« kletterte ich vom Sofa und sortierte mein umherliegendes Puppenvolk, packte alles in das Korbwägelchen und fuhr davon, ins Nebenzimmer.

Welt der Omas im dritten Stock
Wenn nachts der Regulator schlug, Weihnachten und Lavendelduft

Die zwanziger Jahre, heute weltweit als die »Roaring Twenties« hochgelobt, waren für deutsche Normalbürger alles andere als eine ausgelassene Freudenzeit. Man wurstelte sich mehr schlecht als recht durch eine überaus fragwürdige Nachkriegszeit. Die junge Weimarer Republik wurde pausenlos von Morden und Krisen erschüttert.

Morgens steckte bei uns die Zeitung »Berliner Lokalanzeiger« im Briefschlitz der Wohnungstür. Vater las sie zum Frühstück, enteilte dann ins Gericht. Nun hielt Mutter erstmal eine Frühstückspause ab und studierte die Rubriken »Gelegenheitskäufe«, die Todesanzeigen, die Berichte vom Ballgeschehen und die Buchbesprechungen. Damit hatte es sich aber auch. »Politik ekelt mich dermaßen an, also damit komme mir keiner!« Mit ihrer Einstellung lag sie nahezu vollkommen auf der Linie, die sich das gesamte deutsche Bürgertum der Mittelschicht zur Lebensrichtschnur gemacht hatte.

Die Eltern gingen zuweilen aus. Dann wurde ich eine Etage höher bei den Omis deponiert und durfte dort übernachten. Das Sofa hatte die biedermeierliche Form des fernsehbekannten Loriot-Sofas für Wum und Wendelin. Gemütlich, stabil, nicht kleinzukriegen. Darüber hing ebenfalls ein Regulator, wie bei uns, nur stammte er vermutlich aus dem großelterlich Puderschen Haushalt.

Nicht nur die Übernachtungen bei den Omis droben waren hochinteressant, auch die Spiele. Was ich alles durfte! Einfach sagenhaft.

Nach dem Besuch in Gollnow versuchte ich, die dort von den Kindern erlernten Hopse-Spiele mit Kreide auf dem Fußboden des Zimmers aufzuzeichnen. Oma Puder erlaubte. Kamen Florchen Wietasch oder Oma Mende herein, so hieß es: »Aber Berthchen, wer soll denn das nun wieder saubermachen?« Noch erschrockener waren Oma Mende und »Tante Looschen« eines Tages, als sich die Türklinke zum Zimmer der Großmütter gar nicht öffnen ließ. Omi Puder und ich hatten nämlich die Hängematte aus Gollnow zwischen Bettpfosten und Türklinke aufgespannt und sangen beide fröhlich:

Morgen woll'n wir heiraten,
Ju-hu-hu!
Morgen woll'n wir heiraten,
ixe-axe-uh!

Dabei schaukelten wir in der Matte und fanden das ganz einmalig. Draußen wurde geklopft und gerufen, schließlich machten wir auf und waren sehr verstimmt; die Hängematte sackte auf die Dielen, im dritten Stock waren im kleinen Vorderzimmer Dielen und kein Parkett wie bei uns im zweiten. Dann hörten wir schließlich auf. Kleinmädchen-Geschichten.

Zu den Familienfesten und natürlich am Heiligen Abend feierten die drei alten Damen mit in unserer Familie.

Unvergeßlich der Anblick, wenn sie vor der Wohnungstür standen. Niemals trugen sie Pakete oder Päckchen. Alles lag immer schon ausgepackt auf dem Gabentisch, noch mit einigen Servietten verdeckt.

Sie standen da in ihren guten Nachmittagskleidern, die langen Ketten mit den Lorgnons um den Hals. Jede trug »ihren Skunks« über dem Arm oder um den Hals. Je nachdem, wie kalt es im Treppenhaus war.

Zweifellos hat mein Vater in den Kleinmädchentagen, als alle Omas noch lebten, auch schon Weihnachtsbilder gemacht. Sie sind verloren. So gibt es kein Altersbild meiner Großmutter Puder. Aber ansonsten sind in den spärlichen Photoresten aus alter Zeit hauptsächlich Weihnachtsbilder. »Dies Jahr ist doch der Baum aber wieder besonders schön!«

Konsumfreundlich waren wir nicht, wahrhaftig. Die Puppen erhielten neue Kleidchen, Kaffewärmer neue Überzüge, man schenkte praktisch. Die Omas legten zusammen, ich bekam was zum Anziehen. Es duftete nach Kölnisch Wasser der alten renommierten Marken. 4711, Uralt-Lavendel, Johann Maria Farina.

Vater war in der Vorweihnachtszeit konzentriert beschäftigt, aus den zweiundzwanzig Anker-Steinbau-Kästen, die sonst das ganze Jahr auf dem Hängeboden aufgestapelt standen, eine Kathedrale oder sonst ein Prachtgebäude zusammenzufügen. Eine brennende Kerze erleuchtete diese von innen, und alles war staunenswert.

Zu Vaters Obliegenheiten gehörte die Anbringung der Kerzen am Tannenbaum. An langen festen Stäben aus Metall saßen die Kerzentüllen. Sie wurden eisenfest in den Baumstamm geschraubt, immer »auf Lücke« zu den Ästen, damit keine Kerze kokeln konnte. Wir verwendeten lange Stearinkerzen, sie standen so ausgerichtet, als habe ein Zimmermann mit Senkblei die Vertikale nachgemessen. »Stillige Nacht!«, sang mein Vater, um seiner Rührung Herr zu werden, »Heilige Nacht!«. Mutter saß am Klavier und schüttelte mißbilligend den Kopf. Mich interessierte vor allem der Bunte Teller. Ach, dreiundzwanzig Weihnachten in der Perleberger Str. 55 für mich. Und ich dachte, dies ginge immer so weiter!

Einkäufe in der Innenstadt
Wir Radio-Versuchskaninchen: »...und vergessen Sie nicht, die Antenne zu erden!«

Alltäglicher Kleinkram wurde in den Läden rings um das Haus erledigt, dort bekam man so ziemlich alles Notwendige. Die Laden-Öffnungszeiten waren anders als heute. Bis neun Uhr abends konnte man fast überall einkaufen. Auch sonntags konnte am Vormittag einige Stunden Vergessenes geholt werden.

Im Zusammenhang mit allen Besorgungsfahrten, die unsere alten Damen vom dritten Stock in meiner Kinderzeit unternahmen, taucht plötzlich eine Vokabel wieder auf, die es heute nicht mehr gibt. Manchmal klingelte eine meiner Großmütter oder Tante Flora bei uns, betrat schwer atmend, mit Päckchen und Tüten im Einkaufsnetz, den Flur und ächzte:

»Ach, Lieschen, hast du nicht ein Täßchen Kaffee für mich? Ich habe mich ja heute wieder so ›ab-ge-ä-schert‹!«

Erfreut stand ich dabei, griff hilfsbereit nach Netz und Tüten. Meist war irgendwo eine Tafel Schokolade für mich dabei. Ab-ge-ä-schert, das waren also ermüdete Omas oder Tanten. Aber da war das ganz ähnlich klingende Wort »eingeäschert«, das kannte ich auch. Es bedeutete Feuerbestattung. Dann kamen die Verstorbenen ins Krematorium, und ihre Asche in Urnen. So weit war ich damals schon, daß ich dies wußte. Erst viel später jedoch kapierte ich die Zusammensetzung des alten Ausdrucks »ab-ge-ä-schert«. Eine Mischung aus »abgehetzt« und »echauffiert«, was eigentlich »erhitzt« bedeutet. Aber da ein abgehetzter Mensch ja ohnehin meist ins Schwitzen kommt, so bedeutete »ab-ge-ä-schert« demnach genau die richtige Verfassung des Betreffenden.

Dies war nur ein Beispiel in der langen Kette ähnlicher Gedankenverbindungen, die gerade in Berlin, das in seiner Geschichte oftmals und viele Jahrhunderte hindurch französische Hugenotten in großer Zahl aufgenommen hatte, häufig entstanden sind. Machte ein Berliner etwas mit großer Leichtigkeit, so geschah dies »aus der Lamäng!« La main — die Hand, also gleichsam mit einer Hand. Das Wort »ab-ge-ä-schert« war aber in jenen Jahren noch überall gebräuchlich, und die Freundinnen meiner Großmütter sprachen es mit der gleichen Selbstverständlichkeit aus wie etwa auch meine Mutter:

»Du kannst mir doch heute wirklich beim Abtrocknen helfen. Du siehst doch, wie ich mich ›ab-ä-schern‹ muß wegen des Besuchs heute abend!«

Sollte für mich in der Innenstadt etwas besorgt werden, so verpackte man mich Mitte der zwanziger Jahre in ein warmes Kapuzenmäntelchen von Rosenholzfarbe. Ein sanftes Hellbraun mit schwachem graurosa Einschlag. Die Pelerine war mit Pelzstreifen besetzt und hielt besonders warm. Eine Form des Kindermantels, die sich lange Zeit hindurch mit Abwandlungen gehalten hat.

Meist war es um die Weihnachtszeit, dann fuhren Mutter und unsere alten Damen mit der Elektrischen zum Potsdamer Platz. Im Verkehrsturm dort befand sich eine der ersten Ampeln von Berlin. Ein Schutzpolizist stand wie ein Kapitän auf seiner luftigen Plattform und schaltete Rot—Gelb—Grün, von Hand, je nach Lage des Verkehrsstroms.

Wir gingen zunächst einmal zu Wertheim, in jenes riesige und beliebte Warenhaus, wo um den ersten Advent herum die große Spielzeugausstellung im Lichthof stattfand. Das war ein wahres Wunderland mit ständig umhersausenden Eisenbahnen in herrlichen kleinen Landschaften. Puppenhäuser mit ihren Einwohnern, Bauernhöfe mit allem Zubehör, es gab eigentlich kaum etwas, was Wertheim an Neuigkeiten und Althergebrachtem nicht führte, Schaukelpferde in allen Größen und Ausführungen.

Meine Kleidung schenkten von 1922 bis 1930 meist die Omis. Diese kauften jedoch grundsätzlich in einem Haus, das für Kindergarderobe einen besonderen Ruf hatte. Da war nicht nur alles von bester Qualität und preiswert, da war auch jedes Stück so zugeschnitten, daß man Säume verlängern, seitliche Falten oder Nähte erweitern konnte. Vernünftig und solide. Wer konnte schon den schnell wachsenden Kindern ewig Neues kaufen?

Das schöne Modehaus befand sich in der Nähe der Passage in der Friedrichstraße und hatte einen Namen, den man so richtig auf der Zunge zergehen lassen konnte: Emma Bette, Butt & Lachmann. Es war wie ein Singsang, eine Zauberformel, und der Kauf eine Zeremonie. Noch heute kann ich die Kleider auf alten Photos herausfinden, die von dort stammten, kann ihre Farbe beschreiben, weiß, ob der Stoff kratzte, wann etwa ich sie bekam, wie lange sie hielten und wann sie »vererbt« wurden. Wer in unserem Freundeskreis ebenfalls Kinder hatte, etwas älter, etwas jünger, der praktizierte diese »Vererbung« bei Lebzeiten, von einem Kind zum anderen.

Nur selten war auf solchen Einkaufs-Expeditionen in die Stadtmitte mein Vater dabei. Und wenn, dann als etwas widerborstiger Kunde, dem dies und das und jenes an neuen Anzügen oder Mänteln nicht paßte. Vor allem in den Schultern war er empfindlich, er machte Armbewegungen, daß zuweilen die Nähte krachten, und die Verkäufer besorgt meinten:

»Der Herr hat eine sehr kräftige Schulterpartie, wir sollten doch eine Nummer größer nehmen!«

Großmutter Puder hielt streng darauf, daß ihr Sohn sich gut kleidete. Solange sein Gehalt nicht den erwünschten Umfang erreicht hatte, gab sie regelmäßig zu seiner Garderobe von ihren bescheidenen Mitteln etwas dazu. War endlich das schwierige Geschäft der Anschaffung erledigt, dann stand er in seiner neuen hellgrauen Pracht vor dem häuslichen Trumeau, nahm die Positur einer Schaufensterpuppe an, steife Kinnhaltung, auf halber Höhe abgewinkelte Arme:

»Na, wie gefalle ich euch? Was trägt der Herr zum Frühjahr auf der Promenade?«

Sein mimisches Talent machte die Illusion vom Pappmaché-Herrn aus dem Warenhaus vollkommen. Die Familie spendete pflichtschuldigst Komplimente.

Manchmal, auch im Sommer bei gutem Wetter, fuhr man in die Stadt, nur um ein bißchen zu kucken. Man muß betonen, daß kein echter Berliner das vom Herrn Duden in vielen Fällen vorgeschriebene »gucken« mit G aussprach. Man sagte ausdrücklich kucken. Gucken, das kam in anderen Dialekten vor, etwa wenn ein sächsischer Kabarettist »Ei, gucke da!« von sich gab, was dann sehr belacht wurde.

Der Einschlag norddeutscher Dialekte machte sich auch in einigen anderen Redensarten bemerkbar. Fand jemand, dies sei bemerkenswert, so sagte er: »Da kiekste, wa?« War jedoch der andere verdutzt und verwirrt, so bekam er gleich mit »Da kiekste dusselig aus der Wäsche!« eins drauf.

Wir berlinerten ausdrücklich nicht. Das war nicht fein und ein schlechtes Beispiel für »das Kind«, also mich. Daß jedoch gerade Kinder inmitten einer so lebendig formulierenden, sich ständig wandelnden Slang-Sprache, wie es das Berlinische ist, sofort alles mitkriegen, das versteht sich von selbst. So sprach der besterzogene Mensch aus Berlin, der in seiner Jugend beim kleinsten »Wöß ick nich!« eins hinter die Ohren bekommen hatte, dennoch bei Bedarf reinsten Berliner Dialekt, wobei es auch noch die sympathischen und die abstoßenden Nuancen gibt.

Wenn Vater allein in die Stadt fuhr, dann wurde unser Haushalt meist um eine technische Neuerung bereichert. Etwa 1924 erhielt das Haus Perleberger Str. 55 elektrisches Licht. Noch unschön in der Installation, die alte Gasleitung zur Lampe blieb zunächst drin, das neue Kabel führte über Stuck und Putz der Zimmerdecke zur neuen Eßzimmerkrone. Erst bei einer späteren Renovierung der Räume kamen die Leitungen unter Putz. Zunächst saßen dicke Schalter neben den Türstöcken, die man »um Gottes willen« nicht mit nassen Händen anfassen durfte. Es gab zunächst zu wenig Steckdosen. Seltsame Lampenfassungen mit Einsteckmöglichkeiten für Bügeleisen oder Rundfunk oder Tischlampen wurden auf die

Fassung der Birnen in der »Krone« aufgeschraubt. Die ersten elektrischen Haushaltsgeräte erschienen in Inseraten.

Eines Tages trug Vater einen kleinen schwarzen Kasten vor sich her, 20 x 20 cm groß, etwa 15 cm hoch. Obenauf unter einem kleinen Glasgehäuse, wie eine Kostbarkeit vom Juwelier, ein schwarzfunkelnder Kohlekristall auf rosa Watte, blinkend in jeder Beleuchtung. Auf der Kruste ruhte eine spitze Nadel an feiner Halterung. Es war ein Detektor-Apparat, unser erstes Radio.

Bis zum Jahre 1923 existierte in Deutschland noch ein gesetzliches Verbot für privaten Rundfunkverkehr. Es gab einen »Radioclub« in Berlin. Als jedoch das Verbot aufgehoben wurde, ging es nach 1923 sprunghaft aufwärts mit der neuen Erfindung. 1924 fand die erste »Große Deutsche Funkausstellung« statt. Die Leute strömten in Massen herbei, die Wunder dort zu bestaunen. Inzwischen gab es als ersten Sender die »Berliner Funkstunde AG«.

Zunächst experimentierte mein Vater allein mit seinem neuen Gerät. Als jedoch am 24. 4. 1925 eine der ersten bedeutenden Sendungen übertragen wurde, die Wahlreden der Präsidentschaftskandidaten des Deutschen Reiches, da war Vater finster entschlossen, auch die Ausgaben für weitere Kopfhörer nicht zu scheuen. Er hatte die Stimme des alten Generalfeldmarschalls Paul von Hindenburg gehört, ebenso waren die Worte von dessen Rivalen, des Reichskanzlers Wilhelm Marx, über den Äther gekommen.

»Das ist epochemachend!«, sagte Vater ernst. »Die Tragweite der neuen Erfindung ist noch gar nicht abzusehen. Diese einmalige Möglichkeit der politischen Information für die große Menge der Leute, die keine Zeit haben, Zeitungen zu lesen. Oder kein Geld. Es ist fabelhaft. Wie schwankend ist doch der kleine Mann in seinen Ansichten. Weiß überhaupt irgend jemand, wohin es mit uns treiben wird?«

In der Wilsnacker Straße, nahe der Perleberger, hatte sich inzwischen ein Radiogeschäft aufgetan. Vater bezog dort einen Teil seines Bastelbedarfs.

Eines Tages stand auf dem Wohnzimmertisch ein längliches Kästchen aus hellem Holz mit gelben Metallbeschlägen. Das ganze Ding so lang wie eine Männerhand, 6 cm hoch, 8 cm breit. Es handelte sich um ein Zusatzgerät zum Radio, einen Verteiler für mehrere Kopfhörer. Vater hatte sechs Stück mitgebracht. Bisher hatten wir hin und wieder mal probeweise an seinem Kopfhörer gelauscht. Die Sendungen waren vielfältig, auch oft Musik.

Eines Abends versammelten wir uns alle um den großen Eßzimmertisch, von den beiden Glühbirnen der Krone sanft beleuchtet, in der Mitte das längliche Holzkästchen. Die Kopfhörerpaare an jedem Platz parat liegend. Wir setzten uns weisungsgemäß. Nun bekamen wir, die Radio-Versuchskaninchen, alles erklärt. Wir, das waren Mutter, Oma Mende, Oma Puder, Großtante Flora, sogar die Balzern, obwohl sie es wegen ihrer unbotmäßigen Reden in der Küche von Tante Flora eigentlich nicht verdient hatte.

»Also, das hier sind die Buchsen. Jeder Kopfhörer hat an seinem Kabel unten zwei Stecker. Man setzt die Stecker jeweils paarweise in die Buchsen des Verteilergeräts. Nun probiert mal die Kopfhörer auf, ich stelle dann die Sendung ein!« Mein Vater war ganz aufgeregt, als hätte ein Theaterstück von ihm Premiere.

Wir probierten die Kopfhörer. Sie hingen entweder an irgendwelchen Frisurteilen fest oder rutschten bis zum Kinn. Dann begriffen wir den Mechanismus und stellten die Höhe der Ohrmuscheln ein.

»So, nun seid mal alle ruhig!« Sprechen ertönte aus den Hörern, dazwischen Piepen, Quietschen, Summen, Pfeifen. »Also immer diese Störungen, wartet mal, ich nehme eine andere Frequenz — so!« Dann endlich eine Melodie: »Schenkt man sich Rosen in Tirol, weiß man, was das bedöiiiten soool«, knödelte ein Tenor. Wir waren sprachlos vor Entzücken und lauschten hingegeben. Diese Rundfunkabende mit den Kopfhörern haben wir einige Zeit abgehalten, dann jedoch gab es Unzuträglichkeiten. Vaters Gehör war schlecht, er stellte immer alles zu laut. Das Ergebnis seiner kurzen Tätigkeit als Richtkanonier. Die Omas protestierten: »Aber Eeeerchen, es ist ja nicht zum Aushalten!« Leiser. Nun warf Vater wieder die Hörer hin: »Also ich verstehe überhaupt nichts mehr. Na, dann kann ich ja derweil spazierengehen!«

»Nun sei doch nicht so!«, wollte Mutter vermitteln, doch er war schon weg.

Dann das häufige Redeverbot. Das war natürlich auf die Dauer nicht zu machen. Sie redeten alle durcheinander: »Man wird doch wohl noch ein Wort sagen dürfen!« »Nein, also das ist ja nicht sehr schön, daß man hier den Mund verboten bekommt. Sind wir denn in einem Trappistenkloster?«

Mehr und mehr zogen sich die alten Damen zurück. Sie waren an Unterhaltung und Aussprache gewöhnt, der Kopfhörer war ihnen lästig, und die Brillenbügel verhakelten sich mit den Haltern.

24 *Lotti Puder etwa 1924*

25 Weihnachten 1938.
Familie Puder und Familie Kissauer feiern gemeinsam.
Inge, Marianne und Heinz Kissauer, kostümiert in der ersten Reihe.
In der Mitte: Mutter Puder, Großtante Florchen Wietasch,
Großmama Faulhaber und ihre Tochter Anni Kissauer.
Hinten links: Walter Kissauer; und hinten rechts: Lotti Puder und ihr Vater.

Diese technische Neuerung war offenkundig noch verbesserungsbedürftig.

Nun, dies geschah schnell genug. Ein Lautsprecher löste das Kabelgewirr um den Kopfhörer-Verteiler herum ab. Außerdem gab es jetzt bald die Zeitschrift »Die Funkstunde«. Zu gewissen, besonders beliebten Sendungen fand man sich nach Verabredung zusammen. Zu Opern, Konzerten. Besonderer Beliebtheit erfreute sich »Sender Runxendorf auf Welle 05«, dann kam der fabulos komische schlesische Stimmen-Imitator Ludwig Manfred Lommel, dessen einzelne Sketch-Sendungen immer gleichbleibende Teilnehmer haben sollten: Paul und Pauline Neugebauer, Baron Rülps von Knullerich oder den Kantor Stockschnupfen, der immer sagte: »Auf der einen Seite — auf der anderen Seite ...«

Zu den Hörspielen gab es Textbücher wie zu Theaterstücken. Bald war in unserer Wohnung in steigendem Maße ein Vorrat im Bücherregal von diesen weißen schmalen Broschüren mit dem geschwungenen Titel-Schriftzug »Sendespiele«.

Jedes Radioprogramm in jenen Jahren schloß mit den Worten » ... und vergessen Sie nicht, die Antenne zu erden!«

Unsere Probezeit als Radio-Versuchskaninchen war zu Ende, der Reiz der neuen Einrichtung bald vorüber. Aber nicht Vaters Bastelfreude, worüber noch einiges zu berichten wäre.

Vaters Photo- und Bastelpassion
Meine einzige Tracht Prügel — wegen fünf Pfennigen

Nichts kennzeichnet wohl konturenreicher die Deutungen des Wortes Passion als die Ereignisse in der Puderschen Wohnung während des technischen Pionierdaseins meines Vaters.

Alles, was damals neu aufkam, das beherrschte seine Wunschwelt völlig, und er betrieb Erwerb, Erhaltung und Erneuerung der entsprechenden Geräte mit echter Leidenschaft.

Passion — das bedeutet jedoch auch gleichzeitig »Leidensweg«, und den gingen wir, wie schon beim Kopfhörer-Radio, gezwungenermaßen und keinesfalls mit Emphase, auch weiterhin.

1927 im Riesengebirge begann Vater, künstlerische Schwarzweißaufnahmen zu machen. Gelbfilter, Orangefilter, alle nur denkbaren Linsen wurden für die Plattenkamera angeschafft. Er wollte alles selbst machen, um damit Kosten zu sparen. Daß im Endeffekt eigentlich nichts an Erspartem dabei herauskam, das erklärte sich durch die Kosten für Entwicklerschalen und eine hohe Zahl von verkorksten Blättern an Kopierpapier. Es war kein Meister vom Himmel gefallen, auch unser so schlauer Vati nicht.

Wenn wir heute rings um den Globus so mühelos auf den Knopf drücken, und der eingebaute Blitz läßt wunderbare Bilder zu jeder Tageszeit entstehen, so kann ich nur mit gelindem Grausen an die ersten Blitzlichtaufnahmen denken, die in der Wohnung Perleberger Str. 55 im zweiten Stock links stattfanden.

Willkürlich wähle ich ein Beispiel aus, das zeitlich im Fluß meiner Erzählung schon etwas vorgreift, aber es war so typisch für die mühsamen Vorbereitungen und Nebenumstände, die damit verbunden waren, daß ich es hier anführen will.

Blitzlichtaufnahmen hatte es bei uns auch schon früher und noch viele danach gegeben, aber diese nachweihnachtliche Kindergesellschaft 1932 ist im Bilde noch vorhanden. Deshalb sei von ihr erzählt, vor allem auch, weil das Bild so wundervoll mißlang!

In den Papiergeschäften gab es vorgedruckte Kärtchen, die Einladungstexte für Kindergesellschaften enthielten. Solch eine Karte malte auch ich mit spitzer Feder in bester deutscher Sütterlinschrift aus.

Mit Erlaubnis meiner lieben Eltern, hieß es da, bitte ich Dich, liebe Putti, Bärbel, Waltraud, Irmgard oder Ilse, am 28. Dezember 1932 zu einem Weihnachtskaffee.

U.A.w.g. = Um Antwort wird gebeten.

Nun, sie hatten alle zugesagt, waren gekommen, von Mutters Napfkuchen war ein gehöriges Stück verschwunden. Es gab natürlich keinen starken Kaffee, sondern unseren gewohnten Milchkaffee — Kaffee verkehrt, wie man ihn in den Gaststätten bestellen konnte.

Weil doch nun auch in diesem Jahre »der Baum besonders schön« war, begann das, was Mutter mit »Rougemouge« zu bezeichnen pflegte, die namenlose Unordnung und das Durcheinander, das mit einer solchen Aufnahme verbunden war.

Das Wort ist in dieser Aussprache nicht zu finden. Ich vermute, es hat »Rouche-Mouille« korrekt geheißen, was soviel wie Schiffbruch noch vor Stapellauf oder Verlust der gesamten Ladung bedeuten könnte.

Um bei der Seemannssprache zu bleiben, wurde als Hauptmast zunächst die große hölzerne Leiter, mannshoch, aufgestellt. Quer auf der oberen Fläche lag gleichsam als Rah-Stange der Besen, mit

Schnur mehrfach festgebunden. Das Blitzlicht befand sich in einem Aluminiumkapselchen. Die Kapsel hatte einen Luntenfaden zum Anzünden. Sie hing an einem schmalen Alu-Streifen, der beliebig gebogen werden konnte. Man formte einen Haken, legte ihn über den Besenstiel — das moderne Blitzlicht war fertig installiert.

Keinesfalls durfte der Magnesiumblitz direkt vor dem Objektiv der Kamera explodieren. Das Licht mußte seitlich hängen. Daher der Umstand mit Leiter und Besen.

Nun ragte der Eßtisch wieder mit einer Ecke ins traute Familienbild. »Kommt Kinder, faßt mal an, wir rücken ihn mehr zum Ofen!« Alles sauste, Himmel, war der schwer. So, nun war er aus dem Bild. Gut so? Vater schlug das schwarze Tuch um den Kopf und legte es über die Kamera.

Dann die Kommandos:

»Hallo, Jennychen, bitte etwas mehr zum Baum hin. Lotti, du stellst dich jetzt mal hinter Mutti, das ist mein Platz. Ich will ja schließlich auch draufsein. Recht so, ja, so geht es!«

Dann kam die Rede: »Vor allem eines, Kinder, bitte seht nicht direkt in den Apparat. Am besten irgendwie leicht seitlich. Aber nicht schielen. Und dann unbedingt die Augen offen, nicht wahr? Das ist ganz wichtig. Nicht blinzeln beim Blitz. Dann können wir das Bild nachher wegwerfen. Auf Photos schläft man nicht, das wäre ja gelacht!«

Nachdem er erneut Einstellung, Abstand der Kapsel, mehrere andere Dinge geprüft hatte, hing plötzlich von oben noch die Eßzimmerkrone ins Bild. Sie hatte einen verstellbaren Zug, er schob sie höher. Wir waren schon alle weidlich nervös.

»So«, verkündigte unser Regisseur, »nun ziehe ich die Plattenabdeckung heraus, denkt daran, was ich gesagt habe, Augen unbedingt offen — Achtung! Jetzt brennt die Lunte, ich zähle bis sieben! Eins — «

Und während er anzündete und zu zählen begann, hechtete er in großen Schritten zu seinem Platz neben der Weihnachtstanne, hinter Mutter. Daß wir dann disziplinloserweise doch alle einen furchtbaren Schreck bekommen und prompt mit den Lidern gezwinkert hatten — ja, das war nachher nicht mehr zu ändern. Das Bild wurde aber nicht weggeworfen, weil doch der Baum so besonders schön war und überhaupt — es war doch ein Andenken.

So eine Kindergesellschaft mit viel Unordnung, nachherigem anhaltenden Magnesiumdampf im Zimmer, sofort aufgerissene

Fenster, durch die dann wieder ganz unvernünftig viel Kälte einströmte, das wäre ja immer noch zu ertragen gewesen. Aber Vater funktionierte an Sonntagen die Küche um in eine Dunkelkammer. An Großmutters schönem Gerätebord hing dann ein einfaches Holzbrett mit einer weißen Birne für normales Licht, einer gelben für Gelblicht, einer dunkelroten für ganz heiklige Arbeiten im provisorischen Labor.

Die Mahlzeiten für die Dunkelkammer-Sonntage bereitete meine Mutter dann schon so weit vor, daß sie nur noch aufgewärmt zu werden brauchten. Der Abwasch konnte natürlich nicht erledigt werden. Am Abend, wenn dann der müde Laborant endlich auf sein Sofa sank und erschöpft seinen Mittagsschlaf nachholte, stand Mutter vor dem Chaos der unaufgeräumten Küche voller Entwicklerschalen und Flaschen, längs und quer war eine alte Wäscheleine gezogen. Mit Spezialklammern hingen daran die tropfnassen Papierkopien der Plattenaufnahmen. Was auch immer sie nun beschloß — entweder alles liegenzulassen und sich morgen damit zu befassen, oder sich naßtropfen zu lassen und morgen Ordnung vorzufinden —, in jedem Falle durchlitt sie alle Stationen eines Leidensweges ordnungsliebender Hausfrauen, deren Ehemännern die Bastelleidenschaft über alles andere geht.

Wobei bemerkt werden sollte, daß durch das improvisierte Photolabor wenigstens kein nennenswerter Sachschaden entstand. Da war es beim Radio und seinen späteren Zubehörteilen schon krisenträchtiger. Aus der Zeit, da die Geräte mit Säure-Akkumulatoren betrieben wurden, kommt später noch Berichtenswertes.

Zumindest fand Vater mit den Jahren einen Herzensfreund, der all seine Neigungen teilte: Walter Kissauer. Die beiden Männer arbeiteten im Amt zusammen, verabredeten sich auch mal sonntags zu Fahrradtouren, was Mutter sehr freute. Während nämlich mein Vater im Büro gemütlich am Schreibtisch seine Arbeit verrichtete und sonntags nach Frischluft und Bewegung förmlich lechzte, nahm der Haushalt meine Mutter ungeachtet der Hilfe durch »die Mütter« und »die Schatzen« doch sehr in Anspruch. Ihre Füße taten ihr oft weh, sie hatte gar keine große Neigung, am einzigen Feiertag der Woche nach Erkner oder Brieselang zu fahren und dann stundenlang durch die Wälder zu geistern. Oder den beliebten Naturpfad in Finkenkrug, den »das Kind« ja immer mal wieder sehen mußte.

Mutter hätte Walter Kissauer beinahe vor Wonne umarmt, als er sich plötzlich mit großer Treue und Anhänglichkeit als fabelhafter Bastel- und Wanderkamerad entpuppte.

Natürlich saß Vater auch manchen Nachmittag allein über einem zerlegten Radio-Chassis und grübelte über die Verteilung der Schrauben, wechselte Röhren aus oder tat sonst etwas Unumgängliches.

Es war ein schöner Frühlingstag, ich mochte acht Jahre alt sein, denn ich kannte schon Geld und wurde gelegentlich zu kleinen Einkäufen in die Geschäfte der Nachbarschaft geschickt. »Komm mal her, Kind!« rief mich Vater. Ich saß an seinem Schreibtisch und machte irgendeine Schulaufgabe. Gehorsam kam ich an. »Du gehst jetzt zum Elektrogeschäft in der Wilsnacker Straße, gleich hier vorn. Paß auf, ehe du übern Damm gehst. Hier sind 20 Pfennig, kaufe mir bitte sechs Bananenstecker wie diesen hier. Das ist das Muster. Das will ich wiederhaben. Also sechs dazu. Sie kosten 15 Pfennig. Hole das Zeug, und bringe den Rest des Geldes wieder!«

Ich flitzte davon, so was machte ich gern. Aber unterwegs stand gerade ein Eismann mit seinem Karren, auf dem zwei blanke Chromdeckel glänzten, exakt gegenüber vom Elektrogeschäft. Ich kaufte ein Tütchen Vanille-Eis und sagte meinem Vater, die Bananenstecker hätten 20 Pfennig gekostet.

»Das ist doch unerhört!«, rief er aus, »das kann doch gar nicht sein. Ich habe doch gestern noch sechs Stück zu fünfzehn Pfennig bekommen. Jetzt gehe ich sofort und frage, wie sich das verhält!«

Er krempelte die Ärmel seines Hemdes runter, ging ins Schlafzimmer, um sich die Hände zu waschen, die Weste aus- , das Jakkett anzuziehen. Ich bibberte stumm. Da schloß jemand die Tür auf, Mutter kam heim.

»Was ist denn los? Du machst ja so ein Gesicht?«

Mein Vater betrat den Flur, zog die Schlafzimmertür hinter sich zu. »Ich muß da etwas klären!«, sagte er verstimmt und wollte an Mutter vorbei. Doch genau in diesem Moment heulte ich laut los, denn mir erschien kaum etwas so peinlich, wie von fremden Leuten als Lügnerin entlarvt zu werden.

Vater wandte sich um, legte den Hut wieder auf die Garderobe. »So, verehrtes Fräulein Tochter, warum wird hier nun geheult? Nun müßte es ja eigentlich eine ganze Menge zu erzählen geben, nicht wahr?«

Aber ich brachte kein Wort aus der Kehle, nur Schluchzen und endlose Enttäuschung, daß ein Tütchen Eis und diese läppischen fünf Pfennige überhaupt Anlaß sein konnten, mir so ein Theater zu bescheren.

Nun, stockend beichtete ich dann doch. Vater erbleichte, dann legte er mich übers Knie, und es tat ziemlich weh, was da auf meine Sitzfläche runterkam. Mutter fiel ihm mehrfach in den Arm, doch er ließ sich nicht aufhalten. Schließlich war ich ganz verstört, weniger durch den Schmerz als die große Aufregung, in der sich meine beiden Eltern befanden. »So was muß im Keim erstickt werden!«, sagte Vater grimmig. »Aber sie ist doch so zart!«, warf Mutter ein.

»Besser heute den Hintern voll, als später im Knast!«

Damit fand die unerfreuliche Szene ihr Ende. Noch ehe ich alle Beweggründe verstand, war mir nur eines klar: so was wollte ich um keinen Preis der Welt nochmal erleben.

Es blieb das einzige Ereignis dieser Art.

Schulen? Die dollste Erfindung der Welt
1931 und seine musikalischen Vorkommnisse

Im Jahre 1927 zu Ostern brachte mich Mutter in die 188. Volksschule in die Stephanstraße. Endlich war ich unter Kindern und konnte sie studieren. Die Rolle meines Vaters als Klein-Murner war ohnedies kein vollgültiger Ersatz dafür gewesen.

Eltern unserer Jahrgänge bekamen noch eine »Preußische Schulordnung« in die Hand gedrückt, in der unter anderem zu lesen stand, daß man sein Kind

»sauber gewaschen und in ordentlicher, jedoch nicht aufwendiger Kleidung«

dem Unterrichte zuzuführen habe. Mutter ging die ersten vierzehn Tage mit mir, brachte mich auch späterhin noch manchmal über den verkehrsreichen kleinen Platz, den Perleberger-, Rathenower- und Stendaler Straße auf dem Wege vom Haus zur damaligen Schule bilden. Mutter verband das mit frühen Einkäufen, Milch, Brötchen; an der Haltestelle der Elektrischen Nr. 23 konnte nun nicht mehr viel passieren, dann trabte ich allein weiter. Brauner Schulranzen, Schiefertafel drin, Schwämmchen rausbaumelnd. Wie in dem Kinderbuch von der Häschenschule:

Hasenhans und Hasengretchen
Gehen lustig Pfot in Pfötchen
Zu der frühen Morgenstund
Durch den bunten Wiesengrund.

Bei uns nix Wiesengrund, alles graue Häuser, graues Pflaster, aber eine Freundin namens Gretel fand ich bald, und dann war da gleich Putti, dies süße rundliche Kind mit den dicken blonden Zöpfen.

In der Schule traf ich eigentlich nur die Bestätigung dessen, was ich vorher schon halb und halb konnte: lesen. Nur jetzt systematisch mit Lesekasten und aufklappbarem kleinen Pult, auf welchem die einzelnen Buchstaben zusammengesetzt wurden. Es ging sehr schnell, daß ich dies verstand. Auf einmal sprachen die Wände, die Schilder, die Straßennamen. Ging ich in diesem Frühjahr 1927 mit Mutter spazieren, so buchstabierte ich an allen Läden herum, stand vor leeren Seitenwänden von Häusern, die Brandmauern heißen. Hier hatten Firmen, die teils noch heute bekannt sind, ihre schönen Sprüche aufgemalt. Eine Margarinefirma umrahmte ihren Fettwürfel mit frohen Kindergesichtern und dem Spruch:

Weg mit de' Butter!
Eßt Alba, sagt Mutter!

Eine andere Margarine war als riesiger Würfel aufgemalt, von blauen Bändern sorgsam umwunden, inmitten der blauen Pracht ein weißer Schwan:

»Schwan im Blauband«

Doch nicht nur mit den Nahrungsmitteln gaben sich die Reklameleute viel Mühe. Offenbar litten die Menschen jener Zeit auch reichlich an Bauchweh.

»Blähgase verbittern das Leben —
nehmen Sie täglich dreimal — «

Ja, was? Das weiß ich nicht mehr. Aber ein anderes Mittel warb sehr vielfältig:

»Laxin führt ab, es wirkt sehr milde.
Versuch es, und du bist im Bilde!«

Dann habe ich eine Persilreklame in Erinnerung, die es nicht einmal mehr im Archiv der Hersteller gibt, die damals aber viele Brandmauern in Berlin bedeckte:

»Pauline, laß das Reiben sein!
Persil wäscht alles ganz allein!«

Dazu eine Waschfrau mit Dutt, tief niedergebeugt über einen hölzernen Zuber, Wäsche auf einem Rubbelbrett reibend, ein Persilpaket daneben, umgeben vom Glanz des Lohengrin auf der Bühne, der von »Schmach und Not« befreit.

Ja, Schulen waren fabelhaft, die Lehrerinnen so richtig zum Liebhaben. Da müssen Putti und ich nicht die einzigen Kinder gewesen sein, die das fanden. Wir besuchten unsere Klassenlehrerin Fräulein Straßburg an deren Geburtstag am 7. Juni mit großer Anhänglichkeit noch all die Jahre der höheren Schule hindurch. Im Lyzeum waren auch wieder alles so nette Lehrer, die sind nicht nur mir unvergeßlich geblieben, sondern eine der ehemaligen Schülerinnen hat bei einem der letzten Klassentreffen sogar die Bilder ihrer Gräber dabeigehabt.

Auf meinen alten Zeugnissen kann ich nachlesen, wie viele Unterrichtsstunden ich gefehlt habe, so daß ich mich eigentlich wundere, überhaupt etwas Gescheites im Unterricht mitbekommen zu haben. Ich machte die ersten Jahre kaum Schularbeiten. Alles erschien mir so himmelschreiend leicht und einfach. Vielleicht die Auswirkung meines ständigen Umganges mit Erwachsenen, die Beschäftigung mit den Liebhabereien der Großmütter, was lehrstoffmäßig erst später drankam. Viele Gesangbuchverse kannte ich von den Omas schon längst auswendig, Gedichte durch Vater; kurz, eines Tages ging meine besorgte Mutter zu Fräulein Straßburg und fragte, warum ich denn niemals zu Hause Schularbeiten mache, ob denn die Kinder von ihr nie was aufbekämen.

Fräulein Straßburg ließ sich den Namen meiner Mutter wiederholen, denn wir waren eine große Klasse.

»Puder?«, fragte sie, »Charlotte? Ja, du liebe Zeit, wenn dies Kind auch noch zu Hause arbeitet, dann kann ich sie gleich für den Rest des Schuljahres spazieren schicken. Sie macht alles in den Pausen, ich habe es mal beobachtet!«

Im Herbst 1930, am 30. September, brachte ich ein geradezu unanständig gutes Zeugnis nach Hause. Vater blickte ernst, denn jetzt ging es ihm an den Geldbeutel. Von neun Fächern fünf Einsen. Nur Schreiben eine Drei. Rechnen, Musik, Turnen eine Zwei.

»Ja«, seufzte er tief, »dann hilft es wohl nichts, dann wird sie wohl auf der höheren Schule angemeldet werden müssen!« »Also Eeeerchen«, entgegnete ihm meine Mutter ganz entrüstet, »andere Väter würden bis an die Decke springen, wenn ihre Kinder nur halb so gute Zeugnisse hätten. Für unsere Einzige wird das Geld ja wohl da sein!«

Die Zahl der alten Damen hatte sich vermindert. Großmutter Puder lebte nicht mehr. Aber Oma Mende und Tante Florchen saßen mit strengen Mienen dabei, hatten soeben ihre eine Mark gespendet für »Betragen: sehr gut« und »Aufmerksamkeit: sehr gut«.

»Dann soll sie aber am besten aufs Französische Gymnasium,

dort bekommt sie die Sprache am ehesten mit. Und ohne Französisch ist eine Frau nur ein halber Mensch!«, sagte Vater.

»Das kommt gar nicht in Frage!«, mischte sich Oma Mende ein und bekam vor Aufregung leichte rote Flecken am Halse, »da habe ich ja keinen Tag mehr eine ruhige Minute, das Französische Gymnasium liegt in der Innenstadt, der endlose Schulweg!«

»Ja, Erich, das mußt du doch selbst sagen«, Großtante Flora stand ihrer Schwester bei, »täglich mehrmals mit der Elektrischen zur Dorotheenstraße und zurück und das bei jedem Wetter, also nein.«

»Dorotheen?«, fragte Vater abrupt und stand auf, »Dorotheen — Moment mal, da haben wir doch — «, er brachte ein Adreßbuch von seinem Schreibtisch, blätterte eifrig. »Ja«, sagte er dann, »bitte, wir haben ja eine vorzügliche Schule gleich in nächster Nähe. Das Dorotheen-Oberlyzeum in der Wilhelmshavener Str. 2, eine Viertelstunde zu gehen!«

Dann kamen die Prospekte und Informationsblätter über diese Schule, sie war wirklich außergewöhnlich für damalige Zeiten. In den Unterricht einbezogen waren ab Quinta zweimal vierzehn Tage Aufenthalt im Schullandheim Fichtengrund, wo die normalen Fächer weitgehend komplett unterrichtet wurden. Im Sommer gingen wir zum Grabowsee und badeten an einem kleinen sandigen Uferplatz des ansonsten von Schilf umstandenen Gewässers. Ab Quarta durfte man in die Ruderriege eintreten. Im Winter Kastenrudern, im Sommer eigene Boote in Grünau in einem großen Bootshaus, das von verschiedenen Clubs genutzt wurde.

»Ja, und dann müßt ihr natürlich im Theater abonnieren!«, sagte Tante Flora versonnen. Dachte sie an ihre Jugend, als die Theater eine Zeitlang zu so unglaublich später Stunde die Vorstellungen beendeten? Ein Lächeln flog über ihr Gesicht.

»Ich gebe was zu«, meinte sie resolut, »den Platz für das Kind übernehme ich, sieben Mark zwanzig für eine Spielzeit, das gebe ich gern!«

Noch im Frühjahr des Jahres 1931, gerade eben im Dorotheen-Oberlyzeum eingeschult, wurde für uns frischgebackene Sextanerinnen die erste Oper angekündigt: »Der Freischütz«.

Musikliebhabern wird erinnerlich sein, daß diese Oper 1821 bei ihrer Uraufführung in Berlin einen derartigen Erfolg gehabt hatte, daß sich Heinrich Heine, unter vielen anderen, sehr davon angewidert fühlte, daß jeder Schusterjunge auf der Straße ihm entgegenpfiff »Durch die Wälder, durch die Auen«. So war also schon 120 Jahre, bevor dieser Opernzauber über mich hereinbrach, eine ganze Stadt ihm verfallen gewesen; ich nur quasi ein Nachzügler der Begeisterung von einst.

Hierzu wäre zu sagen, daß wir in unserer Familie eigentlich immer gerade für irgend etwas schwärmten.

Mal für eine Melodie, mal für einen Schriftsteller. Es gab Zeiten, da verganghoferten wir restlos. Vater hatte mal wieder Ganghofer-Bücher am Wickel, las eins nach dem anderen und unterhielt sich mit uns ausschließlich auf Bayerisch oder zumindest in jenem Dialekt, den er dafür hielt.

Als Mutter Anfang der dreißiger Jahre ihre ersten Dauerwellen heimbrachte, sagte Vater anerkennend: »Hast fei grad Kreuzerschneckerln auf'm Kopf wia a Jagerbursch!«, was wir nun nicht gerade als umwerfendes Kompliment empfanden.

Die Verse Wilhelm Buschs waren eigentlich ständig im Alltag vorhanden. Bis zum Überdruß wurde zitiert, daß »Vater werden« zwar nicht schwer, »Vater sein« dagegen sehr, sei. Dann noch alle möglichen anderen Schnurren. Die Busch-Verse wurden um- und umgedichtet und zu allen möglichen Zwecken verbogen. Brauchte Mutter Geld, so nahte sie mit den Worten:

Sie ruft: »Geliebter Balduin!
Du mußt wohl mal den Beutel ziehn.
Siehst Du die Rechnung breit und lang?
Der Schuster wartet auf dem Gang.«

Zweifellos war es nicht Herr Stanke aus der Schuhmacherei drunten, aber vielleicht der Kassierer für Gas oder Elektrisch. Den bargeldlosen Zahlungsverkehr über Konten, Abbuchen, das kannten wir alles noch nicht.

In jedem Falle waren wir eine begeisterungsfähige Familie, vergnügt und manchem Spaß aufgeschlossen.

Was Tante Florchen jedoch damit angerichtet hatte, daß sie mir mein Theater-Abonnement im Zyklus 1931 des »Theaters der Höheren Schulen« bezahlte, das war schon putzig. »Der Freischütz« wurde mein ein und alles. Ich gab nicht eher Ruhe, bis ich einen leichten Klavierauszug davon bekam, Tag und Abend waren erfüllt von »Und ob die Wolke sie verhülle« oder »Einst träumte meiner sel'gen Base«, es muß schon zum Auswachsen gewesen sein! Fräulein Balzer droben beschwerte sich energisch:

»Lotti, ich bitte dich um alles in der Welt, die Musik ist gewiß sehr nett, aber mache doch wenigstens zwischen eins und drei eine Pause, wenn ich ein bißchen Mittagsruhe halten möchte!«

Dann kamen Freundinnen, alle mußten sich von mir den Vortrag aus dem Klavierauszug anhören. Wollten sie entweichen, hielt ich sie so lange fest, bis der Eremit seinen letzten Gesang losgeworden war.

Noch heute erinnert sich eines der Opfer von damals, Käthchen Patzer, gleichalt wie ich, an diese Torturen. »Du hast aber auch nicht lockergelassen mit deinem missionarischen Eifer für den Freischütz. Die Oper habe ich nie gesehen, aber die Arien habe ich durch deinen zwar falschen, aber sehr emphatischen Vortrag kennengelernt!«

Diese passionierte Art, einer Sache auf der Spur zu bleiben, zeigte sich demnach schon im elften Lebensjahr. In der Schule wollte unsere Klassenlehrerin mal wissen, per Aufsatzthema: »Wie ich mir mein zukünftiges Leben vorstelle.«

Das gab einen gewissen Lacherfolg, weil ich unumwunden meinen Herzenswunsch niederschrieb:

»*Zuerst möchte ich Lehrerin werden, dann jedoch will ich heiraten, und zwar einen Förster. Aber Max muß er heißen und blond muß er sein, sonst nehme ich ihn nicht! Und zwei Dackel muß er auch haben!*«

Obwohl ich dies nun alles ganz kategorisch und gewissermaßen als Programm festgelegt hatte, was zum Gaudium der Lehrer und Schülerinnen durch die Klassen gereicht wurde, habe ich es meiner Lebtag zu keinem Max und zu keinem Förster gebracht. Nur ein unvergeßlich lieber Dackel — dieser Wunsch hatte sich für einige Jahre erfüllt.

Zum Zeichen dafür, daß jedoch auch andere Leute ihren Busch im Herzen und auf der Zunge trugen, schob mir eine liebende Hand aus dem Kreis der Klassenkameradinnen eine durchgepauste Zeichnung von Försters Fritze zu, mit den selbstverfaßten Zeilen der bis heute unbekannten Absenderin:

Nun sage doch mal, Lottilein,
Muß es denn ein Maxe sein?
Wär nicht Fritz, der Forstadjunkt,
Ebenfalls ein Anhaltspunkt?
Haste mit dem Max kein Glück,
Kommste auf den Fritz zurück!

Doch allen guten Zusprüchen zum Trotz, mein Freischützwahn

hielt eine Weile vor und trieb die seltsamsten Blüten. Kam auch nur ein Ton vom Jägerchor aus dem Radio, so verfügte ich absolute Stille am Familientisch, rückte flugs einen Stuhl an den hoch überm Plattenschrank angebrachten Lautsprecher und hielt mein Ohr wie eine taube Tante an die Membrane des Geräts, um nur ja keinen Ton zu verlieren.

Ganz schlimm wurde es allerdings, als am 22. Mai Vaters 40. Geburtstag nahte. Da mir der Inbegriff der Huldigung in meiner derzeitigen Verfassung der Tanz der Brautjungfern und das Lied »Wir winden Dir den Jungfernkranz« war, so ließ ich nicht locker, eine Art Miniballett zu inszenieren. Inge Nolte, Alexandra Ruttig, Alexandra Nadler und ich, wir übten das eine Weile. Vermutlich gleichzeitig zu irgendeinem Reigentanz, den wir auch gerade in der Schule gehabt hatten. Kostüme? Püh! Kein Problem. Ich opferte mein Taschengeld, und wir kauften Krepp-Papierrollen in Grün und Veilchenblau. Mit vielen Sicherheitsnadeln und Wäschegummiband verfertigten wir uns wunderbare Ballettröcke, dazu noch passende Papierblümchen hinter die Ohren. In Turnhemden, Turnschuhen, vermutlich wie die Trampel, aber voller Begeisterung harrten wir an diesem Tage auf meinen Vater. Die Vorführung sollte vor dem Trumeau stattfinden, dem einzigen Platz in der Wohnung, wo sich vier Kinder gleichzeitig tanzend bewegen konnten. Mutter nahm erstmal Vater beiseite. »Nun verdirb ihnen bloß nicht das Vergnügen, sie wollen dir einen Reigen tanzen. Falle nicht um, sie haben sich soviel Mühe gegeben!«

Vater wurde es denkbar unbehaglich, er kannte die Kinder überhaupt nicht. Schließlich saß er auf dem Sofa, und wir schossen mit raschelnden Röcken und papiernen veilchenblauen Girlanden zu ihm hinein. Mit einer wundervollen tiefen Verbeugung begannen wir die Verse, die für einen gestandenen vierzigjährigen Herrn nun wirklich denkbar falsch am Platze waren:

Wir winden dir den Jungfernkranz
Mit veilchenblauer Seide:
Wir führen dich zu Spiel und Tanz,
Zu Glück und Liebesfreude!
Schöner grüner, schöner grüner Jungfernkranz!
Veilchenblaue Seide! Veilchenblaue Seide!

Rascheln und Hopsen, linkes Bein nach rechts, rechtes Bein nach links, alle Arme links hoch, alle Arme rechts hoch, das sogenannte »Wäscheaufhängen« bei nachlässigen Choreographen. Vater wollte sich schon nach der ersten Strophe mit gerührt ausgebreiteten Armen empfehlen und uns Geld für Eis geben, aber ich ließ nicht locker, Tränen unter der Brille: »Aber Pappiiii! Wir haben doch alle Verse einstudiert!«

Mühsam von Mutter besänftigt, ließ er sich wieder auf seinen Sofasitz nieder, und wir hüpften weiter:

Lavendel, Myrt' und Thymian,
Das wächst in meinem Garten;
Wie lang bleibt doch der Freiersmann?
Ich kann es kaum erwarten.
Schöner grüner, schöner grüner Jungfernkranz ...

Vater konnte sich jetzt das Grienen nicht verkneifen, und er flüsterte mit Mutter. Sie beherrschte sich nur noch sehr mühsam, so unsagbar widersinnig war das alles. Doch bei uns ging es eisern wie geplant weiter:

Sie hat gesponnen sieben Jahr
Den goldnen Flachs am Rocken;
Die Schleier sind wie Spinnweb' klar,
Und grün der Kranz der Locken.
Schöner grüner, schöner grüner Jungfernkranz ...

Jetzt zog Papa ein Taschentuch und wischte sich doch ganz verstört die Stirn trocken. Bloß gut und tröstlich zu denken, daß nicht alle Leute den genauen Text von diesem Jubellied kannten!

Und als der schmucke Freier kam,
War'n sieben Jahr verronnen;
Und weil sie der Herzliebste nahm,
Hat sie den Kranz gewonnen.
Schöner grüner, schöner ...

Meine Eltern standen erleichtert auf. Erhitzt und unserer Papierblumen gänzlich ledig, überreichten wir einen kleinen Veilchenstrauß, der vorher sicherheitshalber in einem Glas auf dem Fensterbrett gestanden hatte. So, das war doch wohl eine wunderbare Feier zum 40. Geburtstag!

Vater war so sprachlos, daß er uns nur schweigend umarmte, zehn Mark in die Hand drückte und verschwand. Mutter hinterher. Wir selig ins Herrenzimmer, um uns umzuziehen. Und dann Eis!

Derweil saß Vater auf dem zum Sitz geklappten Leiterstuhl in der Küche und hielt sich die Seiten, Mutter stand am großen Herd und wußte überhaupt nicht, wie sie sich festhalten sollte, sie hatte einen Lachkrampf, dies ununterdrückbare, schüttelnde Schulmädchenlachen, welches einen bei den größten Albernheiten überkommt. »Lieber Himmel, ja! Sie hat es gutgemeint! Aber es war nicht leicht!« sagte Vater.

Haushalt- und Teppichgeschichten
Die Schatzen, ein Faktotum des alten Hauses

Da die Eitelkeit eine der stärksten Triebfedern für menschliche Entschlüsse darstellt, so behauptete mein Vater immer, Berlin wäre ungeachtet aller anderen Vorzüge nie Großstadt geworden, hätte es nicht auf dem Lande den alten Kindervers gegeben:

Meine Mutter hat gesagt,
Nimm dir keine Bauersmagd!
Such dir eine aus der Stadt,
Die 'ne schlanke Taille hat!

Die Sehnsucht nach einer schlanken Taille zwängte Jahrhunderte hindurch die Damen in Korsetts und Leibchen aller Art. Die Herren fanden das sehr reizvoll, und so, meinte mein Vater, habe sich Berlin allmählich vergrößert.

Mutter bezeichnete ihn daraufhin als einen »terrible simplificateur«, aber seine »schreckliche Vereinfachung« erfaßte durchaus die Lage.

Mit dem Strom der Zuwanderer im 19. Jahrhundert kam die schaulustige und sensationslüsterne Landbevölkerung in die große Stadt und erwartete Gott-weiß-Was! Meist wurden die Wünsche nicht oder nur unzureichend erfüllt.

Anfang der zwanziger Jahre unseres Jahrhunderts hatte es auch eine Dame namens Frieda Schatz mit ihrem Mann nach Berlin verschlagen. Vor dem Krieg kamen einige Kinder; Vater Schatz kehrte als Kriegsbeschädigter 1918 zurück, manchmal hatte er gar kein Einkommen; jedenfalls ging Mutter Schatzen »uff Stelle«. Sie sprach einen eigentümlichen Mischdialekt von mecklenburgischem Platt und Berlinisch. Zuerst übernahm sie in aller Herrgottsfrühe das Austragen des »Berliner Lokalanzeigers« in unserem Haus. Bald darauf bot ihr Frau Römer die Hausreinigung an. Und weil fortan Eingang, Hochparterre und alle anderen Treppenteile so blitzeblank gewienert waren, so nahten die Hausfrauen mit der Anfrage, ob sie nicht auch hier und da privat mit aushelfen könnte. »Jawollja!« antwortete sie, »dett wern wa schon gliks hebben.«

Man hielt mich streng an, sie nur »Frau Schatz« zu nennen.

Wenn auch die Erwachsenen »die Schatzen« sagten, so wäre das hingegen von einem Kind eine Ungehörigkeit gewesen.

Frieda Schatz war eine große, kräftige Frau. Sie kleidete sich in schwarze, vielfach gewaschene Kleidungsstücke, die bei Licht besehen manchmal einen grünlichen Schimmer hatten. Ihr reiches rotblondes Haar war zu einer aus echten Zöpfen gewundenen Haarkrone gesteckt. Sie war unglaublich kräftig. Unsere Teppiche wuchtete sie sich zusammengerollt ohne jede Schwierigkeit auf die Schulter, band ein Tuch um den Kopf und schwang die schweren Gewebe mit einem gekonnten Schwuppdich über die grüngestrichene Teppichstange drunten im Hof. Mit einem breiten, rohrgeflochtenen Teppichklopfer begann dann die gründliche Reinigung, meist im Herbst, vor Weihnachten, wenn es weder heiß war noch so trockene Luft, daß »es staubte«.

Sie klopfte nicht nur für uns, auch andere Familien heuerten sich diese Perle an. Auch bei der Wäsche war sie unermüdlich. Fast die ganzen zwanziger Jahre kamen Mutter und unsere alten Damen noch damit aus, alle vier Wochen zu waschen, Bettwäsche, Tischtücher.

Gardinen erlebten diese Prozedur nur einmal im Jahr, denn ihre Spitzenpracht war schon ziemlich brüchig. Noch ganz lebendig sehe ich, wie vorsichtig man das nasse Gewebe, unausgewrungen aus dem Stärkewasser gezogen, auf die großen Gardinenspanner streckte, die seit alters her auf dem Trockenboden den Mietern zur Verfügung standen. Riesige Staffeleien, deren Längs- und Querstäbe mit ihren stumpfen Nägeln beweglich und nach der Store-Größe verstellbar waren.

Zweimal die Woche wurde der Teppich im gewöhnlichen Alltag nur feucht »abgenommen«, wie man das nannte. Ein ausgewrungenes Scheuertuch entfernte Flusen und band den Staub. Dann kam Frau Schatz mit hartem Handbesen und Schaufel, bürstete den Teppich ringsherum und unter dem Tisch sorgsam ab.

Fertig.

Alle vier Wochen wurde ein Zimmer gründlich gesäubert, sämtliche Möbel von den Wänden gerückt, Gardinenstangen, Spiegel und Bilder um und um gewendet und abgewischt. Der Staub, der auf den großen Eck-Kachelöfen lag, mußte ebenfalls entfernt werden. Das alles waren Verrichtungen, die Schwindelfreiheit erforderten. Unsere Räume waren 3,80 m hoch, das bedeutete, daß die alten eingebauten Kachelöfen mit ihren verschnörkelten keramischen Aufsätzen ungefähr 3,20 m hoch waren. Nur von der hohen Leiter aus waren all diese Flächen zu erreichen. Die Schatzen erwies sich da als sehr brauchbar.

1931 habe ich als besonders ereignisreiches Jahr in Erinnerung. Meine Eltern hatten gerade im Herbst den Entschluß gefaßt, den bisherigen grünen Wohnzimmerteppich mit seinem Jugendstil-Muster und den Seerosen-Motiven in den Ecken nun auszurangieren und einen neuen Teppich anzuschaffen.

Das gute Stück lag kein Vierteljahr, als Vater und Walter Kissauer im Wohnzimmer einen Bastelnachmittag abzuhalten beschlossen. Mutter und ich zogen um ins Herrenzimmer und machten es uns dort gemütlich, Kaffee, Streuselkuchen. Die Herren hatten sorgsam eine Wachstuchdecke über den großen Eßtisch gebreitet, der bald von den Chassisböden einiger Radiogeräte, silberglänzenden Glasröhren-Lampen, einem Gewirr von Schrauben und Drähten bedeckt war. Das ging eine Weile gut, aber dann tat es einen dumpfen Fall und Stühle polterten, mein Vater kam zu uns hereingestürzt, brüllte: »Schnell Wasser, um Gottes willen, die Schwefelsäure aus dem Akku!«

Vater riß Wannen und Eimer in der Küche aus ihren Ecken, Mutter füllte Wasser ein, Walter Kissauer schleppte; doch man brauchte Zangen, große Scheren, denn der Akku hatte auf einem Stuhl gestanden und war durch eine ungeschickte Erschütterung direkt unter den Tisch gekippt. Jetzt war die Mitte des neuen Teppichs im Umsehen durch die ätzende Wirkung der Säure, die immerhin noch 30%ig war, total zerfressen. Man zog mit Zangen und Scheren die Fetzen des guten Teppichs hervor und warf alles in eine Wasserwanne. Das Parkett hatte auch was abbekommen, Mutter war den Tränen nahe, die Möbelfüße zeigten schon Spuren der Säurespritzer. Es war ein ganz großes Desaster. Mir wurde streng verboten, das Zimmer zu betreten.

Am nächsten Tag mußte dort »gründlich« gemacht werden, der alte, abgetretene Teppich, schon zusammengerollt auf dem Hängeboden, wurde für einige Tage wieder ausgerollt. Doch dann trafen meine Eltern Vorkehrungen, daß ungeachtet der im Oktober erst gehabten großen Ausgabe wieder ein neuer Teppich beschafft werden mußte. Alles lamentierte sehr wegen dieser Kostenbelastung, Vater sprach viel von Acidum Sulfuricum und der verheerenden Wirkung von H_2SO_4 gerade auf menschliche Schleimhäute. Deshalb mußte die übriggebliebene Teppichumrandung auch sehr sorgfältig nochmals von innen her beschnitten werden, ehe sie bruchstückweise anderweitig Verwendung fand.

Die Gewinnerin des gefährlichen Vorfalls war allein die Schatzen, die das ganze Fischgrät-Stabparkett mit Stahlspänen abziehen mußte, wachsen und bohnern, was zwei Tage in Anspruch nahm. »Unverhofft kommt oft!«, sagte sie erfreut und blickte auf die Markstücke in ihrer Hand. »Kiek eens, Lodding, wat dem een sin Uhl, dat is dem annern sin Nachtigall!«

Geschäfte in Moabit
Lieferanten im alten Treppenhaus

Die Berliner Hausfrauen betrieben nur selten Vorratswirtschaft. Warum auch? Ringsum waren die schönsten Läden, man kaufte alle zwei Tage ein, was gerade nötig war.

Links neben dem Haus lag die Bäckerei Zehn. Bäckermeister Zehn hatte eine Schwester Selma. Sie bediente dort mit Umsicht, reservierter Freundlichkeit und einer gewissen Hoheit. Wir holten dort ebenso unsere Brötchen, Brot und Schusterjungen wie beispielsweise Vaters Schulfreund Max Patzer. Dabei wechselten über den gläsernen Ladentisch zwischen Fräulein Selma Zehn und Herrn Assessor Max Patzer nicht nur Geld und Brötchen ihre Besitzer. Im lieblichen Duft der Kaiserbrötchen und frischen Käsekuchen ließ Amor seine Pfeile schwirren. 1919 heirateten Patzers, ebenso wie Puders nebenan.

Käthchen Patzer und ich sprechen seither nur noch von unserer pränatalen Freundschaft, denn unsere Mütter waren lange befreundet und eng benachbart, als wir beide uns anschickten, 1920 auf die Welt zu kommen. Patzers erbten ein Haus in Friedrichshagen, das trennte räumlich. Nichtsdestoweniger besuchten wir sie unendlich oft im Sommer, und Patzers zogen im Herbst, Winter und Frühjahr mehrmals an unseren Ringen in den Löwenmäulern, um ein paar vergnügte Stunden bei Puders zu verbringen.

An der Perleberger-/Ecke Wilsnacker Straße gab es eine Zeitlang das Kurzwarengeschäft Herckenrath, danach dann eine Bankfiliale.

Gegenüber holte Mutter im Milchgeschäft Diedering in kleinen Mengen Milch, Butter und weißen Käse, wie die Bezeichnung für Quark damals lautete. Er war nicht abgepackt, sondern wurde von einem großen Stück abgewogen. Die Milch füllte Herr Diedering mit einem geeichten Litermaß in mitgebrachte Gefäße. In jenem

Laden Diedering gab es in den Jahren der großen Arbeitslosigkeit manchmal eine Art Klassenkampf unter den Kundinnen. Die Abfertigung ging natürlich langsam, war dann der Laden voll, so drängelten die Hausfrauen, jede hatte es eilig. Mutter, die ja nie ohne Hut und Handschuhe, relativ gut angezogen, aus dem Haus ging, hatte das Glück, vorn zu stehen und gleich an der Reihe zu sein. Weiter hinten in dem kleinen Laden waren zwei Frauen in Schürzen und unordentlichen Frisuren in Streit geraten. (Im folgenden sind die Namen geändert.)

»Nu drängeln Se jefälligst nich so, ick war lange vorher da wie Sie!«

»Und ick erst, wat jlooben Se denn. Ick waa schon ewich hier, lange vor die da — die mit'n Hut, die jetzt schon vorne is — aber sone feinen Damens wern ja immer bervorzucht!«

Mutter drehte sich irritiert um und blickte in ein Paar sehr böser, hellgrauer Augen.

»Moment, Frau Krawuttke«, besänftigte Herr Diedering, »wir sind hier gleich fertig, Sie sind sofort dran!«

Damit wäre eigentlich der Fall ausgestanden gewesen. Aber der blanke Neid, die Scheelsucht und die unordentliche Aufmachung dieser Frau Krawuttke, das prägte sich Mutter tief ein. Erst später sollte sich herausstellen, wie tief.

In den übrigen Läden herrschte nettes, freundschaftliches und unverbindliches Miteinander. Frau Reinschke, die Mehl, Zucker und Kolonialwaren verkaufte, natürlich eine Reihe hoher Gläser voller Bonbons zu stehen hatte, säuberlich mit Deckeln verschlossen, Frau Reinschke schloß ich als kleines Kind in mein Nachtgebet ein. Offensichtlich ein eigensüchtiges Verfahren, um mir die Spenderin der Süßigkeiten recht lange bei Leben und Gesundheit zu erhalten:

... Deine Gnad' und Jesu Blut,
Machen alle Sünden gut.
Und da drüben wohnt die Tante Reinschke,
bei der wir immer Mehl kaufen. Die lasse bitte
auch gesund bleiben. Amen

Rechts neben uns befand sich das Geschäft Drabek, »Uhren, Gold- und Silberwaren«. Der Name Drabek war in Berlin weithin bekannt durch ein Harmonika-Orchester Kurt Drabek, das auch oft im Rundfunk spielte. Der Juwelier war sein Bruder.

Als die Zeiten nach den Brüningschen Notverordnungen 1931 so miserabel wurden, als auch bei uns »gutverdienenden« Beamten das Gehalt vorn und hinten nicht recht ausreichen wollte, da nahm

Herr Drabek ganz still und dezent bei meiner Mutter die Funktion eines diskreten Pfandleihers ein. Sie trug ihr gutes Collier aus Mattgold, eine lange dicke Kette mit einem aufklappbaren Medaillon, auf dem Deckel ein Brillant in einer Rosette, ja, das trug sie dann vorübergehend dorthin, ließ es beleihen, bei nächster Gelegenheit nach einiger Zeit löste sie es wieder ein. Oder aus. Jedenfalls hatte sie es wieder.

Das hat uns über jene sehr knappen Zeiten, wenn im Haushalt etwas dringend anzuschaffen war, gut hinweggeholfen.

Neben Drabek gab es das Seifengeschäft Girnus, wo sich im Hinterzimmer eine große elektrische Rolle befand. Eine Wäscherolle von bedrohlich großen Ausmaßen, die einen für Kinder wirklich furchterregenden Krach verursachte. Vor allem kippte sie im Laufe der Rolltätigkeit so abrupt jeweils um einige Zentimeter seitlich ab, daß man glaubte, nun würde der Riesenkasten jeden Moment aus der Verankerung fallen und alle Umstehenden erschlagen.

Gegenüber in einem Souterrainladen gab es Blumen, Tscheuschners verkauften sie. Gleich um die Ecke, in der Stendaler Straße, befand sich der Taxistand. In meiner Kinderzeit waren diese generell dunkelgrün angestrichen, hatten einen zweizeiligen Schachbrettstreifen, schwarz-weiß kariert in der Mitte der Karosserie. Alles, was sich oberhalb dieses karierten Bandes befand, war schwarz. Entweder geschlossene Limousinen-Formen oder nur vorn ein starres Verdeck und hinten derber schwarzer Stoff über aufklappbarem Drahtgestänge. Man fuhr selten Taxe, aber zuverlässig immer zu Beginn der Ferien mit dem großen Rohrplattenkoffer im Taxi zum Görlitzer Bahnhof.

Eines hat sich im Stadtteil Moabit gegenüber früher ganz auffallend geändert: die Wilsnacker Straße. Was war sie früher für eine schöne, mit Läden reich ausgestattete Einkaufsstraße. Hier konnte man wirklich alles bekommen, auch Schuhe bei Salamander in der Nähe der Turmstraße.

Besonders schmerzlich vermißte ich, daß es in ganz Berlin keine Xyliax-Läden mehr gibt. Die Firma Xyliax stellte Schokoladen her, alle nur denkbaren Sorten, besonders eine preiswerte Milch-Schokolade »Milchstraße« genannt; ferner allerlei Konfekt, unter denen die »Sahnemaronen« eine Zeitlang meine Favoriten waren. Das Eckgeschäft befand sich rechts, wenn man von der Perleberger Straße aus kam.

Zu den Läden auf der linken Seite zählte ein Optiker, ein Eierladen, der um die Weihnachtszeit Geflügel führte, Enten, Gänse, Truthähne, auch gelegentlich Wild, das wir ja nicht anrühren durften. Dann der Feinkosthändler und Schlachtermeister Leschonsky, von dessen guten Salaten wir magisch angezogen wurden.

Wurde zahlreicher Besuch erwartet, so bestellte Mutter zwei Kalte Platten bei Leschonsky, sehr schön dekorierte Aufschnitt-Arrangements, reich garniert mit Bratenjus, Petersilie, Trauben und Tomatenachteln.

Selbstverständlich wurden diese Prachtstücke geliefert. Unser Haus war nicht unterteilt in »Eingang nur für Herrschaften« und »Dienstboten- und Lieferanten-Eingang«. Da waren wir ganz demokratisch konstruiert. Zwar hatten die Vierzimmerwohnungen auch einen Eingang vom Seitenflügel her, aber um zu diesem zu gelangen, mußte man die gleiche Haustür wie wir für den Vorderaufgang benutzen.

Da die alte Haustür den ganzen Tag über offengelassen wurde, nicht abgeschlossen, nur vom starken Druckhebel automatisch zugedrückt, damit es im Treppenhaus nicht zog, so fanden natürlich alle nur denkbaren Kleinhändler und auch ungebetene Lieferanten ihren Weg zu den Wohnungstüren.

Einer von jenen pflegte sich durch lautes Gebimmel mit einer Handklingel im Hof anzukündigen: »Lumpen, Flaschen, Papier!« schrie er in einem bestimmten Singsang. Wo dann aus dem Fenster zum Hof gewinkt wurde, da kam er rauf in das Stockwerk, eine handliche Waage im Taschenformat wog das Zeitungspapier oder die alten Kleidungsstücke, dann bekam man alles nicht nur abgeholt, sondern obendrein auch noch bezahlt.

Im Winter sah man die Kohlenmänner bei ihrer Austrage-Arbeit. Sie hatten das gleiche Schurzfell aus dickem Leder über dem Rükken wie im Sommer die Männer, die dicke Eisstangen für die Eisschränke in die Haushalte trugen. Die Holzkraxen faßten immer gerade einen Zentner. Gerade dieser eine Zentner war behördlicherseits als Höchstmenge erlaubt, um in den Wohnungen gelagert zu werden. Alle anderen Briketts wanderten in den Keller, das heißt, in das jeweilige mit Bretterverschlägen umschlossene Abteil der Mieter. Bei uns hätte keiner singen können:

Mutter, der Mann mit dem Koks ist da!
Junge sei stille, ick weeß et ja!
Papa hat keen Jeld, Mama hat keen Jeld,
Wer hat bloß den Mann mit dem Koks bestellt?

Alle die alten, viele Meter hohen Kachelöfen mit ihren Wärmeröhren auf halber Höhe wurden mit Braunkohlenbriketts beheizt.

Weitere Zulieferer für Ofenheizer waren die Holzmänner. Sie hatten fast die gleichen hölzernen Tragegestelle auf dem Rücken wie die Kohlenleute, aber vollgefüllt mit runden Bündeln Brennholz, man konnte wählen unter stärkerem Scheitholz oder feinerem Spanholz zum Anzünden. Sie verkauften auch Kohlenanzünder, graue, nach Naphthalin riechende schwammige Rechtecke.

Es kamen Seifen- und Bürstenhändler, die Waren aus Blinden-Werkstätten verkauften, genau wie heute auch noch. Es kamen Männer mit einem Bauchladen und boten Schnürsenkel, Sicherheitsnadeln und Gummiband, Wäscheknöpfe, Druckknöpfe und einfache Nähgarnrollen an.

Manche Vormittage waren dadurch so unruhig, daß meine Mutter ganz ungeduldig wurde und sich schwor: »Also beim nächsten Läuten mache ich aber ganz sicher nicht auf!« Und dann gerade war es der Geldbriefträger gewesen!

Ende der zwanziger Jahre, als die soziale Not stark anstieg und noch mehr die ersten beiden Jahre der dreißiger, da kamen ausgemergelte Gestalten die Treppen rauf.

»Und wenn Sie kein Geld haben, ich bin mit einem Teller Suppe zufrieden!« Mutter gab oft, besah sich auch erst durch das Guckloch in der Tür, wer da wohl draußen stand. Sie versäumte auch nie, die Sicherheitskette innerhalb der Tür geschlossen zu lassen, so daß sie sich keinem Risiko aussetzte. Meist öffnete sie erst, wenn sie hörte, daß nebenan bei Geheimrat Kieckbach oder später bei Ziemers auch jemand daheim war und sich rührte, so daß sie vor den Fremden keine Angst zu haben brauchte. Betteln und Hausieren waren gewiß lästig, aber in jenen notvollen Zeiten, da reichte man dann doch Eßwaren durch den Türspalt. Ein kaltes »Wir geben nichts!« brachte meine Mutter nie übers Herz.

Die Freundeskreise — streng getrennt
Geschenke für Kinder und Erwachsene

Verleger haben Statistiken anfertigen lassen, daß jeder Buch- oder Zeitungsleser einen Bekanntenkreis von etwa zwanzig bis vierzig engeren Freunden hat, in welchem er durch Mundreklame und Weitergabe von Büchern oder Zeitschriften in erfreulichster Weise wirbt.

An diesen Gesichtspunkt bei der Auswahl unserer Bekannten kann ich mich allerdings beim besten Willen nicht erinnern. Vater hatte vom Gericht oder seiner Ausbildung her eine Skatrunde. Ihr gehörten Arthur Wolters, Paul Umlauft, Gerhard Sutholt und einige Zeit ein Ehepaar Rudolph an. Die Herren gerieten im Zuge ihrer verschiedenen beruflichen Spezifikation in gänzlich neue Dienststellen, mein Vater war lange am Kriminalgericht Alt-Moabit tätig, kam Anfang der dreißiger Jahre dann zum Kammergericht als Betreuer der Referendare.

Arthur Wolters schlug die Laufbahn eines Regierungs-Oberinspektors ein, Paul Umlauft hatte den gleichen Beruf wie mein Vater, Justiz-Obersekretär, nur wollte es das Unglück, daß er in einem Amtsbereich mit verhängnisvoller Funktion landete.

Doch als alle noch jung und ahnungslos waren, sich ungeachtet aller Mißlichkeiten der Zeiten herzlich freuten, eine so miserabel ausgegangene Sache wie den Ersten Weltkrieg 14/18 überstanden zu haben, da entwickelte sich der einstige Männer-Skatclub zum Club der Ehepaare mit dem typisch berlinerischen Ulk-Namen »Ringelpietz«, aber ausdrücklich nicht »mit Anfassen«, sondern man lud sich reihum ein und daher also Ringelpietz. Die Freundschaften dauerten lange Jahre, sie verliefen fast ungetrübt. Die heranwachsenden Kinder erbten gegenseitig die Sachen voneinander, ich als junges Mädchen von den Wolters-Töchtern. Inge und ich hatten etwa die gleiche Figur, nur war ich einige Jahre jünger und profitierte daher vom guten Geschmack und der Geschicklichkeit der Woltersschen Damen. Mama Wolters nähte selbst.

Mit Ehepaar Sutholt waren wir 1930 zusammen verreist. Sehe ich mir die alten Bilder an, so müssen wir in jenem Jahr die halbe Pension Villa Klara in Obersteinseiffen mit Beschlag belegt haben.

Dann gab es den »Doppelkopf-Club«. Ihm gehörte das schon genannte Ehepaar Selma und Max Patzer an. Max, ein Voll-Jurist, war inzwischen auch bei einer Regierungsbehörde tätig, hatte beste Aussichten im Reichs-Finanzministerium.

Als Dauerverlobte erschienen zu den Doppelkopf-Abenden auch Grete Warnecke und Erich Gramsch. Jener studierte erst Zahnmedizin, dann jedoch fand er die Behebung der Karies weniger wichtig als das Seelenheil der Leute. Kurzentschlossen begann er erneut zu studieren, diesmal Theologie. Etwa um 1934 verließ er mit Tante Gretchen unsere Runde und amtierte als Pastor in Wriezen in der Uckermark.

Als weiteres Paar trugen durch gute Laune und Verträglichkeit Mieze Zimmer und Bruno Pallasch zur Haltbarkeit dieses Kreises bei. Wie oft ich meine Mutter fragte, warum die beiden goldigen Menschen, die mir so feine Sachen mitbrachten wie kleine Blechautomaten und Schokoladentäfelchen zum Auffüllen der Gehäuse, nun, warum sie nicht verheiratet waren! Mutter lachte nur.

Als die Kissauerschen Kinder groß genug waren, haben sich Puders und Kissauers auch häufig besucht, zusammen Kaffee getrunken, oder sie haben Wanderungen miteinander gemacht. Diese Freunde konnten wir uns aussuchen.

Anders war es mit den Verwandten, mit denen man mehr oder weniger gezwungenermaßen umgehen mußte. Allerdings hatten sie eine weite Vorgabe an Wohlwollen und Nachsicht bei uns, denn alle hatten so ihre Eigenheiten.

Zunächst die Noelteschen Verwandten. Dies waren die Töchter des etwa 1928 selig entschlafenen Großonkels Paul Noelte, der die Familie immer so vorsorglich mit Lampen versehen hatte. Als ich Jahrzehnte später in London das Warenhaus Fortnum & Mason betrat, blieb ich eine Weile starr vor Staunen auf den roten Teppichen des Erdgeschosses stehen. Da residierten an mehreren Stellen der Verkaufsräume lauter Onkel Pauls. Zwar trugen sie keinen Bart mehr nach Art Napoleons III., aber der Cut, ja war es denn zu fassen? Da liefen die Abteilungsleiter im Cut und gestreifter Hose umher!

Ich pries die Tradition in England und dachte lebhafter denn je an die Madaistraße 6, wo Noeltes gewohnt hatten.

Tante Minna ging nicht gern aus. Aber mit den Töchtern Hanne und Käthe unterhielt meine Mutter Kränzchen-Nachmittage, und zwar sommers wie winters im Zelt 2 in der Straße »In den Zelten«. Der Stehgeiger des kleinen Orchesters dort trug einen eisengrauen Igel-Haarschnitt und kannte uns seit Jahren. Ich durfte oft mit, daher mein Kontakt zu diesen Tanten. Tante Käthe Noelte ermahnte mich, nur ja auch einen Beamtenberuf zu ergreifen, es sei in jedem Falle das Sicherste.

Tante Hanne hingegen zeigte sich als eine schwärmerische Natur. Ihr Filmidol war Adolf Wohlbrück. Sie schwärmte für Männer mit kleinen Schnurrbärten, ihr eigener Ehegatte, Ernst Krüger, trug ihn dem Wunsche seiner Frau entsprechend auf der Oberlippe. Eine Zeitlang ging alles ganz gut mit Krügers; wir besuchten sie in ihrem Wochenendhaus am Dämmritzsee. Onkel Ernst Krüger hatte dort ein Paddelboot, ein paarmal fuhr ich mit ihm auf der Dahme und im Gosener Graben umher.

Während die Freundschaften, soweit dies möglich war, nach dem Zweiten Weltkrieg wieder aufgenommen wurden und zumindest brieflich fortgeführt wurden, gingen die Beziehungen zur lieben Verwandtschaft, die man sich ja bekanntlich nicht aussuchen kann, samt und sonders in die Binsen.

Tante Hanne besuchte mich — um des Zusammenhanges willen sei der zeitliche Vorgriff erlaubt! — kurz vor meiner Heirat 1943 noch einmal in unserer Wohnung im alten Haus.

»So, nun zieht Ihr also alle aus hier? Das ist ja interessant. Und Ihr habt Euch ein neues Schlafzimmer gekauft? Jetzt, mitten im Krieg?«

Wir erklärten, erläuterten. Daß viele Menschen der Bomben halber ihre Haushalte auflösten, daß man sehr wohl Möbel zu kaufen bekam, wenn auch nicht gerade billig.

»So???«, mit drei Fragezeichen, »wie finanziert Ihr denn das?«

Mutter dachte sich nichts Böses, als sie erzählte, daß mein damaliger Verlobter da ein bißchen mithalf. Er stünde sich ja derzeit gerade recht gut. Unglücklicherweise entschlüpfte ihr eine gewiß nicht bemerkenswerte Summe, die er auf seinem Bankkonto angesammelt hatte, was, wie ich einfügen muß, eine durchaus vorübergehende Erscheinung war.

Tante Hanne wurde jedoch rot und blaß. »Wieviel?« rief sie empört aus, »Das ist ja unerhört! Und dies einfältige eitle Mädchen, Deine Tochter, bekommt einen so reichen Mann? Na, da kann sie mir ja den Brillantring von der Einsegnung wiedergeben!«

Mutter beruhigte, wiegelte ab, aber Tante Hanne wurde von Mißgunst völlig verstört. Kaum daß noch Blumen zur Hochzeit kamen, dann waren wir mit Noeltes und Krügers »schuß«, wie die Kinder in Berlin sagen. Handfest böse.

Eine andere Verwandte besuchte uns gelegentlich: die Hauslehrerin Gertrud Wucherpfennig, deren Familie in Bad Warmbrunn in Niederschlesien beheimatet war. Tante Trudchen kam immer für einige Tage, schlief auf dem großen Umbausofa im Wohnzimmer und berichtete höchst hörenswerte Dinge.

Sie lebte schon viele Jahre auf immer wechselnden großen Gütern in Schlesien. Wo genau, wir wußten es nicht. Aber in ihren Erzählungen tauchten bekannte Adelsnamen auf. Wie es zuging bei den großen Jagden bei den Warmbrunner Reichsgrafen von Schaffgotsch. »Unsere Erlaucht!«, schwärmte sie. »Sowas von Volkstümlichkeit. Hunderte von Armen wurden zu Weihnachten beschert!« Sie selbst blieb zwar nicht in Bad Warmbrunn. Aber die Familien der großen schlesischen Güter fanden sich meist auch bei ihrer Herrschaft zusammen. Es war die Rede von den Rotenhans auf Buchwald, den Zedlitzens aus Schloß Eichholz und daß bei der letzten großen Jagdgesellschaft auch der Fürst von Carolath dabei gewesen sei. Die Damen hielten ihrer Kritik selten stand. Tante Gertrud wurde immer so lange als Hauslehrerin beschäftigt, wie die Kinder benötigten, um auf Internatsschulen gebracht zu werden. Dann suchte sich Fräulein Wucherpfennig, mit besten Empfehlungen versehen, eine neue Stellung als Hauslehrerin.

Tante Trudchen hatte ein schmales, kluges Gesicht, dunkles Haar, und sie war verwachsen. Doch auf diesen körperlichen Defekt war sie ausgesprochen stolz.

»Jaaa!«, triumphierte sie oft, »da können die Zeiten werden wie sie wollen! Mich nehmen die Damen des Hauses immer! Da sind sie sicher, daß sich keine Liaison zwischen der Hauslehrerin und dem Herrn Gemahl anbahnt! Ja, ja, der liebe Gott hat schon gewußt, welches Kapital er mir mit dieser Entstellung mitgegeben hat. Aber ich kenne meinen Wert!«

Staunend hörten wir zu. Das waren ganz neue Welten, die sich uns da eröffneten. Auf meine bescheidene Frage, was es denn bei Fürstens so allgemein zu essen gäbe, war die Antwort allerdings enttäuschend.

»Meinst Du, wir bekommen jeden Tag Lampreten?«, sie langte genüßlich nach einem Nußtörtchen aus der ehemaligen Bäckerei Zehn von nebenan. »Nicht mal bei Kindergesellschaften darf die Mamsell Kuchen backen. Da werden Plunderstücke vom Bäcker aus dem Dorf vom Kutscher mitgebracht. Das genügt für die Rangen. Wenn einer rechnen kann, dann sind es die Reichen!«

»Aha«, meinte Mutter interessiert und erhoffte sich weitere Informationen zur Aufteilung ihres bescheidenen Haushaltsgeldes. Doch Tante Trudchen verweilte bei ihrem tugendsamen Lebenswandel und dem skandalösen Desinteresse, das manche Damen ihrem Nachwuchs gegenüber zeigten. »Wenn ich nicht wäre«, so sagte sie düster, »so landeten sie alle in der Gosse. Sie spielen mit den Dorfkindern und sie lernen nur das Schlechte von ihnen, nie das Gute. Nun bringe Du mal so einem Gesocks was Gescheites bei. Nein, leicht habe ich es nicht!«

Worauf wir sie pflichtschuldigst bedauerten und ihr nahelegten, doch vielleicht noch einen Mohrenkopf zu verzehren.

Von Tante Trudchen fehlte nach dem Zweiten Weltkrieg jede Spur. Wir sind aber nicht im Zorn auseinandergegangen.

Anders verhielt es sich bei meiner Patentante Lotte, der Tochter jenes Paul Ganzel, der mein Großonkel war. Man erinnert sich: als meine Großmutter Bertha Puder noch das kleine Berthchen war, beklagte sie sich so oft, der Paul sei »wieder so onninär«. Nun, das muß ihm ein Leben lang angehaftet haben.

Als seine Gattin Emma geb. Schumann die Augen für immer schloß, wandte er sein Augenmerk seiner neuen Haushälterin zu. Diese Frau war so dick wie lang, aber sie betreute den alten Herrn sehr gut.

Tante Lotte fand allerdings dies sich inniger gestaltende Verhältnis in jeder Weise ordinär und zog aus der Wohnung in der Rathenower Straße aus und nach Wilmersdorf.

Dort wurde sie jedoch auch nicht restlos glücklich. In diesem Neubauviertel bewohnte sie eine ebenerdige Wohnung mit kleiner Balkon-Terrasse, die direkt in den Rasen des Vorgartens überging. Immer hielt sie sich einen Dackel, der bellte kräftig, außerdem spielte sie viel und laut Klavier, was ihr nicht gerade die Sympathie der Mieter eintrug. Einmal, es war kurz vor unserem Wegzug aus Moabit, beklagte sie sich bitter, wie hundsgemein und welches Pack die Mieter in diesem doch so teuren Neubau seien. Auf ihrer Terrasse fände sie, man könne es gar nicht aussprechen, nun, gewisse Gummigegenstände in gebrauchtem Zustand, was doch die Höhe sei!

»Und mit solchem Gelichter muß man nun unter einem Dach leben!«, sie war pikiert und beleidigt und grenzenlos enttäuscht.

Für das Sehnen ihres Herzens sorgte ein verheirateter Herr namens Meinrad. Er hatte ihr auch geholfen, sich diese schöne Zweizimmerwohnung einzurichten. Das schöne weiße Schleiflack-Schlafzimmer beispielsweise stamme von ihm. »Er ist so ein guter Mensch!«

Sanft und still ging ihr geheimer Bund mit Meinrad über Jahrzehnte gut.

Mutter überlegte gerade, daß eine Dame mit laut bellendem Hund, ewig klimperndem Klavier und einem illegalen Liebhaber nun nicht gerade eine unangreifbare Festung der Tugend und Annehmlichkeit sei. Aber sie unterdrückte ihre Erwägungen.

Zu einer voreiligen Verlobung, die ich 1939 schloß und prompt 1940 wieder auflöste, hatte Tante Lotte mir ein sehr schönes Obstservice geschenkt, das ich heute noch habe.

Als dann zwei Jahre später meine richtige Verlobung stattfand, da erhielt ich nur einen strengen Brief mit den nötigen Glückwünschen, aber mein Geschenk hätte ich ja nun weg. Und falls ich beabsichtigte, mich noch ein paarmal zu verloben, so ginge das entschieden über ihre wirtschaftlichen Verhältnisse, und so möge ich es für diesmal gut sein lassen.

Ausbrechen der Volksgemeinschaft
Eine Rede im Stil Kantor Stockschnupfens

Es gab Stadtteile in Berlin, wo die politischen Auseinandersetzungen zu Beginn der dreißiger Jahre sehr handfest und mit vielen Schlägereien und Straßenkämpfen geführt wurden. Moabit zählte zu den ruhigen Bezirken. Dagegen zur Beusselstraße hin, da prallten die Meinungen von Kommunisten, Sozis und Nazis sehr lautstark und aggressiv aufeinander. Auch der Wedding war für ähnliche Vorgänge bekannt.

Schon im Jahre 1932 machte sich jedoch in den Betrieben und Behörden eine mehr oder weniger sanfte, meist jedoch ziemlich massive Beeinflussung für die NSDAP bemerkbar.

Tante Jenny erzählte dies von ihrer Firma, Siemens, man mache dort den Leuten Angst vor dem baldigen Umschwung und veranlasse sie, doch rechtzeitig der Partei Hitlers beizutreten. Aber ohne sie! Was dies alles für Leute seien! Tante Jenny saß an Mutters Kaffeetisch, rollte wütend ihre hübschen Augen und zischte: »Bande!«

Gelegentlich wurde ich Zeuge, wie meine Eltern abends miteinander sprachen, sich unbeobachtet glaubend:

»Weiß du Lieschen, ich bin da in einer schweren Bredouille!«, dabei ging Vater nach seiner Gewohnheit im großen Wohnzimmer auf und ab, »schließlich gibt es ein Gesetz, das den preußischen Beamten ausdrücklich jede politische Betätigung in einer Partei verbietet. Ich gehöre wohl zu der aussterbenden Sorte von Menschen, denen einmal geschworene Eide heilig sind. Ich habe meinen Beamteneid geleistet, also kann ich nicht Parteimitglied werden!«

Doch auch Vater war dem ständigen, in diesem Falle milden, Redefluß seines Kollegen Kurt Menzel ausgesetzt. Im Winter

1932/33 kam das Ehepaar Menzel mehrmals zu uns, wir fuhren hin, es entspann sich ein freundschaftlicher Verkehr. Kurt Menzel war schon Parteigenosse. Von Fräulein Balzer und Herrn Schwarze, die ich immer noch Tante Käthe und Onkel Erich nannte, Untermieter von Tante Flora Wietasch, war auch aus dem Betrieb zu hören — Spedition Schenker & Co. —, wie dort die Leute bearbeitet und auf das gänzliche Versagen der republikanischen Regierungsform immer wieder hingewiesen wurden und mit glänzenden Versprechungen auf eine wundervolle Zukunft für den Nationalsozialismus gewonnen werden sollten.

An den 30. Januar 1933 erinnere ich mich ziemlich genau. Vater und ich wollten zu Kissauers fahren. Wir gingen am Nachmittag von zu Hause den gewohnten Weg zum Bahnhof Putlitzstraße. Es war trübes, wolkiges Wetter. An diesem Tage war ich exakt zwölf Jahre, sechs Monate und sechs Tage alt.

In meinem Elternhaus war es bisher üblich gewesen, meine persönliche Meinung weitgehend zu ignorieren und mich in Gegenwart von Erwachsenen auch möglichst zum Schweigen zu bringen. Ich war aufgewachsen mit den Redensarten, ständig und vor allem bei Tisch wiederholt:

»Man spricht nicht mit vollem Munde!«

»Unterbrich mich nicht, Kind!«

»Wenn Erwachsene reden, bist du gefälligst still!«

»In Gesellschaft rede grundsätzlich nur, wenn du gefragt wirst!«

»Was du da sagst, ist blanker Unsinn!«

Hat ein Kind diese Redewendungen jahrelang bis zum Überdruß gehört, so ist das Erstaunen geradezu umwerfend, wenn es einmal vom gestrengen Papa ausdrücklich und ernsthaft um seine Meinung gefragt wird. Dies Wunder geschah an jenem Nachmittag in der Stendaler Straße.

»Nun sage mal«, begann mein Vater, »was meinst du denn zu dieser Sache da heute abend mit dem Fackelzug am Brandenburger Tor?«

»Es geht ja doch keiner mit mir hin!« brummelte ich verdrossen.

»Ach, Kind, ich meine das anders. Sieh mal, dieser Hitler. Der olle Papa Hindenburg hat ihm doch nun die Regierung übergeben. Ob er nun wirklich Deutschland aus der Patsche zieht?«

»Wieso Patsche?«, ich blieb vor einem Schokoladengeschäft stehen. Alles interessierte mich herzlich wenig.

»Da fragst du noch?«, Vater blickte mich strafend an; offenbar suchte er nach kindgemäßen Erklärungen. »Du weißt doch ganz genau, daß wir in ziemlicher Misere leben. Mein Gehalt ist seit Jahren gekürzt. Du stehst hier vor dem süßen Kram und machst Stielaugen. Hätten wir mehr Geld, so würde ich jetzt ein halbes Pfund Konfekt kaufen und feste mitessen. Aber so? Hier, da hast du zwanzig Pfennig, und nun kaufe dir Kokosflocken. Zu mehr reicht es nicht. Das ist eine Form der Misere, das ist die Patsche!«

Als ich mit meiner kleinen Tüte aus dem Laden kam, stand mein Vater mit einem Herrn in brauner Uniform zusammen. Breeches-Hose, Schaftstiefel, Lederkoppel mit Schloß, Schulterriemen. Er trug ein dünnes braunes Hemd, unter dem er, wie er grinsend versicherte, drei Pullover anhatte. Er schlug die Arme um sich wie ein Frierender, die rote Hakenkreuzbinde leuchtete am linken Ellbogen.

»Ja, Erich, ick muß ja da nu heute abend hin, jroße Ehre für die SA., klarer Fall. Wer' mir hoffentlich nich den Charakter erkälten. Man steht ja immer endlos rum bei die Uffmärsche. Aber heute soll ja schwer wat lossein. Nu hat Adolfen det jeschafft, Mensch Meier, der Mann hat ein' Massel. Sagenhaft! Der wird det Kind schon schaukeln! Na denn, wir sehen uns ja übermorjen beim Skat. Aba leg mir nich wieder so aufs Kreuz wie neulich. Menschenskind, habe ick mir det letztemal jejiftet, du mit dein' Null-Ouvert! Sowat Varicktes!«

»Na, höre mal«, wollte Vater entgegnen, aber der andere sah plötzlich einen ebenfalls uniformierten Bekannten kommen, baute sich formell auf und nahm soldatische Haltung an, Hacken zusammen, die linke Hand am Koppel, der rechte Arm flog hoch: »Heil Hitler, Sturmführer!«

»Ja also«, sagte mein Vater irritiert und beeindruckt, »Heil also, Heil Hitler!« gab dem Bekannten die Hand, zog höflich den Hut und wir gingen weiter.

Nach diesem Tag müssen wohl die Zeitumstände so gewesen sein, daß die Menschen ihr einziges Glück in Hitlers Regime erblickten, denn der Zulauf zur NSDAP mußte zeitweise gesperrt werden, so groß war der Andrang. Vater hatte sich schließlich überreden lassen, er bezeichnete sich als »Märzgefallener«. Diesen Ausdruck kennt die Historie von den Verfassungskämpfen in Berlin 1848. Damals hatte es in Berlin 187 Tote gegeben, die als Märtyrer gefeiert und geehrt worden waren. Sie hatten sich für die liberalen Reformen in der Zeit nach dem Wiener Kongreß eingesetzt, Pressefreiheit, ein konstitutionelles Regierungssystem der einzelnen Staaten, Schwurgerichte, Volksbewaffnung und die Einberufung einer gesamtdeutschen Nationalversammlung. Diese Märzgefallenen von 1848 genossen hohes Ansehen, Verehrung.

Die gleichnamigen Leutchen von 1933 trugen ihren Spottnamen eher als Diffamierte, Kleingläubige, Spätzünder. Die wahrhaft Weitblickenden — Vater sagte wütend: Opportunisten — jener Zeit 1933 hatten den Eintritt in »die Partei« schon früher vollzogen, offen oder heimlich. Wer 1933 Märzgefallener war, der hatte es schwer. Er mußte sich erstmal beweisen, das durchmachen, was man heute im politischen Leben als »Ochsentour« kennt.

Vater wurde zunächst mal zum Blockwart ernannt. Seine Freizeit erfuhr empfindliche Einschränkungen dadurch, daß er Unmengen von Zetteln und Druckschriften in die Häuser seines Bezirks zu tragen hatte. Die Hausbriefkästen waren noch nicht erfunden, alle Wohnungstüren hatten Briefeinwürfe. Die Blockwarte bekamen von den Berlinern bald den schönen Namen »Treppenterrier« verpaßt, was Vater gar nicht angenehm war.

Aber er hatte das Gefühl vermittelt bekommen, jetzt müsse also nun auch er, bisher abseits vom wirklichen Leben, etwas für die neue Volksgemeinschaft tun. Plötzlich war viel die Rede von »unserer Ortsgruppe«, und einige Ehepaare, die wir bisher nicht kannten, wurden gelegentlich eingeladen.

Dann rückte Vater mit dem Wunsch heraus, er habe da einen so tüchtigen Mitarbeiter, den Karl Krawuttke (der Name ist ausdrücklich verändert), diese Leute seien schließlich sehr anständig, wenn sie auch eine Portiers-Stelle innehatten. Schließlich solle Mutter doch bedenken, daß auch ihre jetzt so elegante Freundin Ernchen Bahls einst aus einer Portiers-Familie gekommen sei. Also wann könnten denn Krawuttkes mal kommen?

Mutter fuhr auf wie eine Natter: »Krawuttke, sagtest du?«, sie war beim Staubwischen mit feinem Borstenpinsel und weichem Flauschlappen. Sie setzte sich entgeistert an den Tisch. »Nun höre mal, lieber Erich, jetzt muß ich dir etwas sagen. Mache du deine Partei und deine Volksgemeinschaft, das ist alles gut und schön. Findest du dabei Leute unseres Schlages, gebildet, anständig, gepflegt und vernünftig — herzlich willkommen. Aber schleife mir hier nicht irgendwelches Gesocks an. Das sage ich dir. Die Krawuttken ist mir mal im Milchladen von Diedering derart frech und dämlich gekommen, wenn diese Frau hier die Schwelle überschreiten soll, dann hast du mich das letztemal gesehen. Das ist mein voller Ernst!«

»Aber Lisa, ich meinte doch nur, und du mußt doch vernünftig sein!«

»Ich bin es nicht!« funkelte Mutter und zerbrach den Staubpinsel, warf die Stücke auf den Tisch und stand auf. »Die Frau besteht aus Neid und Mißgunst, ich habe es erlebt. Egal was sie jetzt tut, was der Mann wird, es ist mir gleich. Diese Wohnung betritt sie nicht. Basta!«

»Aber Lisa — so kenne ich dich ja überhaupt nicht!«, Vater war ganz verdattert. »Ja, wenn das so ist . . .!«

Während sich Mutter so weit es ging von den politischen Neuerungen abschirmte, trabte Vater seine Dienstwege und fühlte sich miserabel. Immerhin hielt er sich allein für nicht fähig, gegen einen so mitreißenden Strom zu schwimmen, wie die allgemeine Begeisterung es war.

Über die Familie von unserer Schatzen wußten wir einigermaßen Bescheid. Als sie eines Tages bei ihrem Becher Kakao und ihrem Schmalzstullen-Frühstück in der Küche saß, kamen wir ins Gespräch. Sie war seit einiger Zeit verwitwet und hatte, wer hätte das gedacht, einen Freier, einen ernsthaften Bewerber. In ihrem schönen Sprachgemisch aus mecklenburgischem Platt und inzwischen aufgeschnapptem Berlinisch bekamen wir die ganze Geschichte zu hören. Ja, der verdiene jetzt nicht schlecht, aber bei ihr käme er nicht an, denn sie wäre froh gewesen, daß sie den Fez mit ihrem Ollen nicht mehr habe, der so hinter anderen Damens hergewesen sei. Und nu der Neue — nee, nich bei ihr.

»Der Kirl süpt!«, und sie malte in klarer Voraussicht alle Nachteile aus, die ihr aus der ins Haus stehenden Trunksucht erwachsen würden.

»Nun sagen Sie mal, Frau Schatz«, fragte meine Mutter vorsichtig, »Ihr Sohn war doch so ein großer Kommunist. Wie findet er sich denn nun in die neuen Verhältnisse?«

»Der?«, die Schatzen biß genüßlich ins Griebenschmalz, wiegte den Kopf hin und her und sagte dann: »Tja, det's nu allens vorbii! Nu hatta ja Arbeet. Nu braucha nich mehr mit die Rot-Front-Leute, nich wah? Nu, sechta Heil wie alle anneren!«

Inzwischen avancierte Vater infolge seiner Beredsamkeit und seines stattlichen Aussehens in brauner Uniform ziemlich schnell. Bald wurde ein anderer Parteigenosse Blockwart, und wir wurden unterrichtet, Papas Ernennung zum Amtsleiter stehe unmittelbar bevor.

Mutter beklagte die Kosten der Anschaffungen. Vaters Uniform, mein neuer BDM-Rock, zwei Dienstblusen, Kletterweste, Berchtesgadener Wolljäckchen, schwarzes Halstuch, geflochtener Lederknoten für das Fahrtentuch, feste Halbschuhe zum Marschieren — es war eine Zumutung.

Wir konnten in diesem Jahr nicht gemeinsam verreisen, es langte nicht hin und nicht her. Vater fuhr mit Menzels allein nach Steinseiffen, für vierzehn Tage durfte ich noch verspätet zu ihm fahren. Wieder diese ruinösen Ausgaben für einen neuen Mantel und eine Baskenmütze, Handschuhe und eine Tasche. Ich war aus allem herausgewachsen.

»Wie ich mich freue, wenn ihr mal alle weg seid!«, sagte Mutter seufzend. »Wie schön und gemütlich wird es sein. Keiner muß morgens früh raus, keiner will Butterbrote; ich koche überhaupt nicht. Nur einmal mache ich mir Hammelbraten. Seit meiner Kindheit habe ich ihn so gern gegessen, und dein Vater windet sich vor Abscheu davor. Nun habe ich auch mal meine Privatferien!«

Im Herbst 1933 bekam ich eine Nähmaschine, weil eine Freundin von Tante Florchen ihren Haushalt auflöste. Drei Mark Taschengeld mußte ich dafür bezahlen, beim Trödler hätte es auch nicht mehr gekostet. Es war eine uralte Frister & Roßmann. Sie näht heute noch. Sie dürfte jetzt auch hundert Jahre alt sein, die historische Veteranin.

Nach der Schnelligkeit zu urteilen, wie man Vater als seriöses Element in die Reihen der NSDAP aufgenommen hatte, wie man ihn zu immer neuen Ämtern heranzog, hätte er es eigentlich fabelhaft weit bringen müssen. Aber da war Mutter mit ihrem klaren Urteil, ihren instinktiven Ab- und Zuneigungen und vor allem von dem Wunsche erfüllt, ihr Herr Gemahl solle sich nicht unbedingt mehr exponieren als unbedingt nötig war.

Im Jahre 1935 war Vater zum Schulungsleiter der Ortsgruppe ernannt worden. Bei einem großen Frühlingsfest in den Ausstellungshallen Alt-Moabit am Lehrter Bahnhof sollte er die politische Rede halten. Das war eine Angelegenheit, die ihn zutiefst beunruhigte. Obwohl er im kleinen Freundeskreis so gern und unterhaltsam sprach, erzählte, rezitierte, imitierte — vor mehreren Mikrofonen und vor ein paar hundert Leuten, nein, das war eine ernste Sache.

So ging er viele Abende memorierend in seinem Arbeitszimmer

auf und ab. Als schließlich das Konzept in Reinschrift vorlag, mußten wir wieder die Versuchskaninchen sein und nahmen als erste Zuhörer dieser Rede, die der Beginn einer rasanten Karriere sein sollte, am Eßzimmertisch Platz.

Vater bezog sein Thema aus den bis zum Überdruß in Presse und Rundfunk wiederholten Schwachpunkten der nun überwundenen Weimarer Republik, der Untauglichkeit der »Reaktion« einerseits und den Heldentaten des herrlichen Führers, der Beseitigung der Arbeitslosigkeit und des nun herrschenden auskömmlichen Lebens auf der positiven Seite der neuen Regierung unseres »einzig geliebten Führers« andrerseits, der all diese Herrlichkeiten vollbracht hatte. Mutter und ich nähten irgendwas, sagten: »Ja, wie richtig!« oder »Das stimmt, da hast du recht!« Als Vater fertig war, bereitete Mutter mit verkniffenen Lippen in der Küche das Abendbrot vor. Ich zog gerade die Teller und Bestecke aus dem Schrank, um den Tisch zu decken. Sie blickte auf vom Küchentisch.

»Fällt dir nichts ein bei Vaters Rede?«

»Nö, wieso?«, ich wußte nicht, worauf sie hinaus wollte.

»Denke mal an Ludwig Manfred Lommel. Treibjagd in Runxendorf. Wer sagt da immer ›Auf der einen Seite — auf der anderen Seite!‹, der Kantor Stockschnupfen! Genau so eine Rede hat dein Herr Vater zustandegebracht. Wenn das bloß gutgeht. Aber es sind ja alles solche uninteressierten Menschen, die da zuhören werden. Außerdem findet die Rede erst um neun statt, wogegen um acht Uhr schon Einlaß ist. Wenn wir Glück haben, sind dann schon einige recht heiter. Was ziehst du übrigens an?«

»Tante Käthe Balzer hat mir ein altes dunkelrotes Kleid geschenkt, das gibt einen langen Rock. Dazu habe ich passenden Tüll, der kommt drüber. Das Oberteil — ja, ich habe ein bißchen Reversible in der gleichen Farbe aufgetrieben. Sieht ganz nett aus, hat hinten eine Art Cape.«

»Wäre vielleicht nicht so schlecht, wenn ich es gelegentlich zu sehen bekäme!«

»Ist doch noch nicht fertig!«

Der große Abend nahte. Mutter in einem neuen Kleid, ich in meiner dunkelroten Création, Vater in Amtsleiter-Uniform. All die neuen Bekannten in großer Schale. Die Damen in schönen langen Kleidern, die Männer ob des neugewonnenen Wohlstands heiter. Die ersten Autos parkten vor den Hallen auf der Straße. Es herrschte ein riesiges Getümmel. Als Vater zu reden begann, hörten nur die der Bühne zunächst stehenden Tischrunden aufmerksam zu. Weiter hinten im Saal stand man fröhlich plaudernd an den Biertresen und ließ die plausiblen Verkündungen »Auf der einen Seite — auf der anderen Seite!« über sich hinwegrauschen, die Lautsprecher wurden vom Gespräch übertönt.

Rechtzeitig flitzte ich nach vorn. »Also Pappi, du hast das fabelhaft gemacht! Gratuliere, Klein-Murner!«

»Wie kannst du hier vor allen Leuten...«, rügte er, doch dann klopfte ihm jemand anerkennend auf die Schulter, und bald verschwand er im Kreise der neuen Kameraden. Mutter saß bei den Damen der neuen Bekannten, darunter eine sehr schöne junge Frau, die wie eine Südländerin aussah und Mohrchen genannt wurde. Ihr Profil war klassisch rein, der Schnitt der Augen vollendet, Mund und Kinn von erlesenem Ebenmaß. Auch ihre Gestalt war völlig makellos. Ich starrte sie fasziniert an, denn ich hatte erfahren, daß sie schon das greisenhafte Alter von fünfundzwanzig Jahren erreicht hatte. Und trotzdem so wundervoll aussehend! Ich verstand die Welt nicht mehr.

Man tanzte; man trank an diesem Tisch zurückhaltend etwas Weißwein, die Damen hier und da ein Likörchen. Mutters scharfer Blick wanderte durch die Menschenmassen, die da durch die Säle fluteten. Da erschien in einer Clique von aufgedonnerten Frauen und laut berlinernden Männern, ja, wer wohl? Ihre spezielle Freundin, Frau Krawuttke mit den harten hellgrauen Augen.

Gerade hatte ich eine Tanzpause und erlebte die Szene mit. Mutter ließ ihren Blick nicht von dieser Gruppe, die da auf dem breiten Mittelgang herankam, von uns keine Notiz nahm, vorüberflanierte, sich drängte, laut lachte. Frau Krawuttke trug ein grünes Seidenkleid und hatte ihr Haar hellblond gefärbt, war in Wasserwellen frisiert, die Nägel rotlackiert. Mutter erbleichte.

»So mausert sich dies Pack!« flüsterte sie tonlos. Da es spät war, suchte sie nach Vater, und bald danach brachen wir auf. Inzwischen beobachtete ich Mutter besser als früher. Sie hatte genau jenen Ausdruck im Gesicht, als ob sie einen bestimmten Plan ausbrütete, ich wußte nur noch nicht welchen.

Der festliche Abend war unserem Papa übrigens nicht bekommen. Vermutlich war das Schnitzel zu fett, das Bier zu reichlich und die Aufregung zu groß gewesen. Die Galle streikte. Er lag zwei Tage zu Bett. Anschließend türmten sich die Akten auf dem Schreibtisch. Die Lustbarkeit wurde durch Nachtarbeit gebüßt.

Was wir Praktisches konnten
»Wenn du etwas brauchst, mache es gefälligst selber!«

Schon im Zusammenhang mit der traditionellen Weitergabe der größeren Spielsachen von einer Generation an die nächste und übernächste sprach ich davon, wie sehr man auf Schonung dieser netten Sachen bedacht war. Vor allem, welche Aufmerksamkeit auch die Erwachsenen der Erhaltung und Pflege, der Erneuerung und teilweisen Modernisierung des Spielzeugs widmeten. Da die alten Wohnungen im Hause Perleberger Straße 55 viel Abstellraum hatten, war es auch möglich, eine ganze Reihe von Dingen von Jahr zu Jahr aufzubewahren ohne Platznot:

1 Bahnhofsgebäude aus Sperrholz, mit Papier im Ziegelmuster beklebt.
1 mechanische Eisenbahn mit Lokomotive, Kohlentender, Personen-, Gepäck-, Post- und Güterwagen, Speisewagen.
1 kleine Dampfmaschine mit hohem Messingschlot.
1 Laterna Magica mit vielen Sätzen Bild-Geschichten.
1 Puppenküche mit eisernem Herd, der durch eingeschobenen Spiritusbrenner beheizt wurde.
1 Puppenstube, Wohnzimmer mit Klavier, Schlafzimmer.
1 Puppenschule mit Bänken, Landkarten, Wandtafeln, kleinen Püppchen als Schülerinnen und Heften im Miniformat.

Im Zuge der Entrümpelung der Dachboden-Abteile in jedem Haus zu Beginn des Zweiten Weltkrieges wanderten diese schönen Spielsachen 1943 zu Kissauers, deren Kinder und Enkel daran Freude hatten.

Jedes Jahr in der Vorweihnachtszeit widmeten bis dahin jedoch die Großmütter und Tante Flora ihre Aufmerksamkeit den Gardinen, Bettdecken, Teppichen und Lampen dieser Puppenstuben, auch die Kleider der Püppchen wurden manchmal erneuert. Dabei mußte ich helfen. Noch von Großmutter Puder lernte ich, in einem Alter, als ich noch nicht richtig lesen konnte, so mit fünf, sechs Jahren, wie man alte Kleidung auseinandertrennt, auf neuen Stoff fadengerecht auflegt und genau passend Neues näht. In meine ungeschickten Kinderpfoten wurden zwar nur Tapisserie-Nadeln mit stumpfer Spitze gegeben, aber ich lernte sehr früh diese kleinen Arbeiten.

Wenig später, ich mochte sieben Jahre alt sein, sah ich in einer Weihnachts-Spielzeugschau bei Wertheim schlittschuhlaufende

Puppen auf einem spiegelnden Eissee. Es war dies ein mechanisches Großspielzeug, die tanzenden Schlittschuhpuppen liefen auf magnetischen Bahnen. Natürlich war es viel zu teuer, um angeschafft zu werden.

»Wenn du Schlittschuhe für deine Puppen haben willst, so mache sie dir selber!« sagte Vater. Legte mir ein Stück Weißblech hin, eine Blechschere aus seinem Handwerkskasten, und malte mir die Größe der Schuhe von Puppe Hans und Puppe Grete auf das Blech. Ja, nun wie weiter? Es waren ja Gelenkpuppen. Auch wenn ich einen raffinierten Schlittschuh mit Halterung zugeschnitten hatte und mit Draht befestigt, die Puppen knickten ja immer in den Hüften ein. Ich weinte vor Zorn.

Da ergab es sich günstig, daß ich eine meiner vielen Kinderkrankheiten durchmachte. War es gerade Ziegenpeter oder Masern? Ich weiß es nicht mehr genau. Ich durfte wohl schon aufstehen, aber noch nicht ausgehen. Doktor Levy kam zu uns, sah mein Puppen-Schlittschuh-Desaster und hatte die rettende Idee:

»Weißt du, was ich deinen Puppen nächstesmal mache? Einen Gipsverband! Du wirst sehen, dann stehen sie wie eine Eins. Und du nähst ihnen Trainingshosen, dann sieht man den Verband nicht!« Zu so was hatten kinderliebe Ärzte damals noch Zeit. Unser Dr. Siegfried Levy betreute mich meine ganze Kinderzeit hindurch mit beispielloser Sorgfalt und viel Zeitaufwand. In bösen Fiebernächten saß er auch mal stundenlang an meinem Bett und wartete die Wirkung einer Medizin ab. Das gab es einmal!

Als ich größer wurde, fügte sich der Handarbeitsunterricht und später Werkunterricht der Schulen ganz in diese Richtung, die meine Großmütter schon eingeschlagen hatten. Es gibt Bilder mit selbstgenähten Handschuhen, einem selbstgenähten Filzhut, selbstgenähtem Mantel, selbstgenähtem Complet. Schon mit zehn Jahren hatte ich eine bestimmte, sehr rasch auszuführende Häkeltechnik erlernt. Eines der Puppenstubenbilder zeigt mich mit diesem Kleid. Es hatte eine so aufdringlich maigrüne Farbe und wurde so schnell unansehnlich, daß Vater mich damit nicht gern mochte. Was lag näher als wieder einmal in den unerschöpflichen Vorrat der Busch-Verse hineinzulangen und hervorzuziehen, was jetzt gerade paßte:

Du ziehst mir nicht das Grüne an,
Weil ich's nun mal nicht leiden kann!

Für all diese Arbeitstechniken, die wir mittlerweile erlernten, mußte natürlich das Rohmaterial beschafft werden. Es gab einen Laden für Handschuhleder-Teile, der nichts anderes als solche Lederstücke führte. Dort bekam man auch die Dreikant-Nadeln, die allein das Leder fehlerlos durchstoßen und glatte Nähte ergeben.

Als eines Tages mal wieder Tante Gertrud Wucherpfennig aus dem Schlesischen Einzug bei uns hielt und sich meine selbstverfertigten Prachtstücke anschaute, da meinte sie sinnierend: »Wo habe ich das bloß alles schon mal gesehen? Ach, jetzt fällt es mir ein. Die Deutsche Kolonialschule hat so was auf einer Ausstellung gezeigt. Diese Mädels mußten auch alles können. Genau wie ihr. Nur, daß sie noch selbst ihre Schuhe besohlen müssen. Das bleibt dir ja wohl erspart!«

Über Latifundien und andere Rückzugsmöglichkeiten
Die Vorteile des BDM für behütete Mägdelein im Nazireich

Manche Fähigkeiten bringt der Mensch einfach mit auf die Welt. Nicht weniger die Mängel, die gänzlich ausgeschlossenen Dinge, zu denen man unter keinen Umständen fähig ist ungeachtet der größten Mühe, die man sich gibt.

So war es mir nicht vergönnt, bei den Jungmädeln in der Hitlerjugend zu irgendwelchen Ehren zu gelangen, nicht mal Wimpelträgerin wurde ich, es war damals ein Jammer. Einmal die Woche war Heimabend, meist fand dann an einem anderen Tage noch irgendeine Fahrtenbesprechung statt, die Besichtigung einer Werkstatt für Handweberei, einer Töpferwerkstatt.

Nach einiger Zeit wurden wir in den BDM übernommen, jeden 1. Mai eines Jahres gab es riesige Aufmärsche, stundenlanges Marschieren, vorher Exerzieren, manchmal war das Wetter hundemäßig schlecht, einmal hat es sogar geschneit, es war alles andere als ein Vergnügen.

Bei der Teilnahme als Spalier-Formation zum Strahlauer Fischzug in jenen Jahren trat plötzlich meine mangelnde Widerstandsfähigkeit in Fragen der Körperertüchtigung klar zu Tage: ich fiel still und stumm in Ohnmacht. Ein gänzlich unerwünschtes und unmodernes Vorkommnis. Auf der Rotkreuz-Station kam ich wieder zu mir. Ein Taxi mit einem Mädel als Begleiterin brachte mich nach Hause. Mutter steckte mich ins Bett.

»Ich habe dir immer gesagt«, begann sie ihre Unterhaltung mit einem prüfenden Blick in mein Gesicht, »für Mädchen ist das nichts mit dem Herumziehen in Marschkolonnen. Mache mir doch nicht weis, daß dir das Spaß macht!«

»Ach, laß mich nur in Frieden, zumindest für heute reicht es mir!«

»Dem Vati bekommen diese Sachen auch nicht!«

»Na, umgefallen ist er ja noch nicht, glaube ich.«

Mutter beobachtete mich immer noch prüfend. »Das nicht«, gab sie zögernd zu, »aber schließlich enden all diese Versammlungen, und was es sonst ist, am Bierhahn. Jedesmal liegt er am nächsten Tag krank!«

»Kann Dr. Lademann nicht...«

»Vati will nicht, daß er in der Ortsgruppe mit einem ärztlichen Attest erscheint und sagt: hört mal, Leute, ich bin ab heute krank, nun macht mal schön ohne mich weiter. Es ist ja auch immer erst hinterher. Anders wäre es natürlich...«, sie schwieg abrupt. Verdrossen sann ich darüber nach, daß die Mädels mit Attest keinen freien Sonnabend hatten. Sie mußten in eine Sammelklasse in die Schule gehen. Wir anderen hatten »Staatsjugendtag« und machten Fahrten, Geländespiele, lange Wochenenden in Jugendherbergen oder eine Dampferfahrt und anschließend Übungen im Kartenlesen, Landkartenlesen, versteht sich.

»Einerseits«, fuhr Mutter fort und sah mit leerem Blick durch das halboffene Fenster zum Hof, »hat man ihm gesagt, seine Karriere wäre zu Ende, wenn er nicht Parteimitglied sei und tüchtig mitarbeite. Was ich fürchte ist, daß er seine Gesundheit restlos ruiniert und unversehens im Grabe liegt, ehe diese Karriere überhaupt beginnt.«

»Aber er ist doch Amtsleiter...«, ich glaubte, ihn in Schutz nehmen zu müssen.

»Wen leitet er denn da? All dies Kroppzeug und Gesocks und die Männer von der aufgedonnerten Krawuttke und Konsorten. Da sind doch nur wenige, die einigermaßen...«

»Was willst du eigentlich, der Prinz August Wilhelm, das ist sogar ein Kaisersohn, und wenn der schon mitmacht, dann wird es ja von Vati nicht verkehrt sein.«

»Ja, natürlich, führe du nur immer das Paradepferd Auwi ins Feld! Einiges solltest du doch selbst als widersinnig empfinden. Erst großes Hallo: deutsche Frauen schminken sich nicht. Dann Kommando zurück, die Kosmetik-Industrie hat protestiert, die vielen Arbeitsplätze. Jetzt also Schminken doch erlaubt. Aber nur privat, nicht im Dienst. Auch bei der Frauenschaft nicht. Andauernd laufen sie mir die Bude ein, ich solle beitreten. Aber da kommen sie bei mir gut an.«

Mutter stand auf und schloß das Fenster. Dann fiel ihr Blick auf das Buch, in dem ich gelesen hatte und das aufgeklappt auf der Bettdecke lag.

»Was ist denn das für ein Wälzer? Leihbibliothek? Zeig mal — ›Das Geheimnis der schönen Germaine‹ — wovon handelt denn das, laß mal sehen.« Sie blätterte in dem Buch und las wahllos:

»Minister Berthot hatte den König beispiellos erzürnt. Er wurde gezwungen zu demissionieren und sich auf seine Latifundien in der Provence zurückzuziehen . . .«

Dann sanken ihre Hände mit dem Buch auf ihre Knie, und sie blickte ins Leere.

»Latifundien«, murmelte sie. »Wer hat schon Latifundien!? Aber schließlich — Moment mal —«

»Was ist denn, was hast du?«, mürrisch suchte ich, meine Seite in dem falsch aufgeschlagenen Buch wiederzufinden.

»Wundere dich nicht«, sagte Mutter mit ganz finsterer Miene, »wenn Vati auf den nächsten Schulungsabend nicht gehen kann. Diesmal wird er seine Kolik vorher bekommen. Es nimmt sowieso alles Formen an . . .«

»Was hast du bloß heute, was unkst du hier herum? Nur weil ich ohnmächtig geworden bin? Ein Kind kriege ich nicht, insoweit kann ich dich beruhigen!«

»Das fehlte noch!« sagte Mutter ganz sachlich. »Untersteh dich. Ich verbiete dir ein solch ausschließlich säugetierhaftes Verhalten. Die Damen haben immer den Ärger. Schließlich haben sie außer ihrem Unterleib auch noch ein Gehirn. Mache bitte zunächst von diesem letztgenannten Organ Gebrauch!«

»Warum bist du so wütend? Das ist doch glatter Sarkasmus?«

»Nun«, sagte sie gewissermaßen abschließend, »was Vater betrifft, so weiß ich, was ich tue. Jedenfalls sehe ich mir das nicht länger mit an, wie man mir meinen Mann zugrunde richtet. Mir paßt da so einiges nicht. Nur die allerdümmsten Kälber wählen ihren Metzger selber.« Ich hörte nicht mehr hin, denn ich war schon wieder in das Geheimnis der schönen Germaine vertieft.

Tatsächlich ging es Vater in den kommenden Wochen oftmals ziemlich miserabel. Er lag mehrfach zu Bett und jammerte: »Ich weiß nicht, was das ist! Alle meine Lieblingsessen bekommen mir nicht mehr! Falscher Hase, Bratkartoffeln mit frischen Pfefferlingen, nicht mal Schokoladenpudding mit Rumsoße — ich weiß nicht, was das noch werden soll mit meiner Galle!«

Mitleidsvoll saß ich zuweilen bei ihm, strich ihm übers Haar, sagte »Armes Vatilein«, oder »Sei nicht traurig, Klein-Murner!«. Doch ich war zu sehr mit meinen eigenen Angelegenheiten beschäftigt, um die Sachverhalte zu prüfen: Koliken vor oder nach NS-Veranstaltungen. Tatsache war nur, daß Vater sich vom Parteidienst aufgrund seiner Leiden mehr und mehr dispensieren ließ. Mutter bereitete vor Schulungsabenden und ähnlichen Dingen sein Essen immer mit einer kleinen raffiniert getarnten Beigabe zu: Rizinusöl.

Für meinen Vater war dies ein Grund, nun auch einmal in seiner Ortsgruppe den althergebrachten Spruch aufzusagen, daß er ein ungewöhnlicher Pechvogel sei, und wenn er sich ein Sarggeschäft kaufe, dann ... aber die Burschen dort hörten ihm gar nicht erst bis zu Ende zu.

Nach meiner wörtlich zu nehmenden Niederlage beim Strahlauer Fischzug sah ich die Pflichten des BDM plötzlich mit anderen Augen.

Inzwischen lag das Jahr 1933 schon lange zurück, ich war so fünfzehn, sechzehn Jahre alt, es gab wahrhaft nettere Vergnügungen als Heimabende und Fahrten.

Zwischen dem dreizehnten und fünfzehnten Lebensjahr, so dies Dasein vor der Einsegnung, nicht Fisch, nicht Fleisch, kein Kind mehr, noch nicht erwachsen — so übermäßig lustig war das nicht. Vor allem immer noch die alte Vorschrift: Punkt Zehn bist du abends zu Hause oder du bleibst gleich da!

In jenen Jahren erwies sich die berückend schöne, wenn auch schon sehr alte Dame Mohrchen als ganz liebe und treue Freundin. Während ich zu Hause in BDM-Kluft irgend etwas von Fahrtenbesprechung murmelte und davonstob, in Wanderschuhen und Söckchen die Treppen runtersauste, bei Mohrchen ebenso wieder rauf, wandelte da keine zehn Minuten später eine fesch gekleidete junge Dame mit seidenen Strümpfen, Naht auf Mitte, hochhackigen Schuhen, hübschem Sommerkleid und baumelnder Handtasche, Handschuhe in der Hand, zur nächsten Eisdiele, wo gleicherweise verkleidete junge Herren, die sich zu Hause auch zu einer Fahrtenbesprechung abgemeldet hatten, ebenfalls unter allen Umständen Schokoladeneis mit Sahne zu sich nehmen wollten. Leider nur bis neun Uhr dreißig. Dann rollte der Film rückwärts und Punkt Zehn traf ich dann mit munterem »Heil Hitler, Tachchen-Tachchen, na? Was macht ihr denn Schönes?« bei meinen verehrten Eltern wieder ein. Nur manchmal war das Tuch in der Eile des Umziehens etwas schief durch den Lederknoten gezogen.

Zeit des »Flöhehütens«
Warum Mutter mir ein Notizbuch schenkte

Von der Einsegnung erzählte mir eine Freundin wahre Wunderdinge. »Du glaubst nicht, was sich alles verändert! Ich habe eine Tante in Wusterhausen. Dort auf dem Land, man sollte es nicht für möglich halten, geht noch alles ganz nach altem Pipapo. Bist du nicht eingesegnet, sitzt du bei Kindtaufen und Hochzeiten mit den Gören am Katzentisch. Bist du jedoch eingesegnet, so setzt man dich mit an die Tafel der Erwachsenen, du bekommst einen Tischherrn, du wirst zum Tanzen aufgefordert, also es ist eine einzige Wonne!«

Unter diesem Gesichtswinkel hatte ich das Ereignis überhaupt noch nicht betrachtet. Durch die Großmütter und Tante Flora ging ich als Kind und auch noch später häufig in die Kirche, die Texte der Liturgie und der Choräle waren mir vertraut. Da wir guten Religionsunterricht hatten, wurden wir auch von dieser Seite auf die Einsegnung bestens vorbereitet, der Konfirmanden-Unterricht bei Pfarrer Werbeck von der St. Johanniskirche in Alt Moabit tat ein übriges. Leider waren wir ein »starker Jahrgang« und damit ein ganzes Rudel von Kindern, die im Februar 1935 eingesegnet wurden.

Vorher prüfte ich, durch die Erzählungen der Freundin kritisch geworden, meine äußere Erscheinung eingehend. Da gab es neben einem langen, langen Hals so allerlei, was mir nicht gefiel, so zum Beispiel meine Zähne. Trotz Putzen und Seidenfaden nach den Mahlzeiten hätte da so allerlei repariert werden müssen.

Doch ich hatte Angst vor meiner eigenen Courage und trug den Plan, zum Zahnarzt zu gehen, erstmal eine Weile stumm mit mir umher. Dann stimulierte mich allerdings die andauernde Lektüre in den Karl-May-Bänden meines Vaters von heroischen Trappern und Old Shatterhand, die sich mit größter Gelassenheit und Tapferkeit an Marterpfählen bewährten, soweit, daß ich — um nur ja nicht ausgelacht zu werden bei aufkommender Feigheit! — heimlich zu einem Zahnarzt in der Nähe ging und ihn bat, mir so weit es möglich war, zum Lächeln von Greta Garbo zu verhelfen.

Er lachte herzlich, erkundigte sich nach dem Beruf meines Vaters und nahm mich langhalsiges, halbwüchsiges Ding dann in Behandlung. Mit großem Eifer verfolgte ich dies Unternehmen, und an meinem Prüfungstag schon war alles beendet und ich präsentierte Vater die Rechnung. Er fiel beinahe um.

»Ja, sage mal«, begann er und zog die Augenbrauen hoch, »bei solchen Sachen, da spricht man doch miteinander, du hättest mir doch vorher ein Wort sagen können, was du da vorhast!«

»Ach, Pappi«, ich drehte und wand mich vor Unbehagen, »sieh mal, ich wußte doch noch gar nicht, ob ich da durchhalten würde. Und dann wollte ich euch doch auch überraschen. Denn ich hatte ja eine Heidenangst vor der Behandlung und dachte ganz sicher, ich würde eines Tages die Lust verlieren. Kuck mal, jetzt, wo alles überstanden ist, da bin ich natürlich heilfroh. Aber vorher wäre alles so unangenehm gewesen. Womöglich hättet ihr mich dauernd gemahnt, da hinzugehen, dann wäre ich schon gar nicht gegangen. Kannst du das nicht verstehen?«

Vater verstand. »Was werde ich mit dir bloß noch alles erleben!«, prophezeite er kopfschüttelnd.

Nach der Einsegnung und im Bewußtsein eines untadelig gerichteten Zahnschmelzes begann allerdings etwas, womit weder Vater noch Mutter gerechnet hatten: der Rohrpostbriefträger war häufiger Gast bei uns! Andauernd kam eine Karte oder es regnete Einladungen zu irgendwelchen Tanzereien.

Mutter blickte mißtrauisch: »Du weißt, daß ich dich nicht wie ein Wachhund begleiten werde. Was diese jungen Herren dir auch vorschlagen werden zu tun, sage auf alle Fälle in der reizendsten Weise nein!«

Vater dachte praktischer. Das häufige Klingeln an der Wohnungstür, wenn Rohrpostkarten kamen, meist gerade während seiner Mittagsruhe, machte ihn nervös. Bei uns wurde Telephon angeschafft. Exakt im Jahre 1935. Wir erhielten die Nummer 35 70 93. Nun war das zwar eine der von Vater heißgeliebten technischen Errungenschaften, dieser kleine, schwarze Apparat, aber daß es nun noch viel häufiger klingeln würde, daran hatte er nicht gedacht.

Jetzt begann auch die Zeit, wo ich schon mal nachmittags einen Turnunterricht oder Leichtathletik schwänzte. Je nach meiner Taschengeld-Lage hatte der Sommergarten von Kroll am Königsplatz eine kaum bezwingbare Anziehungskraft. Knapp hatte man den erforderlichen Betrag für Eintritt, einen Eiskaffee, das Fahrgeld für die Straßenbahn und noch ein paar Groschen für gewisse Fälle beisammen, so verabredete man sich mit einer Freundin und pilgerte in diesen herrlichen Kaffeegarten, wo ein fabelhaftes Tanzorchester gepflegte Weisen spielte. Eine Unzahl von ganz reizenden und wohlerzogenen jungen Herren, viele in Uniform von der Militärärztlichen Akademie aus der Invalidenstraße, standen dort als Tanzpartner zur Verfügung, und das Ganze war ebenso amüsant wie zwanglos.

Manche Bekanntschaften fanden ihre Fortsetzung im großen Freibad des Poststadions, dort hatte man genügend Zeit, sich erneut zu irgendwelchen Unternehmungen zu verabreden.

Alles trug absolut den Charakter des Unverbindlichen, der reinen Freude am Kennenlernen neuer Menschen, ja, wohl auch Charakterstudien wurden betrieben, wie dieser und jener sich verhielt, grüßte, welche Witze er kannte, wie er tanzte. Nun, es waren sehr interessante Zeiten.

Nun stürzte ich mich in den Sommern 1935 und 1936 mit großer Wonne in dies amüsante Geplänkel.

Einmal kam ich abends gegen halb acht nach Hause, da empfing mich meine Mutter mit bitterbösem Gesicht, während aus dem Wohnzimmer Gelächter drang und ungewohnter Zigarettenrauch schon im Korridor zu bemerken war. Der Übergang war abrupt, denn sie hatte beinahe noch das eben betriebene Lächeln um den Mund, ehe sich ihr Gesicht so zornig veränderte. Sie zog mich in die Küche.

»Wisch dir schnell das Lippenrot ab und halte dir die Backe! Du hast dich heute nachmittag mit drei verschiedenen jungen Leuten verabredet gehabt, diese vergessen und bist mit dem vierten ausgegangen. Nun hatte ich sie die ganze Zeit auf dem Halse! Also los, geh rein, trockne dir imaginäre Tränen und sage mit schwacher Stimme, du wärst beim Zahnarzt gewesen! Komm, jetzt geh' und bugsiere die Mannschaft da raus! Es ist schon spät, Vati wird gleich kommen!«

Ja, was blieb mir übrig? Also mimte ich die Dame mit dem gezogenen Zahn.

Am nächsten Tag kaufte Mutter mir ein Notizbuch, mit Turteltäubchen auf dem Einband.

»Damit das nicht wieder vorkommt!«, warnte sie.

Idole, Schwärmereien, französischer Fimmel Olympiade, Medaus Reigen, Sport von Kopf bis Zeh

Kürzlich fragte mich meine Schwiegertochter Juliette, die drei Mägdelein in verschiedenen Altersstufen hat: »Ach, Muzilein, nun sage doch mal, wie war das eigentlich damals bei euch mit der Pubertät!«

Danach mußte ich eine Weile überlegen. Zunächst einmal sprach man eigentlich nur in Medizinerkreisen von Pubertät. Sonst sagte man vage »es ist das bestimmte Alter«.

Dann allerdings fiel mir ein, daß sowohl von den Eltern, von der Schule als auch von den Jugendorganisationen alles, aber auch nun wirklich alles nur Denkbare unternommen wurde, um uns nahezu rund um die Uhr von dummen Gedanken abzuhalten und pausenlos zu beschäftigen.

Es ist unnötig zu sagen, daß wir immer Zeit fanden, uns den gerade aktuellen Lieblingsfilm anzusehen. Einmal, da lief ein französischer Film mit dem vielsagenden Titel »Liebe«, dem eine wahre Woge an wundersamer Mundpropaganda voraufging. Natürlich war er für uns verboten, denn wir waren noch nicht achtzehn. Diesen Film anzusehen, das bedurfte einer regelrechten Taktik, ausgetüftelt und auf die Minute berechnet.

Mutter hatte ihren Kränzchen-Nachmittag in »Zelt 2«. »Um sieben bin ich zurück!«, sagte sie. »Und was machst du?« »Weiß noch nicht«, entgegnete ich. »Vielleicht kommt Ursel!« Das war damals eine etwas ältere BDM-Freundin. Mutter ging. Ich blickte auf den Regulator, es war viertel nach drei Uhr nachmittags. Um vier begann die Nachmittagsvorstellung im Ufa-Palast in der Turmstraße. Nun mußte ich also wie achtzehn aussehen und war doch erst etwas über fünfzehn.

Aber kein Problem, denn ich war ja sehr groß. Eilig holte ich Mutters Brennschere von der Waschtoilette im Schlafzimmer, wo sie noch vom vorherigen Gebrauch zum Auskühlen auf einem Halter stand. Mein Haar hatte schon seine ersten Dauerwellen, aber zum Friseur zu gehen, das war nicht so sehr oft drin. Nun nahm ich ein Stück Butterbrotpapier, wie Mutter es auch tat, wenn sie sich ihr Haar mit der Brennschere wellte. Brennschere über die Gasflamme in der Küche, dann am Papier die Wärme ausprobiert, schnell in den Flurspiegel gesehen, damit alles sich richtig ringelte und nach Wunsch gelockt war. Dann schnell wieder alles an seinen

Platz. Wo war nun Mutters Schleierhütchen? Ah, dort oben im Kleiderschrank in einer Tüte. Nun meinen schwarzen engen Rock, eine Bluse, einen weißen Schal und Mutters schwarze Seal-Kanin-Jacke. Schwarze Handschuhe, ein anderes Täschchen von Mutti, nun schnell mein Geld aus der Schultasche. So, jetzt nichts vergessen: Schlüssel, alle Lichter aus, Gashahn abgedreht, alle Fenster zu? Ja. Nun nichts wie los.

Alles war mit Ursel verabredet, sie wohnte in der Perleberger Straße gleich neben der Heiliggeistkirche, auf dem Wege zur Stromstraße. In ähnlich erwachsener Aufmachung stand sie schon vor mir, als ich bei ihr klingelte.

»Mensch-Meier, du siehst ja schnieke aus!« »Danke gleichfalls, nun mach aber, sonst kommen wir zu spät!«

Dann trabten wir davon, das heißt, wir stöckelten, denn die Ausgeh-Pumps mit den höheren Absätzen ließen die langen, gewohnten Laufschritte natürlich nicht zu. Wir bibberten, denn die Kontrollen an den Kinokassen konnten manchmal eklig streng sein. Immerhin — wir hatten Glück. Wir sahen »Liebe«. Doch so umwerfend fanden wir die ganze Geschichte nicht. Heute weiß ich nicht einmal mehr, wer mitgespielt hat. Wir waren wohl doch ziemlich streng und mit viel Aufmerksamkeit von unseren Eltern erzogen worden, so daß uns solche Heimlichkeiten schon als ein Abenteuer erschienen.

Im Dorotheen-Oberlyzeum nahmen die Lehrer oder Lehrerinnen immer im Deutschunterricht sehr viel Rücksicht auf den gerade laufenden Spielplan des »Theaters der Höheren Schulen«. So lasen wir manchmal Schauspiele in Abschnitten, auch mal mit verteilten Rollen, soweit man in einer Stunde damit kam.

Außerdem kümmerte man sich um kritische Besprechung der Filme. Bei historischen Filmen, die großes Publikumsecho fanden, versäumte der Geschichtslehrer Dr. Falk nie, Wahn und Wirklichkeit gegenüberzustellen. Das Filmprogramm diente manchmal als Gegenstück zum Geschichtsbuch. Obwohl Tucholsky offiziell 1933 die deutsche Staatsbürgerschaft aberkannt worden war, zusammen mit vielen Geistesgrößen der damaligen Zeit, kursierten in unserer Schule unter dem Siegel strengster Geheimhaltung zuweilen, mit Schreibmaschine abgetippt, seine Verse. Bei der Neuverfilmung von Themen über den Alten Fritz mit Otto Gebühr beispielsweise Tuchos Spottlied auf die Melodie von »Fridericus Rex« aus dem Jahre 1922, als die ersten Stummfilme dieser Art erschienen:

Fridericus Rex

Fridericus Rex, unser König und Herr,
der rief uns noch einmal in das Kino daher.
Zweitausend Meter lang ist der ganze Quark —
und jeder Parkettplatz, der kostet sechzehn Mark.

»Ihr verfluchten Kerls!« sprach seine Majestät,
»daß jeder hier im Kino seinen Mann mir steht!«
Sie sitzen alle stramm und können nichts dafür
und freuen sich übern König und über Gebühr.
... ...

Fridericus, unser König, den der Lorbeerkranz ziert,
du wirst für eine kolossale Pleite plakatiert.
Dreh still dich im Grabe, verbirg dein Gesicht:
Sie haben deinen Krückstock.
Deinen Kopf haben sie nicht.

(Kurt Tucholsky, 1922)

Wir wußten in unserer stillen Freude an der Ironie noch gar nicht, auf welch ein gefährliches Unterfangen wir uns da eingelassen hatten. Es wurden zu jener Zeit Menschen wegen geringerer Vergehen gegen die geltenden Gesetze ins Gefängnis gebracht.

In den Musikstunden sangen wir den offiziellen Text, von Willibald Alexis. Die Melodie war schön, es gibt mehrere Märsche, die sie enthalten.

Der Lehrplan im Französischen sah alles mögliche vor. Wir lernten bis zum Überdruß die La-Fontaine-Fabeln aus der Tierwelt. So saß eisenfest in unserem Gedächtnis die Geschichte vom Raben mit dem Käse im Schnabel und dem Fuchs, der ihm diesen abluchst:

Maître Corbeau, sur un arbre perché,
Tenait en son bec un fromage.
Maître Renard, par l'odeur alléché,
Lui tint à peu près ce langage:
»Hé! bonjour, Monsieur du Corbeau.
Que vous êtes joli! que vous me semblez beau! ....«

Das war gewiß ein Basiswissen und nichts dagegen einzuwenden, aber um während der Olympischen Spiele französischen Sportlern zu erklären, wie sie auf der U-Bahn umsteigen müßten, dazu war dieser Text denkbar ungeeignet. Gebrauchsfranzösisch — das war das große Manko in unserem Stundenplan. Hier hätten Auslandsaufenthalte segensreich gewirkt, aber aus mehreren Gründen gab es dies nicht.

Zwar kam in den Jahren ein lebhafter »Kraft-durch-Freude«-Tourismus auf, das schon. Das Schiff »Wilhelm Gustloff« fuhr nach Madeira, welch Ereignis. Deutsche reisten nach Jugoslawien und brachten eine seltsame Sommersandalette für Damen mit, Opanke genannt. Eine etwas hochgebogene Ledersohle mit buntem Oberleder, halbhohem Absatz, markanten Riemchennähten, Querspange. Man trug viel diese bunten Opanken in jenen Jahren.

Unverhofft bescherten uns die Olympischen Spiele, wenn man zur Teilnahme am Eröffnungsfestspiel ausgewählt wurde, viele freie Tage. In Rudeln fuhren die Schulkinder zu den Gymnastik-Proben ins Olympiastadion, von einer gewissen Klasse an, wer eine bestimmte Größe hatte. In den Handarbeitsstunden wurden orangefarbene Kittel mit passenden Sporthöschen genäht. Wieder alles Eigenbau. Hinrich Medau, der damals weltbekannte Gymnastik-Pädagoge, studierte die Rasenspiele ein, zusammen mit Gret Palucca. Manche Gruppen erhielten Reifen, wir mußten Holzkeulen zu einer bestimmten Musik in exakten Figuren und Richtungen schwingen.

Wie oft rannte ich an der Haustür Perleberger Straße noch einmal zurück in die Wohnung, weil ich meinen Olympia-Teilnehmer-Ausweis für die Proben vergessen hatte! Das rosa Stückchen Karton sieht entsprechend zerrupft aus.

In jener Zeit fiel uns ein Buch in die Hände, das damals neu erschienen war. Seltsamerweise las es zuerst mein Vater.

War er gefesselt von einem Buch, so durfte man ihn nicht stören. Diesmal hielt die Klausur besonders lange an. Ein ganzes Wochenende lang verließ er sein Arbeitszimmer nur zu den Mahlzeiten. Dann gab er mir das Buch und sagte:

»Nach meinem Erachten ist dies eines der wichtigsten Bücher unserer Zeit. Lies es, du wirst mir recht geben!«

Es war der Roman »André und Ursula« von Polly Maria Höfler. Das Buch erlebte später Auflagen von vielen Hunderttausenden Exemplaren. Es war ein einziges Plädoyer für eine künftige dauerhafte und endgültige Freundschaft zwischen dem französischen und dem deutschen Volk, verknüpft mit einer zarten Liebesgeschichte.

Die Schulbibliothek schaffte das Buch in etlichen Exemplaren an, denn wir rissen uns darum. Wir bekamen Austauschadressen von französischen Schülerinnen. Eine Zeitlang schrieb ich Briefe mit einem Mädchen aus Grenoble, Christiane Terraillon. Diesen Briefwechsel hat der Zweite Weltkrieg beendet. Aber die Welle der Sympathie für Frankreich, die das Buch ausgelöst hatte, war mitreißend und überwältigend. Die Romanfiguren gehörten in den Jahren danach zu unseren Idolen, nur eines verstanden wir dann bei erneutem Kriegsausbruch 1939 nicht: wie jemand, der das Buch gelesen hatte, noch einmal in einen solchen Wahnsinn einwilligen konnte.

Ansonsten bezogen wir unseren Bedarf an Starkult bei Zarah Leander, Grethe Weiser, Olga Tschechowa, Lil Dagover, um nur einige zu nennen. Von den Männern bereiteten uns die fröhlichsten Stunden die Komiker Theo Lingen und Hans Moser, Rudolf Platte und Georg Alexander, Hubert von Meyerinck und, und, und — wer wollte diese endlose Liste der damaligen Publikumslieblinge fortsetzen. Eine besondere, kühl-faszinierende Ausstrahlung hatten Anneliese Uhlig und Hilde Krahl. Wer sich gerade aus finanziellen Gründen kein Kinobillett leisten konnte, der ergatterte wenigstens ein Programm-Heft, einen Film-Kurier, und studierte, was es diesmal wieder mit den Unvergleichlichen auf sich hatte. Dabei fällt mir ein, daß eigentlich Adele Sandrock bisher keine Nachfolgerin gefunden hat. Vielleicht gibt es zu wenig Filme, in denen wieder komische Fürstinnen-Mütter gefragt sind!

Wir verfolgten nach den Olympischen Spielen wesentlich interessierter sportliche Ereignisse. Schon immer waren die ganz Großen wie Sonja Henie, Max Schmeling, Maxi Herber und Ernst Baier Gegenstand unserer Bewunderung gewesen. Aber nun gab es in der Folgezeit für uns eine richtige Stimulanz zu bisher noch nicht betriebenen Sportarten. Ein Tennisschläger hielt Einzug in unsere Wohnung. Wir spielten, meine Freundinnen und ich, auf den Tennisplätzen des Poststadions. Freischwimmer mit zehn, Fahrtenschwimmer 18.9.1933 mit dreizehn. Die Sommer 1936 und 1937 haben wir bewußt intensiv genutzt, um jeden Sonntag mit Ruderbooten unterwegs zu sein. In der Rückschau werden unsere Sportlehrerinnen noch bewunderungswürdiger in Anbetracht dessen, wie viele Sommersonntage sie opferten, um mit uns kichernder Ruderbrigade auf Spree, Dahme, Gosener Graben und angrenzenden Gewässern unterwegs zu sein.

Einmal sind wir an der sogenannten »Bammel-Ecke« auf der Regattastrecke in Grünau ruhmlos gekentert. Ein tückischer Seitenwind trieb uns landwärts, ein mit dicker Bugwelle vorüberrauschender Dampfer gab uns den Rest, denn wir konnten nicht wenden, um diesen Wellenberg abzureiten. So gerieten wir längsseits auf den Wasserbuckel und fielen mit gewaltigem Klatsch mitsamt Proviant, Rollsitzen, Rudern und dauergewellter Lehrerin ins Wasser der Bucht. Ein Glück, daß wir schon Grund unter den Füßen hatten. Unser Boot trieb nicht kieloben zu Lande, sondern wurde schleunigst gedreht, ausgeschöpft und wieder klargemacht. Nach dem ganzen Krimskrams und den Rudern, die sich im bewegten Wasser selbständig gemacht hatten, tauchten und schwammen wir jedoch eine ganze Weile umher.

Tanzteegeschichten
Der Herr, der im Treppenhaus übernachtete

Berlin hatte 1935 über vier Millionen Einwohner. So wie wir lebten, wie meine Jugend verlief, geschah es bei vielen Hunderttausenden von Berlinern. Die Schulen waren gut, Häuser wie unsere gab es unzählige, ihre Bewohner schauten genau so begeistert die Filme der damaligen Zeit an, nur es war eben alles mit mehr Aufwand verbunden. Wenn heute im Fernsehen die alten Streifen laufen, so tippt man nur aufs elektronische Knöpfchen — und Zarah singt »Es war so wunderbar«. Damals: Sitzt mein Hut, stimmt mein Geld, Schlüssel? Gashahn? Fenster zu? Regenschirm — das ganze Drumherum des Ausgangs.

Vielleicht hat man gerade wegen der Kosten und des Umstandes allem mehr Wert zugemessen. Wir sparten unser Taschengeld zusammen. Manchmal war die Entscheidung schwierig: esse ich jetzt in der Pause eine Napoleonschnitte oder gehe ich morgen in einen atemberaubenden Film, den man gesehen haben mußte? Mußtäää!

Meine Eltern, besonders meine Mutter, legten sehr viel Gewicht darauf, die jungen Leute kennenzulernen, die unbedingt mit ihrer Tochter Schokoladeneis essen wollten.

Mutter »hielt nicht Hof« wie einst Frau Bahls, aber zwangsläufig ergab es sich, daß mein Tanzstundenherr von der Tanzschule Glaw, Rudi Bloch, sich mit meinen Eltern bekanntmachte. Wie alt waren wir? Ich noch nicht fünfzehn, er achtzehn. Der ganz fundamentale Unterschied im Aussehen und Lebensauffassung von damals zu heute: wir grünes Gemüse wollten unbedingt »erwachsen« aussehen — um jeden Preis. Daher Schleierhütchen und Homburg, die Herren ohne Krawatte, das gab es doch überhaupt nicht! Die Witzblätter bezogen reichen Stoff aus Karikaturen kleiner Steppkes von Konfirmanden, die bei dem großen Ereignis in dunklem Anzug und ihrem ersten Hut daherkamen, was manchmal wirklich ein sehr komischer Anblick war.

Die neuen Erlebnisse in der Tanzschule Glaw, die ihre Kurse zu meiner Zeit in der Philharmonie in der Bernburger Straße abhielt, mußten in die bisherigen Stunden- und Terminpläne eingebaut werden. Das Theaterabonnement lief weiter. Bei Isoldes Liebestod tropften die Tränen so reichlich, daß der schöne glänzende Satinkragen des Einsegnungskleides gänzlich verdorben wurde. Bitte nie Satin zum Tristan! Tränen geben Ränder.

Manchmal begleitete Mutter uns zu den normalen Tanzkursen. Sie saß mit anderen Müttern etwas abseits im Beethovensaal, wo die wöchentlichen Stunden stattfanden, und lachte ihrerseits Tränen über unser Lämmerhüpfen. Auch bei Tanzschule Glaw gab es Tanztees, denn das Gebot: »Spätestens um zehn bist du abends zu Hause!«, das galt ja auch zu unserer Jugendzeit 1935 in den bürgerlichen Familien, genau wie bei Großtante Flora 1890, noch immer.

Man verabredete sich also zu Tanztees. Die jungen Herren wandelten das Treppenhaus mit der Distelranke — oder was immer für eine gewundene Blume es ist — empor, läuteten, Hut ab, Verneigung, »Guten Tag! Mein Name ist Bloch. Gestatten Sie bitte, verehrte Frau Puder, daß ich Ihr Fräulein Tochter zum heutigen Tanztee abhole?«.

So oder ähnlich ging das vor sich.

Dann bat Mutter für einen Moment herein. Ich war natürlich noch nicht fertig. Sie plauderte. »So? Das ist ja interessant. Ihr Herr Vater führt ein Tabakwarengeschäft? Denken Sie nur, mein Großvater Christian Noelte ...«

Mutter war gewandt in der Unterhaltung, und was sie über den Besucher erfahren wollte, bekam sie überraschend schnell heraus. Dennoch fühlten sich die jungen Leute nicht etwa in einer Art Verhör, dazu ging alles viel zu heiter zu. Unsere Wohnung, ganz im Stil der längst vergangenen Zeit, strahlte wahrscheinlich deshalb so eine angenehme Atmosphäre aus, weil in den hohen Räumen die gleichfalls hohen und bekrönten Möbel und Öfen stilistisch vollkommen zueinander paßten. Es war eine optische Harmonie.

Vater war selten anwesend. Nach seinem unmerklichen Rückzug aus der aktiven Tätigkeit für die Partei entwickelte er eine wahre

Leidenschaft für Radwanderungen mit Walter Kissauer. Bald kaufte er sich auch ein Motorrad. Eine Zündapp 350. Das gab ein schier unerschöpfliches Gesprächsthema.

Die Motorradleidenschaft meines Vaters spielte auch eine gewisse Rolle bei dem neugewonnenen und sich enger gestaltenden Kontakt zu Tante Annemarie, einst Bürofreundin meiner Mutter bei Siemens. Wir fuhren 1934 zum erstenmal nach Naundorf in der Sächsischen Schweiz. Ein bezaubernder kleiner Ort, oberhalb von Pötzscha gelegen. Pötzscha-Wehlen hatte keine Brücke, sondern diese Orte am Elbufer verbindet noch heute ein Fährkahn, der an Pontons anlegt, so daß je nach Wasserstand die Höhe verändert ist, in der sich der Menschenstrom über den Elbstrom bewegt.

Wir lernten den so beargwöhnten Gatten von Tante Annemarie kennen, einen lebhaften kleinen Herrn mit weißem Schnurrbart: Ernst Ulbricht aus dem Erzgebirge. Wie seltsam, daß Mutter von den Kabarettisten in Berlin, die so umwerfend komisch sächsische Reisende nachahmen konnten, eigentlich in negativem Sinne voreingenommen war. Onkel Ernst war ein philosophisch veranlagter, ungemein liebenswerter und hilfsbereiter Mensch. Naundorf wurde die Stätte unseres Zweiturlaubs für die Zukunft. Vater kam natürlich mit der Zündapp, auf der wir niemals fuhren. Weder Mutter noch ich.

Es waren die ganz unbeschwerten Jahre, wo es so beispiellos in Deutschland aufwärtsging. Das eigentliche, das größte Wirtschaftswunder hat wohl zunächst nach 1933 auf dem europäischen Kontinent stattgefunden. Die Schattenseiten traten ja noch nicht klar zutage, wie wir sie heute in der Rückschau sehen.

Wir lebten die Jahre bis 1939 weiterhin sparsam, wie es sich gehörte, denn das war die Lebenseinstellung der Menschen. Einigen Dingen gingen wir aus dem Wege. Das war die geforderte und gewünschte »Jugendweihe« anstelle der kirchlichen Einsegnung. Die Damen in der Frauenschaft unserer Ortsgruppe waren uns nicht sympathisch. Das war, genau genommen, der Grund, weshalb weder Mutter noch ich dort eintraten.

Mutter und Tante Jenny begleiteten mich auch mehrmals bei meinen nachmittäglichen Unternehmungen. Anstatt in ein Kaffee-Lokal in der Straße »In den Zelten«, setzten sie sich opferbereit in die buntbeleuchteten Räume des »Moca-Efti« am Tiergarten, wo ständig Tanztees stattfanden, und wo wir recht lustige Erlebnisse hatten.

Später ergab es sich, daß selbst dort sehr lose geschlungene Fäden nach Jahrzehnten wieder geknüpft wurden. Einer der emsigsten Tänzer aus dem glitzernd beleuchteten Tanztee-Gewühle wurde nach einem Jahrzehnt unser Versicherungs-Agent in Coburg.

Im Zusammenhang mit den Ausbürgerungs-Veröffentlichungen 1933, als Lion Feuchtwanger, Heinrich Mann, Alfred Kerr, Wilhelm Pieck, Ernst Toller und u. a. Peter Maslowski Nationalität und Vermögen verloren, als mein Vater noch kopfschüttelnd meinte, dies wäre doch ein ganz ungewöhnlicher Vorgang in einem Rechtsstaat, da ahnte noch niemand, daß ich achtzehn Jahre später in Coburg als Chefredakteur der »Neuen Presse« eben jenen Peter Maslowski vorfinden würde. Er war nach einem harten Emigrantenleben im französischen Widerstand und Untergrund in der kleinen Residenzstadt gelandet, die von Flüchtlingen aller Art überfüllt war.

Als ich der Chefredaktion meinen Lebenslauf vorlegen mußte, war Maslowski nicht sehr begeistert:

»Was sollen wir mit Ihnen anfangen? Deutscher Musiker-Kalender, da haben Sie volontiert? Nie gehört. Da sind Sie sozusagen eine Frau Garniemand!«

Das war keine Frage, das war eine Feststellung; zudem eine ebenso richtige wie unangenehme.

Doch dann sagte ich mutig, was nicht ist, das könne ja noch werden. Und Dorothy Thompson würde er wohl ebenso wenig nach Coburg bekommen wie Elsa Maxwell, und ob er es nicht mal mit mir versuchen möchte.

Mißtrauisch drehte er meinen Entnazifizierungs-Bescheid hin und her. Ein Stempel: »Jugend Amnestie« war alles.

»Was haben Sie denn gemacht, während unsereiner Steine geklopft hat?«, wollte er wissen.

»Bis 37 Lyzeum, dann sechs Berufe, nebenbei Goethe-Pädagogium, um Abi in Abendkursen nachzumachen, 1943 Heirat, dann ...«

»Wo war denn das Goethe-Pädagogium?«, fragte er lauernd.

»Nettelbeckstraße!« kam es umgehend als Antwort.

»Sie weiß es!«, sagte er, schob mir meine Papiere zu, drückte seine Zigarre aus. Dann das erlösende: »Gut. Fangen Sie an!«

Die uns 1935 so amüsant erscheinende Gegenwart enthielt schon die Ansätze künftiger Entwicklungen.

»Ja, aber —« wird mancher einwenden, »nach der Reichskristallnacht hätte doch jeder merken müssen, zu welchen Verbrechen der angebliche Rechtsstaat überging!«

Diese Reichskristallnacht fand aber erst vom 9. zum 10. November 1938 statt. Fünf Jahre nach der Machtergreifung. Sie wurde in den Zeitungen, im Rundfunk und besonders von Goebbels als »Gegenschlag« dargestellt, denn am 7.11.38 hatte in Paris ein Jude namens Herschel Grynszpan den deutschen Botschaftssekretär E. vom Rath erschossen.

Dem Rechtsbrauch zufolge, hätte also Herschel Grynszpan für seine Tat büßen müssen und niemand sonst. Aber hier wurde eine eklatante Demonstration von Kollektivschuld inszeniert, die in ihrem Ausmaß zum eigentlichen Anlaß in gar keinem Verhältnis stand. Bis heute hat sich die Praxis erhalten, kollektive Gruppen für die Schuld einzelner Mißliebiger büßen zu lassen, und man kann nicht genug bedauern, daß bei diesem Verfahren immer eine große Zahl von Unschuldigen in die Mühlen des Hasses gerät.

In meinen Tanzteezeiten, da waren die großangelegten Verbrechen des Regimes noch nicht geschehen, junge Menschen hatten eine sorglose Zeit. Rudi Bloch, mein damaliger Tanzstundenherr, erinnert sich speziell an ein Abenteuer im Treppenhaus der Perleberger Str. 55:

Die erste Bekanntschaft mit dem Haus, in dem Du wohntest, machte ich ganz einfach dadurch, daß ich Dich abends nach der Tanzstunde nach Haus brachte — einmal natürlich der Liebe wegen, aber außerdem gab es auch schon damals böse Menschen (wie z. B. später den S-Bahn-Mörder!). Da ich noch keinen Wagen hatte, fuhren wir mit Bus oder Straßenbahn. Zuerst verabschiedetest Du mich ja an der Straßenbahn-Haltestelle. Später erlaubtest Du mir dann, Dich bis zu Eurem Haus zu begleiten.

Im Laufe der Zeit lernte ich dann auch Deine Eltern kennen. — Weiß der Kuckuck, was wir uns immer Interessantes zu erzählen hatten! Jedenfalls nahmen wir nach jedem Tanzstunden-Abend die Welt ganz auseinander und setzten sie dann neu und viel besser wieder zusammen. Diese Gespräche dauerten natürlich. Einmal goß es in Strömen, da hast Du kurzerhand die Haustür aufgeschlossen und wir setzten den einmal begonnenen Disput im Trockenen fort.

Da die Treppe an der linken Seitenwand hochführte, entstand unter ihr eine kleine Nische, in welcher man etwas gegen Sicht geschützt war. Das war ganz praktisch, denn während wir noch mitten in unseren Diskursen waren, kamen manchmal andere Hausbewohner heim, von denen Du nicht gesehen werden wolltest. So gingen wir in Deckung, bis sie hinter ihren Wohnungstüren verschwunden waren. Zwar schlossen sie die Haustür hinter sich ab, aber kein Problem, Du hattest ja den Hausschlüssel bei Dir, ließest mich dann meiner Wege ziehen, hast wieder abgeschlossen und sagtest dann oben bei Deinen Eltern, Du habest diese oder jene Bahn- oder Busverbindung dummerweise verpaßt und daher sei es später.

Das funktionierte mehrmals ganz gut. Viel Geld hatten wir ja nicht, Lokalbesuche waren teuer, Berlin hat im Winter ziemlich kaltes Klima, ewig konnte man nicht um den Block tigern. So war diese Lösung günstig.

Einmal aber passierte dabei eine Panne.

Du entschwebtest, wie sonst auch. Nachdem ich abgewartet hatte, bis Du die Wohnungstür oben aufgeschlossen und wieder zugedrückt hattest, wendete ich mich beruhigt zum Gehen. Ich kam aber nicht raus. Zuerst glaubte ich, die Tür würde klemmen, aber dann begriff ich, daß sie abgeschlossen war. Hatte ich Dich mit unseren Gesprächen so irritiert, daß Du vergaßest, sie für mich wieder aufzuschließen?

Nun, zuerst nahm ich die Sache nicht weiter tragisch. Irgendwann mußte ja irgendjemand kommen, dann würde ich eben bitten, mich rauszulassen. Aber dann kam mir doch bald das Vertrackte meiner Situation zum Bewußtsein. Man würde mich fragen, warum meine Gastgeber mich nicht hinausbegleitet hätten. Würde ich Euren Namen genannt haben, so hätte man haarscharf daraus geschlossen, daß Du mich ohne Wissen Deiner Eltern eingeschleust habest. Das hätte Dich also kompromittiert. Sowas mußte ich als Kavalier unbedingt vermeiden.

Bei Euch einfach zu klingeln, das traute ich mich damals noch nicht, ich hatte ja erst einmal oder zweimal kurz Besuch gemacht anläßlich einer Abholung.

So blieb mir also wirklich weiter nichts übrig, als einfach abzuwarten. Aber es geschah kein Wunder, und Stunde um Stunde verrann. Langsam wurde es auch kälter und kälter im ungeheizten Treppenflur. Ich saß abwechselnd auf dem Fenstervorsprung im Hochparterre, auf den Treppenstufen, es war immer empfindlich kühl. Meine drei restlichen Zigaretten waren schnell aufgeraucht. Vor Langeweile begann ich, mich für Euer Treppengeländer zu interessieren. Dazu mußt Du wissen, daß mein Großvater mütterlicherseits ein Drechslermeister war, der sich durch eine zusätzliche zweite Meister-

prüfung jetzt »Kunst-Drechslermeister« nannte. Er stellte an seiner Drehbank wundervolle Schach- und andere Figuren her. In der schlechten Zeit hielt er sich durch Anfertigung von sogenannten Traljen über Wasser. Das sind die hölzernen, reich verzierten Säulen, die den Handlauf eines Treppengeländers abstützen.
Da ich ja nun Zeit genug hatte, tastete ich jede einzelne Tralje auf sorgfältige Drechslerarbeit und Kittstellen ab, wobei ich dem Geländer aufwärts folgte.
Bei diesem langsamen Weg durch das ganze Haus nach oben ergaben sich auf jeder Etage verschiedene Geräusche. Hier hörte man ein undeutliches Gemurmel, wenn die Leute sich noch unterhielten, dort erklang ein leises Radio und auf einer anderen Etage kräftiges Schnarchen, das man fast bis ins Hochparterre hörte.
Nun ist natürlich die Stille während einer so unfreiwilligen Wartezeit nur relativ. Irgendwo knackt und knistert in einem solch alten Haus ja ständig etwas ...
Gegen fünf Uhr morgens fing dann offenbar der neue Tag für die Bewohner an. Aus verschiedenen Wohnungen hörte man klappernde Küchengeräusche, bald darauf begannen verschiedene Flötenkessel zu pfeifen, das war in dieser Nacht direkt Musik in meinen Ohren!
Und gegen sechs Uhr kam dann auch der große Moment meiner Befreiung. Der erste Mensch ging zur Arbeit, und was das Wichtigste war, er ließ die Haustür hinter sich unverschlossen!
Ein paar Minuten später habe ich mein nächtliches Gefängnis verlassen können. Zu Hause hatte ich gerade noch Zeit, meine Schultasche zu packen. Aber an diesem Vormittag war ich im Luisenstädtischen Realgymnasium keine große Leuchte, sondern ziemlich k. o.!
Soviel zu Eurem Haus, mit dem ich in dieser Nacht ja ziemlich vertraut geworden bin!

Rudi Bloch, 1983

Wie so oft während der Niederschrift dieses Erinnerungsbuches mußte ich feststellen, daß ich zur Zeit, als diese interessanten Dinge geschahen, davon *keine Ahnung* gehabt habe! Weder hat jemals meine Tante Jenny oder sonst irgendein Mensch von Vaters Jähzorn etwas erfahren, von dem Spinat auf der erfreulicherweise dunkelgrünen Tapete, noch habe ich von der Nacht im Treppenhaus etwas gewußt, die mein unvergessener alter Kamerad vor achtundvierzig Jahren erdulden mußte. Ganz allein war er zwar nicht, denn getreulich haben die Köpfe der beiden Gipsbüsten dies ganze Ungemach mit angesehen, aber davon hatte er sicher keinen Trost. Die Damen schauen in natura blicklos ins Leere, wie die Kunstbücher vorschreiben. Sie sollen übrigens aus Belgien stammen. Auch die Marmor-Spezialbemalung nebst Blumenranke wurde vor hundert Jahren von belgischen Kunstgewerblern ausgeführt, die in Arbeits-Trupps von den Architekten verpflichtet wurden. Im Rheinland sind ähnliche Marmorbemalungen unter dem Namen »Brüsseler Marmor« bekannt.

Um auf die literarische Motivierung zurückzukommen: zunächst hatte ich Rudi Bloch, einer einseitigen und recht kleidsamen Schürzung der Oberlippe halber, mit Hofrat Behrens in Thomas Manns »Zauberberg« verglichen. Wir unterhielten uns, wie es sich für diese Romanfigur geziemte, »corpsstudentisch-redensartlich«, also in einem gewissen Akademiker-Slang. Das war eine Zeitlang ganz spaßig. Danach kam jedoch 1937 im H. Goverts-Verlag in Hamburg die deutsche Fassung von Margaret Mitchells »Vom Winde verweht« heraus. Nun wollte natürlich jeder mit Rhett Butler und Scarlett O'Hara verglichen werden. Plötzlich trug man grüne Kleider, grüngeblümte Sommerkleider, eine wahre Besessenheit brach aus.

Das wäre auch alles ganz gut und schön gewesen, aber dann brachte der redegewandte Rudi den Satz zur Sprache, auf welchen sich die Beziehung Captain Butlers zu Scarlett begründete: »Wir sind beide Schurken!«, so oder etwas abgewandelt. Obwohl man in einem Lebensalter war, wo man geistig gesehen hocherhaben über bürgerliche Vorurteile dahinwandelt, so war mir diese Formulierung doch gänzlich unerträglich.

Also gab es Krach.

Er konnte das auch nicht dadurch wieder gutmachen, daß er so erfrischende Schlagertexte vor sich hin pfiff, wie etwa:

Ach, verzeih'n Sie, meine Dame,
Gottlieb Schulze ist mein Name,
Und ich liebe Sie,
ausgerechnet Sie!

Oder einen anderen Text, der von der Filmleinwand zu uns ins Parkett herabgeklungen war:

Eins, zwei, drei, vier, fünf, sechs, sieben!
Wo ist meine Braut geblieben?
Niemand weiß, wie es geschah,
Plötzlich ist sie nicht mehr da! ...

Mancher brave Ehemann, der lacht,
Wenn seine Frau verschwindet,
Doch ein Bräutigam wie ich,
Ist froh, wenn er sie wiederfindet ...

Da ich die alten Geschichten gern im Zusammenhang erzählen möchte, sei ein Rückgriff auf den Herbst 1935 erlaubt. Die bevorstehenden Olympischen Spiele 1936 beflügelten alle Leute. Auch die Direktoren des Luisen-Gymnasiums und des Dorotheen-Oberlyzeums ließen sich was einfallen: »Tänze der Völker in den Jahrhunderten«. Unter diesem Motto sollte eine von beiden Schulen gemeinsam durchgeführte Veranstaltung stehen, die für den 22. März 1936 geplant war. Die Auswahl der Teilnehmer und Teilnehmerinnen geschah nach dem Prinzip heutiger Agenturen für Top-Modelle: man mußte lang und dünn sein.

Eines Tages, wir turnten gerade an Geräten in unserer Turnhalle und waren schon etwas zerzaust von den Übungen, da betraten Direktor Bretschneider, unsere zweite Turnlehrerin und ein Herr, der sich später als Ballettmeister vorstellte, die Halle. Wir traten an in einer Reihe, dann wurde ein Dauerlauf rings um den Raum gewünscht, schließlich standen wir wieder wie die Rekruten, leicht japsend.

Wir wußten nicht, worum es ging. An den Tanzfestspielen sollten nur Mädchen aus der Untersekunda teilnehmen, das wußten wir. Aber man brauchte noch zwei. Und wir waren erst Obertertia. Die Sekundanerinnen blickten auf uns als »grünes Gemüse« mitleidig herab.

Dörthe Kremin und ich wurden als zusätzliche Teilnehmerinnen ausgewählt.

Nun wurden wir dressiert wie die Pudelhunde. Es standen eine Riesen-Anzahl von Tänzen auf dem Programm. Bei den alten Römern ging es los. Die Phantasie der Veranstalter hatte sich entzündet am Waffentanz aus Wagners »Rienzi — der letzte der Tribunen«. Also probte eine Gruppe von Obersekundanern oder Unterprimanern mit klirrenden Theaterschwertern diesen Tanz.

Dann sollten wir in griechischen Gewändern den »Reigen seliger Geister« aus Glucks »Orpheus und Eurydike« vorführen. In eines der häuslichen Bettlaken gewickelt, geschickt mit Sicherheitsnadeln drapiert, einen Keramik-Pott auf einer Schulter balancierend, so schritten wir dahin.

Der Ballettmeister war ein heiklig genauer Mann. Die Schritte, die Ausgangspunkte, alles wurde mit Kreide auf dem Fußboden markiert. Wir erlebten so zum erstenmal die Tücken exakter Choreographie.

Wie die tänzerischen Übergänge vom Altertum ins 18. Jahrhundert bewältigt wurden, weiß ich nicht mehr, aber ich sah mich eingeteilt in ein Menuett in Rokoko-Roben, das sehr sorgfältig studiert wurde.

Es war gewiß eine Heidenarbeit für den armen Herrn, der uns einüben mußte, denn wir waren nicht unbedingt graziös. Der Zug der Zeit verlangte von uns lässige, unbekümmerte Bewegungen, die Schritte groß und möglichst männlich, flache Absätze. Die Berliner hatten für den Stil der BDM-Mädchen bald ihren Spezialausdruck: »Och so eene von die Typen Latsch-latsch, die Heide blüht!« Nun wurden wir also von »Latsch-latsch« auf Grazie gebracht.

Was im Zusammenhang mit dem alten Haus von Wichtigkeit ist, daß wir ein Tanzbild »1900« zu stellen hatten. Bei der Generalprobe boten wir ein Bild für die Götter, weil der betreffende Theaterfundus so miserabel ausgesuchte Kostüme schickte. Teils Straßenkleider, teils Ballroben für die Damen, ausgesprochene Bratenröcke für die Herren. Altmodische Kragen und Hemden borgten sich die Luisenschüler bei ihren Opas und Onkels zusammen. Wir versuchten, unsere manchmal gar nicht ansehnlichen Kostüme etwas aufzufrischen.

Dann kam noch ein Tanzbild »Charleston«, um die Dekadenz der zwanziger Jahre zu demonstrieren. So lernte ich unzeitgemäß diesen Tanz, den es offiziell nicht gab. Ebenso, wie wir nur in häuslichen Zirkeln den heißgeliebten »Lambeth-walk« tanzen durften. Ja, es war eine Menge verboten damals.

Aus dem Kreis der bei den Tanzfestspielen beteiligten Luisenschüler kamen wohl hauptsächlich die Partner bei den abendlichen Treffen in Eiskonditoreien, wozu dann Heimabende und Fahrtenbesprechungen vorgetäuscht und die Umkleide-Manöver bei Mohrchen vorgenommen wurden.

Eines der Weihnachtsbilder, leider verloren, zeigt uns jedoch auch bei einem »Tanz unterm Weihnachtsbaum«, es war 1936, nach meiner Erinnerung. Ich durfte sechs Herren und fünf Damen einladen, die genaue Zusammensetzung dieser kleinen Teegesellschaft, die mit Würstchen, Salat, einer Bowle von Vater und vielen zusammengeborgten Schallplatten über unser Parkett ging, ist mir nicht mehr erinnerlich.

Einige der Teilnehmer, die die Mittlere Reife, damals noch das sogenannte »Einjährige«, hinter sich hatten, kamen schon in Uniform. Am beiseite gerückten großen Eßtisch tafelten wir. Wir machten »Konversation«, wie Erwachsene. Eisernes Gesetz: sprich nicht von dir selbst, erkundige dich nach den Interessen deines Tischherrn! So plauderten wir so charmant wie möglich vor uns hin. Im kleinen Herrenzimmer nebenan wachten Vater, Mutter und Großtante Florchen, um die Kleider zu besehen, die Platten aufzulegen, für Getränke zu sorgen.

Christel Wessler, ein hübsches Mädchen mit blondem Haar und dunklen Augen, hatte Bruno als Tischherrn. Sie stellte die unvergeßliche Frage: »So, Herr Primus, Sie sind also bei der Nachrichtentruppe. Nun sagen Sie mir doch nur: wem geben Sie denn da eigentlich immer Nachrichten?«

Worauf ein derart schallendes Gelächter ertönte, daß mein Vater erschrocken durch die Flügeltür sah: »Ist was?«

Bruno Primus verschluckte sich beinahe vor Lachen, doch dann fand er die einzig richtige Antwort: »Streng geheim, verehrtes Fräulein Christel, streng geheim!«

Von den Töchtern Wolters erbte ich zum Teil meine Kleider, aus denen Inge Wolters herausgewachsen war. Wir gaben meine Kleider dann wieder weiter an die Familie von Vaters Freund Walter Kissauer, wo zwei Mädchen waren, Marianne und Inge. Sie wuchsen mit einiger Sicherheit in diese Sachen hinein.

Aber ich hatte nun auch schon selbstgefertigte Abendkleider vorzuweisen, und unter einem der »wieder so wundervollen« Weihnachtsbäume führte ich meinen Staat vor. Das war Weihnachten 1938. Abgesehen davon, daß die Weihnachtsbilder keinen Nachrichtenwert mehr besitzen, da ja immer nur Weihnachten photographiert wurde, so zeigt gerade dies Bild besonders viel von Großmutter Mendes Neo-Renaissance-Möbeln. Buffett, Trumeau, fünf Prozent vom Klavier mit Lampe.

Marianne Kissauer hatte als Kind schon ihre Erfahrungen mit der sogenannten »Schiebewurst« in knappen Zeiten gemacht, wenn jeder zum Abendbrot nur eine Scheibe Wurst pro Stulle erhielt, die er dann nach Belieben auf dem Brot verteilen konnte. Meist schob man sie bei jedem Biß ein wenig vor sich her, um dann zuletzt den vollen Genuß zu haben.

Nun, immer eingedenk der bösen Jahre nach den Brüningschen Notverordnungen, als den Beamten und Angestellten des Öffentlichen Dienstes die Gehälter gekürzt wurden, erinnert sie sich an unsere Weihnachts-Einladungen:

Die Weihnachtsfeiertage bei Euch waren besonders schön. Ihr hattet immer so schöne große Bunte Teller, von denen wir uns etwas aussuchen konnten. Und zum Abendbrot konnten wir unsere Stullen selbst belegen. Das war immer ein Erlebnis, weil es bei uns ja so etwas nie gab, und Deine Mutti legte uns dann extra noch eine Scheibe Wurst drauf. Es war herrlich.

Auch zogen wir immer Deine Karnevals-Kostüme an und durften Deinen Puder und Lippenstift und andere Kosmetiksachen benutzen.

Als wir klein waren, weißt Du noch, wie Dein Vati für uns am Schreibtisch Drehorgelspiel nachgemacht hat? Er konnte alle Geräusche imitieren, auch die einer Blaskapelle. Er machte uns vor, wie ein Groschen in einem Automaten nach unten fiel, und alle Stimmen eines Leierkastens. Das hätte er von uns aus stundenlang machen können. Ja, so bleiben nur uns noch diese Erinnerungen. Unsere Eltern können daran nicht mehr teilhaben.

Es war für einen Haushalt wie den unseren so unerhört praktisch, nach den Weihnachtstagen Besuch zu haben. Da Wochen vor Weihnachten die verschiedensten Napfkuchen gebacken wurden, genau jene, mit vielen Rillen, die man in Wien Gugelhupf nennt, so kam man nie in Verlegenheit bei Kaffee-Gesellschaften, denn noch auf längere Zeit stand immer Napfkuchen zur Verfügung.

Blick nach gegenüber
»Sie fährt ein Auto? Donnerwetter!«

Kommt man in die Jahre und hat die Gelegenheit, weltweit Vergleiche anstellen zu können, so sind es neben den heimatlichen Gerüchen vor allem auch die Laute und Geräusche der Kinder- und Jugendzeit, die einen noch am fernsten Ort plötzlich überrumpeln. Schon zu einer Zeit, als keine einzige elektrische Straßenbahn in Berlin mehr fuhr, vermeinte ich zu träumen, als ich plötzlich den altvertrauten Klang der Fußklingel unserer Elektrischen wieder vernahm. Und wo? Ausgerechnet an der großen Schleuse von Gatun im Panama-Kanal, wo die kleinen starken Diesellokomotiven sich mit genau jenem Klingelzeichen untereinander verständigen, wenn sie Kähne — sprich: Ozeanriesen und Frachter — in die Schleusenkammern zu ziehen haben, sei es nun auf- oder abwärts.

Ein andermal wieder wohnt man schon zum x-ten Mal im Hotel Imperial in Wien, aber endlich hat es einmal geklappt, daß eines der stilvoll eingerichteten Zimmer »aus der Zeit Maria Theresias« frei war. Man schreitet achtungsvoll hinein, man öffnet die Doppelfenster, ja was sieht man denn da? Es sind genau jene brünierten Messingriegel, gepunzt und kanneliert, mit schönen Mittel- und End-Verzierungen, die einst alle Fenster der Perleberger Straße gehabt haben!

Da kann man nur sagen: Dunnerknispel!

Alle Fenster zum Hof im hundertjährigen Haus waren aus einfachem Glas. Sowie der erste Frost im frühen Winter aufkam, beschlugen die Scheiben, und bald zeigten sich die ersten entzückend schön gezeichneten Eisblumen. Als Kind hauchte man so lange, bis ein Guckloch frei wurde.

Unabdingbar verbunden mit den einfachen Fenstern zum Hof waren die Fensterschutzdecken, bei uns von brauner Farbe, mit Schnüren und Bordüren verziert, sogenannter Soutache-Arbeit. Sie waren aus dickem Fries gefertigt, in den Fensterrahmen waren zu ihrer Anbringung feste runde Schraubhaken befestigt. An den oberen Zipfeln hatten die Decken je einen Metallring. Sie bedeckten vom Fensterbrett aus nach oben noch etwa 25 cm hoch das Glas, nach unten reichten sie bis auf die Fußböden.

Die Vorderfenster, zur Straße hinaus, hatten doppelte Flügel. Im Frühjahr konnte man Hyazinthengläser dazwischenstellen. Damit die eingesetzten Zwiebeln nicht zu schnell austrieben, wurden sie mit spitzen bunten Kartontüten bedeckt, ähnlich kleinen Schultüten, mit den Spitzen nach oben.

Der Blick zur Hofseite bescherte kaum Interessantes. Ab und zu ein Leiermann mit »Waldesluft«-Gesang. Wir sahen auf den kleinen Hof des Hauses Perleberger Str. 54. Dies Haus beherbergte die Bäckerei, vormals Zehn, nun in wechselnd anderen Händen. Aber immer drang von dort morgens ein unwiderstehlich guter Duft von frischen Semmeln zu unseren Fenstern empor. Auf die Unterteilung der Berliner Brötchen einzugehen, wäre hier zu weitschweifig. Die dicken hießen Schrippen, die dünnen Knüppel. Von den Berliner Schlächtern gab es einen Spruch, den sie je nach Gemütsveranlagung entweder selbst hersagten oder mit zusammengezogenen Augenbrauen dräuend mit anhörten:

Meine Wurst, die is jut,
Wo keen Fleisch is, da is Blut.

Und wo keen Blut is, da sind Schrippen!
An meine Wurscht is nich zu tippen!

Direkt gegenüber auf der Hofseite war der Seitenflügel des ersten Hauses der Wilsnacker Straße. Dessen Zufahrt war breit und hoch, damit die Löschwagen der Feuerwehr im Bedarfsfalle dort einfahren konnten. Die Karrees, die Berliner Häuserblocks in sich vielfach bildeten, mußten, baupolizeilich vorgeschrieben, alle so entworfen werden, daß die Höfe für Feuerlöscharbeiten zugänglich waren. Flache Bauten mit Abstellräumen für Schneeräumgerät und ähnliches oder einfache mannshohe Mauern trennten die Grundstücke. Hinterhöfe hatten diese Art Häuser nicht.

Der Blick aus den Vorderfenstern ging zur erst verkehrsarmen, dann jedoch immer lebhafter werdenden Perleberger Straße hinaus. Gegenüber lag Nr. 26, ein Haus, das in mehrfacher Hinsicht erwähnt zu werden verdient.

In der Lyzeumszeit wohnte dort ein Mädchen aus unserer Parallelklasse, Ilse Siebmann, Jlle genannt. Oftmals legten wir unseren Schulweg gemeinsam zurück. Noch heute korrespondieren wir und sehen uns gelegentlich bei Klassentagen. Sie ist diejenige, die unsere Gespräche über gesundheitliche »Maleschen« zuweilen dadurch unterbricht, daß sie die Photos von den Gräbern der verblichenen Lehrer herumzeigt. Wir sind eben anhänglich wie die Dakkel.

Später gewann das Haus dadurch an Interesse, daß Ehepaar Scheurig dort eine Wohnung bezog. Sie führten den Bahls'schen Porzellanladen als Obst- und Gemüsehandel weiter. Ihr Sohn Bodo studierte Philosophie und Zeitgeschichte und hat bis heute etliche Werke zur Geschichte der Neuzeit veröffentlicht. Siehe Kapitel »Scheurig«.

Kurz nach 1933 bezog im dritten Stock des Hauses gegenüber, Nr. 26, ein junges Ehepaar eine Wohnung. Der besonderen Vorkommnisse halber, die sich um dies Ehepaar rankten, verändere ich ihren Namen und nenne sie schlicht Müller. Das waren ganz entzückende Leute. Er groß, schlank und stattlich, sie schön und elegant in ihrer Art, eng befreundet auch mit unserem carmengleichen Mohrchen. Müllers luden mehrfach ein oder aber wir holten sie zu Festlichkeiten ab, in selbstgenähten Abendkleidern, versteht sich, wobei wir vorher ein Glas Portwein oder ähnliches tranken.

Den Silvesterabend 1935/36 verbrachten wir dort, wir sollten uns kostümieren. Wie immer nach Weihnachten etwas schwach bei

Kasse, ließ Mutter an einen Frisiermantel aus Chinaseide einen breiten schalartigen Streifen vorn aufarbeiten, kaufte im Papiergeschäft einen flachen Kulihut und einen Papierfächer. Das war ihre Ausstattung. Ich nahm wieder einmal Zuflucht zu Turnhemd und Krepp-Papier. Diesmal alles in Feuerrot. Mein Kostüm sah aus wie ein wandelnder Klatschmohn in Blüte. Einzig mein Vater stellte was dar. Er borgte sich im Gericht eine Anwalts-Robe aus schwarzem glänzenden Stoff. In einem Kostümverleih trieb er eine weiße langgelockte Perücke auf, wie sie englische Richter tragen. Mit dem BGB in der Hand bestand er den ganzen Abend darauf, mit »Euer Ehren« angeredet zu werden, was besonders in vorgerückter Stunde viel Kuddelmuddel brachte. Von Freunden und seiner Frau wurde er ja in Abwandlung von Erich »Ehrchen« genannt. Und nun »Euer Ehren«, andauernd versprach man sich »Euer Ehrchen«, auf diesen verquackelten Abend besinne ich mich noch genau.

Dann jedoch wurden Müllers in atemberaubender Weise wohlhabend. Eines Tages stand eine schwarze Limousine vor der Haustür Nr. 26, Marke »Adler«. Diese Limousine stand aber morgen und übermorgen und die folgenden Tage auch noch da. Und eines Tages dann, da sah man plötzlich durch Zufall, wie Hilde Müller im eleganten grauen Kostüm, toll schickem schwarzen Hut, schwarzen Handschuhen der Haustür entschritt, ein Schlüsselchen zückte, die Tür der schwarzen Limousine aufschloß, nahtlos startete und mit sanftem Brummen davonfuhr. Ja, hatte man denn so was schon gesehen? Eine Dame in der Perleberger Straße, die ein eigenes Auto fuhr! »Donnerwetter!«, sagten die Leute, »der Müller, der muß ja schwer Geld verdienen! Was ist der eigentlich?«

Das ging eine ganze Weile gut, auch wir kamen gelegentlich in den Genuß dieser neuen Errungenschaft. Doch nach zwei Jahren, da waren zunächst der Wagen und dann Müllers selbst von gegenüber nicht mehr da. Es hat eine Weile gedauert und Mohrchen hatte alle Mühe, den wahren Sachverhalt zu erfahren:

a) Müllers waren gar kein Ehepaar.
b) Er war noch nicht geschieden und hatte Frau und Kinder.
c) Sie war geschieden, konnte ihn aber nicht heiraten.
d) Sie liebten sich abgöttisch, und er wollte ihr, frei nach Richard Tauber, die Welt zu Füßen legen.
e) Mit dem Auto fing es an, mit der eleganten Garderobe ging es weiter. Reisen folgten.

f) Sein Beruf war Buchhalter.
g) Dann saßen sie am Mittelmeer und hatten keine Mittel mehr!
h) Müller hatte in seiner Firma riesenhafte Unterschlagungen gemacht und war verhaftet.

Nun jedoch nahmen die Dinge einen sehr betrüblichen Verlauf. Müllers gaben ihre schöne Wohnung auf. Frau Hilde zog zu einer Freundin, wohin wußte zunächst niemand. Mohrchen bekam es schließlich heraus. Es war der Irrweg einer ganz großen Liebe. Noch aus dem Gefängnis schickte Fritz Müller seiner Hilde, als Kassiber in Salamiwurstscheiben verpackt, die flehentlichsten Bitten, ihm doch ja treu zu bleiben, er wolle mit ihr ins Ausland gehen und wieder ganz von vorn anfangen. Alles solle noch viel besser und schöner werden und er bäte sie auf Knien, auf ihn zu warten.

Mutter und Mohrchen zerdrückten einige Tränen über diese traurige Geschichte. »Courths-Mahler!«, stellte Mutter fest, »die hätte sich das auch nicht besser ausdenken können!«

Stellenangebote wie Sand am Meer
Erster Zeitungsartikel und 100 Mark Honorar

Junge Leute hatten es im Tausendjährigen Reich gut. Wer gesund, vergnügt und oberflächlich dahinlebte, der konnte sich aussuchen, was er beruflich machen wollte. Als ich nach der Mittleren Reife Ostern 1937 in der Obersekunda unserer Dorotheenschule feststellte, daß der ganze Lehrplan der Oberstufe mehr oder weniger nur auf Wiederholung ausgerichtet war, mit den ollen Jriechen und Römern fing das wieder an, da langweilte ich mich dermaßen im Unterricht, daß ich nicht zu bewegen war, weiterhin zur Schule zu gehen.

Heutzutage als Großmütterchen führt man ständig weise Reden von abgeschlossener Ausbildung und solider Basis, dabei hatte das ehrwürdige Großmütterchen in seiner Jugend ganz haarsträubend gejobbt! Sie wurde Telephonistin, Kontoristin, Stenotypistin, Sekretärin, schließlich Volontärin in einer Redaktion. Und immer nur, weil es am neuen Arbeitsplatz zwanzig Mark mehr zu verdienen gab.

Schließlich fand ich doch die richtige Spur zu einem Beruf, der gleichzeitig Hobby war: das Verlagswesen. Im Aufwärts-Verlag Maxim Klieber begann es, bei Max-Hesses-Verlag in Berlin-Halensee ging es weiter. Dort erschien jedes Jahr der »Deutsche Musiker-Kalender«, dessen textliche Aussagen zwar gleich null waren, aber die redaktionellen Grundlagen, Zusammenarbeit mit Druckereien etc., das lernte man dort von der Pike auf. Jedes Jahr fuhr man zum Umbruch nach Magdeburg, wo die Revision gelesen werden mußte. Das war zwar immer eine arbeitsame, aber sehr schöne Zeit.

Vor allem wiederholte sich bei mir genau die gleiche Euphorie, die meine Mutter beim ersten selbstverdienten Geld empfunden hatte: finanzieller Spielraum! Was war man plötzlich reich! Vorher jedesmal der Kampf um Rom bei Vati wegen neuer Strümpfe, und nun? Hier ein Stöffchen, dort ein Täschchen, neuer Hut, passende Schuhe, es war eine einzige Wonne.

Mein Wissensdurst erwachte nach kurzer Zeit wieder, und Herbst 1938 meldete ich mich zu einem Zweijahreskurs im Goethe-Pädagogium in der Nettelbeckstraße an, um mein Abitur nachzumachen. Als Überraschung saß im gleichen Kurs Gisela Steinmetz aus meiner alten Klasse im Lyzeum. Ein As in Mathematik und mein Stab und meine Stütze bei entsetzlichen Dingen wie Sinus und Cosinus und den divergenten Reihen und all den Schrecknissen, die jene Wissenschaft, bei der man nicht schummeln kann, für mich noch bereithielt.

Nebenher wurde ich mal hier mal dort einen kleinen Artikel los. Meine erste größere Arbeit war eine ganze Seite in einer der damaligen Zeitschriften. War es »Marie-Luise«, war es »Koralle«? Ich habe es vergessen. Es ging um Mode, um Änderungsvorschläge. Die 100 Mark, die ich dafür bekam, wandte ich höchst seltsam an.

Man ging in jenen Jahren gern abends aus essen, saß dann am Kurfürstendamm in einem der schönen Restaurants auf der Terrasse und sah elegante Leute aus aller Welt. Hier und da tauchte das Gesicht bekannter Schauspieler und Schauspielerinnen auf, die das auch so schick fanden auf dem Kurfürstendamm.

Eines Abends hörte ich neben mir ein Gespräch. Ein Paar speiste dort, am Tisch wurde etwas flambiert. Die Dame redete laut und wohltönend. Sie artikulierte vorbildlich, skandierend und klingend, und im besten Hochdeutsch gab sie ihre Weisheiten von sich. Es hörte sich schön an. Zweifellos eine sprechtechnisch vorgebildete Person, die es sichtlich genoß, mit ihrer Art zu reden, Aufsehen zu erregen. Was tat ich mit meinen 100 Mark? Wandelte zu einer alten Schauspiel-Lehrerin in der Bleibtreustraße und ackerte mich durch den »Kleinen Hay«: »Abraham a Sancta Clara ...«.

1943 — unser letztes Jahr im Haus
Mehrfacher Schrecken im Frühjahr

Zu Beginn des Jahres 1943 verstärkten sich die Angriffe aus der Luft auf die Berliner Wohngebiete. Jede sternklare Nacht »konnten sie kommen«, wie man sagte, dann legte man sich nur halb ausgekleidet zu Bett, um so schnell wie möglich mit Sack und Pack, Koffern, Dokumentenmappen usw. in den Luftschutzkeller zu gehen.

Die Liste der Mieter in der Perleberger Str. 55 hatte sich etwas verändert. Im vierten Stock wohnten nach wie vor in der Vierzimmerwohnung Ehepaar Hugo Witt und Frau Berta geb. Borchard. Sohn Helmuth, Pastor in Lagow in der Neumark, stand im Felde. Seine Frau Helga und der kleine Ingo wähnten sich relativ sicher in Lagow und überredeten die Eltern zu häufigen Besuchen dort. Die Dreizimmerwohnung hatten Meyenbergs schon seit 1917 inne. Ein fröhliches, harmonisch wirkendes Ehepaar ohne Kinder. Unter der Wohnung Witt lebten seit 1933 Dennhardts, eine angenehme Familie mit zwei Kindern, Sohn und Tochter. Der Sohn schon eingezogen, die Tochter berufstätig.

Neben Dennhardts im dritten Stock noch immer Großtante Flora Wietasch, nun fünfundsiebzig Jahre alt. Getreulich in alter Abneigung bei ihr aushaltend: Fräulein Käthe Balzer mit Dauerbräutigam Emil Schwarze, den sie Erich nannte, weil sie Emil »na, sowas von unmöglich« fand. Onkel Erich hatte sich ein Hitlerbärtchen stehen lassen, verlegte 1933 seinen Scheitel im dunklen Haar auf Hitlers Seite und probte vor dem Trumeau sorgfältig, wie er wohl dem Führer des Großdeutschen Reiches in Gestik und Mimik am ähnlichsten sehen würde. Unter anderem kontrollierte er seine Bewegungen beim Naseputzen mit anhaltender Aufmerksamkeit. Großtante Flora hatte es einmal, als die Tür offenstand, beobachtet und traute ihren Augen nicht. Fortan war er für sie »der eitle Fant«.

Tante Käthe Balzer hatte sich bei mir vor einigen Jahren sehr eingeschmeichelt durch eine für damalige Zeiten sagenhaft schöne Briefmappe. Außen silberglänzend, innen total rosarotes Briefpapier und ebensolche Kuverts. Dazu grüne Tinte und grünen Siegellack mit einem winzigen Petschaft, das ein L in erhabener Prägung enthielt. Plötzlich hatte ich sehr viel zu schreiben und erwartete den Briefboten stets voller Ungeduld. Bunte Oblaten schmückten die Ergüsse.

Im zweiten Stock wohnten immer noch wir, neben uns in der

Vierzimmerwohnung wirkte Frau Warsany. Eine freundliche, aber auch resolute Dame, die eine Schneiderwerkstatt betrieb.

Als im Jahre 1938 Österreich dem Großdeutschen Reich einverleibt wurde, nahm sie einen Untermieter auf, von dessen Existenz wir sehr lange kaum etwas wahrnahmen. Doch dann erkrankte er gelegentlich, und so erfuhren wir über Dr. Lademann, es handele sich um einen aus der turbulenten Nazibegeisterung geflohenen jüdischen ehemaligen Rechtsanwalt aus Wien, Dr. Eckardt. Als er wieder gesund war, schaffte er sich einen kleinen braunen Langhaardackel an, mit dem er mehrmals am Tag spazierenging. Niemand kannte ihn, er fühlte sich relativ geborgen in Berlin. Dann kamen die Vorschriften, daß Juden den gelben zionistischen Stern sichtbar an ihrer Kleidung zu tragen hätten. Von nun an ging Dr. Eckardt stets mit einer zusammengefalteten Zeitung mit seinem Hund ins Freie. Die Zeitung hielt er unterm Arm, sie bedeckte den Stern.

Traf man Dr. Eckardt im Treppenhaus, so sagte er auf unseren Gruß hin immer sehr zuvorkommend: »Ja, Heil Hitler, Grüß Gott, Guten Tag, wie geht es Ihnen?« Das war sein verängstigtes Bemühen, es jedem recht zu machen.

Dr. Eckardt durfte laut Bestimmung nicht mit in den Luftschutzkeller. Er saß mit dem Dackel im Vorraum, und nur wenn es sehr nahe krachte, dann holte man ihn schweigend in den Schutzraum. Es kamen zuweilen Luftschutzkontrollen in Gestalt hausfremder Uniformierter. Dann saß Dr. Eckardt wieder vorschriftsmäßig im Vorraum. Dennoch haben wir niemals angenommen, daß man einem so ruhigen, netten Herrn, der schon mindestens siebzig Jahre alt war und nicht sehr gesund, jemals ernstlich etwas zufügen würde.

Unter der Warsanyschen Wohnung lebten seit 1934 Kürschnermeister Langner und seine Familie, die Kinder inzwischen auch schon nahezu erwachsen. Daneben wohnten Adams, unter uns im ersten Stock. Im Hochparterre lebte seit 1933 Familie Bartelmus, wo eine niedliche blonde Tochter war, Sigrid.

Gegenüber, in der vormals Bahls'schen Wohnung, wohnten die Schwestern Passarge, die jetzt den Porzellanladen führten. In seiner Schuhmacherklause residierte noch immer Meister Stanke, allerdings jetzt schon zeitweise unterstützt von einer Hilfskraft. Sein Sohn war eingezogen und bei den Soldaten.

Meine Eltern und ich wußten seit einiger Zeit, wohl seit Weihnachten 1942, daß ich mich bald verheiraten würde. Mein Mann managte damals den Konzertbetrieb des Städtischen Orchesters Berlin, einer hervorragend qualifizierten Gruppe von Musikern, die fast alle solistische Voraussetzungen mitbrachten. Er selbst war Musikwissenschaftler, hatte bei den Professoren Johannes Wolf (1869–1947) und Hermann Kretzschmar in Berlin studiert und galt schon in jungen Jahren als scharf formulierender Musikkritiker, was ihm manchen Ärger eintrug. Er bewies viel Geschick in allen Zweigen der Publizistik und redigierte eine Zeitlang die Rundfunkzeitschrift »Die Funkwoche«. Daneben mehrere Romanzeitschriften, machte Plattenhüllen-Texte und schrieb mehrere Bücher: Reinhold Scharnke (1899–1983), man kann über ihn in »Kürschners Literaturlexikon« und in den Musiklexika »Moser« und »Riemann« nachlesen.

Das Büro des Städtischen Orchesters Berlin lag in der Sächsischen Straße. Zwei liebenswürdige ältere Sekretärinnen und ein Bürovorsteher walteten dort ihres Amtes. An einem Wintertag im Februar 1943 rief ich dort an. Nein, Herr Scharnke sei noch nicht gekommen, man wisse nicht, vielleicht habe er eine Besprechung.

Daraufhin wählte ich die Privatnummer in Karlshorst. Der Hörer wurde abgenommen, man hörte Ausrufe, mehrere Stimmen, ich fragte, was denn los sei: »Ja, kann es denn das überhaupt geben? Kann es denn wahr sein, daß du mich hier jetzt anrufst?«

»Liebe Zeit, was für eine Frage, warum soll es nicht wahr sein?«

»Stelle dir bitte einen Schuttberg vor. Unser Haus wurde heute durch den Druck einer Luftminenexplosion vollkommen zerstört. Obenauf liegt mein Schreibtisch. Daneben das Telephon. Und dies Telephon oben auf dem Schutt — das hat jetzt eben geklingelt und funktioniert!«

Mir blieb, wohl zum erstenmal in meinem Leben, buchstäblich die Spucke weg. Aber es gab ja in ärgster Gefahr die unwahrscheinlichsten Geschichten über seltsame Vorgänge von Bewahrung beim Zusammensturz von Häusern.

Das war Schreck Nr. 1.

Reinhold Scharnke zog im Februar 1943 in das Haus Perleberger Str. 55 ein. Familie Dennhardt gewährte ihm Asyl, er bewohnte das Vorderzimmer zur Straße.

In all dem Bombengraus hatte es sich unser liebes, immer kleiner werdendes Großtantchen Flora schon resignierend abgewöhnt, meinen Vater noch zu fragen: »Nun sage mir doch, Erich, was wird denn nuu?« Mein Vater, ungeachtet all seiner Beredsamkeit, wußte darauf keine Antwort mehr.

Flora Wietaschs Tod am 16. Mai war nicht eigentlich ein Schreck, denn ihr Siechtum hatte uns ahnen lassen, daß wir sie nicht mehr lange bei uns haben würden. Es war nur eben dieser Abschied, dies unentrinnbare »Ade für immer«, was uns ehrlich und tief trauern ließ. Nie wieder würde sie bei uns klingeln, sich mit ihrem nach Uralt-Lavendel duftenden Taschentuch die Stirn trocknen, Hut und Mantel ablegen und sagen: »Ach, Lieschen, hast du nicht wohl ein Täßchen Kaffee für mich? Was habe ich mich nur heute wieder ab-ge-ä-schert!«

Es war *das* traurige Ereignis, als ungewöhnliches Vorkommnis Nr. 2 im Frühjahr 1943 zu registrieren.

Ganz dramatisch wurde es jedoch um den 8. oder 9. Juni herum. Urplötzlich hielt Frau Warsany eine amtliche Weisung in den Händen, der bei ihr wohnhafte Nichtarier Dr. Eckardt habe sich mit geringem Gepäck, bestehend aus ... für den Abtransport in das Umsiedlungslager Theresienstadt für den und den Tag bereit zu halten. Was er an Wertsachen mitzunehmen gedenke, müsse aufgelistet sein, ebenso seine Kleidung. Ferner seien folgende Bestimmungen zu beachten ... es ging endlos weiter in diesem Formular.

Mutter und ich befanden uns im großen Vorderzimmer von Frau Warsany zu einer Anprobe, denn wir ließen uns gerade aus drei älteren ein neues Kleid arbeiten. Frau Warsany sank tränenüberströmt zusammen bei unseren ersten Trostworten.

»Sie sind ja alle mit schuld«, stieß sie verbittert hervor, »ja, Sie auch, Ihr Mann ist doch auch in der Partei, Ihr Bräutjam auch, alle, Sie helfen ja diesen Leuteschindern —«, doch dann schwieg sie abrupt. Noch unter Tränen raffte sie sich auf. »Verzeihung«, murmelte sie, zitternd am ganzen Körper, »da, sehen Sie, dies kleine Köfferchen? Ich bügele gerade seine Hemden. Habe die Kragen erneuert. Drei darf er mitnehmen. Mein Gott im Himmel, könnten sie denn nicht wenigstens die Kranken von der Deportierung verschonen? Er fühlte sich so wohl hier bei mir! Ach, ich überlebe es nicht!«

Am nächsten Tag stand nachmittags ein Lastwagen vor dem Haus. Der Laderaum war von einer Plane verdeckt. Militärtransporte sehen so ähnlich aus. Sitze auf der Ladefläche.

Die Abschiedszene durfte im Treppenhaus nicht stattfinden. Frau Warsany gab sich gefaßt.

»Vergessen Sie nicht, Ihre Herztropfen zu nehmen!« war ihr letztes Wort an Dr. Eckardt. Zwei SA-Männer standen ungeduldig, mürrisch, stiefelscharrend dabei.

Dr. Eckardt konnte kaum gehen. Sie faßten ihn unter die Arme, halfen ihm die Treppe hinunter, einer trug das Köfferchen.

»Wundern Sie sich nicht, wenn wir unten grob mit Ihnen sind«, sagte der eine SA-Mann, langsam abwärts steigend. »Der Transportleiter ist ein ganz Scharfer. Verstehen Sie? Hier sind Sie noch Dr. Eckardt. Vor der Haustür nachher sind Sie ein Judenschwein, kapiert?« Dann verschwand das Grüppchen Menschen unten im Treppenhaus. Wir hörten die Haustür gehen.

Mutter und ich rannten an die Fenster des Wohnzimmers. Hinter den Gardinen, um Gottes willen nicht sichtbar von draußen, beobachteten wir das Drama. Ein Stuhl stand vor der Lastwagen-Plattform. Viel zu hoch, als daß ein alter Mensch ihn hätte ersteigen können. Dr. Eckardt wurde hinaufgestoßen; der Koffer fiel, man warf ihn wahllos in den Wagen, schon Darinsitzende fingen ihn auf. Man stieß den alten Mann in den Transportwagen. Mutters Finger krampften sich in den Gardinenstoff. Auch aus anderen Häusern brachten SA-Leute Menschen mit kleinen Taschen und Judenstern, auch sie wurden entwürdigend mißhandelt. Dann schlug man die herabgelassene hintere Ladeklappe des Lastwagens hoch, Schubriegel und Ketten klirrten beim Verschluß. Abfahrt. Am 10. Juni 1943 ging der letzte Judentransport vom Bahnhof Putlitzstraße aus nach Theresienstadt.

»Sie werden umgesiedelt!« So wurde gesagt.

Am 10. Juni 1943 begingen meine Eltern ihren vierundzwanzigsten Hochzeitstag. Es war schon beschlossene Sache, daß wir aus der Perleberger Straße ausziehen würden. Die Eltern hatten eine Wohnung in Berlin-Hirschgarten in Aussicht. Reinhold Scharnke und ich konnten eine hübsche ländliche Dachgeschoßwohnung in Neuenhagen bei Berlin mieten. Frischgebackene Ehepaare erhielten Bezugsscheine für Möbel, Gardinen, Teppichwaren. Ausdrücklich »Waren«, denn weder Web-, Wirk- noch gar echte Teppiche gab es normal zu kaufen. Was wir schließlich auf unseren Schein erwarben, war eine dicke Rolle Papierläufer. Diese allerdings waren geradezu unglaublich haltbar. Sie bedeckten den Korridor, dienten als Bettumrandung, und ein Rest war noch übrig.

Um den großen Eßtisch saßen wir am 10. Juni 1943 zu fünft.

Meine Mutter, Tante Jenny Goerke zur bescheidenen Feier des Hochzeitstages als Besuch, mein Vater und Reinhold Scharnke neben mir. Es gab Salat, wie immer garniert, unsere Fleischmarken hatten wir aufgehoben und davon für diesen Tag eine ausreichende Portion Wiener Würstchen geholt. Senf gehörte zu den wenigen Dingen, die es ohne Marke und Bezugsscheine gab. »Man will uns besenftigen«, sagte mein Vater, »ist ja auch nötig!«

Nach dem Essen erzählte Mutter, daß Dr. Eckardt heute abgeholt worden sei. Sie erzählte vor allem, *wie* das geschehen war. Tante Jenny, schon immer zutiefst empört über interne Vorfälle in ihrem Bekanntenkreis, die von Pressalien und Drangsal zeugten, warf ihre gefaltete Serviette zornig auf den Tisch. »Was habe ich Euch gesagt?«, fragte sie mit bebender Stimme. »Es wird nicht lange gut gehen mit diesem späten Idyll da nebenan. Laßt nur alle Hoffnung fahren. Einen alten Baum soll man doch nicht verpflanzen. Was soll denn so ein kranker hinfälliger Mensch noch umsiedeln, das sage mir doch einer bitte! Ein Siedler, das muß ein kräftiger Mensch sein, der noch was leisten kann. Das ist doch bestimmt wieder so ein makabrer Humbug, der uns da vorgemacht wird!«

»Aber Jenny«, wandte Vater ein, »sieh mal, wir sind doch ein Rechtsstaat, da gibt es nun einmal die Nürnberger Gesetze, und ...« »Höre doch bitte auf, Erich, ich kann es einfach nicht ertragen. Es sind Menschen wie du und ich, sie haben nur zufällig eine Großmutter mit falschem Gebetbuch. Ariertum, Judentum, all diese Kollektivierungen. Unsere normalen Gesetze im Rechtsstaat, mein Lieber, sie würden vollkommen ausreichen, um Schurken zu bestrafen für was auch immer, welcher Rasse auch immer, da brauchten wir keine Nürnberger Gesetze. Ach, was habe ich immer gesagt: Bande! Aber es ist ja ein viel zu schwaches Wort, wenn es stimmt, was da passiert ist. Den alten Mann da in den Lastwagen zu stoßen. Wo wird das nur enden. Bei uns in der Firma ...« Sie unterbrach sich und stand auf, schloß das Fenster und sprach mit gesenkter Stimme weiter: »... also, da ist doch tatsächlich jemand zu einem Jahr Konzentrationslager verknackt worden. Und wenn Ihr wüßtet weswegen, so würdet Ihr obendrein auch noch in Gelächter ausbrechen. Es ist ja auch eines Witzes wegen. Er hat so nebenher und wohl zu laut erzählt, daß Hitler für seinen Berghof in Berchtesgaden einen schönen Teppich haben wollte. Er ging in einen Laden und suchte einen passenden aus. Da hat ihn die Verkäuferin gefragt, ob sie ihn einpacken sollte, oder ob er ihn gleich dort äße!«

»Ach du lieber Gott!«, rief Reinhold entgeistert. »Und dafür ein Jahr KZ? Wo doch jedes Kind beinahe schon den Spitznamen ›Teppichbeißer‹ für unseren hehren Führer kennt? Das ist doch die Höhe. Da sind ja aber die Quoten im Strafmaß enorm gestiegen!«

»Was weißt denn Du davon, mein lieber Herr Schwiegersohn in spe?«, fragte Vater beunruhigt. »Wieso kennst du dich denn überhaupt in der Strafzumessung für Beleidigung des Führers aus?«

»Leider nur zu gut!« Reinhold war aufgesprungen und lief im Zimmer hin und her, wie sonst Vater zu tun pflegte. »Jetzt könnt ihr es ja wissen, wer weiß, wer es euch sonst zuträgt, aber mir ist ja beinahe genau dasselbe passiert! Sitze ich da an meinem alten Stammtisch in der Friedrichsstraße und wir klönen. Auch zu wenig an den ›deutschen Blick‹ nach hinten über die Schulter gedacht, wie man sich gibt, gelöst im Freundeskreise. Muß aber wohl doch ein Schuft drunter gewesen sein. Ja, mein verehrter Herr Schwiegerpapa in spe, ich habe auch gesessen. Und noch dazu *auch* für einen Teppichwitz! Nur meiner war anders. Hört zu: der Adjutant des Führers kommt mit dem Speisezettel. Er legt das Menü für den kommenden Tag auf Adolfens Arbeitstisch und sagt:

Mein Führer, gestern hatten Sie Kelim in Aspik. Der Küchenchef empfiehlt für morgen Täbris in brauner Butter, gesinnungstreu — braune Butter!

Und dafür habe ich fünf Monate im Zellengefängnis Lehrter Straße gehockt, obwohl mein Urteil nachher nur auf vier Monate lautete. Bin ich ja direkt gnädig davongekommen!«

»Aber das ist ja ganz unerhört!«, rief Vater und sprang auf. »Wie kannst du es wagen, als Vorbestrafter um die Hand meiner Tochter überhaupt anzuhalten?«

»Daß ich nicht lache!« Reinhold stemmte die Hände auf die Tischplatte. »Vielleicht seid ihr mir eines Tages noch auf allen vieren dankbar, daß ich wegen diesem Quark da überhaupt einmal ein Gefängnis von innen kennengelernt habe! Das ist doch für einen ehrenhaften Menschen kein Delikt. Das ist ideologische Rechtsprechung, besser gesagt, es ist behördlich sanktionierter Schwachsinn!«

»Mein Gott, so halte doch nur den Mund, es ist doch alles nicht wahr!« Vater raufte sich die Haare, was ich noch nie gesehen hatte. »Wie konntest du so unvorsichtig sein?«

Reinhold stand da wie ein Kampfhahn: »Ja, ich Trottel war so unvorsichtig, stelle dir das vor! Nun hast du plötzlich einen Vorbestraften in der Familie. Hoffentlich stört dich das nicht weiter!?«

»Schweig!«, brüllte Vater, hochrot vor Zorn. »Du lügst, daß man dich wegen dieser Bagatelle verurteilte. Ich will auf der Stelle tot umfallen, wenn das die Wahrheit ist —«

Reinhold suchte fieberhaft seine Brieftasche hervor, fand darin einen schmalen, gefalteten Papierstreifen, setzte umständlich seine Brille auf und las:

»Urteil vom 8. November 1935.

Vergehen gegen das Heimtückegesetz, Beleidigung und Verächtlichmachung des Führers und Reichskanzlers nach den Paragraphen 1, 2 und 3, vier Monate Gefängnis, Strafe durch Untersuchungshaft verbüßt. Aktenzeichen: 1 Sond K Ms 298/35«

Er legte die Notiz sorgfältig in ein Innenfach der Brieftasche und steckte sie wieder zu sich. »Diese Angaben habe ich gleich viermal in meine Kleidung eingenäht. Wer weiß, wann ich sie noch einmal brauchen kann, wenn es sich eines Tages ausgehitlert hat!«

Im gleichen Moment wankte mein Vater, als sei ihm übel, nach nebenan ins Herrenzimmer, riß seine Schreibtischlade auf, der Schreibtischstuhl polterte zu Boden, einige Gegenstände fielen hörbar herunter.

»Um Gottes willen!«, Mutter lief so schnell sie konnte zu ihm, »Erich, was tust Du? Laß doch die Finger von dem Schießeisen! Hilfe, Reinhold, Lotti — so helft mir doch, er ist verrückt geworden!«

Wir stürzten zu ihm. Mein Vater hatte seinen alten Armeerevolver durchgeladen, und man hörte das Klicken der Entsicherung.

Wir hingen uns an Vater, hielten seine Arme fest. Vater rang um seine Bewegungsfreiheit. »Laßt mich«, keuchte er, »ich will nicht mehr leben! So nicht — so niemals, es ist alles aus! Meine Tochter heiratet einen Schurken, ich überlebe es nicht!«

Reinhold war es gelungen, ihm den Revolver aus der Hand zu schlagen.

»Quatsch mit Soße!«, sagte er mit erstaunlicher Gelassenheit. »Wenn ich diese Haft überlebt habe, so wirst du ja wohl mal die Wahrheit vertragen. Mach die Augen auf und beschönige nicht immer diesen grauenhaften Wahnsinn, der da um uns herum vorgeht. Es muß einen Weg geben, dies alles zu überleben und wir werden, das schwöre ich dir, nichts unversucht lassen, daß wir übrig bleiben!«

»Nun beruhige dich doch, Erich, Herr Scharnke, so schreit doch nicht so.« Tante Jenny stand in der Tür, rückte ihren Hut zurecht. »Ich gehe jetzt wohl am besten!«

Reinhold steckte die Waffe ein. Mein Vater saß zusammengesunken auf dem wieder aufgestellten Schreibtischstuhl.

»Lisa, meine Tropfen. Ich bekomme einen Gallenanfall, schnell!« Mutter lief, ich blieb bei Vater. Strich ihm das Haar zurecht, sagte gar nichts, hielt nur ganz fest seine Hände, küßte ihn. Dann liefen ihm die Tränen über die Wangen. »Dies ist der Untergang«, flüsterte er, »du wirst es sehen!«

»Komm«, sagte ich ablenkend, »lege dich jetzt hin, wir machen dir sofort einen feuchten Wickel. Mache dir doch nicht immer solche Sorgen um uns. Es wird sich alles zurechtlaufen, die Akten sind doch —«

»Halt den Mund!«, fuhr mich Reinhold Scharnke an. »Schluß jetzt von diesem Thema. Fräulein Goerke, ich begleite Sie natürlich zur Straßenbahn-Haltestelle!«

»Danke, Herr Scharnke, es ist sehr nett. Bei der Verdunkelung ist man für so was dankbar. Kommen Sie!«

Während Mutter und ich uns um Vater kümmerten, der Arzt per Telephon benachrichtigt war, sagte Tante Jenny im Treppenhaus vorwurfsvoll:

»Sie wissen doch nun wohl schon, wie er reagiert. Mußten Sie denn das ausgerechnet heute zur Sprache bringen? Ach, diese Männer!«

»Ja, wer ahnt denn das! Wir sprachen von Witzen, nicht?«

»Im übrigen«, sagte Tante Jenny, »wenn es Ihnen recht ist: ich bin ab heute dann auch Tante Jenny für Sie und nicht mehr Fräulein Goerke. Ist das in Ihrem Sinne?«

Reinhold küßte ihr die Hand und umarmte sie.

»Lotti hat mir schon erzählt«, flüsterte er, »die heimliche Kassandra der Familie!«

»Ja«, sagte Jenny und sah sich um, »diesem Club der Harmlosen muß man ab und zu die Augen öffnen. Anders geht das nicht!«

»Nun, ich bin ja auch noch da!«, murmelte Reinhold.

»Deswegen werden die Zeiten nicht besser!«, entgegnete Jenny. Dann öffneten sie die Haustür und gingen zur Straßenbahn.

Zweifacher Auszug im Sommer 1943
Hochzeit und eigener Haushalt — im Kreise Niederbarnim, wie einst Großmutter!

Nach dem 10. Juni 1943 war eigentlich nichts mehr wie vorher. Hatten wir bisher in einer gewissen Ahnungslosigkeit gelebt, ja, man kann sagen: in einer gewissen Geborgenheit, so kam es uns nun vor, als habe jemand uns eine furchterregende Vision gezeigt.

Was am Vortag geschehen war, im alten, gutbürgerlichen Haus, wo die Leute mit guten Manieren Hüte ziehend und grüßend treppauf und treppab aneinander vorübergegangen waren, da hatte sich vor der Tür bei hellem Sonnenschein ein unmenschlicher Gewaltakt zugetragen. Und wieder waren es längst nicht alle Hausbewohner, die es mit angesehen hatten. Viele saßen noch in ihren Büros, hatten das Leid von Frau Warsany, die ganze Barbarei der Abholung von Dr. Eckardt, nicht so unmittelbar mitbekommen wie wir als direkte Nachbarn im zweiten Stock.

Für Vater war eine ganze Welt versunken. Jene Welt, in der man die geläufigen Floskeln vom Rechtsstaat noch gebrauchen konnte. Jetzt war ihm der Mund verschlossen. Gleichzeitig spürte er, daß da Dinge sich abzuzeichnen begannen, die für ihn bisher *außerhalb jeglicher Denkbarkeit* lagen, gleichzeitig aber auch, daß er gegen den weiteren Ablauf eines drohenden Unheils machtlos war.

Er wäre in seiner stummen Verzweiflung heute, medizinisch gesehen, mit Sicherheit ein Fall für einen Psychiater gewesen. Von nun an packte er jedoch an allen klaren Abenden seinen Rucksack, nahm etwas Proviant mit und fuhr mit der S-Bahn nach Erkner oder einer anderen entlegenen Endstation. Dort wanderte er nächtelang durch die weiten Wälder, schlief gegen zwei Uhr in Decken gehüllt einige Stunden ein, wanderte dann zum S-Bahnhof zurück und kam kurz nach Hause, um sein Wanderzeug gegen die Bürokleidung einzutauschen. Mit Reinhold sprach er zwei Wochen lang kein Wort.

Mutter und ich waren viel zu beschäftigt, um uns lange mit dem Konflikt der beiden Männer aufzuhalten.

Das Kammergericht Berlin, an welchem Vater arbeitete, verlegte seine Archive nach Seelow in der Neumark. Für Vater war dort ein möbliertes Zimmer reserviert, wo auch meine Mutter mit ihm wohnen konnte. Man hielt diese Gegend für sicher. »So ein Kaff ohne jegliche Industrie«, sagte Vater, »was soll dort passieren!«

Alle Wertsachen der Familie, das Silber von Großmutter Mende, Poesiealben und die dicken Familien-Photobände, hübsche kleine echte Teppichbrücken und mein sehr geliebter Plüschteddy Bobby, alles Liebgewordene wanderte nach Seelow.

Inzwischen wurden aber auch schon die Kisten und Kartons gepackt im zweiten Stock, denn Ende Juli, zum 1. August nach meiner Erinnerung, sollte ja der große Hauptumzug meiner Eltern in die Zweizimmerwohnung nach Hirschgarten stattfinden, einem Vorort in der Nähe von Friedrichshagen. Mutter freute sich.

»Wie schön, nun werden Selmchen und ich uns öfter sehen!«, meinte sie ahnungslos. Selma Patzer, ihre Jugendfreundin vom Amicitia-Club, mit der Familie verwachsen.

Das Zündapp-Motorrad gehörte Vater schon lange nicht mehr. Es wurde gleich im ersten Kriegsjahr von der Wehrmacht beschlagnahmt.

Reinhold und ich lasen die Zeitungen mit gestrecktem Zeigefinger, die Anzeigenspalten nur mit Papier und Bleistift. Wir kauften um wer weiß wie viele Ecken herum unseren neuen Hausstand zusammen. Die Sesselgarnitur von einer verbitterten alten Dame aus Charlottenburg. Auch ein Kelimteppich und ein Eßzimmer im Stil der beginnenden dreißiger Jahre waren da zu haben.

Am nächsten Tag las ich eine kleine Anzeige: »Brautkleid aus reiner Seide, Gr. 42, einmal getragen, mit Schleier, Bestzustand, 150 Mark.«

Schreiben, ein Anruf, ich bekam das Kleid, es paßte wie angegossen.

»Frack«, sagte Reinhold, »den habe ich noch. Er hing in der Sächsischen Straße. Nur den Zylinder hat es in Karlshorst erwischt. Aber wer braucht heute schon Zylinder?« Wir kriegten einen Chapeau claque, einen Klappzylinder, neuwertig, Preis ...

So kam langsam aber sicher die Einrichtung für den neuen Haushalt in Neuenhagen bei Berlin zusammen. Da die Wohnung ganz neu war, der Balkon wurde soeben erst montiert, konnten wir schon Sachen dort einstellen. Ab 1. Juli hatten wir gemietet. Die Küche war das einzige Kriegs-Erzeugnis, häßlich und von miserabler Qualität, Tisch, Schrank mit Glastüren oben, Stuhl, Herd für Elektro-Anschluß und vier Kochplatten.

Dafür war das Schlafzimmer von den Deutschen Werkstätten in ganz moderner heller Eiche. Auch sonst hatten wir Glück. Ich erfuhr es erst lange danach, aber wir kunkelten mit Konzertkarten und erhielten dafür auf unsere Möbelbezugsscheine geradezu traumhaft schöne Sachen. »1 Sofa« stand auf dem Bezugsschein. Was dann ankam, war eine sogenannte »Causeuse«, ein mit tief in die weißen Damastpolster eingedrückten Halteknöpfen ausgestattetes Luxusmöbel, einer Récamière sehr ähnlich, mit einer schwungvollen, flügelartigen Rückenlehne. »1 Schuhschrank« stand auf unserem Bezugsschein. Was kam, war ein total mit Spiegelfliesen bedeckter Zierschrank aus weißem Lindenholz, so wundervoll glatt gearbeitet, daß dort die zarteste Wäsche hineinkam, die Schuhe fanden woanders Platz.

Außerdem »erbte« ich von Mutter. Das gute Porzellan mit den bunten Aufglasursträußen, »Rubens« von der KPM, es wanderte in mein neues Büffet. Mutters bunte, hochstielige Römer — einst vierzehn, es waren noch acht für mich übrig.

Dann wanderte mit mir das Klavier. Noch immer lag der grüne Friesstreifen mit dem eingestickten Namen »Neumayer Berlin« auf seinen Tasten. Die Klavierlampe, Berge von Noten. Vier Kisten Bücher hatte ich mir in den Jahren meiner Berufstätigkeit zusammengesammelt. Die Wäsche kam aus dem Haushalt von Tante Flora, lange schwere Damasthandtücher, ein Überhandtuch für die Leiste, an welcher die Küchenhandtücher auf Haken hingen: *»Reinlichkeit das Herz erfreut«*.

Der Geschmack von 1890, notgedrungen übernommen ins Jahr 1943.

Dabei war selbst die Reinlichkeit nicht mehr so einfach, weil die Kriegsseife so schlecht und grau ausfiel, daß man vergebens auf Schaum wartete. Immerhin: eigenartigerweise konnte man für Konzertkarten auch manchmal herrliche Friedensseife bekommen. Ein Spalt zu einer Wunderlandtür öffnete sich uns für kurze Zeit. Leider klappte sie auch sehr bald wieder zu.

Es waren hektische Wochen, die wir durchlebten. Die Trauung? Nein, nicht in unserem Kirchspiel. Reinhold gehörte ja auch nicht mehr nach Karlshorst. Er hatte da einen Bekannten, der war Oberkonsistorialrat und betreute seelsorgerisch die uralte Marienkirche zu Berlin am Neuen Markt in der Innenstadt. Welch ein weiter Weg! So meinten wir zuerst alle miteinander. Doch Reinhold hatte an alles gedacht.

»Es gibt ja noch Pferdedroschken für Brautpaare!«, verkündigte er stolz. »Jawohl, bitte sehr, ich habe da eine Anzeige gelesen, Brautkutschen vermietet — dann die Anschrift. Mit einem Kutscher, mit zwei Kutschern, mit einem Pferd, mit zwei Gäulen, ganz wie Sie wünschen, meine Damen!«, sagte er triumphierend.

Mutter und ich sahen uns etwas betreten an. »Also bloß kein Aufwand!«, sagten wir fast aus einem Munde, denn das Brautkleid aus zweiter Hand war durchaus nicht das Gelbe vom Ei gewesen, auch Mutters Garderobe hatte eher nachmittäglichen Zuschnitt.

Die Zeit der Feste und großen Abendroben war vorbei im Jahre 1943.

»Ja, die standesamtliche Trauung ist um 11 Uhr 30, danach treffen wir uns mit den Trauzeugen und sehen Euch erst in der Kirche wieder. Hier, ich habe Berechtigungsscheine für die Benutzung einer Taxe bekommen. So, nun wollen wir mal überlegen. Also 11 Uhr 30 Standesamt, dann Umziehen für uns, 12 Uhr 15 kommt dann die Kutsche, wir brauchen mindestens anderthalb Stunden bis zum Neuen Markt. Da habt Ihr alle reichlich Zeit. Um 13 Uhr 30 ist dann dort die kirchliche Trauung, wird 14 Uhr zu Ende sein. Danach sehen wir uns dann alle im Restaurant, im Ratskeller! Was wir essen? Also es gibt ein echtes Hochzeitsdiner, natürlich auf Marken, aber es wird schon noch recht gut. Wir sind wieviel Personen? Trauzeugen Prof. Krill und seine Gattin vom Max Hesses-Verlag; du, Erich, du, Lieschen, nein — Verwandte von keiner Seite — nur meine Eltern, dann noch Herr ...« ein mir entfallener Name, noch eine Trauzeugin, ich weiß es nicht mehr genau. Wir waren schließlich zwölf Personen im Ratskeller.

Der Auszug im Sommer 1943 aus dem alten Haus fand, zu unserem Schreck, auf einem roten Läufer statt. Wir hatten die »gute« Brautkutsche gebucht, mit den zwei Hottepferden, mit zwei Bedienten. Doch daß diese Burschen da auch einen breiten roten Läufer von der Haustür zum Bordstein ausrollen würden, daran hatten wir nicht im Traum gedacht.

»Ich gehe nicht!«, beharrte ich störrisch. »Lauf runter und sage, sie sollen das Ding wieder einrollen!« »Sei nicht albern, dann kommt unser ganzer Terminplan ins Wanken. Ohren angelegt und durch!«

Reinhold zog mich vom Fenster weg zur Wohnungstür. Die Eltern grienten und legten sich genüßlich ins offene Wohnzimmerfenster. Die Wohnung sah aus, wie jede Wohnung kurz vor einem Umzug. Gepackte Kisten, abgenommene Bilder. Wir gingen die Treppen hinab. Im Hochparterre bekam ich wieder nahezu Platzangst, denn neben dem roten Läufer harrten schon allerlei Straßenpassanten, Kinder, alte Männer, Hausfrauen mit Markttaschen, was denn da nun wohl loswäre. Tief Luft holen, dann den letzten Treppenabsatz runter. Rauf auf den Läufer. Treulich geführt!

An meinem Hochzeitstage war die Marienkirche, die sehr groß ist, nahezu zur Hälfte gefüllt mit all jenen lieben Menschen, die wir nun seit Jahrzehnten kannten, die wir einluden, die uns einluden und die wir an jenem Tag im Sommer 1943 nun lange Zeit nicht mehr sehen sollten. Daß es jedoch bei sehr vielen ein Abschied für immer sein sollte, das war uns nicht klar. Es wurden zwar viele Rührungstränen vergossen, aber wir schoben dies dem bewegenden Effekt des Orgelspiels zu. Die Wahrheit, über die man hätte weinen müssen, sah dann später entsetzlich aus.

Bilanz des Überlebens im Freundeskreis

Der Wegzug von der Perleberger Str. 55 bedeutete für uns nicht, daß wir nun den alten Märchenschluß hätten erzählen können: »... und sie lebten von nun an herrlich und in Freuden, und wenn sie nicht gestorben sind, so leben sie noch heute!«

Wir waren, wohin wir auch kamen, erstmal »Fremde«. Wir mußten immer erstmal beweisen, daß wir richtig Deutsch konnten, keine silbernen Löffel gestohlen hatten, daß wir Agamemnon nicht für eine Zigarettenmarke hielten und nicht die Erbsen mit dem Messer aßen. Welche Berge von Schwierigkeiten auf uns als »Evakuierte« 1944, als »Zugezogene« 1945, als den Tausenden »Flichtlingen« Gleichgestellte zukamen, das ahnten wir nicht entfernt. Wir kamen uns wirklich vor, wie Prophet Amos es in der Bibel über den Tag des Gerichts schildert:

... wie wenn einer einem Löwen entflieht, und ein Bär begegnet ihm, und er kommt ins Haus und stützt die Hand an die Wand, und es beißt ihn eine Schlange. *Amos 5, 19*

Der Auszug aus der Perleberger Str. 55 bedeutete, was wir nicht ahnen konnten: Entwurzelung. Schon ein Jahr später, als ich bei einem Arzt in Pirna in Sachsen saß und wir ins Plaudern kamen, da fragte er mich plötzlich: »Nun sagen Sie mal gnädige Frau, was spricht man denn in Ihren Kreisen über den weiteren Kriegsverlauf?« Verblüfft stellte ich fest, daß ich nicht antworten konnte. Wir hatten keine Kreise mehr.

Wunderbarerweise sind meine 1943 und 1945 geborenen Söhne am Leben geblieben. Manchmal fragen sie mich: »Wie in aller Welt konntet ihr so hirnverbrannt sein, in diesen Jahren noch Kinder in die Welt zu setzen?« Wir waren nicht hirnverbrannt, wir waren immer noch ahnungslos.

Die neue Geschichtsschreibung, die ungetrübte Sicht des Fachjournalisten von heute, gibt an Hand von Faksimile-Neuausgaben alter Zeitungen zuweilen einen Einblick in die 1942 und 1943 dargebotene Lektüre, die einzige, die uns vor die Augen kam. Der Normalbürger hörte nicht BBC London, man war gesetzestreu, auch im zerfallenden Reich.

Eine der bedeutendsten Veröffentlichungen für Menschen, die auf einen ungetrübten Rückblick Wert legen, ist das 1982 erschienene Buch »Weder Maas noch Memel« von Wolf Jobst Siedler, das den Untertitel trägt: »Ansichten vom beschädigten Deutschland«.

Siedler schreibt über eine Faksimile-Ausgabe der Zeitung »Das Reich« im Jahre 1963:

Dies gehört geradezu zum Gesetz einer solchen Publikation, in der das historisch und politisch Bedeutende nicht zu sehr in den Vordergrund treten darf. Wichtig ist dem Leser auch vor und nach allem, was an scheinbar Unwichtigem aufgenommen wurde. Tatsächlich macht dies den gefährlichen, unerlaubten und ganz und gar ins Bedrückende gewendeten Reiz einer solchen Faksimile-Publikation aus: Sie stellt noch einmal jene Atmosphäre her, in der das bürgerliche Deutschland den Krieg erlebte.

... die Welt der Sondermeldungen und Heinrich-George-Matineen, der Frontbegradigungen und Kolbenheyer-Premieren, der Luftangriffe und Ausstellungen im ›Haus der Deutschen Kunst‹ ...

Dieses Wochenblatt hat Oberfläche und Erscheinung des Dritten Reiches vielmehr auf erstaunlich exakte Weise dargestellt und die erneute Begegnung mit ihm macht greifbar, wie das Ungeheure in gesitteter Atmosphäre vor sich ging.

Das ebenso Irreführende wie Gespenstische und Beunruhigende an diesem Staat war ja, daß am Abend der Synagogenbrände, die Mittelalterlich-Osteuropäisches ins Deutschland des zwanzigsten Jahrhunderts holten, überall in den Städten dieses Landes [1938] festlich gekleidete Menschen in Operettentheater und Symphoniehallen gingen, und daß drei Stunden nach den Deportationswaggons der Seebäderzug die Bahnsteige der Berliner Zentralbahnhöfe verließ.

... Was da an Wirklichkeit gespiegelt wird, ist die offene Wirklichkeit des Reiches; die verschwiegene kommt nur deshalb nicht ins Blatt, weil sie ja auch den Alltag des Volkes nicht bestimmt hat.

Aus den unbeschwerten Jahren der Tanzstundenzeit, der Flirts und Modesorgen war ich beruflich fast unmerklich hinübergeglitten in die Interessenwelt meines Mannes. Diese Welt hieß: Welche Konzerte geben wir? Wo geben wir sie? Welche hervorragenden Solisten, Gastdirigenten, können wir engagieren?

Der Kulturbetrieb lief 1943 noch in großem Umfange weiter. Die Theater spielten. Die zerbombte Staatsoper in Berlin war wieder aufgebaut worden. Hermann Göring hatte in der Loge der preußischen Könige und der Kaiser gesessen. Die eingeladenen Opernbesucher fuhren verstohlen mit den Händen über die rote, seidenglänzende Bespannung der Wände. Durfte denn das wahr sein? Seidenbespannung in diesen Zeiten, wo es kaum Strümpfe gab? War es nicht raffiniert bedrucktes Tapetenpapier? Nein, es war Seide.

Im übrigen zerstreuten sich in jenen Jahren nicht nur wir aus Berlin in die merkwürdigsten Richtungen. Die Behörden verlagerten ihre Akten und Archivbestände in entlegene Gegenden oder verlassene Bergwerke.

Kaum eine Familie war davon nicht betroffen. Die harmlosen Zeiten, wo die seidenen Kleider von Inge Wolters in meinen Kleiderschrank wanderten und danach dann weiter zu Kissauers, ach, diese Jahre waren schon bald nicht mehr wahr!

In die Kreise unserer Bekannten und Freunde hatte das denkbar unseligste Sterben eine breite, blutige Bresche gerissen.

Beginnen wir mit der Betrachtung des Sommerbildes von 1930. Sutholts. Seit ich denken kann, nannte ich sie Tante Paula und Onkel Gerhard. Kamen sie zu uns, gingen die Eltern zu ihnen, so erzählte Mutter immer mit einem ganz leisen Unterton des, nein, nicht des Neides, dazu war Mutter nicht fähig. Aber ein wenig Verbitterung war schon dabei, wenn Paula Sutholt neue Kleider trug oder eine schöne neue Dauerwelle, während Mutter die Abstände zwischen den Dauerwellen erneut mit der prähistorischen Brennschere über der Flamme im Trockenspiritus-Erhitzer überbrücken mußte. Wenn ihre Träume von neuen Kleidern in Form von Abzahlungen für neue Radiogeräte oder später das verflixte Motorrad, das sie tausendmal verwünschte, davonglitten.

Sutholts. Sie erzählten gern und oft von »ihrem Heinz«. Onkel Gerhard war stolz auf seinen tüchtigen Sohn. Wir haben ihn damals nie zu Gesicht bekommen.

Bei den Recherchen zu diesem Buch fand ich den Namen Heinz Sutholt im Berliner Telephonbuch. Mein Brief wurde beantwortet:

23. April 1983

... ja, Sie vermuten richtig, ich bin der Sohn der Eheleute Sutholt. ...Das Kriegsende brachte auch meinen Eltern Unglück. Im Mai 1945 wurde mein Vater von den Sowjets, weil er PG war, abgeholt. Nach meiner Rückkehr aus der Kriegsgefangenschaft habe ich mich beim Suchdienst des Roten Kreuzes nach meinem Vater erkundigt, erfolglos. Im Juni 1979 erhielt ich vom Suchdienst in russischer und deutscher Sprache die Nachricht, daß mein Vater am 3. Februar 1946 verstorben ist, ohne nähere Angaben woran und wo. Typisch.

Meine Mutter wurde, ohne daß sie einer Gliederung der Partei angehörte, enteignet. Sie konnte die Wohnung mit einem Bett, Tisch, Schrank und Stuhl verlassen. Die Geldmittel wurden natürlich auch beschlagnahmt.

Im Mai 1946 wurde ich aus der Kriegsgefangenschaft entlassen. Da ich PG-Anwärter war, mußte ich zunächst niedere Arbeiten verrichten. Erst allmählich kam ich wieder in den kaufmännischen Beruf und setzte mich legal nach Westberlin ab. Meine Mutter kam nach dem Mauerbau ebenfalls. Sie hätte das schon viel früher machen sollen. Sie wohnte im Grunewald in unserer Nähe, in einem schönen Altenheim wurde sie nahezu einundneunzig Jahre alt. Sie starb 1969.

Pastor Gramsch und Familie.

Das einzige Bild, das aus heiteren, unbeschwerten Jahren übriggeblieben ist, zeigt die langjährige »Doppelkopfrunde« bei einer Silvesterfeier 1928/1929 in der Wohnung von Tante Gretchen Warnecke.

Es hat lange gedauert, bis das Dauerbrautpaar, Vater nannte sie scherzhaft »die Firma Gramsch & Gretchen«, sich endgültig installierte. Erich Gramsch war ein Mann mit Grundsätzen. Er wollte nur den Beruf ausüben, der ihm wirklich innere Befriedigung gab. Als Dentist fühlte er sich absolut fehl am Platze. Er studierte dann beharrlich Theologie und trat 1934 seine erste Pfarrstelle in Wriezen im Oderbruch an. Tante Gretchen Warnecke war die Tochter eines Friseurmeisters. Sie war im »Dürer-Haus« in Berlin angestellt, eine Stätte kultivierter Geschenkartikel, besonders aus Fernost. Sie überreichte mir kleine Beutelchen mit krümelartigem Inhalt, ähnlich getrocknetem Suppenkraut. Doch legte man die Krümel in einen Suppenteller voll Wasser, so erblühten auf wundersame Weise Blumen und Blätter. Ein märchenhaftes Geschenk.

1935 zu Ostern, da luden mich Pastor Gramsch und Tante Gretchen nach Wriezen ein. Sie hatten damals noch keine Kinder, ich fuhr voller Wonne allein zu Onkel Pastor. Es gab herrliche Musik und Andachten in der Kirche, am Ostermontag irgendeine Tanzerei, zu der ich ein rosa Kleid mitbrachte. Onkel Erich und Tante Gretchen wollten sich ausschütten vor Lachen, als ich mit einem jungen Forstbeamten über die Dielen des Gasthauses walzte. Schon als ich erschien, wurde von Onkel Erich automatisch Wilhelm Busch zitierte, das »rosa Kleid mit drei Volants« bespöttelt, und Tante Gretchen sagte: »Weißt du noch? Dein Aufsatz? Einen Förster will ich heiraten, Max muß er heißen! Ob wir dir hier einen Max auftreiben, dafür kann ich nicht garantieren!«

Das waren die lustigen, unbeschwerten Tage und Jahre. Der Doppelkopf-Kreis löste sich in dem Moment auf, wo die Bombenangriffe begannen. Alle hatten weite Wege, um zueinander zu gelangen. Niemand traute sich mehr, in alter Unbefangenheit diese abendlichen Unternehmungen fortzuführen. Meine Eltern waren auch einmal in Wriezen. Der Krieg brachte die Einschränkung auf einen kargen Briefwechsel. Pastor Gramsch und seine Frau hatten zwei Kinder.

Onkel Erich infizierte sich bei einem Dienstgang zu einem Sterbenden. Er starb noch vor Kriegsende an Tuberkulose. Nach Tante Gretchen und ihren Kindern haben wir mit großer Geduld und Beharrlichkeit Nachforschungen anstellen lassen. In der Pensionskasse des Nordelbischen Kirchenamtes wird sie nicht geführt. Das Rote Kreuz konnte in all den Jahren der Suchdienst-Tätigkeit nicht den geringsten Anhaltspunkt geben. Es muß mit hoher Wahrscheinlichkeit angenommen werden, daß auch hier eine Mutter mit ihren Kindern das Näherrücken der Roten Armee 1945 und das Kampfgeschehen zu Kriegsende nicht überlebt hat. Wriezen lag im Oderbruch nicht weit von Küstrin. Dort tobten 1945 vernichtende Kämpfe.

Patzers in Friedrichshagen.

Auf dem gleichen Bild, mit welchem uns das Andenken an das Pastoren-Ehepaar Gramsch erhalten ist, sind links Max und Selma Patzer zu sehen. Selma, die Schwester des Bäckermeisters Zehn aus der Perleberger Straße neben uns.

Patzers und meine Eltern heirateten etwa zur gleichen Zeit. Im Juli 1920 kam ich zur Welt, Käthchen Patzer, die ältere Tochter, im September.

Die Sommer gehörten eindeutig Patzers. An schönen Sonntagen oder Sonnabenden fuhren wir von unserem S-Bahnhof Bellevue mit dem raschen Zug nach Friedrichshagen hinaus; Breestpromenade 22 hatten Patzers ein Zweifamilienhaus geerbt, dessen erste Etage sie bewohnten. Vor dem Balkon standen zwei hohe dunkle Tannen, es gab einen Hof zum Spielen, zur Küche führte eine Doppeltreppe, etwas weiter hinten lag der Gemüsegarten. 1925 wurde Hilli geboren, die »süße kleine Schwester«, die der Verzug und Liebling des Vaters war. Käthchen erinnert sich heute:

»Wenn je zwei Schwestern einander nicht ausstehen konnten, so waren dies Hilli und ich. Sie war ein ganz durchtriebenes kleines Ding, spielte mir tausend Streiche, aß mir Leckerbissen weg, verpetzte mich bei den Eltern. Was haben wir uns in den Haaren gelegen!

Heute denke ich mir, die Eltern haben aus irgendeiner geheimnisvollen Regung ihres Unterbewußtseins so milde mit diesem Kind verfahren. Ich wurde streng erzogen und hatte kaum Freiheiten. Sie durfte alles. Dafür sollte ich noch ein ganzes Leben vor mir haben und Hilli — ach, weißt du, jedes Jahr im April verfalle ich in tiefsten Trübsinn. Gerade unsere Familie ist da in eine Sache hineingeraten, an die wir im Traum nicht gedacht haben.

Aber unser Vater hat die einzig mögliche Konsequenz gezogen. Meine Trauer wird nie aufhören. Aber dennoch, ich kann Vater so gut verstehen.«

Untrennbar mit Patzers verbunden sind die Erinnerungen an die Dampferausflüge auf dem Müggelsee. Zum »Prinzengarten«, nach »Müggelhort«, zum Ausflugslokal »Rübezahl« mit schönen weißen Schiffen. In den Gärten der Lokale auf baumstammähnlichen Säulen bunt angemalte Blech-Hennen. Es waren Automaten. Warf man einen Groschen ein, so gackerte die Henne täuschend echt, und ein Ei mit Pfefferminzperlchen oder sauren Drops fiel heraus. Müggelsee — das bedeutete eine endlose Promenade, eine Wanderung in die Hügel zu irgendeinem Aussichtsturm, das bedeutete aber auch eine reiche Ausbeute an Mückenstichen.

So, wie wir sieben Jahre lang hintereinander ins Riesengebirge verreisten, fuhren Selma und die Mädchen Käthe und Hilli ständig nach Prerow auf dem Darß, an die Ostsee, in der Nähe von Ahrenshoop. Eine Eigenheit: während wir alle sagten: »Ihr seid aber prima braungebrannt!« formulierte Tante Selma stets mit zurückhaltender Kühle: »Ja, man ist etwas gebräunt dort an der See!«

Käthchen fand die Badewochen herzlich langweilig. Vater Max Patzer verreiste allein. Urlaub von der Familie, nannte er das.

Seine Karriere im Reichsfinanzministerium ließ ihn mit den Jahren zum Regierungsdirektor aufsteigen. Mutter registrierte das von der pekuniären Seite her. »Hast du gesehen? Onkel Max trägt immer Maßanzüge, englische Stoffe. Und die Kragen und Hemden von Mey & Edlich, alles nach Maß. Ja, sie können es sich leisten. Eigenartig, daß er seine Damen so kurz hält!« Selma hatte der Freundin ihr Leid geklagt, daß sie sich das Haushaltsgeld zwanzigmarkweise erbetteln müsse. »In der Beziehung«, seufzte Selma Patzer oft, »bin ich ärmer dran als du mit deinem sparsamen Erich. Der gibt dir dein Wirtschaftsgeld, und du kannst disponieren. Weiß der Kuckuck, was für Allüren sich da bei Max nach oben drängen. Ich lese ihm doch jeden Wunsch von den Augen ab!«

Insgeheim braute sich jedoch über den Häuptern der Familie Patzer ein tragisches Verhängnis zusammen.

Nach Einführung der Nürnberger Gesetze 1934 wurde im Reichsfinanzministerium eine Abteilung eingerichtet, die sich ausschließlich mit der Verwaltung derjenigen Vermögen befaßte, die vormals in jüdischen Händen lagen. Zunächst waren es die Geflohenen, die Entkommenen, die sofort 1934 ahnten, was da in Deutschland auf sie zukommt. Dann jedoch weitete sich die Abteilung aus. Beschlagnahmte und eingezogene Vermögen von Deportierten und Verschleppten kamen hinzu. Und ausgerechnet Regierungsdirektor Max Patzer mußte dieser Abteilung vorstehen.

Er wurde krank, er ließ sich verschicken, er verfiel auf tausenderlei Finessen, um sich dieser Sache zu entziehen. Doch zwei Dinge ließen ihn dann durchhalten: einmal sagte er sich, daß der böse Spuk vielleicht eines Tages zu Ende sei und er dann ehrlich Rechenschaft ablegen würde, denn die Vermögen seien schließlich gut verwaltet worden. Der zweite Grund war, daß er von seinen Vorgesetzten massiv unter Druck gesetzt wurde, denn er war nun schließlich Geheimnisträger und man würde ihn zu finden wissen, wohin auch immer er auf dieser Welt entfliehen würde. Und der Arm der Nazibehörden war lang. Vor allem war es wohl die Drohung, daß auch seine Familie nicht sicher sei. Die Sippenhaft würde gerade auch für ihn gelten.

Käthchen Patzer erinnert sich:

»Ich kann meinen Eltern nicht dankbar genug sein, daß sie mich nie haben teilhaben lassen an den grausam belastenden Umständen

ihrer Existenz im Dritten Reich. Unsere Kindheit war unbeschwert, wir lebten in den Tag hinein, gingen im Winter und Herbst zu Puders in die Perleberger Straße zu Kaffee und Abendbrot, hatten einen netten Freundeskreis, Opern, Konzerte.

Als junges Mädchen ging ich zur Lufthansa, nicht Stewardess, nein, ich war Bürokraft. Dank dieser Berufswahl bin ich 1945 noch mit einem der letzten Flugzeuge, die aus dem brennenden Berlin aufstiegen, herausgekommen und nach Flensburg geflogen. Von meinen Eltern wußte ich lange Zeit nichts. Dann kam eines Tages die Nachricht.

Vater hat Hilli und Mutter Schlaftabletten gegeben, im Angesicht der ungezügelten Russen Mutter und Hilli erschossen, dann sich selbst.

Ich kann nur sagen, daß es gut so war für ihn, für uns alle.«

Die Geschichten vom »unsel'gen Sterben« nehmen kein Ende. Und alle verquickt und verzahnt mit dem alten Haus in der Perleberger Straße 55. Die Menschen, die 1945 ausweglos in schlimme Lebens-Situationen verstrickt waren, sie hatten einst, mit Blumen in den Armen, Konfektschachteln in der Hand, fröhlich an den Ringen gezogen, die die Löwenköpfe so ehern zwischen ihren Reißzähnen hielten.

Klavierspiel, vergnügte Melodien »Nun geh'n wir mal rüber, nun geh'n wir mal rüber, nun geh'n wir mal rüber zu Schmidts!« Tanzende Paare auf dem Parkett, vergnügte junge Leute, witzig, übermütig, ahnungslos.

Paul Umlauft und seine Frau Gertrud.

Wie alle Freunde meiner Eltern waren sie für mich Onkel Paul und Tante Trudchen. Sie gehörten zum Skatclub »Ringelpietz«, jenem Kreis von Ehepaaren, die sich reihum bei den Familien trafen.

Ein Bild ist erhalten, das im Jahre 1931 in der Wohnung von Umlaufts aufgenommen wurde. Dunkle Tapeten, lang ausgezogener Eßzimmertisch, Standuhr, seidene Eßzimmerkrone mit langen Fransen behangen. Und darunter die ganze vergnügte Rotte, die von Reisen, Kabarett-Chansons, neuesten Witzen und lustigen Geschichten aller Art nur so sprudelte, einer den anderen überbot in seinen Pointen.

Jahrzehnte hielt sich dieser Freundeskreis. Die Männer zogen sich nach dem Kaffee immer ins Herrenzimmer zurück, saßen dort am Spieltisch beim Skat unterm Kristall-Lüster, die Zigarren schufen blauen Dunst und die Zurufe ertönten: »Wirst du wohl nicht mauern, Paul?« oder »Nu komm mal rüber mit die Schmalzstullen, Arthur, ich weiß doch, du steckst voller Karo!« oder »Karauschen mit Maibutter!« was eine dolle Karo-Trumpfkarte bedeuten sollte oder »Pik-As war ein Hühnerhund!« und »Mensch, der geht ran wie Hektor an die Buletten!« und schließlich ein empörtes Rufen und eine einsam triumphierende Stimme: »Bitte, die Herren: Grand mit Vieren!«

Derweil saßen die Damen beisammen und Kinder, Zeugnisse, Tanzstunden-Erlebnisse der Töchter, schließlich die Bräutigämmer — des Erzählens war immer kein Ende.

Einer der Umlauft-Söhne hieß Siegfried, wurde jedoch liebevoll Sieke gerufen.

Als er Unteroffizier geworden war, stellte er sich bei uns vor, er holte die Eltern ab von so einem Skat-Abend. »Ja«, sagte Onkel Paul stolz, »nu hat er endlich die Jurkenschalen an seinem Kragen, nu wird er ja wohl zufrieden sein!« Sieke protestierte energisch.

Das Unglück wollte es, daß Familienvater Paul Umlauft, bieder, seinem Beamteneid getreu und verschwiegen, an eine so ungeheuerliche Dienststelle versetzt wurde, wie der Volksgerichtshof es war.

Im April 1945 hat Paul Umlauft ebenfalls seiner Frau Schlaftabletten gegeben, sie dann erschossen, zuletzt sich selbst. Er sah keine Zukunft mehr. Es war auch keine da.

Die germanische Gefolgschaftstreue, die schon Caesar in seinen Schriften an den Deutschen so hoch gelobt hatte, sie hat 1945 vom deutschen Bürger einen hohen Blutzoll gefordert und — erhalten. Das Leben war nicht mehr lebenswert.

9. Kapitel

1927 — Mutter Bahls stirbt
Tochter Erna als Geschäftsfrau — daß der Mann das erlaubt?!

Aus der Wohnung im Hochparterre rechts trug man im Jahre 1927 Mutter Bahls zur letzten Ruhe. Sie, die einst »die Seele vons Janze« genannt wurde, die ihr Porzellangeschäft vom einfachen Toppkeller zum schönen Geschenkartikelhaus emporgebracht hatte, hinterließ nun ihrer Tochter Erna ein Erbe, das notwendigerweise mit einer gewissen Arbeitslast verbunden war.

Noch immer waltete Mariechen, die Verkäuferin, in den Nebenräumen; war unentbehrlich, wenn es galt, angekommene Kisten mit Riesenmengen feuchter Holzwolle auszupacken, im umgekehrten Falle bei größeren Lieferungen auch wieder ihrerseits Kisten vollzupacken, bruchsicher mit Papier und ebenfalls leicht angefeuchteter Holzwolle. Ihre vorsichtige Hand war es jedoch auch, die den Staub entfernte von all den vielfältigen Sammeltassen, Gläsern, Karaffen, die jetzt in den Schaufenstern und auf den Regalen im Laden standen.

»Wenn Mutter mich einkaufen schickte,« so erinnerte sich Erna Ziemer später in Briefen, »dann beauftragte sie mich immer, einen bestimmten Betrag nicht zu überschreiten. Beispielsweise fuhr ich zu Villeroy & Boch nach Lichterfelde und sollte für 200,— Mark Gebrauchsgeschirr kaufen; aber die wunderschönen Fayence-Geschirre begeisterten mich immer so! Ich bestellte und bestellte. Der Verkäufer konnte gar nicht so schnell schreiben. Immer wieder sah ich etwas bestechend Hübsches. Denke an die Arie der Tosca ›Nur der Schönheit weiht' ich mein Leben!‹. Betrug die Rechnung nachher 800,— Mark, so rang meine Mutter die Hände und prophezeite düster, in unserer spießbürgerlichen Gegend würden wir das nie und nimmer verkaufen. Doch ich konnte immer triumphieren. Wir blieben auf wirklich schöner Ware nie sitzen. Auch Rosenthal ›Maria weiß‹ war ein Renner wie so manches andere Geschirr der damaligen Mode.«

Um sich genügend und in behaglicher Atmosphäre um das Porzellangeschäft kümmern zu können, behielt Erna die Wohnung ihrer Mutter zunächst bei, obwohl sie ihr eigenes Heim seit 1923 in der Flensburger Straße hatte, dicht am Bahnhof Bellevue, gleich neben dem Eckhaus zur Brückenallee, die heute Bartningallee heißt. Das war natürlich in den Augen der Leute ein Luxus. Es wurde getuschelt, daß der Porzellanladen doch allerlei einbringen müsse, denn sonst wäre es doch mehr als sonderbar, daß ein gutgestellter Anwalt wie Dr. Ziemer es seiner Frau erlaube, auch noch mit Geld zu verdienen.

Im Adreßbuch stand: »Erna Maria Ziemer, Geschäftsfrau«.

*1929 — Geheimrat Kieckbach wird begraben
Neben uns ist die Wohnung frei*

Das Ende der zwanziger Jahre war bekanntlich nicht von wirtschaftlicher Blüte gekennzeichnet, im Gegenteil. Politische Krisen und eine Massenarbeitslosigkeit sondergleichen führten zu einem Absinken des Lebensstandards. Davon waren viele Berufe betroffen. Wenn auch Ziemers ganz sicher keine Not litten, so sannen sie doch auf Reduzierung der festen Kosten.

1929 wurde die Wohnung neben uns frei, denn Onkel Kieckbach hatte die Augen für immer geschlossen, nachdem seine Frau schon 1927 gestorben war.

Wir orakelten einige Zeit, wen wir nun wohl als neue Nachbarn bekommen würden. Eines Tages klingelte es, und vor der Tür stand Erna Ziemer, Tante Tinchen genannt, in einem hinreißenden Kostüm aus dunkelgrünem Samt.

»Ja, guten Tag Ihr Lieben! Was meint Ihr, welche Neuigkeiten ich für Euch habe!«

»Aber wie nett, Ernchen«, sagte meine Mutter, »komm, tritt näher, hier bitte schön«, und sie öffnete die Tür zum Wohnzimmer. Die Schatzen hatte gerade das Parkett mit den ölhaltigen Fransen des »O-Cedar-Mop« von Staubflusen gereinigt, hielt den roten Stiel noch in der Hand und begrüßte den Besuch mit einem gebrummten »Guten Dag ook, Frau Dokta!«. Dann verschwand sie in der Küche.

Ernchen setzte sich auf einen der Rohrstühle und legte das Kissen des Klaviersessels unter ihren Samtrock. »Rohrgeflecht ist ja verheerend für Samt. Du stehst auf und hast das Muster an der Sitzfläche. Nie Samt auf Rohrsesseln!«

»Ja, aber warum sitzest du nicht auf dem Sofa, das so bequem ist?« fragte Mutter.

»Ach, diese farbliche Diskrepanz!« wandte Ernchen ein. »Sieh mal, mein Kostüm ist flaschengrün und Euer Sofa moosgrün, es macht sich nicht gut. Doch es ist ja auch nicht wichtig. Weißt Du das Neueste? Wir werden Eure Nachbarn!«

»Na, das ist aber wirklich mal eine Überraschung.« Mutter holte einen Dessertwein aus den Tiefen des Büffetts und servierte zwei kleine Gläser auf einem Tablett. Sie trug ein Hauskleid, grau mit kleinen roten Punkten, am Hals einen weißen Umlegekragen, kleine weiße Manschetten an den Ärmeln. Kein Vergleich zu Ernas eleganter Robe.

»Vor allem komme ich«, fuhr Ernchen fort, »damit Ihr Euch nicht wundert, wenn jetzt in den nächsten Tagen die Maler hier in der zweiten Etage die Wohnungstüren etwas überlackieren. Findet Ihr nicht auch, daß die alten Türen nicht mehr sehr ansehnlich sind? Also Hermann meint, es wäre dringend nötig. Es wird in der Holzmaserung gestrichen, die Rahmen dunkler, die Füllungen etwas heller.«

»Das wird ja ein Glanz hier werden!« meinte Mutter, »sag mal, zahlt Ihr das wirklich alles allein? Ist es Euch denn das wert?«

»Ach, weißt Du Lieschen, wir haben ja auch privat ziemliche Rücksichten zu nehmen, gesellschaftliche Rücksichten möchte ich sagen. Zu meinen literarischen Abenden, sieh mal, da kommen viele Leute, die sich finanziell sehr gut stehen, manche haben eigene Häuser oder sie kommen aus eleganten großen Etagen im Westen. Da soll es doch ein bißchen nach was aussehen!«

Nun, wir profitierten gern von dieser Maßnahme. Noch heute entgeht dem aufmerksamen Beobachter nicht, daß die Türen in dem alten Wohnhaus Perleberger Str. 55 in der zweiten Etage kräftiger in der Farbe sind als in den anderen Stockwerken. Das war Ehepaar Ziemers Werk.

Renovierungen im 2. Stock
Ziemers ziehen ein. Wohnungsweihe

Nicht allein die Wohnungstüren wurden von außen gestrichen, alle Räume der Vierzimmerwohnung wurden neu hergerichtet, es roch nach frischen Ölfarben und Tapetenkleister. Eines Tages ließen heftige Hammerschläge die Hausfrauen in den Küchen zusammenfahren. Im zweiten Stock, in jenem Gebäudevorsprung, wo die Fenster des Seitenflügel-Eingangs lagen, entstand ein Riesenloch. Und das in der vor gar nicht langer Zeit so schön ockergelb angestrichenen Hof-Fassade!

Ein T-Stück von einem Ofenrohr schob sich aus der Öffnung, oben konnte es reinregnen, unten wieder raus. Die Mitte bildete das Rauchrohr für den mit Kohle zu beheizenden Badeofen von Ehepaar Dr. Ziemer. Man verfolgte gespannt, wann diese Neuerung in Betrieb genommen wurde. Ein Badezimmer. Welcher Komfort!

Kaum hatten Ziemers damit den Anfang gemacht, folgten im dritten Stock die Mieter der Vierzimmerwohnung, Familie Werner, diesem Beispiel und richteten unter der Mädchenkammer ebenfalls eine Badestube ein. Noch eine Extrawurst.

Dann stand endlich eines Tages der Möbelwagen vor der Tür. Die Hausbewohnerinnen verfolgten nicht ohne Spannung den Transport der einzelnen Gegenstände. »Haben Sie gesehen? Die Polstergarnitur ist in königsblauem Samt! Wie apart!« Alles wurde kommentiert, bekrittelt, begutachtet.

»Aber sie haben auch bloß ein Klavier«, hieß es dann schließlich zum Schluß, »und ich dachte immer, Rechtsanwälte könnten sich einen Flügel leisten!«

Mutter kannte Ernchens Möbel, für sie war es nichts Neues. Doch dann saßen wir eines Tages im Erkerzimmer auf den königsblauen Polstern, Mutter vor einer Tasse Kaffee, Teekuchen auf einer Kristallplatte, für mich stand Kakao bereit, wobei jede Tasse ihr Schlagsahne-Häubchen bekam.

Wir hörten uns die ganz ausnehmend interessante Geschichte der Wohnungsweihe an. Mutter hatte mir schon erzählt, daß Ernchen dem Glauben ihrer Väter untreu geworden war. Unter den beredten

Argumenten eines Vetters, der Kaplan geworden war, hatte sie etwa 1925 konvertiert und war nun eine sehr eifrige Katholikin, die keinen Gottesdienst ausließ.

Der Vetter Kaplan hatte die Wohnung geweiht, wie man heute noch öffentliche Gebäude weiht, wie in südlichen Ländern noch jedes Beginnen mit Weihwedel und Weihwasser seinen Segen erhält, sei es nun ein Speiselokal oder eine Apotheke.

Man war durch die Wohnung geschritten, Vetter Kaplan vorweg, aus dem Brevier die passenden Sprüche murmelnd, den Weihwedel schwingend. Hermann und Erna ernsthaft hinterdrein.

»Aber dann«, erzählte Ernchen und jene ungebändigte Vergnügtheit aus der Schulzeit brach durch, »gehen wir doch den langen Korridor nach hinten entlang, der zum Schlafzimmer und zur Küche führt. Hermann vorn, dann ich. Da blickte ich mich einen Moment um, was sehe ich? Unser Dackel Puck und die Katzen Miez und Mauz, sonst ständig verfehdet und in Rangeleien verstrickt, gehen nahezu andächtig und in tiefer Stille im Gänsemarsch hinter uns her!« Ernchen schüttelte sich vor Lachen und konnte kein Ende finden. »Selbst mein Vetter mußte lächeln bei seiner heiligen Handlung. Er sagte mir nachher, er erlebe es häufig, daß die unvernünftige Kreatur in seiner Gegenwart sich viel gemessener bewege als sonst. Das war natürlich was für Hermann, der so gern spottet.«

»Allmächtiger! Sie singt!«
Bei uns werden die Möbel umgestellt

Aus den wieder rekonstruierten Möblierungsplänen ist ersichtlich, daß unser Klavier im Wohnzimmer seinen Platz hatte, Vaters Schreibtisch stand seit 1919 im Herrenzimmer.

Als jedoch aus dem kleinen Vorderzimmer der Nachbarwohnung die ersten monotonen Gesangsübungen herüberschallten Do-re-mi-fa-so-la-si-do und zurück und dies mehrere Dutzend Male am Tage, da wurde Freund Walter Kissauer in die Pudersche Wohnung zum Abendbrot gebeten. Und dann wuchteten die beiden Freunde Erich Puder und Walter Kissauer den Schreibtisch schleunigst ins Wohnzimmer und das Klavier ins Herrenzimmer.

»So«, sagte Vater und tupfte sich seine Stirn trocken, denn die Möbel hatten ziemliches Gewicht. »Nun kannst Du mit Tante Tinchen meinetwegen um die Wette Musik machen. Da geht ihr Euch

26 Aus Anlaß der Olympischen Spiele 1936 wurde das Tanzbild »1900« einstudiert (6. von links: Lotti Puder)

27 Eva Kümmritz und Lotti Puder, Mitglieder der »Ruderriege Dorothea«, 1934

28 Alles selbst genäht: Lotti Puder, 1936

29 Dr. Hermann Ziemer, 1922

dann gegenseitig auf die Nerven. Mich geht das jetzt alles nichts mehr an. Ich kann abends arbeiten und habe meine Ruhe!«

Die alten Photos konnten wir noch nach Jahren zeitlich immer gut einordnen mit den Worten: » Das muß zwischen 1929 und 1933 gewesen sein, als Ziemers neben uns wohnten!« Der Stand der Möbel verriet es.

Tinchen macht einen »Salong«
Ästhetisch durchgeglühte Tanten und echte Berühmtheiten

Die ersten literarischen Abende mit musikalischer Umrahmung fanden ganz sicher ohne uns statt. Vater pflegte dann zu sagen, auch hier gäbe es immer wieder nur die Parallelen bei Wilhelm Busch, diesmal im Kapitel über den Maler Klecksel, wo es heißt:

Fern liegt es mir, den Freund zu rügen,
Dem Tee zu kriegen ein Vergnügen
Und im Salon mit geistverwandten
Ästhetisch durchgeglühten Tanten
Durch Reden bald und bald durch Lauschen
Die Seelen säuselnd auszutauschen ...

Die Mutter verteidigte die Freundin. Sie meinte, es sei schließlich kein Verbrechen, Rilke zu zitieren oder aus Stifters Dichtungen vorzulesen oder »Du holde Kunst« ertönen zu lassen. »Meinst Du, daß diese Abende nicht etwas gehaltvoller sind als Eure Skatabende mit den ewigen Karauschen mit Maibutter und den anderen Wiederholungen?«

Vater blieb weiterhin skeptisch. Doch dann waren die Eltern einmal eingeladen, Rezitationen und Gesangsdarbietungen wechselten sich ab. Da beobachtete Mutter, wie Hermann jedesmal insgeheim in jener Ecke, wo er mit seinen alten Freunden saß, also meinen Eltern, scheinheilig die Augen zum Himmel erhob und in höchst komischer Gottergebung die Hände zusammenlegte, wenn sein Ernchen das Liederblatt ergriff, tief und vorschriftsmäßig zu atmen begann und ihr Lied ertönte.

»Nein, das ist doch die Höhe!« erzürnte sich meine Mutter. »Da bezahlt er ihr den teuren Gesangsunterricht, und dann macht er sich insgeheim über sie lustig!«

Worauf Vater nur sagte: »Der Prophet hat noch nie was in seinem Vaterland gegolten. Hermann kennt Tinchen eben von Kindesbeinen an oder doch schon sehr lange. Da sitzt die Spottlust sehr tief!« Mutter konnte sich eine Zeitlang nicht beruhigen und immer wieder verteidigte sie die Freundin und ihre so idealistischen Kunstbestrebungen.

Dies wurde ihr insofern erleichtert, als zu ihrem Bekanntenkreis einige damals sehr bekannte und teils noch heute berühmte und unvergessene Schauspieler zählten, die einst auch die Treppen mit den grünen Blumenranken zur Seite emporgeschritten sind.

Als Ziemers schon einige Jahre neben uns wohnten, da stand uns ein Festnachmittag im »Theater im Admiralspalast« bevor. Es war der 31. August 1932, als eine Feierstunde anläßlich der 1000. Aufführung einer gemeinnützigen Vereinigung abgehalten wurde. Ein Mann trat vor den Vorhang, um den Prolog zu sprechen: es war Eduard von Winterstein.

Ich zupfte Mutter am Ärmel. Sie hielt den Zeigefinger vor ihre Lippen und nickte mir voller Einverständnis zu. Sie hatte sich auch erinnert, daß erst kürzlich Eduard von Winterstein bei Ziemers nebenan aus Dichtungen der Romantik vorgetragen hatte.

An jenem Nachmittag galt sein Prolog dem kulturell so bedeutsamen Wirken des »Theaters der Höheren Schulen«, das in den Wintermonaten 1923/24 seine Pforten eröffnet hatte und es von anfangs 55 Vorstellungen im Jahre nunmehr 1931/32 auf 143 Aufführungen in einer Saison gebracht hatte, davon auch immer einige in englischer Sprache.

Aus der langen Reihe der Schauspielerinnen und Darsteller, die in der Jubiläumsschrift 1932 genannt werden, haben sich allerdings für das breite Publikum nur wenige Namen im Gedächtnis erhalten. Mit Sicherheit nicht diejenigen, denen einzig die Bühne Schauplatz ihrer Arbeit war.

Dagegen sind auch dem heute Kulturinteressierten noch völlig gegenwärtig alle Künstler, die in Filmen mitwirkten.

Im Fach Oper und Operette sagt uns einzig noch etwas der Name Rosalind von Schirach. Alle anderen Damen gehören der Theatergeschichte an und sonst nichts.

Bei den Herren im Opernfach hat sich allein Klang und Namen in der Jetztzeit erhalten: Willi Domgraf-Faßbaender.

Im Schauspiel gelang der Sprung in die Unsterblichkeit offenbar leichter. Lia Eibenschütz, Maria Fein, Ruth Hellberg. Gerda Maurus, Frieda Richard und Renée Stobrawa tauchen auch heute noch gelegentlich alter Film-Reprisen auf unseren Fernsehschirmen auf.

Bei den Herren haben es zu Bühnen- und Filmruhm mit noch anhaltender Erinnerung die folgenden gebracht: Wilhelm Bendow, Alfred Braun, Hans Brausewetter, Hans Deppe, der nachher bekannter Filmregisseur wurde (Schwarzwaldmädel u. v. a. m.), Bruno Fritz, Gustav Fröhlich, Harry Gondi, Gustaf Gründgens, Max Gülstorff, Oscar Ingenohl, Eugen Klöpfer, Victor de Kowa, Leopold von Ledebur, Hubert von Meyerinck, Alexander Moissi, Gustl Stark-Gstettenbaur, Magnus Stifter, Eduard von Winterstein.

Bezeichnend für die Qualität der Aufführungen des »Theaters der Höheren Schulen« erscheint uns heute, daß selbst die ganz Großen der Bühne wie Moissi und Gründgens in den Notjahren des Theaters für gewiß nicht fürstliches Honorar dort aufgetreten sind.

Erna Maria Ziemer
Streiterin für alles Gute, Schöne, Erhabene

»Ich weigere mich«, so sagte Erna einmal zu meiner Mutter, »in diesem so unerheblichen trivialen Morast der Gesprächsthemen bei bürgerlichen Kaffeekränzchen einfach mit zu versinken. Wer sich über die Haarfrisur seiner Nachbarin mokiert, der ist auch nicht zu dumm, die Linienführung einer Zeichnung zu beurteilen oder die spezielle Farbgebung in einem guten Gemälde. Jede Frau, die das Auge dafür hat, wie entzückend oder unmöglich irgendeiner Frau Dingsda eine Kleiderfarbe steht, kann auch genausogut ein Bild beurteilen, ein Aquarell, eine Ölskizze. Auch in der Kunst kann man ja klein anfangen. Jeder kann sich schulen. Bin ich nicht ein Beispiel dafür, wie der Mensch an sich arbeiten kann?«

»Ja, Ernchen«, pflegte dann meine Mutter mit leichter Resignation zu antworten, »dein Hermann kann dir Personal halten, du hast zeitlich und finanziell einen gewissen Spielraum. Rechtsanwälte verdienen nun einmal mehr als ein Justizoberinspektor. Ich gehe auch lieber in ein Konzert, als daß ich häusliche Dinge verrichte. Übrigens —« und Mutter wendete den Kopf zum Lautsprecher auf seinem Wandpaneel über dem Plattenschrank, »— das eine schließt das andere ja jetzt nicht mehr aus. Die Unvollendete beim Strümpfestopfen. Der Mensch muß zufrieden sein. Das ist wohl das Geheimnis.«

»Ja und nein, ich kann da wirklich nur sagen, es kommt auf den Standpunkt an. Ich will ja nicht die Welt verbessern, wer könnte das schon. Aber der Seichtheit und der Klatschsucht bei menschlichen

Zusammenkünften entgegenzuwirken, Dichterworte neu zu beleben, über Religion zu diskutieren und Wesentliches vom Unwesentlichen zu trennen, das ist bei meinen geringen Möglichkeiten in meinem Lebenskreis doch schon eine ganze Menge. Um staatliche Fragen zu ordnen, dazu gehören Fachleute und nicht eine einfache junge Frau wie ich, die vor sich hin trällert und weder von Politik noch von sozialen Reformen etwas versteht. Dazu gehört einfach Sachverstand. Wie kann ein Musikenthusiast sich unterstehen, plötzlich Agrarreformen vorzunehmen, ohne das größte Kuddelmuddel anzurichten?«

»Den Beamten wird«, unterbrach Mutter, »ja auch immer ihre politische Fügsamkeit vorgeworfen, du hörst es im Radio und du liest es in manchen Zeitungen. Wie oft muß ich mich zur Wehr setzen, wenn jemand mir Allüren unterstellt und finanzielle Reichtümer andichtet mit Worten wie ›Na, Sie als Beamtenfrau‹ oder ähnlich. Es soll mir nur mal einer nachmachen, einen Haushalt mit durchaus gehobenen Ansprüchen zu führen und dabei in Wirklichkeit mit so knappen Mitteln auskommen zu müssen.« »Ja, so liegen die Angriffe bei dir«, meinte Ernchen. »Jedenfalls lasse ich persönlich mir meine Liebhabereien auf künstlerischem Gebiet nicht vermiesen. Das kommt überhaupt nicht in Frage!«

Wirtschaftlicher Aufschwung 1933
Perleberger Str. 55 als Adresse nicht mehr gut genug

Die Rangordnung der Adressen, ihre Wertigkeit, wird in fast jeder Stadt als feststehendes Geheimwissen gehandelt. Kommt ein Fremder, so darf er nicht nur auf Qualität des Hauses und Schönheit der Aussicht sehen, sondern er hat sich vor allem zu erkundigen: »Ist dies auch eine gute Adresse?«, »Wohnt *man* hier?«

Die Perleberger Str. 55, als sie noch die Hausnummer 35 trug, zu Beginn und nach Abschluß der Bauarbeiten, als die roten Läufer auf den Treppen lagen und Hauswirt Römer prahlte: »Bei uns wohnen lauter Rats!«, ja, da war es wohl eine gute Adresse. Gutbürgerlich.

Doch dann setzte ja nach dem Ersten Weltkrieg eine beispiellose Verarmung des mittleren Bürgertums ein. Wer Geld hatte, der zog in den Westen, nach Wilmersdorf, Schmargendorf, Grunewald oder noch weiter ins Grüne, Erkner, Wannsee, irgendeine andere Endstation der S-Bahn.

Dennoch blieb die innerstädtische Hackordnung bestehen. Die

Leute von der Perleberger Straße fanden, daß man in der Fennstraße und weiter zum Wedding hin unmöglich wohnen könne. Wer jedoch in der Brückenallee wohnte, der hob naserümpfend den Kopf über jene Ärmsten, die jenseits von Alt-Moabit zu leben gezwungen waren. Vom Standpunkt der Hansaviertel-Leute war das ganz und gar nicht fein.

Für denjenigen jedoch, der sich gerade im Grunewald eine schöne Villa hatte bauen lassen, war aber auch wieder das Hansaviertel ein alter Hut, und wer wohnte denn schon noch dort, nicht wahr? So ging es im Reigen.

Jedenfalls kamen eines Tages Erna Ziemer und Hermann miteinander zu uns, in schönster Harmonie und mit zärtlichster Zutunlichkeit, ein Herz und eine Seele.

»Ja, ihr Lieben, so ziehen wir nun also wieder zurück in unsere alte Gegend. Wir haben das Glück, daß Frau Passarge den Porzellanladen übernimmt. Es ist ja doch eine große Entlastung für Ernchen!«, so begann Hermann das Gespräch.

Nach einigem Hin und Her mußte ich Tante Tinchen, wie ich sie immer noch nannte, versprechen, auch weiterhin gelegentlich zu ihren literarischen Tees zu kommen. Eigentlich wollte ich ja auch Gesangsunterricht nehmen, doch Mutter protestierte energisch.

Mit den sich schärfenden Blicken eines heranwachsenden weiblichen Wesens fiel mir anläßlich dieses Besuches zum erstenmal auf, in wie idealer Weise diese beiden Menschen, der große, elegante Hermann und die wunderbar gewachsene Frau mit den knabenhaft schlanken Hüften rein körperlich miteinander harmonierten. Über solche Beobachtungen sprach man nicht, das war nicht üblich bei uns. Aber erstmalig ging mir auf, wie stark erotische Kraft zwei Menschen verbinden kann; dies und nichts anderes mußte es sein, was die beiden mit einem spürbaren Flair undurchdringlicher und unangreifbarer Einigkeit umgab. Die Blicke, die Gesten, die Nuancen der Stimmen. Hermann zu uns ein wenig herablassend. Erna etwas wehmutsvoll.

»Nun sind es, ungerechnet die kleine Unterbrechung von 1923 bis 1929, doch über vierzig Jahre gewesen, die ich in diesem Haus verlebt habe«, sagte sie leise. »Vater, Mutter, die ganze Kindheit, wie schnell ist alles dahingegangen. Mir ist, als würde ich erst jetzt in diesem Moment ganz erwachsen, ganz auf mich selbst gestellt!«

»Kind, du übertreibst«, korrigierte Hermann sie, »außerdem steht nichts im Wege, Lies und Erich zu besuchen, wann immer du willst. Was die Lotti gewachsen ist, das muß man gesehen haben, erstaunlich für das Alter. Aber es ist gut so, große Menschen haben manches leichter!«

»Um so schwerer wird sie einen Mann bekommen«, bemerkte Mutter mißmutig, »solche hochaufgeschossenen Prachtexemplare, wie du eines bist, laufen einem nicht jeden Tag über den Weg!«

»Ach, Lieschen, ganz die Alte! Es ist, als hörte ich dich im Amicitia-Club deine berühmten schlagfertigen Antworten geben. Ganz ohne Illusionen. Aber so warst du immer. Nun wollen wir Adieu sagen. Bleibt gesund, nicht wahr?«

Ziemers ziehen zurück in die Brückenallee
Unser Klavier rollt an seinen alten Platz im Wohnzimmer

Wie schon erwähnt hatten junge Mädchen im Dritten Reich wenig Zeit. Ihr Alltag war durchorganisiert, die Schule forderte einiges, ein bißchen Amüsement sollte auch sein. Aber so alle zwei Monate einmal, da läutete ich doch an dem ebenfalls blinkenden Klingelknauf inmitten eines großen runden Messingbeckens, das außen vor der Haustür des Wohnhauses Flensburger Straße angebracht war. Die große Sechszimmerwohnung dort wies eine Einrichtung auf, die mich sehr beeindruckte: zwei nebeneinander liegende Toiletten. Und dies nur für die Gäste! Dazu gab es noch ein Badezimmer mit abgetrennter Toilette und in den hinteren Gemächern ein Dienstbotenzimmer mit noch einem eigenen einfachen Klo. Das waren faszinierende Lebensumstände. Die königsblaue Polstergarnitur war um einen gleichfarbig bedeckten Diwan ergänzt worden.

Einmal traf ich Ernchen über Familienpapieren, es war nach 1934 und alle Leute mußten ihre Ahnenpässe zusammenstellen, um schwarz auf weiß zu belegen, daß sie keine jüdische Großmutter hatten. Erna saß über Urkunden und Briefen. Sie begrüßte mich etwas geistesabwesend.

»Wie nett, dich zu sehen! Hast du übrigens gewußt, daß Hermann in Kolberg geboren wurde? Er ist genau vier Monate älter als deine Mutter. Juni 1894 geboren. Stelle dir vor, ich habe das gar nicht gewußt, sein Vater war Privatlehrer, aber seine Mutter war es, genau wie bei uns zu Hause, die mit einem Putzmacher-Geschäft die Familie erhielt. Der Vater verdiente nicht viel.«

»Wieso weißt du dies alles erst jetzt?« Ich war verblüfft, daß Eheleute diese lapidaren Dinge voneinander nicht gewußt haben sollten.

»Komischerweise haben wir wenig darüber gesprochen. Aber hier ist der Brief einer Verwandten, die auch die Kirchenbücher durchgesehen hat. Er ist sogar einmal in der Schule sitzengeblieben. Erst war darüber große Aufregung, denn der Vater war böse, als sei dadurch seine Lehrfähigkeit in Frage gestellt. Aber nachher machte er voller Eifer sein Abitur so günstig, daß er im Weltkrieg nicht mehr eingezogen wurde. Dann begann er gleich zu studieren und hat schon am 30. Juli 1917 in Greifswald die mündliche Doktorandenprüfung abgelegt. Es ist unglaublich, aber er suchte sich für einen Juristen ein ganz beispiellos leichtfertiges Thema aus, höre nur:

Der juristische Unterschied zwischen Spiel und Glücksspiel in Geschichte, Theorie und Praxis.

Das klingt doch schon beinahe wie ein Roman. Man sieht die entseelten unglücklichen Spieler im Casino von Monte Carlo übers Geländer hängen, findest du nicht?«

»Vermutlich hatte er Spaß an dieser Sache«, entgegnete ich, »man hat mir erzählt, während meiner langweiligen Geburt saß er bei Vati und erzählte Kriminalfälle!«

»Ja, das ist so sein Gusto. Auf seinem Nachttisch liegt immer ein Kriminalroman. Scheußlich, nicht?«

»Och«, meinte ich zögernd, »kommt drauf an!« Dann erhielt ich eine jener etwas qualvollen vorbereitenden Gesangsstunden von Tante Tinchen, die mit Lachsalven meinerseits und unmutigen Äußerungen von ihrer Seite endeten. Sie drückte auf meinem Zwerchfell herum und wollte meinen Atem »abstützen«, aber ich war so hochgradig kitzlig, daß wir die Sache aufgeben mußten. Das hat aber unserer Freundschaft keinen Abbruch getan. Übrigens stand im Salon der Brückenallee endlich das, was man bei Ziemers schon 1929 im Möbelwagen vermißt hatte — ein Flügel. Bechstein.

Und unser Neumayer-Klavier, braunes Nußbaumholz mit einer Fülle ausgetüftelter Drechslerarbeiten an allen nur denkbaren Enden, kehrte an seinen angestammten Platz ins Wohnzimmer zurück. 1934 sangen wir »Stille Nacht« wieder mit Klavierbegleitung.

Wie Ziemers den Krieg überstanden
1965 sahen sich die alten Freunde wieder

Mit Beginn des Zweiten Weltkrieges 1939 riß die Verbindung zu Ziemers beinahe ab. Man hörte nur noch hier und da voneinander.

Die Freundinnen riefen sich zum Geburtstag an und gratulierten einander telephonisch. Ernchen der Lies zum 25. Oktober, Lies der Erna am 23. Dezember eines jeden Jahres.

Wir hörten bei diesen Telephongesprächen dann, daß sie sich ein kleines Holzhaus in Neu-Fahrland als Wochenend-Bleibe gekauft hätten. Ja, das wäre natürlich herrlich, mal ohne Bombenalarm ausschlafen zu können. Und da draußen würde wohl nichts passieren.

Einmal war ich noch in der Brückenallee, da hatte die eine Hälfte des Hauses schon einen Volltreffer bekommen und war gleichsam halbiert. Der Bechstein-Flügel war in seiner Zimmerecke stehengeblieben, stand aber nun im Freien und hing quasi monatelang über einem Abgrund von Trümmern, der mit einem Lattenzaun und Schildern »Betreten verboten« abgegrenzt war. Später hörte ich, man habe endlich die Genehmigung erhalten, daß ein Kran mit Bergungs-Maschinerie ihn dort aus luftiger Höhe heruntergeholt habe. Aber in welchem Zustand!

Dann erfuhren wir lange nichts über Ziemers, endlich Anfang der fünfziger Jahre kamen lustige Zeilen, daß Hermann in den schlimmen Monaten nach der Kapitulation in Neu-Fahrland eine kleine Ziegenherde gehütet habe, dadurch hätten sie überlebt, denn Ziegenmilch und Zickelfleisch habe sich immer tauschen lassen. Dann wieder eine ziemlich große Pause.

Doch dann, im Jahre 1965, unternahmen Ziemers eine Reise nach Timmendorfer Strand. Damals wohnte ich in Bad Schwartau, Mutter war soeben verwitwet und verbrachte den Sommer bei uns. Nun luden wir Ziemers ein, und nach endlosen Jahren der Trennung ergab sich endlich ein Wiedersehen.

Hermann, noch immer groß, hager und voller inquisitorischer Fragen, sagte als erstes: »Also Lotti, so eine ausgewachsene Frauensperson wie du, sage doch bitte nicht mehr *Onkel* Hermann zu mir, das ist ja nachgerade peinlich!«

Aber immer wieder versprach ich mich, und er war indigniert. Das Wiedersehen der beiden Freundinnen war mehr als rührend, und es flossen viele Tränen. Wir saßen im Gartenhof unseres Landhauses bei Kerzenbeleuchtung, tranken gute Dinge und aßen auf Wunsch nur ganz sparsame Knabbereien, denn sowohl Ernchen als auch meine Mutter hatten Figurprobleme, über die ausgiebig gesprochen wurde.

Ziemers waren kinderlos geblieben. In einem Körbchen auf einer Decke zitterte der silbergraue Bedlington-Terrier Aline. »Er friert nicht«, erklärte Erna, »es ist diese überzüchtete Rasse. Er zittert auch bei 36 Grad Wärme, macht euch keine Sorgen!« Die Bedlingtons sind jene Hunde, die wie Schäfchen aussehen.

Das Geheimnis einer außergewöhnlichen Ehe
Erna Ziemers siebzigster Geburtstag 1966

Von diesem Treffen an gingen Briefe hin und her, Erna schrieb an Mutti nach Coburg, an mich gesondert, zuweilen schrieb auch Hermann, aber selten. 1966 klagte Erna einmal in einem Brief:

Ostern wird Hermann sich in seinen Wagen setzen ungeachtet seiner Arthritis im Knie, mit Sack und Pack und Radio. Am Steuer sitzend weiß er noch nicht das Ziel seiner Reise! Er wird alt. Viel älter als ich derzeit, denn er nimmt nichts Neues mehr auf. Mein Lebensinhalt war Studium, er lehnt Neues ab mit den Worten: »Ach, das ist mir zu schwer!« und greift nach Zeitschriften und Silbenrätseln. Aber jeder Mensch hat nun einmal seine Ebene, man muß sie anerkennen. Darin drückt sich sein Wesen aus. Das ist schmerzlich für einen Menschen wie mich, für den es eigentlich nur ein Unglück gibt:

Im Erreichten stehen zu bleiben!

Sie unterschrieb den langen und voller philosophischer Betrachtungen steckenden Brief in herzlicher Weise mit »Dein Tinchen«, denn ich habe sie niemals anders genannt.

Mutter machte mich noch brieflich darauf aufmerksam, daß ich ihren siebzigsten Geburtstag nicht vergessen sollte, dann ist es doch geschehen, und ich schrieb einen langen Entschuldigungsbrief, den sie schwungvoll und souverän beantwortete:

Meinen 70. empfand ich als so unwesentlich, eher ein Anlaß zu kondolieren als zu gratulieren.

Ein Teil des Bellevueparks heißt jetzt »Englischer Garten«, ich nenne ihn immer meinen »Privatpark«. Wie zauberhaft schön ist es jetzt drüben im Winter. Der Reif auf den Ästen so fein ziseliert, alles wie vom Zuckerbäcker, man glaubt im Märchen dahinzuwandeln. Auch an diesem Geburtstag leinte ich in der Frühe Aline an, und wir gingen die menschenleeren Wege. Am Himmel war ein glutroter Sonnenaufgang. Eine unübersehbare Schar von graziösen Möwen vollführte über dem großen Teich und den grünen Matten einen Reigen. Er sollte wohl ein Geschenk an mich darstellen und entzückte mich tief. Wie immer dachte ich in Liedern und Melodien. Hugo Wolf fiel mir ein mit seinem »Der Morgen, das ist meine Freude, da steig ich in stiller Stund auf den höchsten Berg in die Weite, grüß dich Deutschland, aus Herzensgrund!« . . .

Dann kam ich heim und fand einen Blumengarten vor, Wachskerzen dufteten. Alsbald versammelten sich einige enge Freunde zu einem Mendelssohn-Konzert, das mir eine junge Pianistin darbrachte, die es kürzlich öffentlich gespielt hatte. Eine beseelte und schöne junge Frau . . . Die Musik gab dem Tag die Weihe. Am Abend waren Hermann und ich allein und gedachten der alten Zeit. Hermann legte alte Platten auf, auch noch aus der Zeit der Perleberger Straße.

Nach ihrem Übertritt zum katholischen Glauben nannte sich Tinchen offiziell in ihren Papieren Erna Maria Bahls, wogegen früher nur Ernestine Bahls gestanden hatte. Einmal, gegen Ende ihres Lebens, sandte sie mir mehrere Seiten von Sinnsprüchen, wie sie ihre Gedichte nannte, alle mit EMZ unterzeichnet. Es war und ist viel Gutes, Kluges darunter.

Leiden wir nicht an der
Substanzlosigkeit ausgehöhlter,
leerer Begriffe?
Am Mark unseres Lebens werden sie
zu Vampyren. *EMZ.*

Liege nicht ein ganzes Leben lang
an den Ketten deiner Vorstellungen.
Geh weiter!
Lockere
deine harten, festgefrorenen
Schichten wie ein Erdreich auf,
das dir zum blühenden Garten werde,
zum Fruchtgarten! *EMZ.*

Erna Maria Ziemer starb am 2. April 1967. Ihr Mann Hermann überlebte sie um vierzehn Jahre. Er siedelte über in ein Appartement nach München-Solln, wohin auch die königsblaue Polstergarnitur, aufgearbeitet und neu bezogen, wanderte.

»Ein Mann kann schlecht allein leben«, schrieb er mir einmal kurz nach dem Tode seiner Frau. »Ernchen fehlt mir überall.« In einer alten Bekannten aus den Berliner Tagen, Brigitte Herm, fand Dr. Ziemer eine neue Lebensgefährtin. Kurz vor seinem siebenundachtzigsten Geburtstag schlief er friedlich ein. Onkel Hermann, der meine Dummheiten seit meiner Geburt mitangesehen hat . . .

10. Kapitel

Bartelmus

Hugenottische Abstammung
Schlesische Geburtsorte

Wenn die Franzosen vom heiligen Bartholomäus sprechen, so sagen sie Saint Barthélemy. Kamen im 18. Jahrhundert Hugenotten, die zufällig Barthélemy hießen, nach Deutschland, so schrieben die Behörden den lateinischen Namen: Bartholomaeus.

Diesen fanden die Mitglieder der Familie Bartelmus in Dronsdorf Kreis Striegau in alten Kirchenbüchern vor, als die Zeit der Namens- und Ahnenforschung im Dritten Reich begann. »Wie eigenartig!« sagten sie, denn inzwischen hatte es keiner der noch Lebenden mehr gewußt.

In die vormals Günthersche Wohnung im Hochparterre links zog im Frühjahr 1933 Ehepaar Ernst Bartelmus und Frau Martha geb. Lüers mit der kleinen vierjährigen Sigrid ein.

»Was hat sich meine Mutter gefreut«, so erinnert sich heute Sigrid an diese Zeit, »daß wir nun nach eigenem Geschmack eine Wohnung in einem privaten Miethaus beziehen konnten. Denken Sie nur, alle Beamten, die ihre Laufbahn auf dem Umweg über eine zwölfjährige Militärzeit begannen, wohnten ja in Kasernen. Das war natürlich finanziell günstig für die Familien, aber auch mit allerlei Nachteilen verbunden. So haben wir mit Vater in der Kaserne Ruhleben eine Dienstwohnung gehabt. Selbst meine Geburt fand am 16. 6. 1929 im Militärlazarett in Tempelhof statt. Aber es ergab sich einfach aus der Tatsache, daß Vater mit einer Nierenkolik in diesem Lazarett lag; meine Mutter pflegte ihn in jeder Stunde; schließlich sollte ich auf die Welt kommen, und die Ärzte waren dort sehr nett, Mutter und ich wurden gut betreut. Bei mir also Geburtsort Berlin-Tempelhof, dann Wohnort Kaserne Ruhleben. Und dann die Perleberger Str. 55!«

Zwischen Sigrid Bartelmus, die heute Ludwig heißt, und mir sind viele Briefe und Telefongespräche hin und her gegangen.

»Wo die Eltern herkamen, wollen Sie wissen?« Sigrid Ludwig lacht leise, »na, wo jeder bessere Berliner herzukommen pflegt: aus Niederschlesien. Vater stammte aus Dronsdorf und Mutter aus Neumarkt, in der Luftlinie direkt zwischen Liegnitz und Breslau gelegen. Nicht weit von Leuthen.

Damit kann ich Ihnen auch gleich die Fragen nach unseren Lieblingsgerichten beantworten. Sie entsprachen natürlich dem schlesischen Geschmack. Manches haben wir nachher in Berlin etwas abgewandelt gegessen. Zum Beispiel nicht mehr getrocknete Birnen mit Rauchfleisch, das typische ›Schlesische Himmelreich‹, sondern Kasseler Rippespeer, natürlich immer gebraten und mit hinreißend guter Soße. Aber auch an unsere Silvesterkarpfen erinnere ich mich, von dem man einige Schuppen ins Portemonnaie tun mußte, damit das Kleingeld im kommenden Jahr nicht ausgehen sollte! Dazu machte Mutter eine Soße, die ich besonders gern aß, mit Fischpfefferkuchen und vielen Gewürzen.«

»Hast du das süße Kind im Hochparterre gesehen?«
Sigrid Bartelmus 1933

Wenn in Berlin ein Möbelwagen vor einem Haus hält, so stehen heute wie damals liebend gern Kinder, ältere Leute oder andere müßige Passanten dabei und registrieren, was da so alles von den Ziehleuten transportiert wird. Die Kommentare beginnen meist mit dem Ausruf: »Jottedoch!«, und dann kommt entweder Bewunderndes oder Abschätziges. »Kiek mal, der Lampenschirm is noch brandneu, Karton von de Firma« oder »Also nee, is det niedlich, so'n kleener Sessel mit Bommeln dran, wie der von meine Oma!«

Leider war ich am Einzugstag von Familie Bartelmus in der Schule und bekam von allem nichts mit. Aber meine Mutter sagte mir mittags dann, es wären sehr ordentliche honette Leute, jedenfalls die Einrichtung tipp-topp.

»Hast du das süße Kind gesehen, das da jetzt im Hochparterre wohnen wird? Bartelmus heißen die Leute. Das Schild ist schon angeschraubt. Sowas von Ähnlichkeit mit dir, als du klein warst. Ihr hättet Geschwister sein können. Aber irgendwie ist es direkt schade, daß du nie ein im Alter passendes Kind im Hause hattest, mit dem du hättest spielen können. Dies kleine Mädchen ist nun erst vier oder so. Und du langer Lulatsch bist dreizehn. Das paßt auch wieder nicht.«

»Ja, schade«, meinte nun Sigrid Bartelmus in unserem letzten Telephongespräch 1984, »wir haben nie zusammen gespielt. Aber einmal, da habe ich im Hof ein Aufziehauto laufen lassen, da kam die lange Lotti Puder gerade dazu und knipste mich mit einer für damalige Verhältnisse geradezu sensationell kleinen Kamera. Die Bilder sind sogar was geworden, ich habe sie nur nicht mehr.«

Die harmonischen Jahre bis 1939
Schule, Freundschaften, Reisen, Interessen

»Haben Sie meine alten Photos zur Hand? Fein, da sehen Sie dann, daß ich in die gleiche Volksschule ging wie Sie damals. Stephanstraße, mit dem Schildchen ›Mein erster Schulgang 24. 4. 1935‹. Schultüte in der Hand, mein Vater schmunzelte und sagte: ›Die Tüte ist ja größer als das ganze Kind!‹ Sehen Sie nur die häßlichen rutschenden Baumwollstrümpfe, die wir Kinder damals trugen!«

»Nur mit einem Knopf an einem Gummiband befestigt, dies Gummiband dann wieder an einem weißen Baumwolleibchen hängend —«

»Genau, genau! Ja, Sie wissen es auch noch. Was haben die Kinder von heute es gut, daß man ihrer Kleidung soviel Aufmerksamkeit schenkt. Aber nun schlägt der Geschmack da seltsame Haken und sie rennen rum wie Lumpenmüllers Lieschen, was wir ja selbst in knappsten Zeiten immer zu vermeiden wußten. Jedenfalls kann ich mich erinnern, daß bei uns im Haus die Damen immer sehr gut gekleidet waren. Besonders erinnere ich mich natürlich an Ihre Kleider, Kostüme, Mäntel. Als ich mich für Mode zu interessieren begann, standen Sie kurz vor Ihrer Verheiratung. Da man sich ja nur im Treppenhaus oder später dann im Luftschutzkeller sah, so merkte ich mir immer genau, was Sie trugen. Ich gab nicht eher Ruhe, bis ich auch so einen Webpelzmantel hatte wie Sie. Auf dem einen Bild habe ich ihn an und fand mich damit toll erwachsen und schick!«

»Ach, Sigrid, stellen Sie sich vor, an mein Webpelzmäntelchen erinnere ich mich auch noch ganz genau. Ich trug es jahrelang, dann wanderte es als Futter in einen Wintermantel, den ich mir so um 1941 selber nähte. Sigrid, erzählen Sie mir, wie ging es denn weiter mit Ihrer Schule, Ihrer Ausbildung?«

»Die Kinder unserer Jahrgänge wurden ja schon bald nach Beginn des Krieges 1939 mit der ›Kinderlandverschickung‹ aus Berlin weggebracht. Mit einigen Unterbrechungen war ich in Mähren, wo es mir sehr gut gefiel, eine wunderschöne Gegend. Dort habe ich die Mittlere Reife gemacht; später in Berlin besuchte ich dann ein Jahr lang die Höhere Handelsschule. Danach habe ich einfach aus purer Trägheit nicht weitergelernt. Die Zeitumstände waren ja auch extrem schlecht und unüberschaubar!«

1940 — der Krieg reißt eine Familie auseinander

»Meine Mutter war sehr glücklich in dieser bequemen und geräumigen Wohnung im alten Haus. Es roch immer so frisch gebohnert und war sehr gepflegt, aber Sie fragten nach meinen Freundschaften. Bei den Schwestern Passarge, uns gegenüber, zog eine ausgebombte Familie ein, zusätzlich, als Untermieter. Da war ein Junge in meinem Alter, ein netter Kerl, Erich Bankert. Wir waren einander zum Verwechseln ähnlich und man hielt uns oft für Geschwister. Wir hingen zusammen wie die Kletten, Erich war mein erster richtiger Freund. Aber da hatten Puders das Haus ja schon verlassen und Sie mit ihnen.« »Erzählen Sie doch von Ihrem Vater, wie kam es denn, daß er unglücklicherweise noch vor Kriegsende umkommen mußte?«

»Es war Soldatenschicksal. Für mich insofern besonders schlimm, als ich ein Pappikind war, wie man in Berlin sagt, also besonders an Vater hing. Mutter und ich waren auch stolz auf ihn. Er war beliebt und tüchtig, sowohl als junger Mann während seiner Militär-Anwärterzeit als auch später, als er Offizier wurde.

Beim Wechsel in den zivilen Beamtendienst als Stadtsekretär gab es zur Nazizeit allerdings mehrfach Ärger. Da er nicht in der Partei war, wurden ihm weit weniger qualifizierte Kollegen im Amt vorgezogen.

Entsinnen Sie sich noch des alten jüdischen Herrn bei Frau Warsany? Wir erfuhren 1938, daß er, als er aus Österreich kam, nur eine winzige Pension erhielt. Vater war damals beim Wohlfahrtsamt tätig und hat alles nur Denkbare versucht, ihm höhere Zuwendungen zu verschaffen. Was daraus geworden ist, weiß ich nicht. Vater kam 1940 zunächst zu den Landesschützen und dann begannen für ihn diese verhängnisvollen Ortsveränderungen wie für alle Soldaten. Luckenwalde, Woltersdorf, Litauen, Lettland, zeitweise auf der Kommandantur in Riga, dann Einsatz bei Partisanenkämpfen, danach dann Wien und Preßburg. Aber wir hatten wenigstens immer Nachricht von ihm. 1944 kam er in ein Lazarett nach Bielitz bei Kattowitz, heilte eine Verwundung halbwegs aus und kam dann zu einer Genesungskompanie nach Ingolstadt. Danach jedoch kam er im letzten Augenblick vor Kriegsende doch noch wieder in ein Kampfgebiet. So waren wir wirklich eine auseinandergerissene kleine Familie. Zuletzt wußte einer vom anderen nichts.«

Ostern 1945, das hieß höchste Gefährdung in Berlin und Vater Bartelmus' Tod an einem unbekannten Ort

»Erzählen Sie, Sigrid, wie ging es bei Ihnen nun weiter? Wie kamen Sie nach Berlin zurück?«

»Im Winter 1945 wurde die Kinderlandverschickung aufgehoben und man reiste in vollgepferchten Zügen zurück zu seinen Eltern. Mutter war, da alleinstehend, vorher einige Zeit dienstverpflichtet gewesen. Sie hatte zeitweise bei Telefunken oder Adrema im Büro gearbeitet. Nun war ich plötzlich wieder bei ihr, fünfzehn Jahre alt, sehr gewachsen. Während Mutter sich viele Sorgen machte, war für mich als Kind der Krieg ein großes Abenteuer, solange uns selbst nichts Gravierendes geschah. Vom Kriegsende hatte man ja überhaupt noch keine Vorstellung.

Dann kam Ostern 1945, und dies bedeutete für ein Unzahl von Familien höchste Gefährdung. Auch für uns.

In das Vorderhaus gegenüber, Perleberger Straße 26, fiel eine Bombe und zerstörte den oberen Teil der Fassade. Der Druck der Explosion war so stark, daß sowohl wir im Vorderzimmer als auch Langners über uns im Erker starke Schäden am Mauerwerk hatten. Von Fenstern schon gar keine Rede mehr. Wir lebten in notdürftig abgedeckten halbzerstörten Räumen.

Fast gleichzeitig war Vater bei einem Sturmangriff gefallen. Aber diese Nachricht erhielten wir erst um Jahre später, 1952. Das bedeutete sieben Jahre Ungewißheit. Wieviele Frauen und Töchter haben mit uns auf Lebenszeichen gewartet. Da ich so an meinem Vater hing, war diese Zeit für mich besonders deprimierend. Heimkehrer, Augenzeugen, haben schließlich die Kunde beim Deutschen Roten Kreuz hinterlassen, und von dort wurden wir benachrichtigt. Wir haben nie eine Hinterlassenschaft von ihm zugesandt erhalten, keine Hälfte der Erkennungsmarke, nichts.

Um Erbschaftsangelegenheiten amtlich regeln zu können, erwies es sich schließlich als nötig, daß wir ihn später auf behördlichem Wege für tot erklären lassen mußten. Ach, das sind alles schmerzliche und mühsame Jahre gewesen, was kam alles auf einen zu!«

Die Russen in Moabit – Leiden der Nachkriegszeit

Eines Abends wählte ich wieder die Telephonnummer meiner ehemaligen kleinen Hausgenossin. Ein Brief mit schwerwiegenden Mitteilungen hatte mich erreicht. Die Geschichte, wie die Bewohner der Perleberger Str. 55 die letzten Kriegstage verbracht hatten. »Sigrid«, fragte ich, »heute eine wichtige Frage. Soll ich Ihren Namen ohne Änderung nennen, wenn ich erzähle, was sich in dem alten Hause nach Kriegsende zutrug? Sie wissen schon, diese Dinge mit den russischen Soldaten?«

»Selbstverständlich!« gab Sigrid ohne zu zögern zurück. »Was meinen Sie denn, wie viele übermüdete, entkräftete und vor Angst halbtote Frauen damals von Russen überfallen und vergewaltigt worden sind?«

»Aber vielleicht ist es Ihnen doch nicht recht — ?« wandte ich ein.

»Gerade!« erwiderte die Stimme aus Berlin. Nach all diesen Jahren schwang eine tiefe, immer noch nicht erloschene Empörung in ihren Worten. »Sie *müssen* es geradezu tun, denn wir alle, die wir das erdulden mußten, waren so wehrlos, wie man sich das heute überhaupt nicht mehr vorstellen kann.

Wochenlang hatten wir während des Kampfes um Berlin im Luftschutzkeller zugebracht. Unter den mißlichsten Umständen, kaum Essen, ständig die Angst: wann kracht über unseren Köpfen alles zusammen. Was wird überhaupt? Kommen wir durch? Wird es uns auch noch treffen? Nervlich waren wir also fix und fertig; von irgendwelchen körperlichen Kräften zu sprechen, wäre blanker Hohn gewesen.

Schließlich hielten wir es nicht mehr aus. Wir wagten uns nach drei Wochen Kellerdasein endlich einmal in die Wohnung. Das Haus stand ja noch, Wasser lief. Mutter und ich wollten uns säubern, einmal wieder richtig lang ausgestreckt in unseren Betten eine Nachtruhe haben. Da kamen schnell und lautlos, ohne die Tür aufgebrochen zu haben, also wahrscheinlich mit einem Dietrich,

30 Das Ehepaar Martha und Ernst Bartelmus, 1927

31 Sigrid Bartelmus am ersten Schultag, 1935

32 Martha Bartelmus mit ihrer Tochter Sigrid im Kleinen Tiergarten, 1941

einem Stück Draht, zwei Russen in unsere Wohnung. Es war der 4. Mai 1945, ich vergesse es nie. Mutter und ich mußten es über uns ergehen lassen.

Damals war ich noch nicht mal sechzehn und dachte, ich könnte nie wieder froh sein.

Dann verbarrikadierten wir unsere Wohnungstür so gut es ging von innen und außen, und fanden über dem Treppenaufgang des Seitenflügels fürs erste Unterschlupf bei Familie Dennhardt im dritten Stock. Tags darauf zogen wir dann zu Freunden in die Stendaler Straße, die im vierten Stock wohnten. In die höheren Etagen trauten sich die Russen ja nicht. Dennoch haben einmal welche die Haustür mit Gewehrkolbenhieben beschädigt. Diese ersten Monate russischer Besetzung waren sehr hart.

Jeder mußte arbeiten, um Lebensmittelmarken zu bekommen. Mutter wurde als Trümmerfrau verpflichtet, aber da sie so zart und klein war, hielt sie das einfach nicht lange aus.

In dieser Russenzeit half uns allen mehrmals Frau Meyenberg vom vierten Stock. Sie konnte ein paar Brocken Russisch und hatte sich einige Redewendungen gemerkt, sie würde die Eindringlinge bei der Kommandantura anzeigen oder ähnliches. Dann zogen sie ab. Im Herbst wurde Moabit englisch.

Aber diese schlimme Erfahrung im Mai 1945, die ich als doch sehr behütet aufgewachsenes Mädchen machen mußte, glauben Sie mir, sie hat mein Verhältnis zu meinem späteren Mann, zu Männern überhaupt, grausam gestört. Lange Zeit kam ich über diese barbarischen Erlebnisse einfach nicht hinweg!

Wenn ich Ihnen dies alles so freimütig erzähle, so werden Sie es mir vielleicht in dieser krassen Form nicht glauben. Aber heute sage ich mir: was soll hier jedes Beschönigen. Schreiben Sie es.«

Konflikt Mutter – Tochter
Zwei Frauen proben die Trennung

»Jetzt begann die Zeit der Wohnungsnot nach dem Krieg«, erzählte Sigrid dann an einem anderen Tag, »wir zwei alleinstehenden Frauen mußten Wohnraum abgeben, und so zog eines Tages in mein Zimmer ein junger Mann ein. Mutter und ich schliefen im Vorderzimmer, das Berliner Zimmer, bekanntlich Durchgangsraum, war unser Eßzimmer, sofern man die spärliche Nahrungsaufnahme dieser Jahre noch mit Essen bezeichnen konnte.

Untermieter können lästig sein, aber wir hatten Glück. Als der junge Mann uns dann verließ, hat man uns zwei Studenten in das Vorderzimmer eingewiesen. Mutter und ich schliefen nun im ehemaligen Schlafraum meiner Eltern, dem Berliner Zimmer mit dem schrägen Fenster zum Hof.

Diese jungen Leute brachten uns beiden richtig ein bißchen frischen Wind in die bisher so traurige Stimmung. Durch sie fand ich Anschluß an Gleichaltrige, und trotz Hunger und Trümmern gab es doch bald wieder ein bißchen Lebensfreude für uns!

Dennoch stellte ich plötzlich fest, daß Mutter und ich uns allein miteinander überhaupt nicht mehr vertrugen. Ich sagte es schon, ich war ›Vaderns Tochter‹, ganz auf ihn eingestellt und schwer angeschlagen dadurch, daß er nicht heimkam und mit hoher Wahrscheinlichkeit tot war. Bei meiner Mutter setzten die Wechseljahre sehr früh ein, sie hatte Tage, an denen sie mir nahezu alles verbot. Manchmal ging ich tiefbeleidigt aus dem Zimmer mit den Worten: ›Entschuldige man, daß ich auf der Welt bin, soll nicht wieder vorkommen!‹ Das war noch ein glimpflicher Abgang; an anderen Tagen krachten bei uns im Hochparterre die Türen, und wir konnten überhaupt kein Wort mehr sagen, das Mutter oder ich nicht übelgenommen hätten. Das war ein fürchterlicher Zustand, und vorher hatte es das in der Form nicht gegeben.

Sie fragen nach dem Ausweg? Da gab es nur eins: wir mußten uns trennen. Ich ging ihr schon bald auch tagsüber aus dem Wege, wo ich nur konnte. Nachmittags hockte ich bei Frau Meyenberg im vierten Stock, mit der ich mich im Luftschutzkeller sehr angefreundet hatte. Sie war ja damals auch sehr hübsch und patent. Wie fast alle Mietparteien, so hatten auch Meyenbergs einen Untermieter aufnehmen müssen. Ein Herr Sommer wohnte dort, kriegsversehrt, nur noch ein Arm. Aber er hatte die Gabe, faszinierend von seinen Erlebnissen erzählen zu können.

Gerade überlege ich, was ich damals beruflich gemacht habe. Zunächst einmal war ich Sprechstundenhilfe bei einem Tierarzt, später dann bei einem Kinderarzt. Dann war ich Stenotypistin bei der AEG, und ich kann nur sagen, man mußte dort ganz schön was leisten, um sich in einer so renommierten Firma zu halten.

1951 dann hielten Mutter und ich es einfach nicht mehr miteinander aus. Ich richtete mein ganzes Augenmerk darauf, mir ein möbliertes Zimmerchen in der Grunewald-Gegend zu besorgen. Aber da kannte ich schon meinen zukünftigen Mann. 1953 heirateten wir,

1956 waren wir wieder geschieden. Ich sagte ja schon, mein Verhältnis zu Männern und zur Ehe war durch das Erlebnis vom 4. Mai 1945 derart verkorkst, ich war überhaupt nicht belastbar. Die geringsten Kleinigkeiten im Zusammenleben regten mich auf. Also konnte diese Bindung zu diesem Zeitpunkt einfach nicht gutgehen.

Während sich ringsum allgemein die schwierige Lebenslage für die meisten Menschen entspannte, entstand für mich erneut die prekäre Wohnungsfrage. 1957 zog ich vorübergehend wieder in die Perleberger Str. 55 ein. Meine Mutter freute sich ausdrücklich *nicht* darüber, obwohl ich ihr sofort erklärte, es wäre nur eine Zwischenlösung und meine Anwesenheit ein Provisorium. Kaum lebten wir wieder unter einem Dach, da begann auch wieder die Dissonanz zwischen Mutter und mir, da wir völlig gegensätzliche Lebensanschauungen hatten.«

In diesem Haus die schönsten und die schlimmsten Jahre!

»An die neue gemeinsame Zeit mit meiner Mutter 1957 und danach denke ich nur noch ungern zurück. Wir wollten einander nicht wehtun, und doch brachte uns beinahe jedes Wort an den Rand einer immer größer werdenden Abneigung. Wir litten beide.

Ich aß kaum noch, las Bücher und Zeitschriften die Nächte hindurch, rauchte wie ein Schlot und wurde immer dünner, blasser und nervöser. Ich fühlte mich überwacht, bevormundet, eingeengt.

Andere Frauen in meinem Alter führten ein Leben nach ihrem Geschmack. Sie luden sich Besuch ein, was bei mir nahezu unmöglich war, nicht einmal ein abendliches Gespräch mit einer gleichgestimmten Seele war möglich, obwohl ich mich so leidenschaftlich nach Aussprache sehnte. Ich wollte ja Mutter weder schockieren noch verärgern, es war ja auch ganz gleich, wen ich einlud, auch Damen waren ihr nicht recht. Sie erlaubte mir keinerlei Umgang, und wir rieben uns beinahe auf an dieser Frage.

Schließlich blieb kein anderer Ausweg als der Gang zum Wohnungsamt. Wir ließen uns getrennt als Anwärter auf eine Neubauwohnung eintragen, jeder hatte ja nur Anspruch auf eine Einzimmerwohnung. Mutti zog 1959 von der Perleberger Str. 55 weg in die Kruppstr. 5, Ecke Feldzeugmeisterstraße, wo die Rotdornbäume im Frühjahr blühen.

Von dort aus ging man nicht mehr zum Kleinen Tiergarten. Gegenüber war aus einem einstigen Trümmerberg eine hübsche

Gartenanlage geworden, die ›Fritz-Schloß-Park‹ genannt wurde. Ein schönes Plätzchen.

Auch für mich fand sich eine kleine Wohnung, die mir gefällt, vor allem hat sie einen schönen Balkon.

Während ich so gelegentlich abends mit Ihnen telephoniere, denke ich darüber nach, daß ich eigentlich die schönsten und die schlimmsten Jahre in der Perleberger Str. 55 verbracht habe.

Meine Kleinkinderzeit, die große Einigkeit und Liebe zwischen Vater und mir. Dann auch die Freundschaft mit Sigrid Langner, die wenig später mit ihren Eltern einzog und auch im Alter ganz gut zu mir paßte. Wir beiden Sigrids. Wissen Sie übrigens, daß der Name ›die siegreich Reitende‹ bedeutet? Mir gefiel er eigentlich erst in dem Moment, als ich seine Bedeutung erfuhr. Ja, es gab zwei Sigrids im alten Haus.

Manchmal saß ich mit den Langnerschen Kindern auf den Treppenstufen vor der Haustür, wir tauschten Zigarettenbilder und besahen unsere Sammelalben. Hauswirt Römer lebte nicht mehr. Der Verwalter wohnte nicht im Hause. Dennoch hielten wir uns an das überall übliche Schild: Spielen für Kinder verboten!

Oft ging ich zu Meister Stanke in die Schuhmacherei und durfte dort zusehen. Die Kristallkugel, der Leder- und Leimgeruch, alles ist mir noch ganz lebhaft in der Erinnerung. ›Na, du kleene Krabbe?‹ sagte er manchmal liebevoll zu mir. Auch die Langnerschen Kinder waren oft bei ihm, und er erzählte uns Geschichten.

Nun sind wir nicht mehr die kleine Sigrid vom Hochparterre oder das Fräulein Puder vom zweiten Stock, sondern das, was man heute im Slang Teenager-Spätlese nennt. Obwohl ich weder besonders Lustiges noch Bemerkenswertes zur Chronik des alten Hauses beitragen konnte, so hat es mich doch riesig gefreut, daß wir wieder voneinander gehört haben. Daß wir noch wissen, auf welche Weise aus glücklichen, sorglosen Familien, die geglaubt haben, in einer berechenbaren Zeit zu leben, wie aus ihnen tiefunglückliche Menschen werden konnten, wie sie den Tod fanden. Vater gefallen, Mutter ein durch schwere Krankheit ausgelöstes beklagenswertes Ende.

Doch nun Schluß mit dem Kapitel Bartelmus. Was wir im alten Haus erlebt, gedacht, gelacht und gelitten haben, das habe ich gesagt. Ist das okay?«

»Ja, Sigrid, die Beiträge zur Chronik sind okay. Und von Herzen alles Gute für heute!«

11. Kapitel

Einzug 1933 drei Treppen rechts in Werners Wohnung
»Zwei Kinder?« sagte Großtante Flora. »Na, die werden schön Krach machen!«

Flora Wietasch hatte nichts anderes gehört, als daß nach der Familie Werner nun wieder »ein Ehepaar mit zwei Kindern« einziehen sollte. Dabei hätte es richtiger heißen müssen: Ein Ehepaar mit Sohn und Tochter, denn die junge Elfriede war schon vierundzwanzig Jahre alt, Sohn Albrecht zweiundzwanzig. Das waren erwachsene Menschen, rücksichtsvoll, leise, selbst dann noch, wenn sie gleichaltrigen Besuch erhielten oder mit ihren Fahrrädern zu langen Ausflügen aufbrachen.

Vater Albin Dennhardt zählte vierundfünfzig Jahre und war Abteilungsleiter einer großen Optikfirma in der Luisenstraße in der Innenstadt. Mutter Melanie Dennhardt war zehn Jahre jünger als ihr Mann. Im ersten Weltkrieg hatte sie, schon in Berlin lebend, vorübergehend Kriegsrenten ausgezahlt. Die Büroräume lagen über der Markthalle am Arminiusplatz in Moabit.

Dennhardts kamen nicht von auswärts, sondern wohnten schon seit 1910 in der Stephanstraße. Dreiundzwanzig Jahre in Berlin, dann ist man schon Berliner reinsten Wassers, vollkommen angepaßt und absorbiert vom Weltstadtflair.

»Mein Leipzig lob ich mir —
es ist ein Klein-Paris und bildet seine Leute!«

Kaum jemals hat ein geflügeltes Wort von Goethe einer Stadt soviel Wohlwollen eingetragen, wie das eben zitierte. Es saß und sitzt in den Köpfen der Leipziger fester als alles andere, sie fühlen sich dem landschaftlich reizvolleren Dresden gegenüber privilegiert durch die Dichter-Zuneigung. Die Völkerschlacht bei Leipzig ist ihnen dagegen einigermaßen wurscht. Genauer gesagt: wurscht und piepe!

Die Großeltern Dennhardt, Johann Adolf und Emilie, besaßen in der Nähe von Leipzig einen Bauernhof. Die Großeltern von mütterlicher Seite her, Otto und Anna Schmidt, wohnten nicht weit davon. Auch deren Vorfahren stammten alle aus Sachsen, und sächsische Gerichte wurden noch lange in der Dennhardtschen Küche zubereitet und verbreiteten liebliche Düfte.

Als Kind hatte Frau Melanie die Zerbster »Bürgerschule« besucht, die jungen Mädchen eine besonders gute hauswirtschaftliche Ausbildung vermittelte. Dann ergriff die junge Melanie Schmidt jedoch zunächst einmal einen kaufmännischen Beruf in einer großen Zelluloidwarenfabrik.

Tochter Elfriede Dennhardt bewies auffallendes Talent für Fremdsprachen und war ihr Leben lang als Fremdsprachensekretärin tätig. Sohn Albrecht dagegen entschloß sich, Naturwissenschaften zu studieren, und um eine solide wirtschaftliche Basis krisenfrei zu erarbeiten, wurde er Studienrat und setzte sich zu schicklicher Zeit als Oberstudienrat zur Ruhe.

Die supermodernen Dennhardt-Kinder verbannen die Familienphotos von den Wänden

Allein durch Briefe zu recherchieren, das ist fast gar nicht möglich. So gingen, ebenso wie im Falle der Familie Bartelmus, auch für den Lebensweg der Familie Dennhardt die Informationen durch den Telephondraht.

»Ja, stellen Sie sich vor«, sagte mir Albrecht Dennhardt eines Abends, »finde ich doch kein einziges Bild aus unserer Wohnung in der Perleberger Str. 55, wo wir doch immerhin vom 1. Juli 1933 bis zum 2. Mai 1974 gelebt haben, einundvierzig Jahre! Es ist unglaublich! Auch Verwandtenbilder aus alter Zeit, damit kann ich gar nicht dienen, obwohl diese Angehörigen uns doch in unserem damals so schönen Haus besucht haben. Aber es lag wohl an meinem einfachen Photokasten.

Meine Schwester und ich waren damals sehr wenig auf Erhaltung von Familientradition bedacht. Wir liebten moderne Kunst, eine gute Zeichnung, ein schön getöpfertes Gefäß viel mehr als irgendwelche alten bräunlichen Photos mit Onkels in Bratenröcken. Wir supermodern denkenden Kinder haben das auch unseren Eltern ausgeredet. Es hingen jedoch einige gute Ölbilder in unseren Wohnräumen im dritten Stock.

Heute verstehe ich es gar nicht mehr, was wir so sehr gegen Familienphotos hatten. Sonst waren wir doch ganz normale junge Leute.

Zu Beginn des Wintersemesters 1929 besuchte ich die Tanzschule Glaw, einen Studentenzirkel in der Potsdamer Straße. Sie schrieben mir, daß Sie später auch mit dem dicken Papa Glaw das Tanzbein geschwungen haben. Herren zahlten 20 Mark, Damen 40! Goldene Zeiten, das kann man wohl sagen. Was wir lernten? Nun auch schon ganz moderne Tänze, One-step, Foxtrott, English-Waltz, Tango, Blues. Daß wir auch den klassischen Wiener Walzer lernen mußten, empfanden wir schon beinahe als eine Zumutung. Wer tanzte denn noch Walzer? Vor allem: wo war noch Platz für Walzer? Bars und Tanzcafés waren überlaufen, die großen Berliner Bälle auch alle proppenvoll. Na, Sie kennen es ja, wenn eben auch mit zeitlicher Verschiebung. Ein Dutzend Jährchen trennten uns altersmäßig.«

Weihnachten ohne Gans? Das gab es einfach nicht! Liebstes Reiseziel: ein Bauernhof bei Leipzig

»Wenn ich Ihnen heute Ortsnamen nenne«, so meinte an einem anderen Abend Herr Dennhardt etwas wehmütig, »so gibt es sie auf neueren Karten schon nicht mehr. Meine Eltern wurden z. B. in der Kirche von Gautzsch bei Leipzig getraut. 1934 wurde Gautzsch, zusammen mit etlichen anderen Orten und einigen Gütern in die neue Stadt Markkleeberg eingemeindet. Ein Vorgang, der sich gerade in den letzten Jahren in unerfreulichster Weise in Westdeutschland wiederholt hat, und den rückgängig zu machen man sich ja heute bemüht, um die alten, seit Jahrhunderten gewachsenen Flur- und Ortsnamen zu erhalten.

Nun, Gautzsch war unrettbar verloren, als Name, aber wir brachten mit nach Berlin die gute sächsische Küche. Weihnachten ohne Gänsebraten, das gab es einfach nicht. Lediglich über die Zusammensetzung der Farce wurde zuweilen diskutiert; mal mit Rosmarin, mal mit Rosinen, ich kenne mich ja da nicht so aus.

Ebenso selbstverständlich war der Karpfen zur Jahreswende. Da unterschieden wir uns also nicht von anderen Berliner Familien. Besonders lecker waren die Eintöpfe, die meine Mutter kochte.

Sie fragten nach unseren Reisen. Als Kind war für uns der Bauernhof von Großvater Dennhardt das Ziel unserer Träume. Wie wurde ich als Kind von den Mitschülern beneidet, daß ich überhaupt verreisen durfte! Meine Kinderzeit fiel in die Jahre 1911–1921, Kriegs- und Nachkriegszeit und so scheußlich wie möglich. Dennoch erstaunlich, wie uns unsere Eltern hegten und pflegten, wie nett wir immer gekleidet waren und wie uns weitgehend unsere Wünsche erfüllt wurden. Mein erstes Radio war von mir selbst zusammengebastelt und stammte aus der Jugendzeitschrift ›Der heitere Fridolin‹. Sowas vergißt man nicht, wenn dann aus Drahtgewirr und Sperrholz plötzlich ein Sirenenklang ertönt: ›Denkste denn, denkste denn, du Berliner Pflanze ...‹, man kam sich vor, als habe man das alles selbst erfunden!«

Die Dennhardtschen Damen sahen aus wie Käthe-Kruse-Puppen

1933, da war ich das dreizehnjährige Kind mit dem viel zu langen Hals, während droben in den oberen Regionen die erwachsenen Söhne Helmuth Witt und Albrecht Dennhardt schon studierten, das Fräulein Dennhardt ebenfalls ihre Ausbildung als Übersetzerin und Korrespondentin abgeschlossen hatte und mich grünes Gemüse wohl ebenso wenig beachtete wie »die kleene Krabbe« Sigrid Bartelmus im Hochparterre.

Natürlich beobachtete man einander. Was hatte Frau Dennhardt so an zum Einkaufen, welchen Hut trug sie beim Ausgehen, was unternahm die Familie sonntags, man wollte ja ein bißchen wissen, was die neuen Hausbewohner für Gepflogenheiten hatten.

Tante Flora kam eines Tages zu uns von einem ihrer Einkaufsgänge, trank, wie es ihre Gewohnheit war, ein Täßchen Kaffee bei uns, weil sie sich verschnaufen mußte, denn wie üblich hatte sie sich wieder so furchtbar ab-ge-ä-schert!

»Jetzt weiß ich es!« verkündete sie an diesem Tag nahezu triumphierend, »immerzu mußte ich nachdenken, an wen mich meine neuen Nachbarinnen, die Damen Dennhardt, erinnerten. Mutter und Tochter sehen sich ja wirklich frappierend ähnlich. Sie haben beide diesen reizenden Gesichtsschnitt, den Käthe Kruse ihren Puppen mitgegeben hat. Ja, wahrhaftig, sie sehen beide aus wie Jokkerle und Margarethchen, und wie sie alle heißen, diese goldigen Püppchen! Daß ich aber auch nicht eher darauf gekommen bin! Aber heute standen in dem Spielwarengeschäft in der Turmstraße, neben dem kleinen Kino, wißt ihr, da standen einige Käthe-Kruse-Puppen. Blitzartig fiel es mir ein. Na und sagt doch mal, habe ich nicht recht?«

Geschichten von herzlicher Hilfsbereitschaft

Als gegen Ende des Jahres 1939 Lebensmittelrationen ausgegeben wurden, d. h. Lebensmittelkarten; als strengste Verdunkelungs-Vorschriften erlassen wurden; als man begann, klare Mondnächte zu schätzen, denn dann war nächtliche Heimkehr von Besuchen nicht so graulig, da wurden die Inhaber aller Wohnungen im vierten und dritten Stock lebhaft bemitleidet.

Sollten wirklich Bomben kommen, lieber Himmel, dann waren natürlich die oberen Stockwerke zuerst gefährdet.

Noch hatte ja kein Mensch Erfahrung mit Bombenangriffen. Man erinnerte sich nur plötzlich wieder einer Gas-Explosion, die in den zwanziger Jahren einmal ein Haus in der Kirchstraße heimgesucht hatte. Dort war die ganze Vorderfront und ein Teil der seitlichen, besonders starken Brandmauer weggerissen. Schaudernd und neugierig zugleich standen Eltern und Kinder vor diesem Phänomen! Weise Reden erfolgten: »Da siehst du, wie es zugehen kann, wenn man mit dem Gashahn rumspielt! Höre, was man dir sagt. Sei vorsichtig mit Gas!« Hätte damals auch nur eine Menschenseele gedacht, daß einst zwei Drittel des Stadtteils Moabit in Schutt und Trümmern liegen sollte? Man wäre ausgelacht worden, hätte man solche düstere Prognose gestellt.

Noch in den ersten Kriegsjahren waren ja die Berliner nicht in ihren Häusern zu halten. Theater spielten noch, Kinos liefen, Zarah sang und Hans Moser nuschelte, Lilian Harvey tanzte in den Himmel hinein und Hans Albers senkte seine Augen tief und beschwörend in die Herzen der Damen im Parkett. Um diese Annehmlichkeiten zu genießen, schlichen die Menschen mit verdunkelten Taschenlampen durch das verdunkelte Berlin, alle Verkehrsmittel fuhren mit abgedunkelten Scheinwerfern, nur in der Mitte ein kleines Loch ließ etwas Blaulicht durch.

Eines Tages erzählte mir Albrecht Dennhardt: »Was war man begierig, Theater und Konzerte zu besuchen. Schon als Schüler und Student besuchte ich die volkstümlichen Konzerte der Philharmoniker in der Bernburger Straße, Eintritt 75 Pfennige! Man bedenke! Und immer ganz selbstverständlich Fußmarsch quer durch den Tiergarten. Meine Eltern hatten Abonnement im Schillertheater. Das hörte natürlich auch während der ersten Kriegsjahre nicht auf. Für die billigen Karten in der Städtischen Oper Charlottenburg mußte man allerdings schon einmal einen halben Sonntag opfern und endlos Schlange stehen. Aber das wurde uns ja dann sowieso aufgezwungen, nach jedem Quark Schlange zu stehen. Meine Mutter war oft ganz erschöpft. Aber auch sie hat oft durch andere Hausbewohner Hilfe gefunden, man trug ihr die schweren Taschen bis zum dritten Stock!«

Andererseits ging von Familie Dennhardt ebenfalls eine große Liebenswürdigkeit im Umgang mit anderen Hausbewohnern aus. Wenn Not am Mann war, so konnte man unbedingt mit Dennhardts Hilfe rechnen. Mein ausgebombter damaliger Verlobter wohnte sechs Monate bei ihnen, was wir sehr dankbar empfanden. Sie halfen spontan und ohne lange zu überlegen.

Daß das Haus noch steht: Herr Dennhardt senior und Herr Meyenberg haben die Brandbomben gelöscht

Als der Luftkrieg heftiger wurde, gab es Ausbildungskurse für häuslichen Luftschutz. Die Berliner machten darüber, wie eigentlich über alle Maßnahmen des Regimes, ihren Reim, ihre Verschen, und zwar in diesem Falle:

... mit 'nem halben Eimer Sand
rettet er das Vaterland ...
der Luftschutz, der Luftschutz!

Spott hin, Ironie her, die Bewohner der Häuser sahen sich die bisherigen Schadensstellen an, lasen die Zeitungsberichte und hörten vor allem die Mundpropaganda, die von den zerstörenden Luftangriffen aus Lübeck, aus Hamburg nach Berlin drang. Dann dachte man sich sein Teil, ergriff den zunächst belachten Eimer Sand, stellte so viele Wassereimer wie möglich auf den Dachboden. Es fanden riesige »Entrümpelungs-Aktionen« statt, im Zuge derer auch meine Puppenstuben zu Kissauers wanderten. Dann wurden Feuerpatschen angefertigt, Gasmasken gegen Rauchvergiftung gehörten zur Ausrüstung aller Hausbewohner, aber die Luftschutzwarte hatten am meisten damit zu atmen geübt.

In den schlimmen Monaten zum Ende des Krieges waren es neben Langners meist die Herren Dennhardt senior und Meyenberg, die überhaupt in der Lage waren, diesen Brandbomben-Wachdienst zu versehen. War eine Angriffswelle vorbei, so jagten die Männer die vielen Treppen hoch und verfuhren vorschriftsmäßig. Das dürre Holz des Trockenbodens hätte ja sonst wie Zunder gebrannt.

Die jungen Männer des Hauses waren beim Militär, Herr Witt hatte unter den Folgen seines Schlaganfalles zu leiden, die Söhne Witt und Dennhardt hatten ohnedies Ende der dreißiger Jahre geheiratet, in diesen Krisenzeiten zeigten die noch Anwesenden, was sie in ihren vorgerückten Jahren noch vermochten: Phosphorbomben unschädlich machen.

Des hohen Alters Segen und Sorge
Wie es der Familie heute ergeht

Nach dem Ende der Kämpfe war mit einem Schlage die große Gefährdung der oberen Stockwerke vorbei. Jetzt wurden die eben noch gemiedenen dritten und vierten Etagen der Häuser die Zuflucht der jungen Mädchen und Frauen. Auch hier war es wieder Familie Dennhardt, die ohne viel zu fragen die bedrohten Hausbewohnerinnen aufnahm und nach Kräften betreute.

Im Herbst 1945, als Moabit an die Engländer als Besatzungsmacht übergeben wurde, normalisierte sich das Leben allmählich wieder, wenn man dies Wort überhaupt schon anwenden durfte. Besser gesagt: es bestand keine Gefahr mehr für Leib und Leben. Deswegen war es natürlich noch lange nicht besonders lustig in Berlin. Von den Bewohnern wurden mehr Entbehrungen, mehr Leiden und Belastungen gefordert als anderswo.

Kindliche Anhänglichkeit, die Schwierigkeit, eine eigene Wohnung zu bekommen, das waren wohl die Gründe, daß Elfriede Dennhardt, die Tochter mit dem Püppchengesicht, erst in ihrem sechzigsten Lebensjahr das Elternhaus verließ und sich ein eigenes Domizil besorgte. Das war 1969. Sohn Albrecht war seit 1939 verheiratet, war aber durch Krieg und Nachkriegszeit lange abwesend gewesen. Er zählte 1969 achtundfünfzig Jahre und war wohlbestallter Oberstudienrat, naturwissenschaftlicher Zweig.

Fünf Jahre später rüsteten Dennhardts senior in der Vierzimmerwohnung im dritten Stock zum Umzug in das Altersheim Lehrter

Straße/Ecke Invalidenstraße. Vater Albin hatte sein fünfundneunzigstes Lebensjahr erreicht, Mama Melanie war nun fünfundachtzig, aber noch immer lag dieser rührend kindliche Zug einer Käthe-Kruse-Puppe auf ihrem Gesicht, machte es jünger, so daß ihr niemand ihr Alter glaubte.

Herr Dennhardt senior starb kurz vor Vollendung seines hundertsten Lebensjahres im Jahr 1978.

Mutter Melanie blieb zunächst im Altenheim, wo sie sich recht wohlfühlte. Doch dann stürzte sie eines Tages in ihrem Zimmer hin und erlitt einen Beckenbruch, dessen Heilung langwierig wurde. Tochter Elfriede, von jeher sehr um die Mutter besorgt, die erst wieder laufen lernen mußte wie ein Kind, gab kurzentschlossen den Platz im Altenheim auf und nahm die Mutter zu sich. Während diese Zeilen geschrieben werden, leben Mutter und Tochter noch immer miteinander, sind einander noch immer sehr ähnlich.

»Wenn wir Glück haben«, so erzählte mir Albrecht Dennhardt beim letzten Telephonat, »werden wir im September 1984 Mutters 95. Geburtstag feiern. Wollen wir mal das Beste hoffen!«

12. Kapitel

Das Erkerzimmer sieht noch genau so aus wie nach dem Einzug 1935

Als Kürschnermeister Langner mit seiner Familie in die Vierzimmerwohnung der ersten Etage einzog, waren die heutigen Chronisten Sigrid Langner acht und ihr Bruder Lothar zehn Jahre alt.

»Ein Kürschnermeister?« sagte meine Mutter und bekam einen versonnenen Blick. »Da sollte ich mir meine Sealjacke doch mal aufarbeiten lassen, was meinst du, Erich?« Ehemänner pflegen in solchen Fällen nicht mit Begeisterungsausbrüchen zu reagieren. Ich weiß nur noch, daß eines Tages wirklich die Pelzjacke umgearbeitet und ergänzt worden war, und Mutter zeigte sie allen Freundinnen, denn sie war »Seht doch mal, wie neu!«.

Die Geschichte der Langnerschen Wohnung hören wir zunächst mit den Worten von Lothar Langner:

»Das ehemals so schöne Haus, die Wohnung, werden mich immer an meine glückliche Kindheit erinnern. Mache ich heute einen Besuch bei meiner Schwester, die noch dort wohnt, so empfinde ich eine Geborgenheit, die mit Worten kaum erklärbar ist. Als Kind war man eben in ein vollkommen unbelastetes, frohes Dasein dort eingetreten. Das wird es sein.

Die schöne alte schmiedeeiserne Lampe im Wohnzimmer, das sich im Erkerzimmer vorn befand, hängt noch immer. Wir getrauen uns nicht, sie zu bewegen, etwa auf und ab zu ziehen, wozu sie ja eigentlich eingerichtet ist. Aber wir fürchten, die alten Kabel könnten brechen und einen Kurzschluß verursachen. In Ruhe gelassen funktioniert sie noch und gibt den gleichen Schein, der so viele fröhliche Mahlzeiten überstrahlt hat. Auch die Möbel unserer Eltern sind noch vorhanden und haben den gleichen Standort wie damals. Nur Vaters Schreibtisch steht jetzt bei mir in der Elberfelder Straße 36, als Andenken an meinen Vater, mein Elternhaus. Natürlich können wir nicht sagen, die Langnersche Wohnung, die im Jahre 1985 von unserer Familie fünfzig Jahre lang bewohnt sein wird, sei so eine Art Heimatmuseum.

Dazu fehlen wesentliche Details. Die schönen alten Kachelöfen, sehr hoch und mit keramischem Zierat, sind alle abgerissen und durch neue ersetzt worden. Der Ofen im großen Wohnzimmer war durch den Bombeneinschlag Perleberger Str. 26 stark beschädigt worden. Der andere, ebenso hohe weiße Kachelofen im kleinen Vorderzimmer war vollkommen hohlgebrannt. Er war so schief wie der Turm von Pisa. Doch Pisa lag weit und der Ofen stand nah. Hätten wir ihn nicht abreißen lassen, wäre er uns zusammengestürzt. Die ehemalige Werkstatt unseres Vaters ist ein Wohnzimmer geworden. Nach meiner Heirat habe ich dort von 1949–1955 mit meiner Frau Margot gewohnt. Was waren wir froh, in der Zeit der Wohnungsnot eine Bleibe zu haben.

Schon damals wurde in der Speisekammer meiner Eltern eine kleine Küche für uns eingerichtet. Nach der Teilung der Wohnung hat man diese dann noch verbessert.

Es überwog absolut das Glücksgefühl, daß das Haus noch stand. Obwohl gerade das schöne Erkerzimmer stark beschädigt wurde. Eine Granate hatte die Seite des Erkers getroffen und ein Loch von 70 cm Durchmesser geschlagen. Es hat eine Weile gedauert, ehe das dann wieder sachgemäß vermauert war. Aber jetzt ist es wirklich so erhalten, daß unsere Eltern zur Tür hereintreten könnten und sagen: ›Kinder, das habt ihr ja reizend gemacht!‹ Und wir würden vermutlich antworten: ›Nur nicht niesen unter der Seidenlampe mit den Fransen! Das hält sie nicht mehr aus!‹ «

Wir sehen die Vernachlässigung des Hauses nicht
Schließen wir die Wohnungstür von innen, sind wir geborgen

»An den Wänden hängen noch die alten Bilder, weitgehend sind die Möbel erhalten. Die Welt unserer Kinderzeit«, so sagten Sigrid und Lothar Langner einstimmig, »ist recht gut bewahrt. Mit ihr natürlich auch die Erinnerungen an unsere Eltern und Großeltern.

Unser Großvater väterlicherseits, auch Kürschnermeister, wurde 1862 in Herrnstadt Kreis Guhrau in Niederschlesien geboren. Er wagte jedoch schon mit seiner zweiten Ehefrau den Aufbruch in eine Metropole der Eleganz: Paris, wo er mehrere Jahre lebte. Durch den Ausbruch des Ersten Weltkrieges kehrte die Familie jedoch nach Deutschland zurück, nach Berlin, wo Großvater 1927 starb.

Unsere Mutter war eine geborene Neumann. Großvater Neumann, später Müllermeister, wurde 1856 geboren. Die Familie stammte aus Vierhof Kreis Schiefelbein in Hinterpommern.«

Aus diesem schönen Hinterpommern stammte auch Großmutter Neumann, Frau Langners Mutter Mathilde, geb. Kunde, 1860–1919. Die Großeltern Neumann verstarben in Stettin, ohne jemals die Perleberger Str. 55 gekannt zu haben.

Lothar Langner erzählte weiter: »Unser Vater Willy Langner hatte sich in seiner Ausbildungszeit zum Kürschnermeister weidlich in der Welt umgesehen. Seine Gesellenjahre verbrachte er in Düsseldorf und — auf den Spuren seines Großvaters — in Paris. In Berlin wurde er dann seßhaft und lernte seine spätere Gattin kennen, die ihm in guten und schlechten Zeiten immer eine im wahrsten Sinne hilfreiche und treu besorgte Gefährtin war. Wir haben unsere Mutter als gute Fee der Familie in Erinnerung. Insgesamt kann man sagen, daß man sich kein Eltenpaar vorstellen kann, das seinen Kindern eine schönere und sorgenfreiere Jugendzeit bereitete, als dies unsere Eltern taten.

Ein Fremder kann sich heute unmöglich ausmalen, wie gepflegt das Haus Perleberger Str. 55 einmal war, wie schön es sich dort wohnte. Der Geruch von Bohnerwachs durchzog das Haus. Nicht ein Anlaß ist mir aus den letzten fünfzig Jahren in Erinnerung, daß es Differenzen zwischen den Mietern gegeben hätte. Manchmal träumen wir davon, mit wie wenigen handwerklichen Bemühungen das Haus innen und außen wieder auf Hochglanz zu bringen wäre. Ein Beispiel sehen wir im Eckhaus No. 57. Es sieht wieder prachtvoll aus. Hier hat der Senat finanzielle Unterstützung gegeben.

Ungeachtet der im Moment so traurigen baulichen Situation möchte meine Schwester Sigrid Langner dort wohnen bleiben, auch — wenn möglich — nach ihrer Pensionierung 1987. Zweifellos ist es die Erinnerung an eine glückliche Kinderzeit in einer reputierlichen Umgebung, die auch heute noch dies unwiederholbare Gefühl: hier bist du zu Hause! in uns wachhält.«

1935 bis 1939, vier Jahre heile Welt
Unser Garten in Treptow

Lothar Langner sagte einmal am Telephon, daß die ganze Familie in einen wahren Erinnerungstaumel verfallen sei, als man versuchte, alte Photos hervorzukramen, alte Begebenheiten ins Gedächtnis zurückzurufen.

»Als Kinder haben wir weder im Hausflur noch auf dem Hof spielen dürfen. Allenfalls war es stillschweigend geduldet worden, wenn wir uns auf die Steinstufen im Hauseingang setzten und mit Sigrid Bartelmus Zigarettenbilder anschauten. Die beiden Sigrids im Hause freundeten sich an. Auch wir haben Herrn Stanke bei der Arbeit so gern zugesehen. Er mochte Kinder und erlaubte es uns.

Als wir einzogen, führten die Schwestern Passarge das Porzellangeschäft. Vor den Schaufenstern und an den kleinen Vitrinen drückten wir uns beinahe die Nasen platt. Es gab herrliche kleine Glasbläserarbeiten, Tischvasen, winzig klein und manchmal zierlich bemalt. Alles unwichtige Alltäglichkeiten, aber nicht unwichtig für ein Kind.

Für uns ist auch der Wandel im Haus immer noch präsent. Aus Passarges Porzellangeschäft wurde noch vor Kriegsende das sehr gut geführte Obst- und Gemüsegeschäft Fritz Scheurig. Nach dem Kriege konnte es vorkommen, daß man dort stundenlang Schlange stand, nur um ein Sträußchen Petersilie zu ergattern. Heute gibt es nun türkische Fleischwaren und Lebensmittel, auch Obst und Gemüse.

Sicher erinnern Sie sich noch an Frau Schatz, diesen unermüdlichen guten Geist, der unser Haus sauber hielt. Jeden Morgen war unsere Schatzen mit ihrem alten Korbkinderwagen unterwegs und trug Zeitungen aus. 1946 ist sie eines Morgens überfahren worden, direkt vor dem Haus, als sie mit ihrem Zeitungswagen über den Fahrdamm wollte. Auch die Schatzen war für uns ein Stück Kinderzeit. ›Na, Kinnings?‹, so sagte sie manchmal zu uns und wir wollten uns ausschütten vor Lachen über ihren Dialekt.

Unsere Eltern traten dem ›Kleingartenverein Rathaus‹ in Treptow bei. Hier hatten wir in Block 6 mit dem traulichen Namen ›Jägerheim‹ einen Garten mit einer Laube darin. Nun gibt es ja ›sone und solche‹, wie man in Berlin sagt. Unsere Laube war schnieke, Wochenenderholungsstätte und Feriendomizil von besonderer Anziehungskraft. Treptow, von Wasser umgeben und Schauplatz der

36 Olga und Willy Langner
mit ihren Kindern Sigrid und Lothar, 1935

35 Im Treppenhaus vor Langners Wohnungstür

34 *Der »stille Portier« des Treppenhauses im vernachlässigten Zustand 1982*

33 Melanie Dennhardt mit ihren Kindern Elfriede und Albrecht auf dem Berliner Unionplatz, 1916

großen Feuerwerksfeste ›Treptow in Flammen‹. Wer hätte gedacht, daß dies einmal eine ganz andere, vernichtende Bedeutung bekommen sollte. In den Friedensjahren fuhr man hinaus, um dort sonntags mehr spaßeshalber ein paar Tomaten oder anderes Gemüse zu ernten, im Frühjahr irgendwas neues einzusäen. ›Selbstgezogen‹, das sagten wir voller Stolz und fühlten uns erhaben über alles gekaufte Grünzeug.

Wirkliche Bedeutung gewann das Fleckchen Erde dort draußen erst nach 1939, als auch Gemüse und Obst knapp wurde und wir dann den Garten in Treptow bewußt auf Ertrag umstellten, was wirklichen Nutzen brachte. Meine Schwester und ich waren in den Kriegsjahren 1939–1945 gerade im Wachstumsalter, wo Kinder eigentlich kaum satt zu bekommen sind. ›Ohne den Garten wüßte ich nicht, wie ich es machen sollte!‹, sagte unsere Mutter oft.«

Pelz-Fachmann Vater Langner und die Historie eines alten Waschbärkragens

Eines Tages übersandte mir Lothar Langner auf dem Grundriß vom Bauamt Tiergarten den Einrichtungsplan seiner elterlichen Wohnung im ersten Stock. Das kleine Vorderzimmer war 1935 zur Kürschnerwerkstatt bestimmt worden. Dabei fiel mir eine alte Geschichte ein.

Meine Patentante Lotte Ganzel, mehr als sparsam, fühlte sich dennoch manchmal verpflichtet, mir etwas Gutes anzutun. »Da habe ich noch einen Pelzkragen«, sagte sie eines Tages, als Mutter und ich sie in Wilmersdorf besuchten, »sieh mal, Kind, es ist Waschbär. Was meinst du, Lies?« fragte sie meine Mutter, »vielleicht kann Lotti noch etwas damit anfangen?« Mutter und ich besahen das zerzauste Gewusel, von dem noch dicke Fäden herabhingen. Tante Lotte hatte es von einem alten Mantel abgetrennt. Der Pelz war abgetragen, teilweise verfilzt, die Kanten abgescheuert. Wir sahen nicht besonders begeistert drein, nahmen ihn dann aber doch mit.

Damals war gerade ein dunkelblau eingefärbter ehemals grauer Sommermantel meiner Mutter für mich in Arbeit. Frau Warsany sah den ramponierten Pelzkragen an, wendete ihn hin und her, legte Schnittmuster drüber, dann sagte sie:

»Wissen Sie was? Da kann nur einer helfen. Herr Langner unten in seiner Werkstatt. Ich stelle mir das so vor ...«

Dann erklärte sie des langen und breiten, wie man die schlechten Fellstellen entfernen, die guten zu einem Muff zusammensetzen konnte, wie man dann noch verbleibende helle Randstreifen als Verzierung für eine geschlungene Krawatte an diesen Mantel anbringen könne.

Das Ergebnis war so ansehnlich, daß bei allen nun folgenden Zusammentreffen mit der edlen Spenderin Tante Lotte stereotyp von ihr der Ausruf erfolgte:

»Das sieht ja geradezu elegant aus! Nein, also den Kragen hätte ich doch nicht weggeben sollen. Da hätte ich mir doch auch noch was draus machen lassen können!«

Dies war das Ergebnis von Kürschnermeister Langners Kunst.

Lothar Langner und Herrn Puders Radio: »Immer, wenn Sie Licht anknipsen, geht es aus!«

Davon erzählte ich schon, daß man sich gut anzog im Hause Perleberger Str. 55, daß man höflich den Hut zog, ein paar Worte miteinander redete. So kannten sich die Bewohner eigentlich immer nur in Ausgehmontur, Hut, Mantel, je nach Witterung, im Sommer die Damen in hübschen Kleidern, Handschuhe, die Herren in Anzügen, Hemd und natürlich Krawatte.

Da gab es jedoch ein Erlebnis, noch vor 1939 und der einsetzenden Verdunkelung, das hat die heranwachsenden Langner-Kinder mit innigem Vergnügen erfüllt.

Lothar, vierzehn Jahre alt und hochaufgeschossen, stand mit einem Freund an einem regnerischen Abend im Treppenhaus. Hinter der Haustür, denn draußen war es ungemütlich. Die Jungen hatten sich noch unendlich lange was zu erzählen. Um nicht im Dunkeln herumzustehen, drückten sie von Zeit zu Zeit auf den Lichtknopf. Es gab ja schon automatische Treppenbeleuchtung, die sich nach einigen Minuten von selbst ausschaltete.

Justament an jenem Abend hatte es sich mein Vater schon bequem gemacht, einen Trainingsanzug angezogen, Bademantel drüber. Er wollte Radio hören. Doch irgendein geheimnisvoller Wackelkontakt oder eine mangelnde Funk-Entstörung bewirkte, daß jedesmal, wenn drunten die jungen Leute den Lichtknopf drückten, das Radio unhörbar leise wurde, erst allmählich erholte sich der Kasten wieder, doch da drückten Lothar und sein Freund schon wieder am Lichtknopf im Treppenhaus.

Vater war in seiner Feierabend-Gewandung sicher nicht sehr attraktiv, die Frisur nicht mehr von morgendlicher Frische, jedenfalls hielt es ihn nicht mehr in seinen vier Wänden, und er wollte der Sache auf den Grund gehen, warum sein Radio nicht funktionierte. So stand er plötzlich oben auf dem Fensterpodest, von wo aus man die beiden letzten Treppen zur Haustür überblicken konnte. Da standen unten die beiden langen Lulatsche Lothar Langner und Freund und wollten gerade wieder drücken.

»Aber meine Herren!« rief mein Vater, höflich selbst im Zorn, »sind Sie sich eigentlich darüber im Klaren, daß unablässig mein Radio gestört ist, wenn Sie hier das Treppenlicht einschalten?« Dann folgten noch lange technische Vermutungen und Palaver. Aber die als »Herren« angesprochenen Jünglinge beendeten nun ihren Dialog. Nur der ungewohnte Aufzug meines Vaters, der war bei Langners bis heute im Gedächtnis geblieben.

April 1944, die ersten Luftdruckschäden
Sigrid Langner und ihr Vater halten Brandwache

»Wenn ich mich recht erinnere«, so sagte mir Lothar Langner eines Abends am Telephon, »so war es der 18. April 1944, als gegenüber im Hause Perleberger Str. 26 eine Sprengbombe einschlug und das linke Vorderhaus zerstörte.

Dadurch erlitt auch unser Haus ganz böse Schäden, denn der Luftdruck war gewaltig. Alle Fensterscheiben gingen zu Bruch, die Türen der Vorderzimmer wurden mit Rahmen in den Korridor gedrückt! Bombensplitter beschädigten die Fassade, das Parkett, die Zimmerdecke und die Öfen. Die große Scheibe über der Haustür, sie war halbrund und die Hausnummer 55 prangte in ihrer Mitte aufgemalt, die hübschen Flurfenster, all das zerbrach.

Wir alle im Haus hatten Kurse machen müssen, Luftschutz-Unterweisungen. Zunächst hatte man das nicht so ernst genommen. Unser Vater, Jahrgang 1900, war aus dem Polenfeldzug wieder zurückgekehrt und bei uns zu Hause. Er und meine Schwester Sigrid haben ebenfalls oft oben auf dem Hausdach Brandwache gehalten, denn die Gefahr, daß durch Funkenflug der Dachstuhl abbrannte, war sehr groß. Ebenso wie die Herren Meyenberg und Dennhardt haben wir uns seit Herbst 1943, als die ersten großen Angriffe auf Berlin stattfanden, für die Erhaltung des Hauses eingesetzt.

Bedenkt man, daß auf Berlin bis zum 21. April 1945 dreihundertzehn Luftangriffe geflogen wurden (vom 1.2.1945 bis 21.4.45 allein vierundachtzig!), daß dabei 45 500 Tonnen Bomben abgeworfen worden sind, so mutet es wie ein Wunder an, daß überhaupt noch Häuser stehen geblieben sind, so auch unser Haus. Aber ich muß betonen, daß Moabit derjenige Stadtteil war, der die größten Schäden erlitten hat. Später hieß es im Behördendeutsch: den größten Verlust an Bau-Substanz!«

Nach der schlimmsten Zeit der Bomben die Russen in den Wohnungen

»Sie fragen nach unseren persönlichen Schutzmaßnahmen?« Meine abendlichen Gespräche nach Berlin blockierten unseren Anschluß mal wieder. Lothar Langner berichtete:

»Da wir ja immer noch von der irrigen Annahme ausgingen, es würden nur kriegswichtige Ziele bombardiert, so glaubten wir, unsere Gartenlaube draußen in Treptow wäre ein einigermaßen sicherer Zufluchtsort. Alles, was uns lieb und teuer war, was wir für wertvoll hielten und nur einigermaßen entbehren konnten im Alltag, das wurde nach Treptow geschafft und in einem von unserem Vater schon vorsorglich im Garten selbst gebauten Erdbunker deponiert.

Auch unsere Familienphotos brachten wir dorthin, dicke Alben mit Bildern, die uns immer eine schöne Erinnerung bedeutet hatten. Man ist ja obendrein noch sentimental. So haben Sigrid und ich auch noch besonders geliebte Spielsachen und Bücher dorthin gebracht, beispielsweise eine Puppe, an der wir hingen, ein schokoladenbraunes Arabermädchen mit wunderschönen Klapperaugen, das schwarze Haar in Stocklocken frisiert. An dem selben Tage, dem 26. Februar 1945, wurde unser Vater zu den Landesschützen eingezogen, und gleichzeitig wurde draußen in Treptow auch unsere Bleibe und Habe zerstört. Deswegen ist die Ausbeute an alten Bildern so kärglich. Unser Vater kehrte nie mehr zu uns zurück. Er ist Ende April 1945 im Kampf um Berlin gefallen. Die Meldung darüber erhielten wir erst am 1. November 1945. Der ganze Lebensabschnitt der vierziger Jahre erweckt bei uns unliebsame Erinnerungen, dazu gehört natürlich auch die russische Besatzungszeit. Es ist damals viel Böses geschehen. Man kann unmöglich ausführlich darüber schreiben.

Wie so viele Frauen, so ist auch unsere Mutter in den schrecklichen Tagen nach Kriegsende von zwei russischen Soldaten vergewaltigt worden. Sie konnte meine Schwester noch rechtzeitig über die Hintertreppe bei Familie Dennhardt in Sicherheit bringen. Man hielt zusammen in diesen dunklen Tagen.

Herr Dennhardt, zum Hausobmann ernannt, sägte Bretter paßgerecht, die dann zwischen Türklinken und Scheuerleisten der Wohnungstüren geschoben wurden. Das gab einen größeren Halt, und das gewaltsame Eindringen in die Wohnungen wurde erschwert. Auch die Haustür drunten haben wir auf diese Weise gesichert. Wir fühlten uns danach alle etwas besser geschützt. Wir persönlich haben unser Brett auch noch weiter benutzt, als die Russen schon längst abgezogen waren, denn Einbrüche waren an der Tagesordnung.

Im Herbst 1945 kam dann die britische Besatzung nach Moabit, aber dafür war der Winter 45/46 dermaßen kalt, daß man sich heute wundert, wie man das alles überstanden hat. Es gab kein Heizmaterial, wir liefen in Mänteln und Jacken in der Wohnung umher. Alte Leute blieben gleich im Bett, soweit es möglich war.

Die alten Mieter der dreißiger Jahre wohnten auch 1949 fast alle noch dort. Als ich in diesem Jahre heiratete und in das kleine Vorderzimmer zog, da hat meine Frau auch noch alle kennengelernt. Die hochbrisanten Zeiten der Gefährdung haben uns verbunden, wir fühlten uns wie die alte Garde, kampferprobt.«

Neunundvierzig Jahre in diesem Haus
Egal, wie es heute aussieht, es ist unsere Heimat

»Denken Sie nur«, sagte mir im Herbst 1983 Sigrid Langner, »heute früh gehe ich die Treppen runter, denke nichts Böses, da liegt der Zettel mit dem Namen Langner auf den Stufen. Genau das Namensschildchen, das neben dem Namen Dennhardt noch im so vernachlässigten ›Stillen Portier‹ vorhanden war. Ich kucke hoch, was sehe ich? Ist doch der ganze gedrechselte Kasten von der Wand genommen? Nun frage ich Sie, was macht heute einer mit einem alten ›Stillen Portier‹?

Aber es ist ja nicht das allein. Eine neue elektrische Leitung mußte gelegt werden, dadurch wurde das ganze Treppenhaus verschandelt. Die hellgraue Leitung wurde auf Putz und Malerei bis in die einzelnen Wohnungen verlegt. Die großen Etagendurchbrüche sind bis zur Zeit, da ich Ihnen dies berichte, noch nicht verputzt.

Die abgerissenen Scheuerleisten verschwanden genauso wie die schönen schwarzen Klingelbretter samt aller Messingarbeiten. Es existieren heute nur noch zwei der schwarzen Holzbretter im Hochparterre.

Was sonst noch erwähnenswert wäre?« Sigrid Langner überlegt einen Moment, »Ja, da gab es am 30. April 1975 einen Dachstuhlbrand bei uns. Aufmerksame Mieter vom gegenüberliegenden Haus haben den Rauch gesehen und die Feuerwehr gerufen, sonst wäre das gar nicht entdeckt worden. Es brannten Dachpappe und Dachbretter über der vormals Witt'schen Wohnung. Der Bodenraum blieb verschont. Nach den Löscharbeiten wurde wegen Schwelbrandgefahr die Dachhaut eingerissen. Die Reparatur ließ etwa ein Jahr auf sich warten, alles wurde nur mit Plastikplane abgedeckt, die bei jedem Sturm beinahe wegflog. Bei starken Regengüssen entstanden Wasserschäden bis in die dritte Etage hinunter.«

»Tut es Ihnen nicht leid, den Verfall des Hauses so mitansehen zu müssen? Nichts tun zu können, um diesen aufzuhalten?«

»Na, wer wäre wohl gegen solche Verschandelung unempfindlich, wenn er noch die alte Schönheit des Hauses gekannt hat? Das ist doch gar keine Frage! Aber ich selbst gedenke hierzubleiben, so lange es irgend geht. Das Haus war und ist mir eine Heimat, egal, wie es jetzt aussieht, ich halte meine Wohnung instand. Wie ich, so machen es andere alte Mieter auch, von Frau Ihde im dritten Stock weiß ich es bestimmt.

Was wir alle erhoffen, das ist das große Wunder. Daß vielleicht einmal der Hausbesitzer wechselt, andere Verhältnisse eintreten. Vielleicht entdeckt mal jemand sein Herz für die alternde Schönheit der Perleberger Str. 55. Das wäre unser inständigster Wunsch.«

13. Kapitel

Frau Künzel übernimmt Puders Wohnung
»im besenreinen Zustand«

»Wie haben Sie mich nur ausfindig gemacht?« lauteten die ersten Worte, die Frau Fredericke Künzel am Telephon hervorbrachte. Wie so oft in anderen Fällen, erklärte ich ihr die hilfreiche Einrichtung der Einwohnermeldeämter beim Polizeipräsidenten von Berlin und die große Umfragestelle des Berliner Senats, die besonders in Familienangelegenheiten zu helfen suchen.

»Ja, es stimmt«, kam dann die Bestätigung, »als Familie Puder, also Sie und Ihre Eltern, 1943 im Sommer ausgezogen waren, da sah ich mir diese Wohnung an. Eine typische Altbauwohnung mit hohen Zimmern, die viele Arbeit mit der Ofenheizung, Brikettlagerung nur bis zu einem Zentner in der Wohnung, also ich überlegte mir das doch eine Nacht lang, aber dann mußte ich mich entscheiden. Durch die vielen Bombenschäden wurden ja so dringend Wohnungen benötigt. Am nächsten Tag unterschrieb ich den Mietvertrag.

Im Kriege konnte man ja nicht einfach die Maler bestellen. Ich war alleinstehend, was habe ich anstellen müssen, um jemanden zu finden, der die Türen neu lackierte! Beim Tapezieren konnte ich mich auch zunächst noch nicht entschließen, diese Riesenarbeit gleich machen zu lassen. Ich mußte ja auch rechnen. Aber als dann meine Bilder absolut nicht auf die Stellen passen wollten, wo vorher Puders Bilder gehangen hatten, da wurde dann so nach und nach mit Hilfe von Bekannten Wandel geschaffen.«

Wie das so ist, es folgt Tapetenwechsel

»Sie fragen nach all den alten Einrichtungen der Wohnung? Nun, der dicke gemauerte Küchenherd stand noch, es gab aber kaum Heizmaterial für ihn, so kochte man auf Gas. Kalter Herd, zweiflammiger Gaskocher obendrauf. Anstelle eines Backofens behalf ich mich mit einer Backhaube, wo Kuchen und Aufläufe ganz prima wurden.

Wenn ich so zurückdenke, wie einfach das heute alles ist mit ein bißchen Pinkepinke. Aber damals? Monatelang habe ich auf meine Tabakzuteilung verzichtet, nur um immer ein Geschenk für die Handwerker zu haben. Den Bekannten, die mir beim Tapezieren halfen, erwies ich anderweitig Gefälligkeiten, holte für sie ein, stand Schlange, gab auch mal Nährmittelmarken von meiner Ration. Man mußte sich einfach entscheiden, was im Moment wichtiger war. Wer damals schöner wohnen wollte, der mußte echte Opfer bringen, so klein sie waren. Heute sind die paar Zigaretten und das bißchen Nudelzeug nichts wert, aber damals!«

Als der Ofen im großen Zimmer abgerissen wurde

»Sie fragen nach den alten hohen Öfen? In den beiden kleineren Zimmern standen sie noch. Auch die verschachtelte Kämmerchen- und Hängeboden-Einrichtung mit Speisekammer als drittem Raum an dem einen Hoffenster, alles das war noch da. So richtig umgebaut hat damals keiner im Haus, denn zuerst war ja noch Krieg. Bis zur Währungsreform ging es uns verdammt schlecht, was die Lebensmittel betraf. Aber dann wurde es ja langsam besser.

Viele meiner Bekannten machten es sich schon bequemer mit der täglichen Arbeit und stellten ihre Heizung entweder auf Gas oder auf Heizöl um. Aber ich mußte immer rechnen mit meinem Einkommen und konnte da nicht mitmachen.

Eines Tages aber, da kam doch diese große Schmutzarbeit auf mich zu. Der hohe Ofen mit der gelblichen Kronenverzierung im großen Wohnzimmer zog nicht mehr. Es war ein einziger Qualm. Ein Ofensetzer kam zur Überprüfung und sagte, die alten Ofenkacheln wären alle schlecht, und man könne dies Ungetüm nicht mehr so reparieren, daß es risikolos funktionierte. Also raus damit und ein anderer Ofen rein. Aber Sie glauben nicht, was ich putzen mußte!«

»Sie fragen mich, ob ich im Hause näheren Umgang mit jemandem gehabt habe, den Sie noch kannten? Moment, ich überlege gerade. Oft war ich ja auch verreist und besuchte Familie oder Freundinnen.

Im Hause stand ich sozusagen auf nettem Grüßfuß, wie man das nennt. Man traf sich auf der Treppe, man sprach ein paar Worte.

Aber dann passierte diese traurige Geschichte mit Herrn Schwarze über mir. Den kennen Sie sicherlich noch!«

»Aber ja«, rufe ich in meinen Telephonhörer hinein, »mein Onkel Erich, erzählen Sie, was war mit ihm?«

»Ach, das ist alles sehr traurig. Er lebte ja mit Fräulein Balzer zusammen in der Wohnung drei Treppen links!«

»Ja, seit 1931. Fräulein Balzer wohnte sogar schon seit 1917 zur Untermiete bei meiner Großtante Flora Wietasch. Diese war vorher die Wohnungsinhaberin gewesen!«

»Ja, davon wurde in der ersten Zeit noch gesprochen. Aber in den Hungerjahren, so von 1945 bis 1948 etwa, da muß es passiert sein, daß die Ernäherung für die beiden alten Leutchen da oben einfach nicht ausreichte. Fräulein Balzer war ja schon bei Kriegsende an die Siebzig —«

» — sie war Jahrgang 1878, aber niemand durfte es wissen!«

»Na, sehen Sie? Habe ich doch beinahe richtig getippt. Sie tat sich schon schwer mit den drei Treppen. Aber der größte Kummer kam über sie, als Herr Schwarze eines Tages in der Wohnung zusammengebrochen war. Einfach so, vor Schwäche. Er muß sich wohl infiziert haben, jedenfalls hieß es, er sei an Hungertyphus gestorben.«

»Das ist ja schrecklich! Ein so bescheidener Mann.«

»Ja, zu bescheiden vielleicht. Die Balzern — ja, ich sage wirklich, wie manche Leute sie im Hause nannten, denn sie war nicht beliebt. Im Luftschutzkeller hatte sie manchmal hysterische Schreikrämpfe bekommen. Auch sonst war sie nicht gerade angenehm. Jedenfalls hatten wir alle den Eindruck, sie hätte ihren Erich ganz schön unter dem Pantoffel.«

»So weit ich mich erinnern kann, Frau Künzel, so wollte Herr Schwarze immer nur seine Ruhe haben und gab deshalb in fast allen Dingen nach. In meiner Kinderzeit waren meine Mutter und ich manchmal zu Kaffee und Kuchen bei Fräulein Balzer eingeladen. Da war dann auch Herr Schwarze zugegen. Sie machten damals immer einen netten Eindruck. Ich sagte schon, daß ich sie Tante Käthe und Onkel Erich nannte. Dabei hießen sie eigentlich beide gänzlich anders. Herr Schwarze hieß Emil, ein Name, den seine Lebensgefährtin nicht ausstehen konnte. Also taufte sie ihn Erich. Sie selbst hieß Sofie Agnes Anna; Agnes als Rufname. Das gefiel ihr auch alles nicht. Sie ließ sich Käthe nennen. Am Klingelschild von Frau Wietasch war mit einem Reißnagel immer eine Visitenkarte angeheftet, darauf stand Agnes Käthe Balzer. Aber damals war sie eine ansehnliche Person mit besonders schönen blauen Augen. Er sah auch gut aus, dunkelhaarig, kleiner Schnurrbart, beide zogen sich gut an. Ihr ganzer Jammer war, daß sie nicht heiraten konnten, sonst hätten sich ihre Einkünfte zu sehr reduziert.«

»Wie das alles früher war, kann ich natürlich nicht wissen. Aber zu meiner Zeit mußte sie nun mit ihrer eigenen kleinen Rente allein auskommen. Nach dem Tode von Herrn Schwarze vermietete sie das kleine Vorderzimmer und das Hofzimmer mit dem Kämmerchen. Sie tat mir recht leid, denn sie verfiel förmlich nach dem Tode von Herrn Schwarze. Es war der Kummer. Er war offenbar ihr ganzer Lebensinhalt gewesen.«

»Ja, sie hing sehr an ihm. Hat ihn auch immer sehr gut betreut, kochte seine Lieblingsgerichte und kaufte für ihn die Krawatten.«

»Nun, ich lud sie ein paarmal ein. Mir fiel auf, daß sie Flecken auf ihrer Kleidung und manches andere nicht mehr sah. Immer wieder redete ich ihr zu, doch ihre Augen behandeln zu lassen. Es war zweifelsohne grauer Star. Aber sie war noch im Alter dermaßen eitel, daß sie sich weigerte, eine Brille zu tragen. Diese Starrköpfigkeit hat dazu geführt, daß sie dann wohl den Zeitpunkt versäumt hat, wo sich grauer Star operieren läßt. Nur so kann ich mir erklären, daß sie im Alter dann so wenig gepflegt war. Sie kochte auch nicht mehr, sondern ging nebenan in einem Restaurant jeden zweiten Tag essen.«

»Wie erging es denn Frau Warsany, die neben Ihnen wohnte?«

»Das war eine sehr nette Dame, ich besuchte sie mehrmals, denn sie schneiderte auch für mich. Eine Schwester von ihr wohnte mit in der Wohnung. Aber Genaues kann ich Ihnen da leider nicht sagen.«

»Ich bin eine Frau ohne Abenteuer!«

»Frau Künzel«, fragte ich eines Abends, »was ist Ihnen denn noch erinnerlich, wie ging es denn nach dem Kriege weiter in der Perleberger Str. 55?«

»Wenn ich so zurückdenke, dann fällt mir eigentlich nichts Interessantes ein. Alle Menschen hatten damit zu tun, sich aus den fürchterlich schlechten Zeiten wieder emporzurappeln. Viele kamen ins Rentenalter, mußten lange warten, ehe sie ihre Bescheide bekamen und wußten, was ihnen monatlich zustand.

Mit dem Ehepaar Meyenberg im vierten Stock ging es nicht gut. Er hatte plötzlich eine Freundin, obwohl sie doch eine sehr hübsche und nette Frau war. Wir verstanden es alle nicht, aber man mischt sich ja nicht ein in sowas.

Von mir selbst gibt es nun aber auch gar nichts Wichtiges zu berichten. Ich habe immer bescheiden gelebt, bürgerlich, sparsam. Was soll ich Ihnen erzählen? Ich bin wirklich eine Frau ohne jedes Abenteuer, was wert gewesen wäre, daß Sie darüber berichten würden. 1955 war es wohl, da bin ich ausgezogen. Seither hatte ich keinerlei Kontakt mehr mit den Mietern des Hauses. Das ist ziemlich alles, was ich noch weiß. Allerdings muß ich sagen, daß ich jetzt im Alter ein sehr schlechtes Gedächtnis habe, das müssen Sie schon entschuldigen!«

»Wem ginge es nicht so! Frau Künzel, es war für mich persönlich sehr interessant, mit der Nachfolgerin in unserer Wohnung sprechen zu können. Alles Gute für Sie und leben Sie wohl!«

Wie Frau Künzel das Haus vor einer Gasexplosion bewahrte!

Dann erfuhr ich später von Herrn Lothar Langner, daß Frau Künzel es war, die etwa um 1950 eine große Gefahr von dem Hause abwendete, und das kam so.

In der ersten Etage links, in der Dreizimmerwohnung neben Langners, lebte lange Jahre eine Frau Adam, die wir aber nie näher kennengelernt haben. Das ist so wie überall in den Mietshäusern, daß man unter einem Dach wohnt und doch außer einem gelegentlichen »Guten Morgen!« kaum ein Wort wechselt. Als Frau Adam ausgezogen oder gestorben war, da mietete eine Schneiderfamilie diese Räume. Da aber Frau Adam sehr alt und kaum noch in der Lage gewesen war, ihren Haushalt sauber und gut zu pflegen, so stellten die Nachmieter mit Entsetzen fest, als man die Zimmer instandsetzen wollte: »Großer Himmel, hier sind ja Tapetenflundern!«

Für Hausfrauen das Schreckgespenst, wenn in einer alten Wohnung Ungeziefer ist. Tapetenflundern, das ist der Berliner Ausdruck für Wanzen. Ach du liebe Zeit! Na, nun also diskret den Kammerjäger bestellen, und alle befallenen Zimmer wurden entsprechend behandelt und mehrere Tage verräuchert! Was allerdings dann geschah, das konnten mir nur noch Langners erzählen, und so ist der Berichterstatter der Geschichte Lothar Langner:

»Zunächst sandten Sie mir ja den Hergang dieser Begebenheit im Wortlaut von Frau Maffey, der ehemaligen Hausverwalterin. Danach wären es sogar vier Personen gewesen, die provisorisch in der Küche geschlafen haben, weil die verräucherten Zimmer noch nicht betreten werden durften.

Zu der Vergiftung mit Leuchtgas kann ich insofern etwas sagen, als das Protokoll der Feuerwehr und der Polizei bei uns in der Wohnung im kleinen Vorderzimmer aufgenommen worden ist. Auf diese Weise weiß ich darüber wenigstens noch etwas. Nur der Name, der Name dieser unglücklichen Familie, der ist mir nicht mehr in Gedächtnis.

Das Unglück muß sich etwa im April oder Mai 1950 ereignet haben.

Um die Situation zu schildern muß noch erwähnt werden, daß Frau Adam eine Untermieterin hatte, die im Hofzimmer wohnte. Dort war alles tadellos in Schuß, diese Untermieterin wollte auch vorerst noch wohnen bleiben.

Nun zogen die neuen Mieter ein, konnten aber die Vorderzimmer noch nicht betreten. Offenbar kam es datumsmäßig so ungünstig aus, daß sie ihre ehemalige Wohnung schon räumen mußten und sich nun die Ausgabe einer Übernachtung in einer Pension ersparen wollten. Jedenfalls richtete sich das Ehepaar notgedrungen mit Liegen in der Küche für die Nacht ein. Die Tochter schlief bei den Großeltern in der Stephanstraße.

Nun war es Frau Künzel in der darüberliegenden Wohnung, die den Gasgeruch wahrnahm und die Feuerwehr alarmierte. Die Untermieterin in der gleichen Wohnung hatte nichts bemerkt. Sie erschrak nicht schlecht, als die Feuerwehrleute die Wohnungstür gewaltsam öffneten. Die Gasdichte war schon so stark, daß die Betätigung der elektrischen Türklingel allein eine Explosion ausgelöst hätte. Dieser kleine blaue Funke hätte genügt.

In dem Protokoll rekonstruierte die Feuerwehr den Unfallhergang etwa so:

Die Schulmappe der Tochter war über einem Gaskocher an einem Nagel aufgehängt worden. Der Nagel muß sich gelöst haben, und die herunterfallende Tasche hat mit ihrem Gewicht den Gasschlauch von Gashahn abgerissen. Es war kein Sicherheitsgasschlauch und auch kein Sicherungshahn, wie beides heute vorgeschrieben ist.

Was sich jedoch dort wirklich ereignet hat, wird für immer ein Rätsel bleiben. Nachdenklich stimmte die Tatsache, daß das Küchenfenster abgedichtet war. Aber auch dies ist kein sicherer Beweis für einen Selbstmord. Ebensogut hätte der Kammerjäger zunächst den Auftrag gehabt haben können, auch die Küche mit auszuräuchern, wovon dann später Abstand genommen wurde. Vielleicht hat dann einfach niemand mehr an die abgedichteten Fenster gedacht.

So geschah es, daß man zwei Unfallsärge aus dem Haus Perleberger Str. 55 hinaustrug. Der feinen Nase von Frau Künzel jedoch verdanken wir, daß wir nicht alle in die Luft geflogen sind. Soweit meine Erinnerungen!«

14. Kapitel

Tassen raus — Tomaten rein
Passarges geben das Porzellangeschäft auf

Das Porzellanhaus Bahls in der Perleberger Str. 55 wurde im Jahre 1943 nun schon im zehnten Jahr von den Schwestern Passarge geführt. Beide waren nicht mehr jung, die Zeit nahte, wo sie daran dachten, sich zurückzuziehen. Zudem fielen gerade im Herbst und Frühwinter 1943 schon so viele Bomben auf Berlin, daß die Überlebenschancen für den Inhalt eines Porzellanladens denkbar ungünstig standen.

Luftdruckschäden waren zu befürchten, vielleicht sogar schon entstanden. Die Schwierigkeiten drohten den alten Damen über die Köpfe zu wachsen. Sie kündigten den Laden, und einige Wochen lang hingen und klebten große Zettel an den Schaufenstern:

»Total-Ausverkauf«!

Zur gleichen Zeit etwa, am 22. November 1943, hatte das Haus Stendaler Str. 16 einen Bombentreffer erhalten. Dort befand sich bisher das Obst- und Gemüsegeschäft der Eheleute Fritz und Helene Scheurig.

Den Behörden war der Ausfall des Geschäftes aktenkundig geworden, und man versprach, so schnell wie möglich für Abhilfe zu sorgen und eine neue Bleibe zu finden. Da bot sich die Vakanz im ehemals Bahls'schen Porzellanladen geradezu an. Für die Versorgung der Bevölkerung war ein Gemüsegeschäft lebenswichtig. Infolgedessen erhielt Fritz Scheurig sein neues Geschäft in der Perleberger Str. 55 quasi amtlicherseits zugewiesen.

Nur mit der Wohnung haperte es, denn noch wohnten die Schwestern Passarge in der Dreizimmerwohnung darüber.

Da fand sich zunächst im Seitenflügel des gegenüberliegenden Hauses Nr. 26 eine kleine Wohnung, die zwar keineswegs den Wünschen der Familie Scheurig entsprach, aber man nahm erst einmal vorlieb. Wer hatte schon groß die Wahl in diesen Zeiten?

»Haben Sie gehört? Da soll ein Sohn sein!«

Den Mietern der Perleberger Str. 55 war der Wechsel von Tassen zu Tomaten und Kohlrabi sehr willkommen. Bisher holte man das Gemüse in der Wilsnacker oder in der Rathenower Straße, wo sich alte und gute Geschäfte dafür befanden. Nun brauchte man sein bißchen Grünzeug nicht mehr so weit zu tragen. Selbst Schlangestehen war nicht mehr so ein Alptraum für die Hausfrauen, denn ihre Wohnungen waren nur drei Schritte entfernt.

Die Verteilung von Obst und Gemüse erfolgte nach Aufrufen in den Zeitungen. Es gab Abschnitte der Lebensmittelkarten, die nur Buchstaben oder Ziffern trugen. Dann ging die Nachricht von Mund zu Mund: »Auf 5 B ist Weißkohl aufgerufen!« oder »Auf 6 C gibt es Appelsinen!« Dann stand man eben an. Und wenn man Glück hatte, dann bekam man etwas und, bei extremem Pech, war gerade bei der vor einem stehenden Nachbarin die letzte Apfelsine weg. Dann sagten die Berlinerinnen resignierend: »Da haben wir mal wieder mit Zitronen gehandelt!«, was bedeuten sollte, daß man eine Sache gänzlich vergeblich betrieben hatte. Zitronen gab es auch nur auf Zuteilung, nebenbei bemerkt.

»Nach unserer Ausbombung«, so erzählte der Sohn der Eheleute Scheurig, heute Historiker Dr. Bodo Scheurig, mir am Telephon, »suchten wir zunächst unsere Zuflucht bei Verwandten in Heiligensee. Weihnachten 1943 feierten wir auch noch mit diesen Verwandten. Aber so besonders innig und sinnig war die Festesfreude nicht, denn erstens gab es oft Alarm und schwere Angriffe, und zweitens standen den Schülern unseres Jahrgangs 1928 die Einberufungen als Luftwaffenhelfer unmittelbar bevor. Am 12. Januar 1944 war es soweit. Ich trat in der Perleberger Straße zunächst wenig in Erscheinung.«

Die Leute im alten Haus mit dem neuen Gemüsegeschäft munkelten zuweilen: »Haben Sie gehört? Bei Scheurigs soll ein Sohn sein. Aber auch eingezogen oder so. Nächstens nehmen sie noch die Wickelkinder. Der soll erst fünfzehneinhalb sein. Wie finden Sie denn das?«

»Das sind doch die ausgebombten Scheurigs aus der Stendaler Straße!«

Allmählich erfuhr man dann noch Näheres über Scheurigs. Noch aus Friedenszeiten erinnerte man sich, daß es in der Stendaler Str. 16 öfters besonders gute Kirschen, eine seltene Apfelsorte, die man sonst gar nicht mehr bekam, oder um Weihnachten extrem wohlschmeckende frische Walnüsse gegeben hatte. Seit 1935 war Vater Fritz Scheurig in dieser Branche tätig.

»Wir wohnten früher in der Bornholmer Straße in Berlin«, erzählte der Sohn mir bei unseren Gesprächen 1984, »mein Vater war jahrelang Chauffeur bei einer Firma gewesen, doch dann hörte ich als Kind immer öfter in den Gesprächen meiner Eltern das Wort ›selbständig machen‹. Vater hatte es wohl satt, sich seinen Tageslauf weiterhin von anderen Leuten vorschreiben zu lassen. 1935 wagte er den Absprung. Das Geschäft in der Stendaler Str. 16 ging rasch aufwärts.

1936 zog meine Großmutter mütterlicherseits zu uns. So hatte meine Mutter die Möglichkeit, durch ihre Mitarbeit ebenfalls zum Gedeihen des Unternehmens beizutragen. Vater beschäftigte eine feste Verkäuferin und gelegentlich noch Aushilfen.

Die Eltern erzählten mir amüsiert, daß sich dann später gesprächsweise bei etlichen Kunden aus der Perleberger Str. 55 herausstellte, daß sie schon früher gelegentlich bei uns gekauft hatten. Allerdings waren die Berliner in damaliger Zeit so mit Überlegungen um das Überleben beschäftigt, daß manchem die Erkenntnis erst spät kam mit dem Ausruf: ›Aber ja, ich kenne diese Leute doch! Das sind ja die Scheurigs aus der Stendaler Straße!‹ «

Erste Fühlungnahme und verblüffende Gemeinsamkeiten der Familien

»Ach weißte«, sagte mir kürzlich eine ehemalige Schulkameradin aus der Dorotheenschule, »wenn ich den Text von deinem Buch so durchlese, da kann ich nur immer sagen: bei uns war das alles ganz ähnlich. Meine Eltern waren auch schon in Berlin geboren, aber dann bei den Großeltern, da ging das los, daß sie von irgendeinem Nest in die Großstadt gekommen waren!«

Bei damals über vier Millionen Berlinern sind solche Parallelen demnach kein Einzelfall. Dennoch sind wohl kaum jemals am Telephon so häufige Ausrufe ungewöhnlicher Überraschung laut ge-

37 Helene und Fritz Scheurig, 1946

38 Fritz Scheurig vor seinem Obst- und Gemüseladen, 1957

39 Das Ehepaar Maffey vor dem Standesamt, im Jahre 1944

40 Marie und Erich Ihde mit Sohn Hans-Joachim, 1948

41, 42 Rathenower Straße/Ecke Perleberger Straße, einst und heute

worden, während ich für diese Aufzeichnungen meine Gespräche führte, wie zwischen Dr. Bodo Scheurig und mir. So haben wir am gleichen Tag Geburtstag, und beide sind wir Historiker.

»Wir Scheurigs«, das sagt er mit hörbarem Stolz, »werden — zumindest nach sicheren Unterlagen — seit vier Jahrhunderten mit Spreewasser getauft. Jedenfalls von der Seite meines Vaters her.

Mein Großvater Oskar Scheurig war Tischlermeister und wohnte in der Jagowstraße, darauf kurze Zeit in der Beusselstraße. Er hatte drei Kinder, eines davon war mein Vater Fritz, geboren am 3. 8. 1896. Da meine Großmutter verhältnismäßig jung starb, heiratete Großvater Scheurig erneut. Die Kinder wohnten in der Stromstraße 4, einem Haus, das heute unter Denkmalsschutz steht. Die später verheiratete Schwester meines Vaters lebte bis zu ihrem Tod 1984 siebzig Jahre in diesem Haus. Von dieser Seite her sind wir also wirklich waschechte Berliner. Meine Mutter Helene hingegen, eine geborene Spitzer, stammte aus Lüben —«

»Bitte«, rufe ich dazwischen, »meinen Sie etwa Lüben bei Glogau?«

»Ja, Lüben bei Glogau! Warum fragen Sie?«

»Weil meine Urgroßmutter Auguste Mende geb. Seidel auch aus Lüben bei Glogau stammte.«

»Die Familie Spitzer wohnte in Lüben in der Straße Aue Nr. 2. Dieses Haus dort wurde nie veräußert und müßte uns theoretisch eigentlich noch gehören. Aber wie die Verhältnisse liegen ...«

»Moment mal, ich sehe eben nach. Lüben steht laut Lexikon unter polnischer Verwaltung, heißt heute Lubin in der Woiwodschaft Wrocław, was Breslau bedeuten soll. 17 700 polnische katholische Einwohner. Pfarrkirche, Rathaus und Pulverturm sind erhalten ...«

»Ach, lassen Sie es gut sein. Jedenfalls ist der Gedanke bestechend, daß sich in dem Nest Lüben im 19. Jahrhundert einst meine Urgroßeltern Spitzer und Ihre Urgroßeltern Seidel vielleicht ganz freundschaftlich gekannt haben.

Meine Mutter wurde dort 1895 geboren, Großvater war Maurermeister. Das Haus Aue 2 hat er selbst erbaut. Meine Großmutter Spitzer hat sich viel um mich gekümmert. Als sie in Berlin bei uns lebte, fuhr sie in den Ferien 1938 und 1939 mit mir ins Riesengebirge, und wir wanderten zusammen. So haben wir auch hinsichtlich unserer Ferienorte gemeinsame Erinnerungen. Mehr kann man von zwei einander wildfremden Personen nicht verlangen, nicht?«

Schulzeit-Vergleiche der Jahrgänge 1920 und 1928; zwei verschiedene Welten

»Der Name Ihrer Schule, Dorotheen-Oberlyzeum, ist mir vertraut. Lassen Sie mich nur hoffen, daß Sie gute Erinnerungen an sie haben. Mögen unsere Geburtstage auch auf den Tag gleich fallen, vom Beginn Ihrer Ausbildung an, 1927, war Ihnen sicher noch eine gediegenere Schulzeit beschert. Bei mir standen, da ich acht Jahre später begann, die Luftwaffenhelferzeit und der Krieg mit seinen Folgen all meinen geistigen Interessen frühzeitig im Weg.«

»Sagen Sie mir«, so fragte ich Dr. Scheurig, »wenn Sie Perleberger Str. 26 Ihre Wohnung hatten, dann müssen Sie eine Schulfreundin von mir kennen, Ilse Siebmann, heute verheiratet und heißt Strohkorb. Haben Sie nicht von Ihr gehört?«

»Nein, endlos lange nicht! Haben Sie ihre Adresse?«

»Sofort. Aber erst möchte ich Ihnen vorlesen, was Ilse mir über Sie schrieb.

Hier, am Ende eines langen Briefes:

Familie Scheurig kenne ich etwa seit 1939, als sie noch in der Stendaler Straße ihr Geschäft hatte. Bodo war das einzige Kind. Schon als fünfzehnjähriger Junge schien er mir geistig recht hoch entwikkelt zu sein. Ich unterhielt mich sehr gern mit ihm. Zunächst waren wir Nachbarn im Seitenflügel von Nr. 26, nachdem die Fassade des Vorderhauses wieder aufgebaut wurde, wohnten Scheurigs vorn im ersten Stock. Aber wir zogen 1954aus und wohnten fortan in Lankwitz. So verlor ich Scheurigs aus den Augen. Für heute nun herzliche Grüße, Deine Ilse

Ilse Strohkorb ist wie ich 1920 geboren, wir haben uns in den letzten Jahren mehrfach wiedergesehen.«

»Ging Ilse in Ihre Klasse?«

»In eine Parallelklasse, aber wir wandelten oft unseren Schulweg gemeinsam! Wir schwärmten noch für unsere Lehrer. Ilse zeigte neulich die Bilder ihrer Gräber herum!«

»Ja, gibt es denn das? Erstaunlich. Nein, da sind meine Schulzeit-Erinnerungen ganz anders. Der Volksschullehrer, ein energischer Mann mit blitzendem Kneifer, trug das Parteiabzeichen: für ABC-Schützen noch Zeichen ohne Belang, aber Rehse, jüdischer Mitschüler, saß bereits im Jahr der Nürnberger Gesetze (1935) abseits. Aufgerufen erschrak er. Betroffen blickte ich einmal in sein verschlossenes, todtrauriges Gesicht. Bald darauf, angeblich ausgewandert, fehlte er. Niemand stutzte oder hielt den Atem an. Meine unangenehmen Empfindungen verblaßten.«

»Und später haben Sie die unbeschwerte Zeit von Tanzstunde und Theater, netten Flirts und ein bißchen Amüsement praktisch völlig versäumt!«

»Ja, ganz und gar. Sie hatten mit fünfzehn Jahren Tanzstunde. Wir wurden als Luftwaffenhelfer ausgebildet, ›geschliffen‹ auf dem Flakturm Humboldthain.«

»Aber Sie müssen doch eine gewisse Basis an Lehrstoff gewonnen haben, Sie sagten mir, sie gingen in die Kirschner-Oberrealschule in Moabit?«

»Ja, das war nach bestandener Aufnahmeprüfung 1939 meine zweite Station. Der Lehrplan band jeden, auch Parteigenossen. Die Sprach- und Naturwissenschaftler führten am sichersten: für sie wohl Genugtuung, die politische Gewissensanfechtungen betäuben konnte. Ebenso war bei den Germanisten, durchweg hochempfindliche Stilisten, erster tragfähiger Grund zu gewinnen ... Wäre der Unterricht nicht gegen Ende des Krieges versandet: gute Philologen und Ingenieure hätte die Schule allemal vorbereitet.

Luftangriffe, zunächst der Engländer, erzwangen Landverschikkung. Die Klasse verschwand ohne mich, in östlichen Gefilden. Ein holländischer Pädagoge gab mir Privatunterricht, mit höchstem Anspruch. Er ermutigte mich, zu schreiben und einen wissenschaftlichen Beruf zu ergreifen, der allein bereichere, befriedige ... Aber der Luftkrieg, zusehends erbitterter, zeigte kein Einsehen ... Ein Gestellungsbefehl trieb zurück in die Klassenherde, zum Luftwaffenhelferdienst auf dem Flakturm Humboldthain, der Flakturm ein Betonklotz, finster wie ein Zuchthaus.«

Wie man den apokalyptischen Reitern unter die Hufe gerät

Fast in keinem Lesebuch früherer Generationen von Schulkindern fehlte die Abbildung eines Holzschnitts von Albrecht Dürer aus dem Jahre 1498, die vier »Apokalyptischen Reiter« darstellend. Sie sind eine Allegorie auf die Plagen der Menschheit: Krieg, Hunger, Pest und Tod. Unter den Hufen der unerbittlich stampfenden Pferde stürzen die Menschen ins Elend, Jung und Alt, Mann und Frau. Ein dunkler Engel schwebt gleichsam Unheil verkündend über dem Ganzen.

Man sah es an, na schön! Ein Kunstwerk. Was ging uns das an?

Wer wäre in den vergangenen Jahren von 1933 bis 1943 wohl auf die Idee gekommen, ein zivilisierter Mitteleuropäer aus Berlin könne einmal auch nur annähernd etwas damit zu tun haben?

In dem 1981 erschienenen Privatdruck von Dr. Bodo Scheurig »Erinnerung und Geschichte« schildert ein Junge aus der Perleberger Straße, wie ihm erste Erkenntnis der drohenden Gefahr dämmerte.

»Die Siegesjahre, ohnehin fast vergessen, hatten aufgehört. Großdeutschland wich in Ost und West. Tag um Tag dröhnten nun Bombergeschwader heran, Engländer und Amerikaner. So erfolgreich auch die schwere Batterie des Flakturms: mit jedem Angriff wuchs die Zahl der Gegner. Ich fing an zu fürchten, daß uns deren Überlegenheit erdrücken müsse. Ich sah Berlin, meine Vaterstadt, brennen und sterben. Waren wir geschlagen, verloren? Bei einer Alarmpause, hinter zwei Bettgestellen, hörte ich Kahle, den Mathematiker, zum Deutsch- und Geschichtslehrer sagen: ›... Wir Habenichtse sind verrückt, größenwahnsinnig. Die Chose ist rettungslos im Eimer. Doch uns, den Schülern gegenüber: Siegeszuversicht, Vertrauensbekundungen für den Führer ...‹«

Wieder rufe ich eines Abends Dr. Scheurig an. »Eines muß ich fragen: sind Ihnen persönlich nie Zweifel oder Bedenken gekommen, daß man uns allesamt verschaukelt hat, wie die Berliner das ausdrücken?«

»An Mißbrauch aller Hingabe — in heutiger Sicht das Schlimmste, was deutschen Soldaten des Zweiten Weltkrieges angetan wurde — konnte ein sechzehnjähriger Luftwaffenhelfer zuallerletzt denken. Ich weiß nur, und zwar auf den Monat, wann ich den Krieg mit Gewißheit für verloren hielt: im September 1944, auf dem Flugplatz Schönwalde, in der zweiten Flakstellung unserer leichten Batterie nordwestlich von Berlin. Als in diesem September, es war ein strahlender Herbsttag, Ströme von amerikanischen Bombern hoch über uns und unbehelligt nach Berlin zogen — für unsere 3,7-cm-Geschütze waren sie ohnehin nicht erreichbar —, fühlte ich mit schlagartiger Deutlichkeit, daß unsere Gegner siegen würden. Ein Luftwaffenhelfer aus einer Hamburger Großreedersfamilie, der bei den Scheinwerfern stand und mit dem ich mich mehr anfreundete als mit irgendeinem meiner Klassenkameraden, festigte diese Überzeugung. Er klärte mich auf über Tatsachen, die ich nicht kannte und erst recht bedrückende Schlußfolgerungen nahelegten. Ich erinnere mich jetzt, da Sie fragen, auch einiger Witze, die damals unter uns kursierten. Einer dieser Witze: Zwei Flakhelfer schieben Wache. Sagt einer zum anderen: ›Du, weißt Du, was ich möchte? Nach dem Krieg mache ich eines Tages eine Fahrradtour durch ganz Deutschland!‹ ›Na gut‹, antwortet der andere, ›aber was machst Du am Nachmittag?‹ So oder ähnlich äußerte sich ab und an unser Galgenhumor, der mehr verriet als sich freilich die Mehrheit bewußt eingestehen wollte.

Einmal, als ich kurzen Urlaub hatte und meine Eltern in der Perleberger Straße besuchte, zog ein Trupp KZ-Häftlinge mit klappernden Holzpantinen an uns vorbei. Vater flüsterte mir zu: ›Da geht der Stolz Deutschlands.‹ Doch von politischem Bewußtsein, das ihn oder mich geprägt hätte, darf ich nicht sprechen. Ihm genügte die Philosophie, daß Herrschende ihr Volk betrogen und kein Opfer verdienten. Früh genug, mochte er denken, würde sein Sohn es begreifen.«

»Vor mir liegen Ihre Notizen aus der russischen Kriegsgefangenschaft, die Sie 1948 niederschrieben, unmittelbar nach Ihrer Heimkehr. Darf ich einiges herausgreifen?«

»Ja, wenn Sie wollen. Obschon heute jeder wissen sollte, was Archipel Gulag bedeutet: die Menschen lieben Verdrängungen und vergessen schnell. So frei von Haß mein Verhältnis zur Sowjetunion, in die wir mit einem — ja — rassenbiologischen Vernichtungskrieg eingefallen waren: für mich wurde die russische Gefangenschaft zu einer unvergessenen menschlich-politischen Lebensschule, auf die ich freilich schon vom Alter her durch nichts vorbereitet war. Wohl las ich als Schüler Erich Edwin Dwingers ›Armee hinter Stacheldraht‹, auch die Bücher der Rachmanowa: ›Studenten, Liebe, Tscheka und Tod‹, ›Ehen im roten Sturm‹ und ›Milchfrau in Ottakring‹. Aber wer glaubt schon, daß das, was zwischen zwei Buchdeckeln an Grausigem steht, auch einem selbst widerfahren würde?«

»Diese Bücher wurden viel gelesen im Dritten Reich. Ich entsinne mich noch ganz genau, man verschlang sie. Aber gleichzeitig witzelte man: ›Rußland ist groß und der Zar ist weit!‹, wollte also mit der alten Floskel andeuten, es ginge einen eigentlich alles nichts an, was da bei denen passiere. Und keiner konnte ja auch ahnen, wie es dann kam! Doch nun gebe ich Auszüge aus Ihren Erinnerungen von 1945 bis 1948. Zunächst über den Endkampf.«

»*... Wir waren in die Hölle gekommen. Angst und Verzweiflung saßen uns im Genick. Nun schien die gefürchtete, verhaßte Schlinge* *endgültig zugezogen. Es gab kein Entrinnen mehr ... Das war am Vormittag des 2. Mai 1945, an dem Tage, da Berlin, des Großdeutschen Reiches Hauptstadt, die Waffen streckte — und, wie wir fürchteten, der Tag auch unseres Endes.*

Dann kamen die erdbraunen, verkrusteten Rotarmisten, angelockt von unserem aufgespießten Bettlaken als Zeichen der Übergabe. ›Ruki wersch (Hände hoch), Kamerad! Nu, dawai (vorwärts)!‹ Da wurden einem, den man für einen SS-Mann hielt, die Zähne ausgeschlagen, und hier versicherte man mildtätiger, mit wodkarüchiger Stimme, daß ›Woina kaputt‹ (Krieg zu Ende) sei und wir ›Skoro domoi‹ (bald nach Hause) führen. Ach, es waren freundliche, oft gelallte Worte, aber es ging ab in die Gefangenschaft, in Monate, wenn nicht Jahre der Ungewißheit und Pein. Man zeigte sich von russischer Seite sehr interessiert für Uhr, Ring, Füllfederhalter und Brieftasche: Schuhe und Stiefel wechselten ihre Besitzer ...

Von Lager zu Lager wurden wir ärmer, von Lager zu Lager schmolz auch unsere Zahl ... Arnswalde, Trebbin, Neuhammer waren unsere Stationen ... Wo man einmal Suppe austeilte, da durften wir heißes Wasser schlürfen, in dem bestenfalls eine ungeschälte Kartoffel oder ein Kohlstrunk schwamm ... Wir tranken aus Tümpeln und wurden — zur Abschreckung — an niedergeschossenen Kameraden vorbeigeführt, die vor uns nach Hause wollten und versucht hatten zu fliehen.

Neuhammer an der Queis, die letzte der deutschen Stationen, nahm unsere Kräfte. Bei 500 Gramm Brot und zweimal Suppenwasser täglich vegetierten wir dahin ... Drei Monate, und wir vermochten uns nicht mehr aufrechtzuhalten. Das Denkvermögen erlahmte ... Dann hieß es eines strahlenden Sonntags: Abmarsch. Wir wankten, lange Kolonnen, kraftlos dahin, immer begleitet, getrieben von dem ›Dawai, dawai‹ der Posten neben uns. Abends durchtrabten wir Halbau (Schlesien), und in tiefer Nacht, zerschlagen und über jeden Hunger hinaus, hatten wir unsere Käfige, Waggons mit Stacheldraht, in die man uns zu je achtzig und hundert preßte und die eisernen Schlösser verriegelte ... An einem nassen Septembertag stolperten wir in Kiew aus den Käfigen: steif, hungrig, verdreckt ... drei Nächte auf kalter Erde ... Wir standen morgens und abends stundenlang zur Zählung, schauten über weite Ebenen nach Westen, dorthin wo Deutschland, unsere Heimat, liegen mußte.

... ich wurde nach mehreren Arbeitskommandos krank: Ausschlag, Hungerödeme an den Beinen. Zunächst abwehrendes Kopfschütteln

der Ärzte, schließlich Einlieferung ins Lazarett ... für Monate Karbolgeruch, Eiter, Blut und Fieber ... auf dem Gang: Stöhnen der Todeskandidaten ... Dann untersuchte man plötzlich für einen Heimattransport. Wir zitterten ... ungläubig, ob man uns nicht wieder wie so oft narrte. Harmlose Aufzeichnungen über ein Kunstwerk Rembrandts, die das NKWD als Spionageaufzeichnungen auslegte, brachten mich unmittelbar vor dem Transport in den Karzer. Der Transport fuhr ohne mich heim: ich glaubte mich, tiefunglücklich, am Ende. Aber das unergründliche Rußland schien hier einmal gnädig. Aus dem Karzer als wohl unschuldig entlassen, stand ich — nun ein ›Pracht‹-Dystrophiker — nochmals auf der Transportliste. Ich bekam zum zweiten Male Kleidung, erreichte das Lagertor und den Zug. Alles war schweigend, noch immer ungläubig vor sich gegangen; denn die Heimat lag weit ...

In Brest-Litowsk hielten wir Tage zwischen Trümmern und Kothaufen. Doch dann verlief es rasch ... Anfang Oktober (1946) waren wir in Frankfurt an der Oder. Während wir vor den jetzt unvergitterten Waggons saßen, lud man die Toten des Transports aus. Es waren seit Rußland 72, unsere Gefallenen hinter Stacheldraht.

... Und am Morgen des 4. Oktober 1946 verließen wir mit dem ersten Zug Frankfurt. Deutschland lag vor uns. Wir hatten überstanden; denn wir hatten die Heimat wieder.«

»So haben Sie im Grunde noch großes Glück gehabt, ungeachtet aller Leiden. Helmuth Witt aus der Perleberger Str. 55 hat den russischen Stacheldraht einige Jahre länger vor Augen gehabt.«

»Ja, ich konnte mein Glück zunächst kaum fassen. Wo in den Lagern noch härtere Lebensbedingungen herrschten, haben nur wenige überlebt.«

Bilanz der Familie nach 22 Jahren in der Perleberger Straße

»Wie trafen Sie nun in der Heimat die Eltern an? Familie, Freunde?«

»Das Dasein war mühsam, noch auf lange Zeit, aber man lebte in Freiheit. Natürlich hörte ich, was bei Kriegsende in den Häusern geschehen war und was besonders die Frauen zu erdulden hatten. Ich war weit entfernt davon, mich zu wundern. Nach eigenen Erfahrungen in russischer Gefangenschaft blieb mir bewußt, daß totale Herrschaft und Hunger Menschen — und in diesem Falle eben auch Männer — bis auf den Grund entwürdigen konnten. Der

4. Oktober wird seither als mein zweiter Geburtstag gefeiert. Es war der Tag, an dem ich zu den Eltern heimkam.«

»Sie waren nun gerade achtzehn Jahre geworden. Welche Möglichkeiten für die Zukunft boten sich Ihnen?«

»Schwäche und Krankheiten zwangen zunächst zu pausieren, doch 1948 Abitur und im nächsten Jahr Studium an der Freien Universität Berlin... zunächst Germanistik und Publizistik, dann ... Rückkehr zur alten, wiederaufbrechenden Liebe, zur Geschichte: Ein Bereich, in dem mir wirkliche schöpferische Leistungen möglich schienen.«

»Wenn ich mir die Liste Ihrer Bücher ansehe, so gibt es eigentlich keinen Titel, den ich nicht gern lesen würde: ›Stauffenberg‹, ›Henning von Tresckow‹, ›Um West und Ost‹, ›Das sowjetische Deutschland-Bild‹, dazu andere Sachtitel zur Zeitgeschichte. Um nur diese wenigen Bücher im Moment zu nennen, ich glaube, Sie haben da sehr viel getan, um Authentisches zur jüngsten Geschichte zu sagen.«

»Ich wollte erkennen, analysieren und schlüssig darstellen, was uns widerfahren war. Das methodische Rüstzeug vermittelten namentlich zwei Professoren der alten Schule, Professoren einer Schule, deren Gediegenheit kein revolutionärer Umbruch oder besser: keine revolutionäre Aufgeregtheit widerlegen kann. 1953/54 Fulbright-Stipendium für die New Yorker Columbia-University; Greyhound-Reise — diese grauen Überlandbusse, wissen Sie — quer durch die Vereinigten Staaten. Studien vor allem in Archiven (Washington, Stanford), um Dissertations-Material zu gewinnen. Diese Doktorarbeit — Thema: Nationalkomitee ›Freies Deutschland‹ — wurde zum Zu-Fall. Dabei hieß es, von früheren Auffassungen abzurücken, nicht aber die eigene Kenntnis russischer Lagerwirklichkeit zu verleugnen. Ende 1959, mit der zweiten Fassung und den Aussagen des Generals von Seydlitz, Dr. phil. magna cum laude.

Mutter starb 1951. Sie hat, obschon gerade sie über meine Publikationen glücklich gewesen wäre, all das leider nicht mehr erlebt. Aber Vater konnte meine ersten Bücher noch lesen. 1966 starb er. Das Geschäft in der Perleberger Straße 55 wurde verkauft.

Ich streife, seit dem Tod meines Vater, nur ab und an noch die Gegend, in der ich aufwuchs, immer betrübt über den offenkundigen Verfall dieses Moabiter Teils, vor allem auch der Wilsnacker Straße, die einmal zu Recht als eine schöne Geschäftsstraße galt. Alle

Menschen, an denen ich hing, sind tot oder verstreut, auch kenne ich keinen Mieter des alten Hauses mehr, an dessen Schicksal Sie interessiert sind.«

»Welches Gefühl beherrscht Sie vorrangig, wenn Sie an Ihre Kindheit in Moabit denken?«

»Ich denke an die große Liebe meiner Eltern, die kraftvolle und vorsorgende Art meines Vater, die Sicherheit, die mich im Elternhaus umgab. Diese Dinge empfand ich als Kind und junger Mensch. Dafür war und bleibe ich dankbar.«

15. Kapitel

Nach Berlin der Chancen wegen

»Ja, das ist so«, sagte mir Frau Maffey am Telephon, »damals kamen die Leute in Scharen nach Berlin wegen viel besserer beruflicher Aussichten. Auch meine Eltern haben es so gemacht. Wenn immer scherzhaft gesagt wird, der echte Berliner käme aus Schlesien, so stimmt das zumindest für meinen Vater, den Botenmeister Wrobel aus Beuthen/Oberschlesien.

Meine Mutter dagegen, eine geborene Boege, wurde in Schloppe geboren. Das lag im Kreis Deutsch-Krone in der Grenzmark Posen-Westpreußen. Das Gebiet steht heute unter polnischer Verwaltung, 1984, es heißt Wałcz und gehört zur Woiwodschaft Koszalin. Nun, ich bin zwar auch dort geboren, aber als meine Eltern nach Berlin zogen, da war ich mir der großen Veränderung in unserem Leben doch schon bewußt. So ein Nest in Westpreußen und nun die Millionenstadt mit den herrlichen Läden, die Dampferfahrten, überhaupt die schöne Umgebung Berlins. Und die Eleganz der Damen Unter den Linden, wir haben nicht schlecht gestaunt, aber dann waren wir genau so fix Berliner, wie sich die meisten angepaßt haben. Im Handumdrehen. Meine Schuljahre verbrachte ich komplett in Berlin und es war eine schöne Zeit.«

Redakteur Georg Maffey,
die Nazis und sein neuer Beruf

»Als ich meinen Mann kennenlernte, war ich zu allererst einmal von seiner kenntnisreichen Art zu plaudern und seinem standhaften Charakter beeindruckt. Er war wesentlich älter als ich. Mit wem auch immer ich andeutungsweise darüber sprach, der riet mir ab, mich zu binden. ›Mehr als zwanzig Jahre Altersunterschied‹, so lamentierten alle, ›das kann ja nicht gut gehen!‹ Dabei war er sehr humorvoll und von einem bewunderungswürdigen Durchhaltevermögen.

Dieser Georg Maffey, der es mir so angetan hatte, stammte aus der sächsischen Industriestadt Riesa an der Elbe. Dort geboren, zur Schule gegangen; aber plötzlich gefiel ihm seine Vaterstadt überhaupt nicht mehr, nachdem er Süddeutschland bereist hatte. Und so faßte er schon als sehr junger Mann, mit zwanzig Jahren, den Entschluß ›wegzumachen‹, wie die Sachsen es ausdrücken. Er verließ Riesa nach dem Ersten Weltkrieg und ging in seine Wahlheimat Mindelheim.

In diesem hübschen alten Städtchen im bayerischen Schwaben, nicht weit von Bad Wörishofen entfernt, hat er erfolgreich als Redakteur bei einer Zeitung gearbeitet, wurde Chefredakteur, doch dann kam die Nazizeit und damit begannen die Schwierigkeiten für ihn.

Da er unter keinen Umständen in die Partei eintreten wollte, so verlor er von heute auf morgen seinen Posten. Durch Bekannte, die ihm eine neue Beschäftigung vermittelten, ging er erst nach Helmstedt; doch auch dort entwickelten sich die Verhältnisse ganz ähnlich. Er war nicht linientreu, er durfte wieder seinen Hut nehmen. Ehe er Helmstedt verließ, inserierte er in Berliner Tageszeitungen, denn für die Tätigkeit eines Hausverwalters war keine politische Ausrichtung vorgeschrieben. So kam es, daß er schon Mitte der dreißiger Jahre Hausverwaltungen innehatte. Aber ich kann Ihnen nur sagen: es war prestigemäßig natürlich ein Abstieg, und mein Mann hat sehr gelitten.

Ein Chefredakteur in einer mittleren Stadt ist schließlich ein gefragter und sehr angesehener Mann. Die Einladungen zu zahlreichen Veranstaltungen lagen früher haufenweise auf seinem Schreibtisch, er schrieb vieldiskutierte Artikel und stand in einem gern ausgeübten Beruf, für den er alle Voraussetzungen mitbrachte. Und nun?«

Hausverwalter: »Wir, die Lordsiegelbewahrer!«

»Er versuchte natürlich, sich selbst und mich auch über all das Unerfreuliche seines neuen Daseins hinwegzutrösten. 1944 haben wir geheiratet. Wir verwalteten etliche Häuser in Berlin, alles ging seinen Gang, obwohl die Wohnraumbewirtschaftung ja schon voll eingesetzt hatte. Anstelle der Einladungen zu schönen Veranstaltungen lagen nun auf unserem Schreibtisch behördliche Rundschreiben für Hausbesitzer, Erlasse für Mieter, Zusätze zu Hausordnungen, Meldevorschriften bei Bombenschäden und was dergleichen mehr war.

Da mein Mann sehr gut verhandeln konnte, fanden wir in diesem Beruf unser Auskommen. Lag einmal wieder von einem Hausbesitzer oder einer Erbengemeinschaft, die eine Hausverwaltung in unsere Hände legte, eine notariell beurkundete Vollmacht vor uns, so bezeichnete mein Mann das immer als ›'ne dolle Wucht‹, und wir feierten dann ein bißchen, soweit dies möglich war. Gingen essen — auf Marken natürlich —, das war ja Vorschrift, aber manche Restaurants boten doch immer noch ganz nette Menüs an, mochte die Lebensmittel-Situation auch immer mieser werden.

Es war für meinen Mann eine gewisse Genugtuung, daß er es auch in seinem neuen Beruf durchaus zu was gebracht hatte, daß man ihm Vertrauen schenkte, und daß er gut durchkam. Saß er bei seinen Geschäftsbüchern und legte abends die Dokumentenmappe mit den Vollmachten zurecht, damit wir sie bei Fliegeralarm mit in den Luftschutzkeller nahmen, so machte er noch seinen Ulk und meinte: ›Vergiß bloß die Tasche nicht, unsere Vollmachten sind das Wichtigste für uns, die Lordsiegelbewahrer!‹ «

Mittler zwischen Mietern und Hausbesitzern: ein ewiger Eiertanz!

»In jenen Jahren«, so erzählte Frau Maffey, »haben wir alle Hände voll zu tun gehabt. Es gab unendliche Vorgänge über Reparaturen, in vielen Häusern lebten so richtige Prozeßhanseln, die es gar nicht lassen konnten, wegen jedem Quark gleich zum Anwalt zu laufen. Dann gab es die Einweisungen in Wohnungen, denn die Bombengeschädigten, die keine Bleibe hatten, mußten ja irgendwo untergebracht werden.

Nach Kriegsende bis 1948 wurde alles eher noch schlimmer. Vor allem deshalb, weil uns ja nur wahre Hungerrationen an Lebensmitteln zustanden. Manchmal frage ich mich, wie wir da überhaupt durchgekommen sind. Die Kinder nahmen die Schulspeisung, im amerikanischen Sektor die Quäkerspeisung, mit nach Hause. Dann verlängerte Mutter die Suppe etwas unterm Wasserhahn, und die ganze Familie lebte davon. ›Solange det Wasser noch looft!‹, das war die sarkastische Redewendung der Berliner Mütter, die sich mit diesen langen Suppen über die Runden schlängeln mußten. Heute glaubt es einem keiner mehr, aber wir haben es ja alles noch selbst erlebt.«

»Und wann«, so fragte ich Frau Maffey, »übernahmen Sie nun die Verwaltung der Perleberger Str. 55?«

»Genau nach Kriegsende, im Jahre 1945. Es war noch keine Wohnung dort frei. Aber ich kenne auch noch viele der Mieter, mit denen Sie einst gelebt hatten. Witts, Meyenbergs, Dennhardts, Frau Warsany, Langners, Bartelmus', Passarges, Stankes, all diese Menschen habe ich noch lebhaft vor mir, wenn ich jetzt davon spreche. Auch Fräulein Balzer, wie man damals noch sagte, die doch allen Ernstes von uns verlangte, mit ›Frau Schwarze‹ angesprochen zu werden.

Zusammenfassend kann ich jedoch aus diesen Jahren nach dem Krieg, als wir noch viele Hausverwaltungen hatten, nur sagen, daß es manchmal ein richtiges Kunststück war, allen Wünschen gerecht zu werden. Durch meinen Mann habe ich ja wenigstens alle Kenntnisse vermittelt bekommen, schließlich auch Gesetzeskenntnisse, die man benötigt, um mit Hausbesitzern und Mietparteien gleichermaßen freundlich und gelassen umgehen zu können.

Ein reines Vergnügen war dies alles natürlich nicht. Mein Mann schüttelte manchmal den Kopf und meinte, es sei in manchen Fällen ein wahrer Eiertanz, den man aufführen müsse, um bei aufgeregten Mietern und unwilligen Hausbesitzern dann am Ende wieder die Wogen zu glätten.«

Als 1981 Frau Maffey und Frau Pangels miteinander redeten

Es war ein Oktober-Nachmittag des Jahres 1981, bewölkt, die Laternen brannten schon früh. Gegen fünf Uhr läutete ich bei Frau Maffey im Hochparterre unseres alten Hauses. Die Lampen im Treppenhaus brannten düster wie Ölfunzeln, helle neue Elektrokabel und flüchtig eingeputzte weiße Schaltdosen sah man über den alten Malereien und Stuck-Arbeiten.

Frau Maffey empfing mich sehr freundlich, ihre Tochter Frau Heider und deren Kinder waren aus Essen zu Besuch. Wir saßen im Vorderzimmer. Hochragende Wände, eine Couchgarnitur, Sessel, Schreibtisch, Couchtisch, einige weitere Möbel.

Erstmalig fiel mir auf, wie hoch die Wände emporragten, wie harmonisch sich damals Großmutters hochgetürmter Hausrat den hohen Räumen angepaßt hatte. Bei moderner Möblierung wirken all diese Altbauwohnungen halbleer. Vielleicht aber auch nur für die aussterbenden Zeitgenossen, die den alten, stilgerechten Zustand noch gekannt haben.

»Ach, wissen Sie«, Frau Maffey wirkt müde und ein wenig mutlos, »seit ich dann nach dem Tode meines Mannes alles allein weitermachen mußte, es war recht schwer für mich!« Dann erfuhr ich, daß Herr Maffey 1961 gestorben war, gerade zwei Jahre, nachdem endlich eine Wohnung im Hause freigeworden: Frau Bartelmus und Tochter Sigrid waren ausgezogen.

Nun stand also an der Tür, bewacht von den Gipsdamen an der Decke, das Schildchen »Maffey — Hausverwaltung« im Hochparterre. »Es stimmt nicht mehr«, sagte Frau Maffey, »aber ich habe es auch noch nicht ändern lassen. Mutter und ich waren so krank, es war, als sollten wir aus den Sorgen nicht herauskommen. Aber ich will Ihnen doch gern von früher erzählen.

Denken Sie, man hat sogar noch von Puders gesprochen, als wir die Hausverwaltung übernahmen. Auch von der alten Frau Wietasch hörte ich noch ab und zu über Dennhardts. Wie sauber und akkurat sie ihre Wohnung gehalten habe. Das wurde mir dann später erzählt, als gerade diese Wohnung so verkam. Frau Balzer, wie wir sie dann nannten, Fräulein sagte man ja zu älteren Damen nicht mehr, war völlig teilnahmslos im Alter. Sie hätte längst in ein Pflegeheim gehört, aber ihre Pension reichte hinten und vorn nicht. Sie wollte auch nicht fort, lieber nahm sie Untermieter auf. Na, das ist ja nun vorbei. 1966 starb Frau Balzer und Ihdes haben alles wunderbar renoviert.

Bei den Familien Dennhardt und Witt sind die alten Herrschaften alle steinalt geworden, ganz erstaunlich.«

1959 – 1983, vierundzwanzig Jahre hindurch Einwohner des Hauses

»Wir sind ein Jahrgang«, sagt Frau Maffey, »1920, wir beide. Sie sind hier geboren und aufgewachsen, ich kam mit dem Haus erstmalig in Kontakt, als ich schon fünfundzwanzig war. Soweit ich mich erinnern kann, war alles immer nur ein Niedergang. Wie oft habe ich den jeweiligen Hausbesitzern einen unverbindlichen Kostenvoranschlag von Handwerkern eingereicht, man hätte zu Anfang, als beispielsweise die großen Kriegsschäden repariert wurden, ja auch diese oder jene Abnutzungs-Schadstelle mühelos und mit geringen Kosten ausbessern können. Aber da scheute jeder Besitzer immer vor zurück. Nun wird es eigentlich von Jahr zu Jahr nur immer teurer werden, das Haus mal wieder auf Vordermann zu bringen. Dabei soll es ja mal wirklich gepflegt gewesen sein. Aber ich finde, es ist ja nicht nur dies Haus. Es ist wohl das Schicksal dieses Stadtteils, daß nicht mehr die alte Atmosphäre von Biederkeit und Gutbürgerlichkeit darüber liegt. Früher hatte die Perleberger Straße ja absolut den Charakter einer Allee, die hohen Bäume gaben der Straße einen gewissen Reiz. Das ist nun alles lange vorbei. Die hohen alten Ulmen mußten alle gefällt werden, es war eine Ulmenkrankheit, sie konnten nicht länger stehen bleiben, Äste brachen, die Stämme waren hohl. Es wurde behördlicherseits angeordnet, daß sie gefällt werden mußten.

Vierundzwanzig Jahre bin ich zwar Einwohnerin des Hauses, aber jetzt, 1981, bin ich durch die Hausverwaltung insgesamt sechsunddreißig Jahre dem Hause verbunden. Das ist eine lange Zeit. Wenn Ihr Buch fertig ist«, so sagt sie mir, »so wird es für mich und meine Tochter eine schöne Erinnerung an die Heimat sein. Ja, das kann ich sagen. Berlin war Heimat für uns!«

16. Kapitel

In Frau Künzels Wohnung zieht 1955 ein Dreimädelhaus ein

Es war nicht einfach, Frau Rosa Baron einmal anzutreffen, denn sie reist viel. Darum stelle ich auch meine Fragen ohne Umschweife. »Was fanden Sie an der Dreizimmerwohnung im zweiten Stock der Perleberger Str. 55 so gut, daß Sie einzogen?«

»Ach, wissen Sie, die Kinder wurden größer und brauchten Platz. Seit 1944 bin ich Witwe. Meine Uschi war achtzehn, Bärbel vierzehn, Karin dreizehn Jahre alt. Die Mädels wuchsen heran, und es sollte genügend Raum für uns alle sein. Die Kinder sind 1937, 1941 und 1942 geboren. Während des Krieges sind wir doch wahr und wahrhaftig dreimal ausgebombt worden. Kaum hatte man sich das Notwendigste wieder beschafft, über Nacht war es wieder weg, verbrannt, unter Trümmern begraben. Es ist wie ein Wunder, daß wir immer alle lebend davongekommen sind.

Mein Mann hat es ja nicht überlebt. Er war zwar nicht mehr eingezogen, aber durch die Kriegseinwirkungen erlitt er einen Unfall, von dessen Folgen er sich nicht erholen konnte. Er starb 1944.

Nun läßt sich ja unsereiner nicht unterkriegen, habe ich mir also die Ärmel aufgekrempelt, und das Gröbste an Entbehrungen und Aufregungen lag nun hinter uns. Waren wir eigentlich eine ganz vergnügte kleine Familie, wenn auch ohne Papa, die da einzog, wo Sie vordem gewohnt hatten.«

Uschi, Bärbel, Karin und die Petticoat-Mode

»Wissen Sie, so heranwachsende junge Mädchen, die sind vergnügt. Haben wir uns nett eingerichtet, bescheiden, aber hübsch. Schöne

Gardinen, alles picobello, so wie wir es eben uns leisten konnten. Habe viel selbst gemacht für die Kinder.«

»Ihre Töchter, Frau Baron, kamen Ende der fünfziger Jahre gerade in die Zeit der sogenannten ›Halbstarken‹ hinein, Rock 'n' Roll, Elvis Presley, das waren die Idole der jungen Leute.«

»Ja, habe ich nicht schlecht gelacht, wie sie geübt haben bei uns zu Hause. Bei Rock und Roll, da gibt es ja die verrücktesten Tanzfiguren, das ganze Hin und Her, Überschläge und was weiß ich. Sind sie öfter auf die Nase gefallen mit diesen Sachen, und wir konnten uns biegen vor Lachen, wenn sie so lustig waren. Wie so Mädchen sind, wollten alle die modernen Petticoats haben, nicht für alle Tage, nein, aber mal so, erst Uschi, wenn sie mal ausging, dann die anderen dem Alter entsprechend auch. War ja auch 'ne niedliche Mode, die Petticötchen, gefiel mir ja viel besser als nachher ewig nur die ollen Jeans. Aber was will man machen, habe mich da nicht eingemischt, sollten sie rumlaufen wie die anderen. Kinder sind ja so!«

»Erst wird gelernt, meine Lieben, dann geht ihr tanzen!«

»Drei so lustige Töchter, konnten Sie sich denn da immer durchsetzen, ohne daß ein Vater da war, der mal ein Machtwort sprach?«

»No, ich will sagen, das ging ganz gut. Erstmal hatte ich gute Kinder, waren halt gut veranlagt, liebe Mädchen, nicht bockig und aufsässig.

Mochte wohl auch im Blut gelegen haben, denn wir stammten ja aus einer sehr arbeitsamen Familie, die früher in Oberschlesien gelebt hatte. Da waren wir von früher her alle strebsam und ehrgeizig. Hat sich wohl bissel übertragen, will ich meinen. Meine Kinder haben auch alle nach der Schule eine abgeschlossene Lehrzeit gemacht. Uschi war schon im Fröbelhaus, als wir einzogen, da lernte sie Kindergärtnerin, Sie wissen ja, diese gute Frauenschule in Berlin. Nu, und Bärbel, die hat Verkäuferin gelernt im Schuhhaus Leiser in der Turmstraße, auch abgeschlossen und mit Zeugnis. Dann kam Karin, und sie wußte erst nicht recht, hat sich dann entschlossen und ging in die Lehre als Anwalts-Sekretärin, das Büro lag in der Fasanenstraße.

War eigentlich 'ne hübsche Zeit, wie die Mädels heranwuchsen, denn hatten natürlich auch Verehrer, wie man so sagt. Damals die große Mode der amerikanischen Filme und Schlager. Da liefen bei uns die Platten mit den Songs immer wieder. Und dann waren sie wie die Verrückten und liefen in die Elvis-Presley-Filme, ›Love me tender‹, und was es da so gab. Na, ich sage Ihnen!

Wenn Sie jetzt die Bilder aus der Zeit sehen, Weihnachtsbaum im Vorderzimmer, und die Mädchen lesen Briefe, dann waren es schon letters aus Amerika und Päckchen kamen vom ›Santa Claus‹ und das Schönste fand ich, daß aus diesen Jugendlieben ganz haltbare Verbindungen fürs Leben geworden sind.

Hab' ich natürlich aufpassen müssen, so junge Dinger, nicht wahr? Mußt' ich schon öfter mal sagen: Halt, hiergeblieben, heute geht ihr nicht aus. Erst wird gelernt für die Berufsschule, wenn ihr werdet fertig sein mit den Arbeiten, dann könnt ihr tanzen gehen!«

»Als Vater noch lebte!« *Geschichten aus Oberschlesien*

»Nun habe ich alle ehemaligen Einwohner gefragt: wie kamen Sie eigentlich nach Berlin, Frau Baron, wo war ihre Heimat früher?«

»Oberschlesien. Aber da, wo die dickste Industrie war. Warten Sie mal, muß mal eben überlegen. Wir waren ja große Familie. Ich selbst, die Rosa von den Barons, bin geboren 1910. Habe aber noch drei Brüder gehabt, die sind alle im Zweiten Weltkrieg gefallen. Dann waren da noch fünf Schwestern bei uns in unserer Heimatstadt Hindenburg, die leben alle noch.

Unser Vater fing als Grubenarbeiter an, hat sich raufgearbeitet zum Steiger, also gewissermaßen Aufsichtsbeamter im Bergwerk, kennen Sie, nicht wahr? Glück auf, wie es heißt im Lied, der Steiger kommt, und so weiter. Das war also mein Vater, Karl Groffig. Mama hieß Ottilie und war eine geborene Skoruppa. Sie war keine arme Frau, Hausbesitzerin, gute Partie.

Weiß ich noch genau, wie damals 1921, ich war elf Jahre alt, ganz Oberschlesien in heller Aufregung wegen der Abstimmung. Sollten alle wählen, ob sie wollten zu Polen oder zu Deutschland gehören. Haben wir auch votiert, die Deutschen hatten gewonnen, mit 51%, glaube ich, also ganz knapp. Waren die Polen natürlich sauer. Aber man mußte sich ja vertragen, was will man sich ewig ärgern.

Na, und dann habe ich meinen Mann kennengelernt, der von Königshütte stammte. Er war damals von Beruf Walzer. Das sind die Laufbahnen in der Stahlindustrie. Sein Vater war Walzmeister in Königshütte, ganz hochbezahlter Posten. Hat alle Söhne schwer rangenommen, daß sie es auch zu was brachten. Waren alle ehrgeizig, haben viel vom Papa gelernt.

Aber mein Richard, der ist aus der Reihe getanzt. Hat sich neben der schweren Arbeit im Hüttenwerk ausgebildet im Kaufmännischen und ist dann Expedient geworden, waren wir alle sehr stolz auf ihn. Er ist dann auch nach Berlin gegangen, ich natürlich mit, war er bei einer Firma in Spandau tätig. Ging uns nicht schlecht. Aber im Zweiten Weltkrieg eben viel Kummer, weil so viele aus der Familie gefallen oder gestorben sind.«

Unterm Weihnachtsbaum lagen Briefe aus Amerika

»Wie ich schon sagte, so waren Ende der fünfziger Jahre und Anfang der sechziger alle jungen Leute wie verrückt nach amerikanischen Schlagern, den Filmen, der Mode mit den Jeans und all das.

Es war auch eine so hoffnungsvolle Zeit. In Berlin wurden viele Häuser wieder aufgebaut. In der Perleberger Str. 26, also gegenüber von unseren Wohnungsfenstern, da reparierte man die eingestürzte Fassade, und das Haus war nun nicht mehr eine halbe Ruine. Ja, die Bäume, die Bäume waren weg. Aber sonst war in der alten Wohnung noch alles wie zu Ihrer Zeit. Auch die Klingelzüge draußen, der viele Abstellraum, die komische Kammer mit der Holztreppe, wo früher, so sagte man uns, die Dienstmädchen geschlafen hatten.«

»Ach, Frau Baron, das muß lange vor unserer Zeit gewesen sein«, antwortete ich, »meine Eltern hatten schon kein festes Hausmädchen mehr. Bei uns war der Hängeboden nur Abstellraum und weiter nichts!«

»Ja, bei mir auch. Aber daß man in den alten Wohnungen eben so prima Abstellraum hatte, das fanden wir alle sehr gut. Bei mir wurden die Mädchen nun größer, und es war ganz eigenartig, sie wollten alle drei nicht in Deutschland bleiben. Wenn ich so von früher erzählte, das Hick-Hack um Oberschlesien mit Grenzland-Problemen zwischen Deutschen und Polen, dann die vielen Flüchtlinge nach dem Zweiten Weltkrieg, die traurigen Schicksale der DDR-Flüchtlinge, diese schwierige Nachkriegssituation, das wollten die Mädchen nicht ihr Leben lang mitmachen. Da war eben Amerika ihr Traumland. Und dann hatten sie da noch diese netten Boys kennengelernt. Was will man da machen als Mutter, sagt man eben: nu, seht zu!

Ja, Frau Pangels, haben Sie sich oft gewundert, daß ich nicht da war, wo ich jetzt lebe, Senftenberger Ring. Aber ich hab ja all meine Lieben in den Vereinigten Staaten. Mein Dreimädelhaus hat sich ja enorm vergrößert, da sind insgesamt sieben Töchter und ein Sohn, und deren Kinder sind nun auch schon groß und Ur-Oma bin ich auch schon, das geht wie das Brezelbacken, so schnell. Kuck ich manchmal in den Spiegel und sage mir: so sieht also eine Ur-Oma aus.«

Das Berlinern nicht verlernt:
»Mensch-Meier, Mammi, siehst du prima aus!«

»Frau Baron, Sie haben in Ihrer Jugend Polnisch verstanden und viel unter Polen gelebt. Nun sind Sie jetzt oft monatelang in Amerika und dort sprechen alle Englisch. Wie kommen Sie zurecht, haben Sie Englisch gelernt?«

»Na, das geht so lala, muß ich sagen! Bin ich nicht so ausgesprochen begabt für Sprachen. Die Enkel können auch alle so ein paar Brocken Deutsch für Granny aus Germany. Ist so ein bißchen Mischmasch, was wir sprechen, aber geht sehr gut. Hauptsache ist, daß wir uns alle so gut verstehen, daß man sich liebhat. Und das ist bei uns der Fall, da gibt es nichts, wir halten zusammen.

Natürlich haben sich meine drei Töchter vollkommen drüben eingelebt, haben gute Männer, und die Kinder von ihnen sind nun teils schon verheiratet und meine Töchter sind Großmütter. Das einstige Dreimädelhaus, jetzt Omas, klingt komisch, nicht?

Für die Mädels, die hier in der Perleberger Straße großgeworden sind, die von hier aus nach Amerika gegangen sind, ist aber Oberschlesien nicht mehr in der Erinnerung. Deren Heimat ist Berlin. Sie haben auch heute, nach fünfundzwanzig Jahren oder so, das Berlinern nicht verlernt.

Komme ich an auf irgendeinem Flughafen drüben, und sie stehen da vor den Self-Clame-Baggage-Bändern, wo man seine Koffer holt, dann reden wir in Deutsch, und die Mädels berlinern auch alle noch ein bißchen. Da sagt schon mal eine:

›Mensch-Meier, Mammi, siehst du prima aus, wirst überhaupt nicht älter!‹ Na, freu' ich mich natürlich, hört ja jeder gern, finden Sie nicht?«

17. Kapitel

Woher die Ihdes und die Schellhases kamen

Das von Wasser umgebene Berlin hat einige große Häfen. Der Westhafen wurde im Zusammenhang mit der endlosen Nordufer-Promenade schon erwähnt, doch dann gab es noch den Nordhafen und andere Umschlagplätze für die Güter, die von auswärts auf dem Wasserwege transportiert wurden. Der Begriff »Äppelkahn« ist sehr alt und bezog sich ursprünglich auf die umfangreichen Zillen, wie man die Frachtkähne nannte, die Obst und Gemüse von den großen Anbaugebieten in die Stadt brachten. Im übertragenen Sinne mußten sich alle Leute mit großen Schuhnummern gelegentlich die Bemerkung gefallen lassen: »Menschenskind, du loofst ja reinewech in Äppelkähne rum!«

Vater Schellhase aus Glindow bei Potsdam, der einen eigenen Kahn besaß, nahm allerdings als Ladung nur Ziegelsteine an Bord, obwohl gerade Glindow auch umfangreichen Obstanbau betrieb. Ging er auf Tour, so sah man ihn vierzehn Tage lang zu Hause nicht. Kam er dann wieder, so gab es ein richtiges Wiedersehensfest in der Familie. Mutter Schellhase kochte Vaters Lieblingsgericht, Eisbein mit Sauerkraut, und die drei Mädchen und zwei Jungen wußten das zu würdigen, denn für alle Tage, nein, da wäre das natürlich zu teuer gewesen. Mit um den Tisch in Glindow saß Mariechen Schellhase, am 4. 12. 1909 geboren.

Erich Ihde stammte aus Pritzwalk in der Westprignitz, jenem Landstrich der Mark Brandenburg, nach dessen Städten die Straßen in Moabit hießen. Die Familie des künftigen Bräutigams kam aus Eichenfeld bei Pritzwalk. Vater Ihde arbeitete als Stellmacher auf einem großen Gut. Damals fuhr man noch weitgehend mit Gespannen auf dem Lande einher. Traktoren hielten erst allmählich ihren Einzug.

Die Westprignitz hat eine lange Grenze gemeinsam mit der Provinz Mecklenburg. So ging die Jugend in dieser Gegend, je nach Geschmack und Lebensplan, ins glitzernd verlockende Berlin, wo die Mädchen mit der schlanken Taille bekanntlich serienweise durch die Straßen liefen. Oder aber man ließ die einsamen Orte Eichenfeld und umliegende Nester möglichst bald hinter sich und lebte in einer der Ostsee-Städte an der mecklenburgischen Küste. So ging eine Schwester Herrn Ihdes nach Wittstock, wo sich noch Erstaunliches zutragen sollte.

Verlobung zur Obstbaumblüte 1935
Dann Heirat und Frisiersalon in Moabit

Nun laufen junge Männer zum Heiraten ja nicht gerade in hellen Scharen in der Gegend herum. Die Marie, blond und schmuck, hatte natürlich auch ihre eigenen Vorstellungen. Schließlich tauchte »derjenige welcher« auf: es war Erich Ihde, vier Jahre älter als sie, und an einem schönen Frühlingstag des Jahres 1935 wurde in Glindow unter blühenden Obstbäumen Verlobung gefeiert.

Erich Ihde und Marie geb. Schellhase fanden in Moabit, in der Wilsnacker Str. 29, ein passendes Geschäft, unten Frisiersalon, oben Wohnung. Ein kleines Mädchen wurde geboren, doch es starb jung; dann kam im Jahre 1941 der ersehnte Stammhalter, Hans-Joachim, zur Welt. Das Geschäft ging sehr gut, denn ein geschickter Friseur findet überall sein Auskommen. Damals trug man als neuesten Schrei die »Olympiarolle«, das war eine halbrunde Nackenrolle von Ohr zu Ohr, die nach innen gedreht werden mußte. Der halblange Haarschnitt ließ aber auch noch andere Möglichkeiten zu. Bald, ein Jahr nach der Olympiade 1936, kam ein Löckchenkranz im Nacken in Mode. Frisierte man dann diese ganze Lockenpracht zum Tuff auf dem Oberkopf, so hatte man genau jene Haartracht, die während des Krieges nach 1939, als die Luftangriffe auf Berlin begannen, als »Entwarnungsfrisur« dauerhaften Ruhm errang. Entwarnung — alles nach oben!

Es hätte alles so schön sein können! Aber der Krieg!

Im Jahre 1983 hat es ziemlich lange gedauert, ehe es mir gelang, Frau Ihde ans Telephon zu bekommen. Sie wohnt in der ehemals meiner Großtante Flora Wietasch gehörenden Dreizimmerwohnung im dritten Stock der Perleberger Str. 55. Briefe hatten wir schon ausgetauscht, aber plötzlich fehlen Zusammenhänge, Einzelheiten. Schon nach kurzer Zeit ist es so, als würden wir uns lange kennen.

»Hallo, Frau Ihde, danke für die Bilder. Doch nun muß ich ein bißchen fragen. Sie sagten zu dem Bild von 1948, Ihr Mann hätte Sie gerade aus dem Lager abgeholt. In welchem Lager waren Sie, und warum überhaupt in einem Lager?«

»Ja, nicht wahr, wer hätte das gedacht, daß unsereiner, seßhafter Bürger, mal in so einem Sammellager landen würde. Aber wir waren da ja nicht die Einzigen. Es ging ja hunderttausend Familien ähnlich. Die Frauen mit kleinen Kindern sollten aus Berlin raus. Wer das möglichst bald machte, hatte noch die Wahl!«

»Ja, das weiß ich noch, ich ging damals zu einer Tante nach Sachsen.«

»Sehen Sie, ähnlich bei mir! Dabei wollte ich nicht weg von Berlin, wir wollten doch zusammenbleiben. Aber dann wurde mein Mann eingezogen; es hätte alles so schön sein können, aber dieser Krieg hat einem buchstäblich Jahrzehnte des Lebens vermasselt!«

Evakuierung nach Wittstock
Geschäft ausgebombt, Vater eingezogen

»Habe ich mich doch überreden lassen«, sagt Frau Ihde, noch ganz erbittert, wenn sie nur daran denkt, »daß ich zur Schwester meines Mannes nach Wittstock ziehe?« Sie räuspert sich, dann fährt sie entschlossen fort:

»Man sagt es ja nicht gerne von der Verwandtschaft. Aber was mir da passiert ist, das war die Höhe. Die Schwester nimmt mich also auf, meinen Kleinen auch, der war ja wirklich noch ein Baby, brauchte Pflege, Ruhe und Regelmäßigkeit. Wird mir doch erst nach einiger Zeit klar, daß diese Schwägerin Mitglied einer religiösen Sekte ist. Ich will nicht sagen, wie diese Religionsgemeinschaft hieß. Erst alle die Güte in Person, aber als sie merkten, daß ich bei meinem Glauben blieb und mich nicht auf der Stelle bekehren ließ, da war das aus mit der christlichen Nächstenliebe, und die kuckten durch mich hindurch, als ob ich Luft wäre. Was nun?

Aber man findet ja irgendwo Zuflucht, habe bei einem Bauern in Siegmannshorst, in der Nähe von Wittstock, eine wirklich liebe

Aufnahme gefunden, konnte wohnen mit dem Kind, habe etwas mitgearbeitet, mußte auch keinen Hunger leiden, alles bestens. Natürlich immer die Sorge um meinen Mann, aber noch kamen ja die Feldpostbriefe. Nur daß in Berlin in der Wilsnacker Str. 29 dann ein Blindgänger Wohnung und Geschäft zerstört hat, das war natürlich weniger erheiternd. Da die Angriffe immer doller wurden, konnte ich mit meinem Kleinen natürlich auch nicht zurück. Also leicht war das alles nicht.«

Wir haben alles überstanden, aber es waren harte Jahre!

»Sie fragten mich, was es mit dem Bild ›aus dem Lager‹ auf sich habe. Wir evakuierten Frauen sind mit unseren Kindern von den zurückflutenden deutschen Soldaten mitgenommen worden bis zur Elbe, das war im Winter 1945, Februar, glaube ich. Da standen die Engländer, und die waren sehr anständig. Da dachten wir alle, wir könnten nun weiter in den Westen, und da hätte ich in Soltau eine Adresse gehabt, da wollte ich hin. Aber Pustekuchen!

Dann ging das Gebiet an die Russen, aber zu dem Zeitpunkt hatten die sich wohl schon ausgetobt, jedenfalls wurden wir im Frühjahr 1945 von denen zwar in das Sammellager Fretzdorf auf der Insel Usedom gesperrt; aber sie sorgten für Essen, es gab viel Fisch, wir bekamen Kartoffeln, mußten allerdings auch etwas arbeiten; bei gutem Wetter ziemlich viel. Die Russen ließen Sportplätze anlegen, und ausgerechnet wir Muttis mußten diese Erdarbeiten machen. Babys neben uns auf freiem Feld oder auf der Baustelle. Na, das hat ein Jahr gedauert, ungefähr.

Danach wurden wir gefragt, wohin wir entlassen werden wollten. Nun wußte ich doch absolut nichts, weder irgendwas aus Berlin noch von meinem Mann. Da habe ich um Entlassung nach Siegmannshorst zu ›meinem‹ alten Bauern gebeten, und dort wurden wir mit offenen Armen aufgenommen und hatten es gut. 1948 kam mein Mann dann aus russischer Gefangenschaft, und in dem Moment, wo wir uns in Siegmannshorst nach langen Jahren wiedersahen, da wurde dies Bild gemacht, Hans-Joachim kannte ja seinen Papa nur von den paar Photos, die ich gerettet hatte. Das waren wir also, Kind barfuß, Mama mit Holzpantinen, Papa dürr wie ein Zaunpfahl, aber wir lebten. Und unser kleiner Hund Purzel, der nachher so unerwartet groß wurde, der ist da auch verewigt. So sahen wir aus, als wir nach Moabit zurückkehrten!«

1966 bekamen wir die Wohnung in der Perleberger Str. 55

»Erzählen Sie, Frau Ihde, wie fanden Sie Berlin in jenen Jahren?«, fragte ich dann später, im Sommer 1984.

»Es gab natürlich völlig neue Verhältnisse, die Lebensumstände hatten sich grundlegend geändert. Aber wir waren so glücklich, daß wir alles überstanden hatten, wir gingen mit riesigem Schwung daran, uns wieder eine Existenz zu gründen.

In der Kruppstraße fanden wir wieder einen Frisiersalon, zuerst nur mit einem Brett als Ablage für die Kämme und einem Spiegel, und der war besorgt, organisiert, oder wie man das nun nennen wollte. Jedenfalls nicht gekauft! Aber wir hatten sofort wieder gut zu tun; wir rappelten uns hoch, denn mein Mann und ich waren ja in den besten Jahren und konnten was leisten!«

»Wie kamen Sie auf die Adresse in dem alten Haus?«

»Ach, wissen Sie, man hört ja so oft gesprächsweise, daß wo jemand stirbt oder eine Wohnung frei wird. So hörten wir also auch davon, daß dort die Frau Balzer gestorben war, und wir kümmerten uns sofort. Ließen auch die Untermieter noch eine Weile drin, kündigten denen dann fristgemäß, und dann, das muß ich wirklich sagen, dann hat mein Mann ganz fabelhaft mit seinen eigenen Händen und seiner Geschicklichkeit die verwohnte alte Behausung wieder auf Hochglanz gebracht. Es wurde nahezu alles renoviert, neuer Ofen gesetzt im Vorderzimmer, das machte natürlich ein Ofensetzer. Dann ließen wir Bad einbauen im Kämmerchen zum Hof, Toilette, alles neu. Mein Mann machte sich die Arbeit, entfernte alle alten Tapeten, und wir tapezierten sogar die Stubendekken, was zu den weißen Stuckleisten dann sehr hübsch aussah. Jedenfalls war unsere Wohnung ein Schmuckkästchen geworden!«

»Wie wir unseren Altersruhesitz schnieke gemacht haben!«

»Doch damit war es ja nicht getan, wir haben dann auch gute Möbel angeschafft, wollten ja so richtig noch was haben vom Leben auf unsere alten Tage. Das ging auch nicht von heute auf morgen, immer schön peu à peu, mal neue Gardinen, dann kamen Teppiche dran, alles zu seiner Zeit.

Jedenfalls haben wir von 1966 an diese Wohnung schon instandgesetzt und auch bewohnt, und im Jahre 1972 haben wir das Geschäft unserem Sohn übergeben. Also wir freuten uns auf den Ruhestand, obwohl wir an Tagen vor Festen noch immer im Geschäft mit zugegriffen haben! Mein Mann war 1972 siebenundsechzig Jahre alt, ich vier Jahre jünger. Nun wollten wir schöne Dampferfahrten machen im Sommer, nett verreisen, noch was von der Welt sehen, soweit das möglich war, auch mal 'ne Kur machen. Doch wir konnten eigentlich gar nicht so viel davon verwirklichen, denn 1979 bekam mein Mann starke Atembeschwerden, kam ins Moabiter Krankenhaus und starb dort im Sommer an einer Lungenentzündung.«

So Gott will, die letzte Lebensstation: »Ich lebe gern hier!«

»Die ganz alten Mieter, von denen Sie mir erzählten, die habe ich ja nun nicht mehr kennengelernt, nur Langners, die natürlich. Aber die Mieter wechselten in den letzten Jahren sehr oft, kaum hatte man sich an ein Gesicht gewöhnt, plötzlich stand wieder ein anderer Name an den Türen. Nun lebe ich ja sehr zurückhaltend.

Unten ist im großen Laden ein türkisches Geschäft, da gibt es gute Lebensmittel, wenn ich auch nicht gerade für fremde Gerichte schwärme. Man kennt die Sachen ja auch nicht so genau, Okraschoten und die lila Dinger, Auberginen, und so manches andere.

Na, und dann, im anderen Geschäft, da stand eine Zeitlang ›Fatimas Geheimnis‹ drüber, da sollte es ägyptische Schönheitsmittel geben, genau weiß ich es nicht. Dann war lange das Schaufenster leer, und die Mäuse sausten da umher und kuckten einen direkt zutraulich an. Ich dachte schon, nächstens geben die noch Pfötchen, wenn das so weitergeht. Aber dann kam ein ägyptisches Reisebüro rein, jetzt werden auch ›Secondhand‹-Kleider angeboten. Na, mal sehen, wie lange!«

»Haben Sie gehört, Frau Ihde, das Haus hat neue Besitzer bekommen und soll im alten Stil vollkommen renoviert werden?«

»Ja, die neuen Besitzer wollen sich hier bekanntmachen, das weiß ich. Es ist die Firma Jahre & Winkler, die haben das Haus vor allem deswegen gekauft, weil die Stuckfassade noch erhalten war und unser altes bemaltes Treppenhaus!«

»Na, und was sagen die Mieter so, daß das alte Haus wieder jung werden soll?«

»Ach Jottchen ja, Frau Pangels, wir sind ja selbst bei Glücksfällen erstmal skeptisch. Es wird ja nun wohl auch nicht gleich losgehen mit der Pinselei, wird schon noch ein Weilchen dauern. Wenn es dann nachher alles stilecht und schön ist, natürlich freut sich da unsereiner, das ist doch wohl logisch. Habe gehört, wir kriegen wieder eine geschnitzte Haustür!«

»Na, dann wollen wir mal hoffen, daß da eines Tages auch wieder Löwenköpfe an den Klingelzügen sitzen, schön auf lackierten Tafeln, wie vor hundert Jahren!«

»Also, was Schönheitssinn und Renovierung betrifft, da haben wir ja das Unsere getan. Und was Tradition und Erhaltung aus der Zeit vor fünfzig Jahren betrifft, na, da kucken Sie mal bei Langners rein. Die Leute haben Sinn für sowas! Aber wir zwei Schwalben, wir machen ja keinen Sommer in unserem Haus. Da müssen die anderen Mieter ja kräftig mitziehen, denke ich mir so! Ich jedenfalls habe mich hier immer wohlgefühlt. Wir haben uns richtig eingekapselt in unserer Wohnung. Mein Mann hatte noch eine Zwischentür im Korridor eingebaut, damit man wirklich seine Ruhe hatte. Wenn das nicht ganz seltsam kommt, dann wird dies Haus hier meine letzte Lebensstation sein. Wo die Lebenserwartung von uns dauernd steigt? Na, da will ich mein trautes Heim doch noch 'ne Weile genießen. Und wenn Sie in Berlin sind: für Sie ist hier immer ein Bett frei! Wo Ihre Großtante so lange gewohnt hat, wo Sie geboren sind! Ich sage: kommen Sie mal schön bei Mama Ihde zu Besuch, mich sollte es freuen!«

»Frau Ihde, das ist ja großartig! Aber seien Sie vorsichtig mit solchen Angeboten! Vielleicht stehe ich eines Tages vor der Tür!«

»Nee, nich doch, rufen Sie ja vorher an!«

Nachwort

Nun muß ich die letzten fünfzig Seiten noch durchsehen und lochen, dann geht das Manuskript an den Verlag. Ein »kleines Erinnerungsbüchlein« sollte es werden. Und nun wieder so dick!

Dann rufe ich Tante Jenny an, die Freundin meiner Mutter. Sie, die meine Dummheiten seit meiner Geburt mitangesehen hat, was wird sie sagen, wenn ich ihr von diesem Buch erzähle?

»Ach Kind!«, meint sie, heute neunundachtzig Jahre alt, in Salzhemmendorf lebend. Sie sitzt am Telephon und hält eine Katze auf dem Schoß, denn ihr Leben lang liebte sie Katzen; dann sagt sie zögernd: »Ich weiß nicht recht. Sonst hattest du immer so schöne Themen, und jetzt die Perleberger Str. 55. Nun sage mir doch, was willst du bloß über den alten Kasten schreiben?«

Literatur- und Bildnachweis

Die Zitate aus den »Gesammelten Werken« von Kurt Tucholsky übernehmen wir mit der freundlichen Genehmigung des Rowohlt Verlages, Reinbek; der Greifenverlag zu Rudolstadt/DDR erlaubte den Abdruck des Gedichtes »Empor« von Paul Zech.

Zeichnungen der Namensschilder: Rosemarie Wüppermann
Zeichnungen des Stadtplans, des Grundrisses, der Fassade und des Lageplans: Hans-Werner Schatz, Degerndorf

Helmuth Baur, München Schutzumschlag
Familienarchiv Helmuth Witt, Hamburg 1, 17, 18, 19, 20
Familienarchiv Lothar Langner, Berlin 2, 35, 36
Naschat Haddad, Berlin Seite 9; Abb. 3, 4, 5, 34
Familienarchiv Pangels 6, 7, 8, 9, 14, 15, 16, 21, 22, 23, 24, 25, 26, 27, 28, 42
Archiv des Streitkräfteamtes Bonn, Dezernat Militärmusik (Foto-Friese, Meckenheim) 11, 12
Archiv Dr. Ziemer 29
Familienarchiv Ludwig-Bartelmus 30, 31, 32
Familienarchiv Dennhardt 33
Familienarchiv Dr. Bodo Scheurig 37, 38
Familienarchiv Margarete Maffey, Essen 39
Familienarchiv Marie Ihde 40
Foto-Bardorf, Berlin 41

Mit freundlicher Genehmigung aus:
Gartenlaube 1888, Rembrandt Verlag Berlin 10
Joachim Toeche-Mittler, »Deutsche Armeemärsche«, 1966 13